Como remover um presidente

Rafael Mafei

Como remover um presidente

Teoria, história e prática do impeachment no Brasil

Copyright © 2021 by Rafael Mafei Rabelo Queiroz

*Grafia atualizada segundo o Acordo Ortográfico da Língua Portuguesa de 1990,
que entrou em vigor no Brasil em 2009.*

Capa
Bloco Gráfico

Imagem de capa
Sem título, de David Galasse, 2021, técnica digital, 29,7 × 29,7 cm.

Preparação
Angela Ramalho Vianna

Checagem
Plínio Lopes

Índice remissivo
Probo Poletti

Revisão
Clara Diament
Thiago Passos
Márcia Moura

Dados Internacionais de Catalogação na Publicação (CIP)
(Câmara Brasileira do Livro, SP, Brasil)

Mafei, Rafael
    Como remover um presidente : Teoria, história e prática do
impeachment no Brasil / Rafael Mafei. — 1ª ed. — Rio de Janeiro : Zahar, 2021.

    Bibliografia
    ISBN 978-65-5979-017-3

    1. Bolsonaro, Jair Messias, 1955- 2. Ciências políticas 3. Im-
peachment – Brasil 4. Política e governo I. Título.

21-64237   CDD: 981.04

Índice para catálogo sistemático:
1. Brasil : Império : História política e social 981.04

Aline Graziele Benitez — Bibliotecária — CRB-1/3129

[2021]
Todos os direitos desta edição reservados à
EDITORA SCHWARCZ S.A.
Praça Floriano, 19 — Sala 3001 — Cinelândia
20031-050 — Rio de Janeiro — RJ
Telefone: (21) 3993-7510
www.companhiadasletras.com.br
www.blogdacompanhia.com.br
facebook.com/editorazahar
instagram.com/editorazahar
twitter.com/editorazahar

Para
Tathiane, Miguel e Gustavo,
os melhores companheiros de quarentena do mundo.

Eu me tornei confortavelmente anestesiado.

DAVID GILMOUR E ROGER WATERS

Sumário

Introdução: A era das presidências interrompidas   11

1. "Os maiores violadores das leis"   27
A origem inglesa do impeachment e a reformulação
do presidencialismo norte-americano (sécs. XIV-XIX)

2. "Façam justiça e salvem a República!"   51
O impeachment no Brasil, da Primeira República (1889)
ao golpe militar (1964)

3. "Não me deixem só, eu preciso de vocês!"   84
Enfim, um impeachment: Fernando Collor de Mello (1992)

4. Escândalos e escudos   133
As tentativas frustradas de impeachments contra
Itamar Franco, FHC e Lula (1993-2010)

5. O impeachment fiscal   156
Acusação, julgamento e condenação de Dilma Rousseff (2015-16)

Epílogo: Um impeachment para Jair Bolsonaro   245

*Anexo I: Ritos do impeachment presidencial na Câmara dos Deputados
e no Senado Federal*   265

Anexo II: Lista de partidos citados 275

Anexo III: Indicações de leitura sobre impeachment 277

Agradecimentos 281

Notas 284

Bibliografia 339

Índice remissivo 367

Introdução

A era das presidências interrompidas

EM JANEIRO DE 2005, meu pai foi diagnosticado com um câncer que, silenciosamente, havia tomado conta de seu corpo inteiro. Um médico amigo da família nos explicou o cenário real sem meias palavras: "A vida do Sebastião se mede em meses, não em anos". O oncologista que visitamos na semana seguinte foi mais preciso: "Provavelmente, dois meses".

Dois meses era exatamente o tempo que faltava para meu casamento. Decidimos antecipar a cerimônia para tentar viabilizar sua participação. Meu pai ficou feliz com a antecipação: "Comemoraremos o casamento de vocês e em seguida eu posso focar no meu tratamento". Ao final da conversa, ele me pediu para incluir um último convidado na lista.

— Claro, pai. Quem?

— O Collor.

Meu pai foi admirador de Collor antes, durante e depois de seu breve mandato presidencial. A bem da verdade, ele tinha uma queda por políticos, digamos, controvertidos: na década de 1980, batizou um comércio da família de "Presidente Figueiredo"; em 1992, mesmo ano do impeachment de Collor, ele pegou um ônibus na rodoviária da cidade onde morávamos para vir até São Paulo despedir-se de Jânio Quadros em seu velório. Pouco tempo antes daquele último pedido que fez a mim, ele havia escrito uma carta a Collor expressando sua empolgada admiração pelo nosso ex-presidente, sentimento que o acompanhou até o fim da vida.

Collor respondeu à carta de meu pai com uma missiva breve, mas afetuosa. Assinou "F. Collor", grifando a própria firma escrita com um traço grosso e preto. Na minha cabeça de jovem noivo em frangalhos emocionais e pego no contrapé por um pedido absolutamente inusitado, aquela resposta provava que eram reais as chances de que o primeiro (e até então único) presidente de nossa história a sofrer um impeachment poderia mesmo aparecer em nosso casamento se fosse convidado. Em 2005, Collor era um político inexpressivo, filiado ao PRTB e sem cargo eletivo. Enquanto meu pai esperava uma resposta, eu imaginava Collor distribuindo santinhos e pedindo votos a nossos convidados, que tirariam fotos com ele para postar no Orkut.

PARA UM ADOLESCENTE NAQUELES ANOS de jovens com caras pintadas nas ruas, não era confortável ser a única pessoa do meu círculo social que ostentava uma fita verde e amarela na antena retrátil no capô do carro, nem o morador do único apartamento do prédio que atendera ao apelo do então presidente para que roupas nas cores da bandeira fossem penduradas nas janelas. No trânsito, na vizinhança e nos eventos familiares, perdi a conta de quantas vezes presenciei meu pai argumentando vigorosamente contra o impeachment de Collor, esbravejando contra o PMDB, o PT e os empresários que, segundo ele, queriam depor o presidente para não perderem privilégios de marajás. Na minha família, o debate "foi golpe"/"impeachment não é golpe" apresentado ao grande público na época do processo contra Dilma Rousseff foi uma reprise, não uma estreia.

A memória desses embates sempre me acompanhou como um estudioso do direito com particular interesse sobre o impeachment. Uma das missões elementares da ordem jurídica em um Estado moderno e democrático é disciplinar expressões de qualquer tipo de poder, especialmente de poder político. Para que o direito possa cumprir esse papel, é preciso que haja convenções mínimas, respeitadas por todas as partes mesmo em situações de polarização e crises, sobre procedimentos para a tomada de decisões em momentos de impasse, inclusive quanto à atribuição de responsabilidades por graves desvios de conduta. Também convém que haja um ambiente de diálogo possível sobre a natureza, as finalidades e o funcionamento das instituições que se formam a partir dessas convenções — uma das quais é o impeachment — que dão vida a nossa democracia.

Introdução

Nas situações em que impeachments são seriamente considerados, essas convenções e instituições são submetidas a duros testes de estresse. O ambiente de diálogo, que poderia conduzir a ganhos de compreensão sobre o instituto do impeachment, seu processo e os crimes que o fundamentam, é prejudicado, quando não eliminado. Mesmo um presidente muito impopular, contra o qual haja uma acusação bem fundamentada, contará com o apoio de pessoas que, seja por interesses (como muitos governadores que ficaram ao lado de Collor até o final de seu calvário), seja por convicção pessoal (como meu pai), estarão dispostas a defendê-lo até o fim, contra todas as evidências e recomendações de prudência política.

PARA QUE SEJA EFETIVADO, o impeachment precisa que o Congresso seja capaz de processar, condenar e afastar um presidente, por uma folgada maioria de ao menos dois terços na Câmara e no Senado, a despeito de todas as vantagens que o Executivo tem para a formação e manutenção de uma base política no Congresso. Mas, para não ser abusivo, ele deve limitar-se às hipóteses previstas em lei, observar ritos que podem fazer com que o processo se arraste por meses e transcorrer com mínima interferência de instituições estatais externas ao Congresso (como o Judiciário, as polícias e o Ministério Público).

Construir instituições e consolidar práticas que alcancem o fino equilíbrio entre essas duas tendências opostas é o principal desafio de calibragem do instituto do impeachment, para que ele esteja bem ajustado quando sua utilização for necessária — mas nesses contextos a tendência é que seus protagonistas concorram para descalibrá-lo, cada qual buscando derrotar a parte adversária. A invocação do truísmo de que "o impeachment é jurídico e político" muitas vezes é uma renúncia preguiçosa ao desafio que ele nos impõe: é uma proposição que diz pouco se não formos capazes de dizer quando ele deve ser uma coisa e quando deve ser a outra.

Nos primeiros escritos sobre impeachment presidencial, nos Estados Unidos do século XVIII, a ideia de "julgamento político" remetia ao padrão de conduta à luz do qual a autoridade contestada seria julgada. Na medida em que o impeachment acusa a autoridade de usar de modo abusivo os grandes poderes políticos que recebeu, causando danos sérios às instituições sociais muito importantes, seu julgamento precisaria distinguir usos próprios e impróprios desses poderes. Era assim que Alexander Hamilton explicava o que significa dizer que o impeachment é "político". Os ilícitos sujeitos à jurisdição do Senado, diz ele,

> são aqueles que procedem da má conduta de homens públicos ou, em outras palavras, do abuso ou violação de alguma confiança pública. Sua natureza pode ser denominada política, uma vez que eles se relacionam principalmente com prejuízos causados diretamente à própria sociedade.[1]

Hamilton está dizendo que o julgamento de um impeachment passa por avaliar se um presidente usou ou não os poderes de seu cargo de modo impróprio. Esse juízo necessariamente trabalhará com padrões de boa ou má conduta política, aferidos a partir de costumes políticos e parâmetros de moralidade pública, vigentes através das leis, dos costumes históricos e das práticas políticas da própria comunidade. Essa foi uma das razões pelas quais a competência de julgamento acabou alocada no Senado: no século XVIII especialmente, senadores eram via de regra homens com longo histórico de vida pública, que supostamente conheceriam o ofício da política e poderiam responder, pela sabedoria acumulada em sua longa vivência junto ao centro do poder, se o presidente teria ou não cruzado uma linha intransponível no desempenho de suas funções. Trazendo essa lição para o cenário brasileiro, uma acusação bem fundamentada de impeachment deve ser capaz de enunciar claramente qual padrão de moralidade política foi violado pela autoridade acusada, para então articular essa violação com as bases legais do impeachment, isto é, os crimes de responsabilidade definidos na lei nº 1079/1950.

Pensemos no caso de Fernando Collor de Mello. Se eu pudesse voltar no tempo e tentar convencer meu pai de que Collor de fato merecia o impeachment que sofreu, eu diria a ele que ninguém precisa ser jurista ou cientista político para reconhecer que um presidente não deve permitir que um traficante de influências venda favores em seu governo e depois beneficie esse

Introdução

mesmo presidente e sua família com vantagens materiais. Tampouco é necessária qualquer formação técnica para entender que a defesa do presidente não deve mentir ou forjar documentos para tentar se safar nas investigações de uma CPI. Foi isso que Collor fez, e por isso foi acusado e condenado: por ter sabido que PC Farias praticava crimes em sua administração sem tomar providências efetivas para impedi-lo disso, foi enquadrado no crime de permitir, ainda que tacitamente, a infração de lei federal de ordem pública (art. 8º, n. 7); e pelas mentiras, fraudes e dissimulação, foi enquadrado no dispositivo da lei nº 1079 que pune o comportamento indigno, indecoroso e incompatível com a dignidade da presidência da República (art. 9º, n. 7).

Uma boa acusação de impeachment precisa não apenas de um governo impopular, ou que cometa erros políticos e econômicos, ou que esteja sendo alvejado por fortes grupos de interesses, ou mesmo que aja em desacordo com uma ou outra determinação legal: ela exige o enquadramento da conduta presidencial como um caso de vilania política exemplar, que leve à conclusão de que o presidente não só está despido da confiança política para exercer os grandes poderes inerentes ao cargo como incorre em um dos crimes da Lei do Impeachment.

Em sentido oposto, o componente "político" do julgamento de crimes de responsabilidade de modo algum autoriza o Congresso a acusar e condenar um presidente por aquilo que a maioria parlamentar bem quiser, aproveitando-se de uma janela de oportunidade decorrente de baixa popularidade ou desorganização da base política presidencial. Ainda assim, em ambientes de competição política radicalizada, e presentes as condições favoráveis à remoção de um presidente (escândalos políticos, manifestações populares, mau desempenho econômico, cobertura midiática desfavorável), é bastante possível que a oposição tente afastá-lo mesmo sem bases legais.

A ANIMAÇÃO E A PUJANÇA de grandes protestos de rua nos impeachments de Collor e Dilma, expressões singulares de engajamento político da população, podem passar a impressão equivocada de que o processo de remoção de um presidente é uma grande festa da democracia — uma espécie de micareta cívica que acontece, ao menos na América Latina, de tempos em tempos, no clima de alegria que nos é próprio.

Embora a condenação de um presidente acusado de crimes de responsabilidade venha sempre acompanhada da euforia de seus adversários, devemos ter clareza de que impeachments são processos institucionalmente traumáticos, que deixam feridas que demoram a ser curadas. Quando Richard Nixon renunciou à presidência dos Estados Unidos para escapar à cassação, um dos primeiros atos de seu sucessor, Gerald Ford, foi agraciá-lo com perdão presidencial, para enterrar de vez o clima de hostilidade e antagonismo visceral entre seus apoiadores e detratores. Ainda que os Estados Unidos sejam uma democracia madura, e que fossem indubitáveis os fundamentos jurídicos da acusação contra Nixon, seu processo de impeachment deixou um gosto de fel, mesmo com a renúncia que abreviou o desfecho.

Mas, quando o impeachment se mostra necessário, por ser a única forma eficaz para coibir crimes de responsabilidade cometidos por um presidente incapaz de ser contido por outros meios, não há lugar para vacilação: o processo deve ser acionado e suas dores devem ser suportadas, para que o país possa seguir seu rumo. Presidentes atavicamente propensos à violação da Constituição, das leis e das convenções políticas e cívicas mais básicas de uma nação transformam seus mandatos em uma gincana permanente de freios e contrapesos.

A despeito dos custos políticos e sociais inerentes a um processo de impeachment, mesmo quando bem fundamentado, é preciso ter clareza de que deixar de usá-lo quando necessário também traz ônus consideráveis. As tarefas principais do Legislativo e do Judiciário não podem se resumir a exercer contenção contra um presidente que viola preceitos legais e pratica abusos de poder por gosto e por estratégia. Há muitas maneiras de se agredir a integridade da presidência da República, uma das quais é apequenar seu poder e capacidade de liderança política por meio da construção de jurisprudência e de padrões de relacionamento com o Congresso que desfavoreçam o Executivo. Não faz sentido abrir mão do impeachment para preservar a presidência da República se a condição para tanto for reduzir o Poder Executivo a um canil para contenção de um delinquente político contumaz, cujos adestradores sejam parlamentares e juízes. Isso diminui a presidência a pretexto de preservá-la.

NEM MEU PAI nem Fernando Collor de Mello estiveram presentes em nosso casamento. E não é difícil adivinhar como meu pai se posicionaria quanto ao impeachment de Dilma: "Rafael, ao contrário do Collor, não foi golpe" (Collor disse coisa semelhante ao votar pela condenação de Dilma no Senado.) Quando a saudade aperta, além das boas memórias, conforto-me pensando nas muitas conversas que nós dois não tivemos sobre Jair Bolsonaro.

De tigre de palha a ameaça permanente

Há não muito tempo, um país da América do Sul elegeu para presidente da República um candidato que disputou a eleição com uma bandeira de oposição ao establishment político e de proximidade com o povo. Sua campanha foi marcada por discursos virulentos contra "a elite". Seus comícios eram espetáculos de simbiose com a plateia. Por seu comportamento antiprotocolar, ganhou dos apoiadores o apelido de "O Louco".

No exercício da presidência, "O Louco" seguiu agindo de modo excêntrico, provocativo, escandaloso. Fazia "showmícios" com artistas que o apoiavam e envolveu-se com cartolagem futebolística, tentando trazer Maradona para jogar ao menos uma partida por seu time de coração. Mesmo vestindo a faixa de presidente, não abriu mão da grosseria política como estratégia: atacava autoridades com linguagem chula e relacionava-se com o Legislativo sempre na base do confronto.

"O Louco" nunca fora apreciado pelas elites econômicas, que o tomavam por um populista demagogo. Seu comportamento presidencial hostil logo lhe rendeu a antipatia da imprensa. Ao propor uma política econômica austera e penosa para os trabalhadores mais pobres, alienou as centrais sindicais e tornou-se impopular nas classes mais baixas. Sua grosseria descompensada afastou progressivamente a classe média urbana. Denúncias de corrupção em vários ramos da administração pública, embora não fossem novidades no país, foram perenes em sua breve administração.

Quando as ruas se encheram de manifestantes, o Congresso aproveitou a oportunidade. Abdalá "El Loco" Bucaram foi afastado da presidência do Equador após uma sessão-relâmpago do Congresso. Seu apelido de campanha ganhou tons de profecia: Bucaram foi condenado por uma suposta inaptidão mental para o exercício das funções presidenciais. Seu mandato durou breves seis meses, de agosto de 1996 a fevereiro de 1997.[2] Ele fugiu para a Cidade do Panamá logo após sua destituição parlamentar, e desde então tenta voltar à política equatoriana: em 2020, dois dias após anunciar sua intenção de concorrer à presidência da República novamente, foi preso acusado de envolvimento no assassinato de uma testemunha-chave em uma grande investigação de corrupção.[3]

A HISTÓRIA DE ABDALÁ BUCARAM É SINGULAR o suficiente para ser pitoresca, mas ao mesmo tempo comum o bastante para ilustrar um padrão daquilo que Aníbal Pérez-Liñán chamou de "a nova instabilidade política" na América Latina.[4] A previsão constitucional de um rito emergencial para a remoção de presidentes que abusam de seu poder e ameaçam a integridade das instituições, importada da Constituição dos Estados Unidos da América, de 1787, tornou-se, nas últimas décadas, ela própria objeto de preocupação, por seu uso abusivo. Instabilidades políticas, impopularidade e grandes crises econômicas, que antes redundavam em golpes militares, fugas, assassinatos e suicídios, deságuam agora na doce violência de um processo que busca mimetizar as formas de um julgamento mas que tem na política o carvão de sua fornalha. Por outro lado, líderes políticos que antes abusavam impunemente de seus poderes para perseguir adversários e obter benefícios pessoais passaram a conviver com a perene ameaça de responsabilização política pelo Legislativo, por meio de um rito que muitas vezes implica, além da perda do cargo, infâmia política insuperável.

Introdução

O caso de Abdalá Bucaram é particularmente exemplar por expor o abuso não apenas dos fundamentos do impeachment (Bucaram era excêntrico, mas seguramente não era "mentalmente incapaz" no sentido próprio do termo), mas também do rito desse processo, que jamais foi concebido para se resumir a uma votação-relâmpago no Congresso. Em nosso continente, não é difícil encontrar outros casos de impeachment presidencial que geram desconfiança por sua legitimidade: em 2012, o paraguaio Fernando Lugo foi retirado da presidência após um processo que durou apenas dois dias, sob acusação de uma série de malfeitos e incompetências no exercício do cargo.[5] Mais recentemente, em novembro de 2020, o presidente do Peru, Martín Vizcarra, foi afastado após acusação de "incapacidade moral permanente" para a função por, conforme um delator, ter recebido propina antes de haver se tornado presidente — algo estranho à lógica do impeachment: o instituto não é instrumento para devassa na vida pregressa de políticos, mas apenas uma proteção emergencial contra aqueles que se mostram irremediavelmente perigosos no exercício da função presente. Foi a segunda investida parlamentar contra Vizcarra, que em setembro de 2020 havia conseguido sobreviver a uma primeira acusação.

O Brasil não foge à regra de seus vizinhos de continente. Desde o início da vigência da Constituição de 1988 até meados de abril de 2021, havia o impressionante registro de mais de trezentas[6] denúncias por crimes de responsabilidade, que podem dar início a processos de impeachment, oferecidas contra presidentes da República.[7] Os fatos que as motivaram iam desde o pitoresco, como a noitada carnavalesca de Itamar Franco ao lado da modelo Lilian Ramos em 1994, aos grandes escândalos políticos das últimas décadas brasileiras: as acusações contra Collor pelo envolvimento com o traficante de influências PC Farias; contra Fernado Henrique Cardoso pela compra de votos para a emenda da reeleição e pela "Operação Abafa" para impedir investigações contra seu governo; contra Lula pela compra de apoio político no Congresso através do "mensalão"; contra Dilma pela corrupção na Petrobras, e contra Jair Bolsonaro pelos atentados à saúde pública praticados durante a pandemia de covid-19. Os desfechos das denúncias também foram variados: duas delas levaram à condenação das autoridades denunciadas, Collor e Dilma, embora apenas o primeiro tenha ficado inelegível pelo período de oito anos, como manda a Constituição, e 194 acabaram arquivadas antes de passarem à etapa da comissão especial de impeachment na Câmara. Já as 64 denúncias apresentadas contra Jair Bolsonaro até janeiro de 2021 dormitaram nas gavetas do deputado Rodrigo Maia durante seu último mandato como presidente da Câmara dos Deputados.

Embora os impeachments tenham ganhado protagonismo com o fim de nossa última ditadura e a redemocratização pós-1988, a história do instituto no Brasil não começou com o caso Collor. A primeira lei brasileira a prever crimes de responsabilidade de presidentes da República, o decreto nº 30, de 8 de janeiro de 1892, foi o estopim para a crise parlamentar que levou à renúncia de nosso primeiro presidente, o marechal Deodoro da Fonseca. Na tumultuada década de 1950, uma denúncia de crime de responsabilidade por, entre outras coisas, abertura de créditos extraordinários sem previsão orçamentária (semelhante a uma das acusações que derrubaria Dilma Rousseff mais de seis décadas depois) integrou o cerco político e jurídico engendrado pela oposição contra Getúlio Vargas. Em 1955, uma espécie de rito sumaríssimo de impeachment, chamado por seus defensores de "impedimento", foi usado para afastar tanto Café Filho, vice de Vargas que assumira o cargo após seu suicídio, quanto Carlos Luz, presidente da Câmara dos Deputados que tomou o lugar de Café Filho. Ambos foram afastados sem qualquer denúncia por crime de responsabilidade: não houve processo, nem defesa, ou mesmo acusação de que tivessem praticado crime algum. Vem da mesma década a lei nº 1079/1950, que ainda hoje define os crimes de responsabilidade de presidentes e outras autoridades, se bem que o rito nela previsto tenha sido ajustado à Constituição de 1988 por decisões do Supremo Tribunal Federal (STF) em meio aos processos de Fernando Collor de Mello e Dilma Rousseff.

Além de um informativo, e por vezes divertido, passeio pelas muitas polêmicas envolvendo os presidentes brasileiros ao longo de nosso passado recente, a história dos impeachments presidenciais no Brasil diz muito sobre como nossas instituições são capazes de suportar turbulências polí-

Introdução

ticas provocadas por embates entre o presidente e o Congresso, por crises econômicas e debacles de planos de governo, por escândalos de variadas origens e quedas de popularidade do mais importante agente político da nação. O caráter híbrido do impeachment, que sempre navega com um pé na canoa da política e outro na canoa do direito, faz dele um objeto privilegiado para quem se interessa por entender se, de que maneira e até que ponto os institutos jurídicos são capazes de disciplinar os maiores conflitos políticos de uma nação, impondo limites e regrando as condutas de poderosas forças antagônicas. Dessa capacidade depende, afinal, a existência de uma democracia estável, que não esteja sob permanente ameaça de quarteladas ou parlamentadas, nem tampouco condenada a sucumbir caso um tirano vença uma eleição.

AO MENOS PARA NÓS DO DIREITO, *O impeachment: Aspectos da responsabilidade política do presidente da República*, de Paulo Brossard de Souza Pinto, é o mais importante livro sobre o processo jurídico-político de remoção de presidentes em decorrência da prática de crimes de responsabilidade já escrito no Brasil. Brossard, gaúcho adversário de Getúlio Vargas, cresceu em uma cultura política de oposição à supremacia política do Poder Executivo. Em seu memorável trabalho, publicado em 1965, ele detalhou a origem do impeachment, sua relação com nossos "crimes de responsabilidade" do regime imperial (1824-1889), sua incorporação por nossa primeira Constituição republicana, em 1891, sua aplicação a governadores e prefeitos e ainda a jurisprudência brasileira até então dominante sobre o tema. Mas seu capítulo final, "Que vale o impeachment?", é melancólico: o autor conclui que o impeachment é "lerdo em demasia", contribui para o agravamento das crises que deveria resolver e não guarda compasso com nossas realidades sociais. Em coro com Rui Barbosa, que revelara sua descrença no instituto já na Primeira República, apelidando-o de "tigre de palha" e "canhão de museu",[8] Brossard conclui seu livro chamando o impeachment de "letra morta",[9] isto é, um instituto que só existe no papel, mas não opera na realidade.

Brossard faleceu em 12 de abril de 2015, um ano e cinco dias antes de a Câmara dos Deputados autorizar o Senado Federal a instaurar o processo para que Dilma Rousseff respondesse pelas acusações que acabariam por removê-la do cargo. Se não chegou a ver o impeachment em ação em 2016, o constitucionalista gaúcho acompanhou-o de uma posição privilegiada em 1992, quando era ministro do STF: participou dos julgamentos de diversos mandados de segurança impetrados pela defesa do então presidente Fernando Collor de Mello, ocasiões em que reafirmou suas convicções doutrinárias expressas no livro de 1965 (como a respeito da impossibilidade de o STF interferir no rito definido pelas casas legislativas), muitas vezes ficando vencido pela maioria do tribunal.

A obra de Brossard também tinha pretensões comparativas, que serviam para reforçar seus lamentos de meados do século passado. Nem a Argentina, nem os Estados Unidos, países que foram importantes inspirações para nosso desenho de impeachment presidencial, tinham precedentes de condenação de chefes de Estado. A não ser pelo Panamá, onde José Ramón Guizado foi condenado e afastado do cargo em 1955, nenhum país da América Latina, continente onde o presidencialismo tornou-se hegemônico, e cujas constituições invariavelmente previam a possibilidade de impeachment, registrava qualquer caso bem-sucedido de acusação, condenação parlamentar e remoção presidencial até a década de 1960. Havia, é claro, remoções, mas por outras vias: os velhos golpes de Estado, as ameaças que impunham fugas, ou até mesmo suicídios (como no caso de Getúlio Vargas) e assassinatos. O presidente do Panamá era apenas a exceção que confirmava a regra.

A história política do nosso continente após o período das redemocratizações, a partir da década de 1980, mudou esse quadro. Desde então, a América Latina passou a viver o que se pode chamar de era dos impeachments. Com golpes de Estado proscritos pela parte mais expressiva da cultura política interna de países recém-saídos de ditaduras, bem como pela comunidade internacional, raramente o continente viveu um ano sem um impeachment consumado, ou ao menos a ameaça séria de um. Presidentes foram condenados e removidos de seus cargos, por crimes de responsabilidade ou incapacidade, duas vezes no Brasil, no Equador e no

Introdução   23

Paraguai; e uma vez na Venezuela, na Guatemala[10] e no Peru.[11] A esses
se somam os casos de outros tantos mandatários que renunciaram para
escapar à condenação, com a infâmia e a perda de direitos políticos que
normalmente vêm junto. "Tigre de palha" e "letra morta", definitivamente,
o impeachment já não é mais.

PARA CIENTISTAS POLÍTICOS, a onda de impeachments na América Latina
suscitou duas ordens de preocupações distintas. Em um primeiro momento, houve um esforço para compreender a realidade do fenômeno e
investigar suas causas: por que impeachments, antes desdenhados em sua
eficácia por seus mais entusiasmados defensores, passaram a ter aplicação
tão corriqueira? Quais fatores explicavam essa nova realidade? Esse esforço
valeu-se de ferramentas comparativas, investigando os diferentes modelos
de regramento do instituto nas muitas constituições nacionais que o previam: que tipos de condutas podem fundamentar uma acusação que leve
a um impeachment? Essas condutas são definidas na Constituição, em lei
especial, ou são deixadas em aberto? A quem cabe acusar? A quem cabe
julgar? Qual maioria é necessária para se chegar a uma condenação? Qual
é o papel do Poder Judiciário nos processos de impeachment? E assim por
diante.[12] Em um segundo momento, diante da onda de sucessivos impeachments, uma preocupação de risco democrático entrou na pauta. Autoras
e autores passaram a se perguntar então se o impeachment, festejado por
permitir a solução de crises políticas extremas sem quebra de regimes
constitucionais, não era ele próprio um fator de desestabilização para jovens democracias, ou ao menos um sintoma de instabilidades inerentes ao
presidencialismo latino-americano.[13]

No Brasil, a literatura voltou-se a problemas específicos de nossa configuração institucional e social. Uma primeira dúvida, talvez a principal,
era saber de que modo o impeachment funcionaria em um cenário de alta
fragmentação partidária, no qual presidentes são muito dependentes de
coalizões para conseguir governar. O impeachment já de nosso primeiro
presidente eleito sob a Constituição de 1988 foi um precioso experimento
para responder a essa pergunta.[14] Uma segunda questão importante era

avaliar quais condições sociopolíticas levaram à perda de apoio político quando Fernando Collor de Mello e, mais recentemente, Dilma Rousseff acabaram removidos do cargo.[15]

Se considerarmos o truísmo de que o impeachment é um fenômeno tanto jurídico quanto político, essa literatura dá conta do aspecto político do instituto, mas não do jurídico. Essa lacuna é um problema, pois as determinantes sociais e políticas que levam à remoção legal de um presidente da República não se confundem com suas condições de legitimidade jurídica. Crimes de responsabilidade e os ritos dos processos que podem levar à condenação de uma autoridade são previstos em constituições e leis brasileiras há muito tempo, tendo motivado tanto decisões importantes do STF quanto reflexões clássicas de juristas, como os já citados Paulo Brossard e Rui Barbosa. A despeito disso, o pensamento jurídico sobre o impeachment foi escasso nas primeiras quase três décadas de nosso regime constitucional. Apenas quando a acusação contra Dilma Rousseff tomou impulso, a partir de meados de 2015,[16] nós juristas nos demos conta de que a produção de nossa área deixava em aberto questões centrais do instituto e de seu processo. À exceção de alguns poucos artigos publicados na época de Collor, que foi um caso que nos desafiou pouco, não havia suficiente reflexão jurídica acumulada sobre pontos básicos do impeachment: qual o papel do presidente da Câmara dos Deputados no recebimento da denúncia e na definição do rito de votação da casa? O Senado pode recusar-se a abrir um processo aprovado pela Câmara? A condenação da autoridade acusada importa automaticamente inabilitação por oito anos, como parece sugerir a literalidade da Constituição de 1988, ou é possível aplicar inabilitação por tempo menor, ou mesmo não aplicar inabilitação alguma, como ocorreu com Dilma Rousseff? Qual a diferença entre "crimes de responsabilidade" e os crimes comuns previstos no Código Penal, como a corrupção e o peculato? Todas essas questões nos pegaram de surpresa em 2016. Não deveria ter sido assim: a era das presidências interrompidas na América Latina, o histórico de Collor no Brasil e as evidências de crescente fragmentação política no Congresso recomendavam que tivéssemos dedicado reflexões mais perenes ao impeachment presidencial.

Introdução

Esse cenário contrasta com o que se observa, por exemplo, nos Estados Unidos, país de onde importamos nosso modelo de responsabilização política de presidentes. Embora nenhum presidente norte-americano jamais tenha sido removido por força de condenação por *high crimes and misdemeanors* (os "crimes de responsabilidade" da Constituição deles), a produção jurídica sobre o impeachment é abundante por lá. O tema mobiliza tanto professores contemporâneos de direito constitucional, muitos dos quais publicaram trabalhos recentes motivados pelos perigos da presidência de Donald Trump,[17] quanto obras de referência sobre o impeachment de autoridades federais em geral.[18] Além dessa literatura dogmática, há diversos trabalhos históricos sobre processos desde as origens do instituto, no direito medieval inglês, até as primeiras acusações de autoridades federais nos Estados Unidos, no século XIX.[19] As vantagens de uma cultura jurídica com estoque de conhecimento sobre o tema, produzido em contextos históricos variados, são evidentes: o acúmulo de reflexão aumenta a segurança, reduz a margem para arbítrios e agrega confiabilidade ao resultado final do processo que seja conforme a uma doutrina decantada pelos anos.

Este livro oferece uma pequena contribuição para suprir essa lacuna, por meio de um relato abrangente sobre o surgimento e a evolução do impeachment presidencial até seu estágio atual no Brasil. É uma espécie de biografia do instituto: começa com seu nascimento na Inglaterra medieval, percorre sua transição para o presidencialismo na constituição norte-americana de 1787 e chega até as constituições brasileiras. A maior parte do livro dedica-se ao Brasil, narrando acusações a diversos presidentes — umas bem-sucedidas, outras não — e os contornos que o impeachment adquiriu em nossa cultura jurídica, seja pelos entendimentos de juristas e advogados, seja pela atuação das instituições estatais que protagonizam essa história em nosso país: a Câmara dos Deputados, o Senado e o Supremo Tribunal Federal. Essa história tem início há mais de seiscentos anos, quando um lorde inglês aceitou, em nome de um rei velho e doente, um alto empréstimo para custear uma guerra longa e cara — e acabou preso por isso.

São Paulo, abril de 2021

1. "Os maiores violadores das leis"

EM MAIO DE 1376, Peter de la Mare, um cavaleiro do condado de Herefordshire, Inglaterra, foi recebido em audiência por John de Gaunt, quarto filho do rei Eduardo III. De Gaunt administrava, de fato, o dia a dia da Coroa inglesa, pois seu pai era, a essa altura, um homem já idoso e afastado da vida pública. De la Mare fora à reunião parlamentar entre nobres e a Coroa, convocada em nome do rei, para protestar contra um recente aumento de impostos sobre a lã,[1] instituído para financiar esforços militares em meio à Guerra dos Cem Anos (1337-1453).[2] O cavaleiro alegava que a incúria e a desonestidade de alguns conselheiros reais causavam gastanças sem fim e forçavam o rei a aumentar sucessivamente os impostos. Se a Coroa afastasse prontamente essas más autoridades, disse ele, os recursos já arrecadados seriam bastantes para financiar muitas guerras.

O filho do rei indagou do cavaleiro quem seriam os tais oficiais desonestos. De la Mare então nomeou dois culpados. O primeiro, Richard Lyons, era um rico homem de negócios. Segundo a acusação, Lyons adiantara 20 mil marcos ao rei, mas receberia 30 mil ao final do pagamento das parcelas — que seriam reembolsadas, claro, mediante arrecadação de mais impostos.[3] O empréstimo real havia sido aprovado pelo quarto barão de Latimer, a segunda autoridade acusada. Como chefe de um pequeno conselho que cuidava das finanças reais, Latimer era encarregado das receitas e despesas da Coroa. O queixoso acusou-os de agirem em conluio para agravar as finanças reais pela contratação daquele empréstimo escorchante, bem como de desviar parte do valor emprestado, ao não empregá-lo nos esforços militares para os quais haviam sido arrecadados.

Lord Latimer estava presente na sessão parlamentar em que Peter de la Mare fez suas acusações. Seu primeiro revide foi quanto ao procedimento: ele disse que responderia à denúncia levada a público pelo cavaleiro desde que algum de seus acusadores a formalizasse em nome próprio. Havia um componente intimidatório nessa estratégia: uma acusação formal não provada contra um lorde sujeitaria seu acusador a pesadas penas pela infâmia causada. Mas De la Mare não mordeu a isca jogada pelo barão: insistiu que a acusação não partia de um indivíduo, mas sim dos representantes do povo em seu conjunto.

Respondendo às acusações no improviso, Latimer não conseguiu convencer seus pares de nobreza: foi sumariamente condenado, como era de praxe. O acusado pleiteou então um adiamento da decisão, para que ele pudesse ao menos preparar uma defesa adequada e reunir provas de sua inocência. Foi atendido,[4] mas de nada adiantou: em 1376, juntamente com seu cúmplice, Richard Lyons, Lord Latimer foi condenado à prisão e à perda do cargo pelos lordes reunidos em parlamento.

O caso de Latimer e Lyons é seminal para o instituto do impeachment por diversas razões. Até então, era inédita uma acusação formulada pelo conjunto dos representantes do povo (os *commons*) contra desmandos de uma alta autoridade.[5] Foi também a primeira ocasião em que uma espécie de líder dos *commons* — isto é, um *speaker*,[6] que no caso foi Peter de la Mare — havia sido eleito para falar em nome de todos, detalhando acusações contra um nobre que exercia função oficial na administração da Coroa. Tampouco era praxe a concessão de prazo de defesa ao acusado para responder a imputações de má conduta oficial, o que emprestou ao rito ares de julgamento,[7] mais do que de simples deferência a um clamor popular. Na cultura da *common law* (ou "do direito comum"), essas pequenas inovações implicavam o reconhecimento de direitos que valeriam dali em diante: aos *commons*, o direito de acusar, em parlamento, os maus agentes da Coroa pelo exercício impróprio de suas funções; aos nobres, reunidos em parlamento, o direito de julgarem seus pares nessas situações; e à autoridade acusada, o direito de se defender das imputações que sofria.

"Os maiores violadores das leis"

O JULGAMENTO DE LATIMER E LYONS FOI a primeira ocasião na qual os registros parlamentares usaram o verbo *impeach*.[8] A bem da verdade, o termo documentado nos rolos do Parlamento é *empeschez*, palavra nascida de uma mistura do francês normando com o inglês arcaico. Desde o reinado de Guilherme, o Conquistador, iniciado em 1066, e ao menos até o reinado de Carlos II (1630-85), a literatura jurídica inglesa era escrita ou em latim, ou em um dialeto profissional anglo-francês, o *Law French*, "uma língua artificial, jamais usada fora dos tribunais ingleses".[9] *Empeschez* (também grafado *empecher* ou *empeschen*) significava "acusar", "denunciar".[10] Na tradução para o inglês vivo do século XIV, o verbo tornou-se *impeach*, mas reteve seu significado original: Edward Coke, notável jurista dos séculos XVI-XVII, definiu-o como "impugnação", "contestação", "desafio".[11]

O impeachment medieval inglês encapsulava a tensão que acompanha o constitucionalismo britânico ao menos desde a invasão normanda do século XI: de um lado, o jugo normando (*Norman yoke*), que afirmava um poder monárquico imposto de cima para baixo, com todo o peso da hierarquia feudal; de outro, o legado saxão (*gothic bequest*), um conjunto de práticas políticas costumeiras observadas desde tempos imemoriais, de base comunitária e reverentes a certas liberdades políticas fundamentais.[12] A acomodação dessas forças antagônicas contribuiu para a emergência da chamada teoria do governo misto,[13] imaginada a partir da combinação de três tipos de governo descritos na *Política* de Aristóteles (o governo por um, por poucos ou por muitos). Essa teoria descrevia (e defendia) um delicado equilíbrio institucional que acabaria por se confundir, a partir do século XVI, com a própria essência da organização política da Inglaterra.[14]

A teoria do governo misto acomodava os principais personagens sociais da paisagem política inglesa e atribuía a cada qual certas origens e papéis. O rei e a rainha (governo por um), personificações da soberania, eram determinados por direito hereditário;[15] os lordes (governo por poucos), alguns dos quais também autoridades religiosas, eram originalmente detentores de terras em regime de baronato (*per barones*),[16] e tinham o direito de se reunir com o monarca em grandes audiências, os parlamentos (*parlement*), para discutir assuntos prementes do reino. Essa participação era inicialmente a convite, mas tornou-se direito adquirido com o passar do tempo. Outros atores sociais com alguma força política, como pequenos possuidores de terra, cavaleiros e escudeiros, eram, de início, meros espectadores das reuniões parlamentares.[17] A luta pelo protagonismo parlamentar desses "comuns" (*commons*), que responde pelo "governo de muitos", tem uma longa história na Inglaterra e é um movimento ainda hoje em curso.[18]

A cosmologia do universo político inglês forjou-se no milenar percurso de reconhecimentos, concessões e aquisições de direitos mutuamente admitidos entre esses atores. Nessa jornada ganharam corpo suas principais instituições, a Coroa e o Parlamento, este último composto pela Câmara dos Lordes e pela Câmara dos Comuns. O impeachment é um ramo dessa árvore frondosa, que cresceu com força em solo inglês entre os séculos XIV e XVII.

O poder do Parlamento sobre os preferidos do rei: do século XIV à era Tudor

Embora o caso de Lord Latimer seja considerado o primeiro impeachment inglês, ele não foi a primeira reclamação dirigida a um rei por abusos de altos oficiais de governo. John Lee, administrador da casa real (Royal Household) de Eduardo III,[19] fora acusado em 21 de maio de 1368 de abuso de poder e perseguição contra desafetos.[20] Ao contrário do que aconteceria no caso de Latimer oito anos depois, Lee não ganhou tempo para preparar uma defesa detalhada. Sem conseguir convencer os lordes, que o julgaram de imediato, acabou preso na terrível Torre de Londres. Cinco séculos depois, em 1867, nos estudos preparatórios para o processo de impeachment contra o presidente Andrew Johnson, dos Estados Unidos, o Comitê Judiciário da Câmara dos Deputados descreveu com horror aquele caso, pintando-o como exemplo de injustiça motivada por picuinhas políticas.[21] A condenação de Lee serviu-lhes, como antítese, para reafirmar uma das características que marcaram a evolução do impeachment: a preocupação em não o reduzir a um simples rito de vendeta política, procurando dar-lhe, tanto quanto possível, características de um julgamento, com delimitação de uma acusação legalmente fundamentada e um veredicto segundo fatos provados e interpretação legal consistente.

Ainda no século XIV, mais dois casos diferentes de impeachment, um contra um conde (*lord*), outro contra um cavaleiro (*common*), contribuíram para afirmar outras características distintivas do instituto. Os condenados foram Michael de la Pole, o primeiro conde de Suffolk (1386),[22] e o cavaleiro Thomas Talbot (1394). Ambos os casos giraram em torno do conceito jurídico de "traição", o crime político por excelência.

Na linguagem jurídica inglesa do século XIV, havia um vocábulo especial para designar os ilícitos especialmente graves: *misprisions* (do francês *mesprison*, "erro"). Os crimes referiam-se não à simples incompetência ou omissão, mas sim ao mau comportamento intencional de uma autoridade no cumprimento de seus deveres.[23] Com o passar do tempo, a prática agregou novos conteúdos ao conceito, e ele se tornou um gênero que compreendia várias espécies de crimes políticos. No tratado de William Blackstone, *Commentaries on the Laws of England*, essa taxonomia aparece com clareza: "*misprisions*", diz ele, "são ofensas tão elevadas contra o rei e o governo que beiram o grau de capitais".[24] Compreendiam, entre outras, a traição (*treason*) e os altos delitos (*high misdemeanors*). Para estes últimos, cabia o impeachment pelo Parlamento, isto é, a acusação pelos *commons* e o julgamento pelos lordes. Na época de Suffolk e Talbot, porém, essas distinções não eram tão apuradas. Falava-se ora de *misprision*, ora de *treason*, ora ainda de *misprision of treason*.[25] Assim, a acusação em um impeachment era basicamente uma acusação por traição ou por algo de gravidade comparável a uma traição: uma séria violação da confiança que a Coroa havia depositado na pessoa ao fazer dela uma autoridade que exercia poderes em nome do monarca.

Se a traição era a régua de gravidade para o impeachment de uma autoridade da Coroa, era preciso determinar no que propriamente ela consistia. Em uma interpretação restritiva, o conceito jurídico de "traição" exigia que houvesse alguma forma de ataque direto a membros do núcleo próximo da família do monarca. Uma lei de 1352, o Great Treason Statute, deixava claro que a traição ocorria quando houvesse atentados contra o "rei", a "sua senhora a rainha", e "seu filho mais velho e herdeiro".[26] Lord Latimer, por exemplo, havia sido condenado por violar o patrimônio e a confiança do rei. Segundo essa interpretação, o conde de Suffolk e o cavaleiro Thomas Talbot só poderiam ser condenados se seus acusadores comprovassem alguma forma de ataque pessoal ao monarca.

A implicância contra o conde de Suffolk vinha desde a reunião do Parlamento do ano anterior (1385), quando o rei Ricardo II e seus mais próximos conselheiros, um dos quais o próprio Suffolk, tinham sido alertados para o estado precário das finanças do reino. Em 1386, porém, a Coroa propôs um novo aumento de impostos para custear os esforços da guerra contra a França. Foi a gota d'água para a acusação contra o conde, a quem se imputou parte da culpa pela situação financeira desfavorável do rei, porque ele havia comprado terras da Coroa.[27] Para seus adversários, o acusado deixara Ricardo II mais pobre e vulnerável, enquanto seu dever de conselheiro real era ajudá-lo a ficar mais rico e mais forte. Logo, diziam seus detratores, o conde de Suffolk havia rompido uma promessa que integrava os termos de sua especial relação com o rei, o que equivalia a uma quebra de confiança análoga à traição.[28]

Dúvida semelhante houve em 1394, no impeachment de Thomas Talbot, cavaleiro do condado de Cheshire. Talbot liderara uma revolta na primavera daquele ano contra um tratado de paz que Ricardo II negociava com a França. Os revoltosos ergueram-se contra os duques de Lancaster e Gloucester, a quem acusavam de aconselhar mal o rei nas tratativas com os franceses. Para alguns, possivelmente a insurreição liderada por Talbot tinha razões classistas: a região de Cheshire tinha na guerra uma importante fonte de renda, pois fornecia grande parte dos combatentes para as campanhas militares do século XIV.[29] Para outros, os rebeldes genuinamente protestavam contra os termos do tratado desfavoráveis ao reino inglês.[30] De qualquer maneira, a falta da pessoalidade do ataque à família real era ainda mais explícita no caso de Talbot: se o crime de traição exigia um atentado contra o rei, a rainha ou seu herdeiro, como se poderia dizer

"Os maiores violadores das leis"

que o delito fora cometido num levante contra dois duques, ainda mais em nome dos interesses da Coroa?

Para se libertar dos limites do Treason Act, com sua rígida exigência de ofensa direta e pessoal ao rei, os lordes sustentaram que a condenação se fundamentava em exercício de um poder baseado não na lei de 1352, mas em costume imemorial (*common law*) do reino,[31] uma vez que julgamentos por traição já existiam antes daquele estatuto. Para os lordes, o objetivo da lei era conter "os juízes", isto é, outros foros do reino, mas jamais o próprio Parlamento, que dispunha de um poder ilimitado para reconhecer e condenar novas modalidades de traição caso a caso.

Essa definição foi muito importante para a eficácia do impeachment nos anos seguintes. Ao se afirmar a natureza judicial do poder exercido naqueles julgamentos, estava logicamente afastada a natureza legislativa de tais medidas: mesmo quando condenassem por condutas que não se enquadrassem exatamente nos termos do estatuto de 1352, os lordes insistiram em atestar que não estavam legislando, mas apenas aplicando normas costumeiras e preexistentes — precisamente como fizeram nas condenações de Suffolk e Talbot.

Afirmar a natureza judicial do impeachment era relevante porque o poder de julgar grandes casos criminais eventualmente ficaria a cargo exclusivo dos lordes, enquanto o poder de legislar dependia da convergência entre rei e Parlamento. Se um dos principais usos para o impeachment era punir altas autoridades do reino responsáveis por má conduta, e essas autoridades eram escolhidas, como regra, entre os preferidos do rei, a necessidade de concordância entre rei e Parlamento arriscava limitar severamente a força do mecanismo, pois o monarca disporia, na prática, de poder de veto. A opção pela natureza judicial da medida, ao contrário, garantia que o impeachment começasse e terminasse nas mãos dos parlamentares, sem depender do aval da Coroa. Ao rei restaria apenas acatar, ou entrar em guerra contra o Parlamento. Dificilmente alguma autoridade real, por mais apreciada que fosse por um rei ou rainha, valeria o preço de um conflito tão grande.

O IMPEACHMENT CAIU EM DESUSO por mais de um século a partir dos anos 1500. Na interpretação de Raoul Berger, o raro uso do mecanismo foi uma opção de cautela: "O Parlamento dobrou-se à ventania do poder Tudor e prudentemente evitou confrontar os favoritos da Coroa".[32] Era uma escolha compreensível: a dinastia Tudor (1485-1603) deu à Inglaterra monarcas que ficaram célebres pela fúria com que agiam contra seus adversários, como Henrique VIII, que decapitou centenas deles (inclusive duas esposas),[33] e sua filha Maria I, a Bloody Mary, que levou incontáveis anglicanos à fogueira em sua saga obstinada para restaurar o catolicismo no reino.[34]

O reinado de Henrique VIII foi importante para a ascensão política do Parlamento, com quem o rei se aliou para algumas de suas maiores batalhas políticas, principalmente contra a Igreja católica.[35] Em contrapartida, o Parlamento aquiesceu com a expansão de prerrogativas reais, uma das quais era análoga ao impeachment, mas com maior direito à participação ativa do rei: o *attainder of treason*, ou *bill of attainder,* com o qual Henrique VIII tirou a vida de mais de trezentas pessoas apenas entre os anos de 1534 e 1540.[36]

Ao contrário do impeachment, que era um poder de natureza judicial, os *attainders* tinham essência legislativa:[37] eram a aprovação de uma lei nova a pretexto do caso julgado, com aplicação retroativa para punir o acusado. Nessa qualidade, eles não precisavam se prender aos limites da lei de traição de 1352, pois tinham força comparável àquele estatuto. Por serem ato de legislação e não de adjudicação, os *attainders* tampouco precisavam observar rituais de argumentação jurídica, análise de provas ou direito de defesa próprios de um julgamento (e por isso eram mais céleres). Um *attainder* era, em suma, um ato de vontade política: se o rei desejasse punir algum ministro seu, e o Parlamento consentisse com a punição, bastava votar a medida e a condenação era dada. Não raramente, a pena era de morte, já que os *attainders* serviam para a punição dos mais graves entre os mais graves crimes (*misprisions*).[38] Os *attainders* tornaram-se símbolo das injustiças que poderiam resultar do julgamento furioso de adversários políticos. A memória desse passado foi o que levou a Constituição dos Estados Unidos a bani-los expressamente, junto com leis retroativas (*ex post facto Laws*).[39]

O impeachment na luta contra o absolutismo no século XVII

Passada a fase tudoriana de dormência do impeachment, o instituto voltou a ter destaque no século XVII, período em que o Parlamento travou uma longa batalha contra o absolutismo real. Foi a época em que o rei Carlos I afirmou que o Parlamento se subordinava inteiramente ao arbítrio da Coroa "para convocar, reunir e dissolver".[40] Em resposta, ele acabou condenado e executado em 1649, em meio à guerra civil que opôs parlamentaristas, que defendiam maiores poderes do Parlamento em detrimento da Coroa, e regalistas, que agiam em sentido contrário. Antes de Carlos I, alguns de seus mais entusiasmados oficiais haviam perdido a cabeça por desafiarem prerrogativas parlamentares. Um deles, Thomas Wentworth, primeiro conde de Strafford, embora condenado através de um *bill of attainder*, teve importância para o desenvolvimento do impeachment presidencial: mais de um século após sua execução, seu caso era lembrado por congressistas que pensavam a adaptação do velho instituto inglês ao regime político dos Estados Unidos.[41]

Strafford foi personagem central da Corte inglesa na década de 1630, período que compreende a chamada "tirania dos onze anos" (1629-40), em que Carlos I, casado com uma católica e suspeito de proximidade aos "papistas" irlandeses, não convocou o Parlamento nem uma só vez.[42] O conde foi um obstinado executor das políticas de Carlos I.[43] Os lordes acusavam Strafford de tentar viabilizar medidas que tornariam o Parlamento irrelevante, como a ampliação da cobrança de certos impostos (para evitar que novas sessões parlamentares tivessem de ser convocadas para instituir outros tributos).[44]

Quando o Parlamento voltou a se reunir, Strafford foi intimado a ir até Londres.[45] Lá chegando, foi acusado pelo puritano John Pym, líder dos comuns, e preso preventivamente na Torre de Londres até a data de seu julgamento.[46] O velho debate sobre a definição jurídica de traição, tão relevante nos casos do conde de Suffolk e de Thomas Talbot, voltaria à tona: como dizer que era traidor o homem que não apenas não havia atentado contra a pessoa do rei ou de seus familiares como havia sido, ao contrário, o mais fiel e feroz executor das políticas da Coroa?

Pym levou alguns importantes precedentes[47] do impeachment um passo adiante. Em julgamentos anteriores, conselheiros reais haviam sido condenados por tramar indiretamente contra a vida do rei ao conceberem políticas fiscais sufocantes, sob o argumento de que tributos em excesso eram um convite à rebelião contra a Coroa (e, portanto, uma ameaça indireta ao rei). Aproveitando-se desse histórico, Pym acusou Strafford de "subverter a lei fundamental [do reino] e introduzir um governo arbitrário e tirânico". Com isso, dizia o acusador, o réu havia "depreciado a constituição imemorial do reino, por meio do ataque a suas instituições livres". Nas palavras de Pym, "alterar a moldura e constituição do governo equivale a traição em qualquer Estado".[48] Era uma versão ampliada do argumento da possível revolta tributária: políticas arbitrárias e agressivas, ainda quando tomadas pelas autoridades competentes, abalam o tecido social básico do reino e convidam a desordem, rebeliões e guerra civil, que em última análise atentam perigosamente contra a integridade da monarquia. Esse foi o passo final na afirmação de que a autoridade contra a qual o crime de traição atenta não estaria apenas na pessoa do rei, mas sim no pacto político que une as instituições fundamentais do reino e estabelece seu equilíbrio.

A condenação de Strafford representou um verdadeiro câmbio na Constituição inglesa. A insurgência do Parlamento contra Carlos I indiretamente, e contra Strafford diretamente, sugeria a afirmação de um novo princípio: as prerrogativas reais não davam ao rei o direito de ignorar o Parlamento, especialmente os commons, em questões cruciais de governo. "A despeito das limitações ao voto, os commons eram representativos de um modo que a Coroa não era. Juntamente com os lordes, eles falavam pelo grosso da classe economicamente dominante no país", lembra o historiador Perez Zagorin. "Que o rei pudesse agir contra a vontade do Parlamento, que ele pudesse convocar ou dispensar o Parlamento como desejasse — isso era despotismo."[49] A pena para tanto, tal qual para a traição, poderia ser a morte.[50] Strafford foi poupado da forma de execução tradicionalmente reservada aos traidores (enforcamento, arrastamento e esquartejamento), mas acabou decapitado em Tower Hill, em 12 de maio de 1641.[51] Na história da teoria do impeachment, seu caso é lembrado como momento pioneiro de aplicação de uma concepção de altos crimes políticos que protegiam não a pessoa do monarca, mas sim os pactos políticos fundamentais de uma comunidade política — em uma palavra, sua Constituição.

Foi na cultura jurídica inglesa do século xvii que o impeachment ganhou os contornos finais com os quais a geração que concebeu a Constituição dos Estados Unidos o conheceu. Após a deposição e decapitação de Carlos i, em 1649, a Inglaterra viveu em profunda agitação até 1689, quando o príncipe holandês Guilherme de Orange e a princesa inglesa Maria, neta do rei decapitado, aceitaram dividir a Coroa em um reinado compartilhado. Como condição para assumir o trono, os novos monarcas, sob os nomes de Guilherme iii e Maria ii, abriram mão de diversas prerrogativas reais em favor do Parlamento. Foi um pacto selado através do Bill of Rights, declaração com valor legal que reconhecia direitos inalienáveis dos súditos e que entrou para os cânones da afirmação histórica dos direitos humanos.[52] Esse acordo firmou a Inglaterra como genuína monarquia constitucional e estabeleceu tanto a obrigatoriedade de parlamentos livres e regulares quanto a doutrina da suprema autoridade legislativa parlamentar.[53]

A força do Parlamento terminaria por tirar do rei a administração cotidiana do governo, não obstante a tarefa de governar ainda fosse exercida em nome do monarca.[54] Essa separação permitia também que os ministros, porque dependentes apenas da sustentação parlamentar para permanecer no cargo, fossem destituídos pela simples perda de apoio político entre seus pares.[55] Nesse arranjo, os impeachments tornavam-se supérfluos: não havia mais necessidade de denúncias e julgamentos políticos se as altas autoridades do governo podiam ser destituídas por simples falta de apoio parlamentar.[56]

Mesmo assim, alguns poucos casos ainda ocorreram século xviii adentro. Um deles, o impeachment de Warren Hastings, foi especialmente relevante pela sua concomitância temporal com a Convenção Constitucional dos Estados Unidos. Hastings foi acusado por sua atuação enquanto governador-geral de Bengala, uma antiga colônia britânica na Ásia, entre 1772 e 1785. Nessa condição, ele mantinha estreitas relações com a Companhia Britânica das Índias Orientais, uma parceria entre capitalistas privados e governo inglês que era acusada por seus críticos de promover tanto exploração econômica predatória em Bengala quanto corrupção na Inglaterra.[57] O processo contra Hastings começou em maio de 1787, mesmo mês e ano em que a Assembleia Constituinte dos Estados Unidos reuniu-se na Filadélfia para dar forma à primeira Constituição presidencialista da história.[58]

A acusação contra Hastings, a quem se imputava tanto abuso de poder quanto corrupção para enriquecimento pessoal ilícito,[59] utilizou-se da mesma categoria jurídica que a Constituição norte-americana, após extensos debates, acabou por adotar: *high crimes and misdemeanors*. No Parlamento, Hastings encontrou um obstinado acusador, Edmund Burke, determinado a usar o caso para repaginar a imagem da relação entre a Inglaterra e suas colônias.[60] Burke argumentava que o importante era o conjunto do comportamento ilegal de Hastings, que delineava um cenário de "ofensas contra a lei natural ou os princípios ancestrais da Constituição britânica, mais do que a uma lei em particular", isto é, "ofensas contra as eternas leis da justiça, que são a nossa regra e nosso direito de nascença".[61] Esses eram, segundo Burke, os *high crimes and misdemeanors* de Hastings.

Na Convenção da Filadélfia, o caso de Hastings, que só chegou ao fim em 1795, com sua absolvição,[62] foi mencionado para defender a ideia de que as condutas passíveis de impeachment não deveriam se limitar ao estreito conceito de "traição". George Mason, representante do estado da Virgínia, ilustrou seu argumento com referência ao caso do governador-geral de Bengala: "Hastings não é culpado de traição. Tentativas de subverter a Constituição podem não ser traição".[63] A posição ecoava a versão desenvolvida da doutrina inglesa sobre o impeachment, representando-o como defesa de instituições contra autoridades cujas condutas abalassem sua integridade.

O impeachment na Constituição presidencialista

A geração de colonos que fez a independência dos Estados Unidos havia passado boa parte de sua vida pública lutando contra um monarca, o rei George III.[64] Eram homens profundamente marcados pelo ideário republicano renovado do século XVII, segundo o qual um povo que não escolhia quem o governava não era um povo livre.[65] Para eles, era impensável que o comandante de uma nação não fosse passível de responsabilização legal por seus erros. Nos dizeres do célebre panfleto de Thomas Paine: "Nos governos absolutos, o rei é a lei" [...]; na América, a lei é o rei".[66] Para cumprir o ideal de um governo escolhido pelo povo, a nova nação tinha um grande desafio pela frente: erigir um sistema que dispensasse a figura do rei, mas que ao mesmo tempo não permitisse a ascensão de um tirano demagogo através de eleições. E, claro, que promovesse um governo eficiente, capaz de cumprir as aspirações elevadas da nova nação.

A busca de uma engenharia institucional fiel a esses princípios motivou diversas escolhas feitas pela Constituição norte-americana, de 1787. O "poder executivo", isto é, as tarefas de governo, foi investido em uma só pessoa, e não em um órgão colegiado. Um Executivo unipessoal teria maior eficiência administrativa ("energia", como diziam). Nas palavras de Alexander Hamilton, "decisão, iniciativa, discrição e agilidade caracterizam o comportamento de um só homem em grau muito mais elevado do que procedimentos em maior número; à medida que o número de homens é aumentado, essas qualidades diminuem".[67] A pluralidade, o debate e o dissenso, que também são componentes importantes da vida política em uma democracia, ficariam relegados a um Legislativo numeroso.

Além de ter maior eficiência, um Executivo unipessoal seria mais facilmente responsabilizável por seus erros.[68] A possibilidade de responsabilização era vista pelos constituintes norte-americanos como um importante elemento que distinguia o seu "supremo magistrado", o presidente, dos monarcas europeus. Por outro lado, um presidente facilmente punível perderia a capacidade de decisão e iniciativa. Gouverneur Morris, representante do estado da Pensilvânia, alertava que o modo de responsabilização do presidente não deveria deixá-lo excessivamente vulnerável a seus julgadores.[69] Um Poder Executivo muito enfraquecido colocava em risco a própria separação de Poderes: o presidente precisava desfrutar de certa proteção contra investidas do Legislativo e do Judiciário para que pudesse ser realmente o chefe de um poder independente.[70]

A primeira proteção institucional contra um presidente pernicioso estava na maneira de escolhê-lo: as eleições. O direito ao voto, deixado à definição dos estados, era reduzido conforme os padrões da época: limitava-se, como regra, a homens brancos com alguma riqueza ("pagadores de impostos").[71] Adicionalmente, optou-se por uma eleição indireta: os estados definiam eleitores que por sua vez compunham o colégio eleitoral para escolher o presidente.[72] Essa lógica foi pensada para privilegiar nomes de prestígio nacional, que fossem conhecidos para além das fronteiras de seus estados, em detrimento de meros líderes de interesses locais.[73] Tal conjunto de mecanismos, pensavam os constituintes, diminuiria as chances de que populistas perigosos ("demagogos") vencessem uma eleição nacional.

Uma segunda proteção foi a escolha de um mandato relativamente curto para o presidente: quatro anos. No dia 24 de julho de 1787, a Convenção da Filadélfia debateu longamente qual seria a duração ideal do termo presidencial. Pensando na eficiência e continuidade dos trabalhos de governo, alguns delegados sugeriram mandatos de oito (William Davie, da Carolina do Norte), de onze (Luther Martin, de Maryland) ou de quinze (Elbridge Gerry, de Massachusetts) anos. Rufus King (Massachusetts) chegou a propor um mandato presidencial de vinte anos, "o tempo de vida médio de um príncipe".[74] Mandatos excessivamente longos, porém, fariam parecer que o novo país estava trocando a monarquia hereditária por uma "monarquia eletiva".[75] A alternativa escolhida foi a de mandatos mais curtos, porém com possibilidade de reeleição: "Uma eleição a cada quatro anos prevenirá a má administração",[76] defendeu Gouverneur Morris. O termo usado por ele — *maladministration* — seria muito importante nos debates convencionais futuros sobre os fundamentos possíveis de um impeachment.

Mas a combinação de eleições indiretas e mandatos curtos ainda não satisfez os constituintes. Afinal, permanecia o risco de que uma pessoa

"Os maiores violadores das leis"

inepta ou perigosa conseguisse chegar à presidência em uma primeira eleição. Para essas situações, os constituintes concordaram que uma terceira proteção seria necessária: o impeachment.

Fundamentos do impeachment na Constituição dos Estados Unidos (1787)

Além da história inglesa, os constituintes norte-americanos conheciam o impeachment em muitas de suas colônias, onde ele era ferramenta usada para denunciar e remover juízes e funcionários públicos acusados de abuso de poder, ineficiência ou corrupção.[77] A utilização do instituto como ferramenta de repúdio a abusos da Coroa inglesa no período colonial tornou-o parte indissociável do ideário republicano daquela geração.[78] A opção pelo impeachment como mecanismo para afastar presidentes perniciosos colocava os constituintes diante das três questões subsequentes: por quais fundamentos um presidente poderia ser afastado? Que pessoas seriam incumbidas da delicada tarefa de julgar a maior autoridade política da nação? E quais consequências, além do afastamento em si, poderiam advir em caso de condenação?

As contendas sobre os fundamentos para impeachments foram acaloradas. Como sugeriam os precedentes ingleses, esse era mesmo o ponto mais delicado da doutrina sobre o instrumento. Nos debates constitucionais dos Estados Unidos, algumas propostas defendiam um cabimento ampliado, defendendo que o impeachment fosse admissível por qualquer comportamento que se pudesse considerar como mau desempenho do cargo. James Madison, por exemplo, defendeu inicialmente que o chefe do Poder Executivo permanecesse no cargo sob condição de bom comportamento (*good behaviour*), podendo sofrer impeachment por má conduta e corrupção (*mal and corrupt conduct*).[79] Roger Sherman, delegado de Connecticut, foi ainda mais longe: sugeriu que o Legislativo tivesse o poder de remover o presidente quando bem quisesse — *at pleasure*.[80] Com o avançar da convenção,

Madison restringiu sua proposta para o escopo de um afastamento presidencial: falou na possibilidade de remoção por "incapacidade, negligência ou perfídia do magistrado-chefe".[81] Quando passaram a discutir a redação do dispositivo constitucional que trataria do impeachment, a convenção considerou essas e outras alternativas.

Na versão do Comitê de Detalhamento, um colegiado constituído para redigir uma versão preliminar da Constituição refletindo os consensos atingidos naquela altura dos trabalhos da Constituinte, o impeachment veio previsto para casos de traição (*treason*), venalidade dos interesses nacionais (*bribery*) e corrupção (*corruption*). Porém, nos trabalhos do chamado Comitê dos Onze, órgão revisor que proporia a versão final dos dispositivos ainda pendentes de redação, a "corrupção" acabou removida da lista de fundamentos possíveis. Foi então que George Mason, representante da Virgínia, protestou contra essa limitação lembrando o já citado caso de Warren Hastings, notório corrupto e violador de leis, que não seria alcançável por um dispositivo tão estreito. Mason propôs então que se adicionasse mais um fundamento para o impeachment: má administração (*maladministration*). Sua proposta foi rebatida por seu conterrâneo James Madison, que advertiu que uma expressão tão ampla deixaria a estabilidade do mandato presidencial ao bel-prazer de seus julgadores.[82] Mason então reformulou sua sugestão, propondo a alternativa que acabou consagrada na Constituição de 1787: além de traição e venalidade dos interesses nacionais, o presidente poderia ser afastado do cargo se acusado de — e condenado por — "outros altos crimes e delitos" (*other high crimes & misdemeanors*) contra o Estado.

Enquanto traição e venalidade dos interesses nacionais vinham definidas no próprio texto da Constituição, os "altos crimes e delitos" eram aferíveis pela história da prática constitucional inglesa. Na velha metrópole, aquele fundamento já servira para condenar autoridades por condutas como a má aplicação de dinheiro público, o abuso ou omissão no cumprimento de deveres oficiais, o desrespeito a prerrogativas parlamentares, a corrupção e a quebra de confiança. A escolha de termos jurídicos (*crimes, misdemeanors*) tradicionais do direito comum, e não de expressões de uso corrente, como "má administração" ou "incompetência", deixava

"Os maiores violadores das leis"

claro que a locução tinha sentido técnico e limitado.[83] Para reforçar esse aspecto, a Constituição estabeleceu que os senadores, quando reunidos para julgamento de impeachment, prestem um juramento solene especial prometendo julgar o presidente de modo imparcial, observando "a Constituição e as leis".[84] Também com o objetivo de não deixar o presidente excessivamente vulnerável, optou-se pela exigência de um quórum elevado para a condenação no Senado: "Nenhuma pessoa será condenada [por impeachment] sem a concordância de dois terços dos membros presentes".[85]

O tribunal e as penas

Qual autoridade seria capaz de julgar o presidente em um processo tão sensível quanto um impeachment? Uma fundamentada resposta a essa dúvida foi apresentada por Alexander Hamilton no ensaio de número 65 de *O Federalista*:[86] só o Senado poderia cumprir a importante missão. A Suprema Corte, lembrava ele, era um órgão muito pequeno (à época composto de apenas seis julgadores), e não seria difícil para um homem poderoso como o presidente usar sua influência e cooptar dois ou três magistrados em seu favor. Os ministros da Suprema Corte, além disso, eram indicados pela própria presidência, o que poderia torná-los parciais em favor do homem a quem deviam seu prestigioso cargo. Finalmente, as mesmas condutas que levavam um presidente ao impeachment poderiam fazê-lo responder por acusações criminais; nesse caso, o Judiciário precisaria estar disponível para julgá-lo imparcialmente. O único papel da Suprema Corte seria ceder seu presidente para conduzir as sessões de julgamento dos impeachments, por uma razão simples: pela Constituição dos Estados Unidos, o Senado é presidido pelo vice-presidente, a quem não convém qualquer participação no rito do julgamento. Além de (em geral) correligionário do presidente, o vice é obviamente parte interessada no desfecho do caso. Já a alternativa de um tribunal ad hoc, constituído apenas para julgar acusações de impeachment, foi descartada por ser morosa e cara.[87]

O Senado parecia a escolha natural para a tarefa. Sua correspondência com a Câmara dos Lordes inglesa era óbvia e reconhecida pelos próprios constituintes.[88] A opção pelo Senado também espelhava a tradição da Europa continental, onde assembleias de representação aristocrática historicamente reuniam funções legislativas e judiciárias para as grandes causas.[89] O Senado foi pensado para ser a casa de composição mais elitista do Legislativo, formado por homens eleitos pelos deputados estaduais,[90] com mandatos mais longos, de seis anos. Esses fatores levaram os redatores da Constituição dos Estados Unidos a acreditar que o órgão teria membros mais maduros e serenos, dotados da necessária prudência para conduzir um julgamento de alta sensibilidade política, fazendo contraponto a uma eventual acusação destemperada da Câmara dos Deputados.[91]

Quanto às consequências da condenação, o modelo inglês apontava para um caminho que os constituintes dos Estados Unidos relutavam em seguir. Não lhes parecia adequado que impeachments, muitas vezes influenciados pelas paixões políticas do dia, pudessem levar a penas criminais severas como banimento, prisão e morte.[92] (O experiente Benjamin Franklin alertava que querelas políticas não deveriam acabar em assassinatos.[93]) As colônias, que também forneciam parâmetros nos quais os membros da Convenção da Filadélfia se espelhavam, adotavam modelos variados: a Constituição da Virgínia, de 1776, semelhante ao padrão inglês, mandava que o governador afastado por impeachment sofresse "as dores e as penas estabelecidas pelas leis";[94] em outras, porém, a única consequência da condenação era a remoção do agente público do cargo, deixando eventuais penas corporais para processos criminais à parte.[95] A Constituição dos Estados Unidos optou pela segunda via, deixando claro que a função do impeachment é proteger instituições, e não, primariamente, punir o agente público condenado. A inabilitação para exercer funções públicas seria votada caso a caso, com duração proporcional à gravidade da conduta.

Por fim, os constituintes optaram por não permitir o afastamento cautelar do presidente após aprovação da denúncia, rejeitando proposta nesse sentido feita por Alexander Hamilton.[96] Pelo voto de oito estados contra três,[97] prevaleceu a posição de James Madison,[98] que temia que a

"Os maiores violadores das leis"

suspensão prematura enfraquecesse em excesso o Poder Executivo. Assim, e ao contrário do modelo que viria a ser adotado no Brasil, os presidentes dos Estados Unidos que sofrem impeachment, isto é, são formalmente acusados pela Câmara, como Andrew Johnson (1868), Bill Clinton (1998) e Donald Trump (2019 e 2021), não se afastam do cargo para responder ao processo perante o Senado.[99]

O impeachment da reconstrução: Andrew Johnson, 1868

Demorou quase um século até que a previsão do impeachment na Constituição de 1787 resultasse em um processo contra um presidente, o democrata Andrew Johnson, em 1868. Até então, houvera apenas casos contra um senador[100] e alguns magistrados,[101] entre os quais o ministro da Suprema Corte Samuel Chase.[102]

Johnson, vice-presidente[103] na chapa com a qual Abraham Lincoln conquistou seu segundo mandato em 1864, tornou-se o 17º presidente dos Estados Unidos tão logo Lincoln foi declarado morto, na manhã de 15 de abril de 1865, após um tiro à queima-roupa na parte de trás da cabeça. Assim que soube do atentado, Johnson passou a preparar-se mentalmente para assumir o pesado legado da presidência: "Andei a noite toda, sentindo a maior responsabilidade da minha vida. Mais de cem vezes me perguntei que rumo deveria seguir para que o historiador calmo e correto possa dizer, daqui a cem anos: 'Ele seguiu o caminho certo'".[104] Mas seu legado foi o exato oposto do que ele esperava: estudiosos de seu governo consideram que ele quase sempre optou pelos caminhos errados, guiando-se por um racismo inveterado, uma teimosia incontornável e uma boa dose de falta de inteligência. Johnson era descrito por alguns de seus contemporâneos como um populista que apelava para os sentimentos dos eleitores brancos sulistas.[105] "Como [Andrew] Jackson", escreve Hans Trefousse, Johnson "concebia uma América governada por brancos";[106] Laurence Tribe e Joshua Matz o resumem como um sujeito que "misturava má-fé e incompetência a um racismo visceral";[107] e Michael Les Benedict apresenta-o como uma pessoa obtusa e de raciocínio rudimentar, que confundia oposição política com inimizade pessoal, e cuja mente se fechava quando tinha de tomar decisões difíceis.[108] Uma pesquisa periodicamente realizada com historiadores norte-americanos situa-o como o segundo pior presidente da história do país[109] — Johnson perde apenas para James Buchanan, um líder apagado que não foi capaz de impedir, em 1861, a eclosão da Guerra Civil entre o Norte abolicionista e o Sul escravista.

Andrew Johnson ascendeu ao cargo apenas cinco dias após o término da Guerra de Secessão.[110] Os desafios políticos à sua frente eram gigantescos: além da recuperação econômica de uma nação devastada pela destruição física causada pelo conflito, pelas 600 mil mortes e pelo meio milhão de feridos,[111] caberia a ele reconduzir à comunhão política um povo dividido por ódio e ressentimentos recíprocos, além de pensar sobre a inclusão dos 4 milhões[112] de escravos libertados ao final da guerra. Grande parte dessas políticas deveria ser perseguida pela execução de um plano de reconstrução aprovado pelo Congresso nos dias finais da presidência de Lincoln. O pacote incluía uma política de integração dos ex-escravos, através do "Escritório dos Libertos" (Freedmen's Bureau), e medidas compensatórias duras a serem pagas pelos sulistas rebeldes, inclusive com confiscos de propriedade. Mas Johnson, ele próprio sulista, branco e ex-proprietário de escravos, colocou todo o seu empenho, com uso dos poderes da presidência, em criar obstáculos à efetivação dessas medidas. Tal posição o levou a conflitos cada vez mais agudos com deputados e senadores e culminou com sua acusação pela Câmara dos Deputados.

O ESTOPIM PARA A DENÚNCIA veio em 21 de fevereiro de 1868, quando o presidente ignorou uma proibição do Senado e demitiu seu ministro da Guerra, Edwin Stanton, um remanescente do gabinete de Lincoln. Como uma parte importante da execução do plano de reconstrução cabia ao Exército, a permanência de Stanton à frente do ministério ga-

"*Os maiores violadores das leis*"

rantia que as medidas previstas seriam levadas a cabo. Para protegê-lo, a legislatura de 1867 havia aprovado o Tenure of Office Act, uma lei que blindava da demissão ocupantes de certos cargos políticos, entre eles o de ministro da Guerra.

A lei estabelecia que esses cargos não poderiam ser trocados sem anuência do Senado, mas Johnson fez exatamente isso. Na carta de dispensa, entregue em mãos a Stanton, o presidente invocou os poderes a ele conferidos pela Constituição,[113] sugerindo discordância quanto aos méritos constitucionais da lei que protegia o ministro da Guerra.

O Tenure of Office Act pintava nas costas de Johnson um alvo claro para o processo de impeachment: na seção 6, a lei era explícita em afirmar que "afastamentos, nomeações e contratações exercidos em violação do disposto neste ato [...] serão considerados altos delitos [*high misdemeanors*]".[114] A expressão remetia, ipsis litteris, à passagem da Constituição dos Estados Unidos que elencava os fundamentos jurídicos para um impeachment. Segundo o constitucionalista norte-americano Cass Sunstein, a legislação fora concebida com essa redação inédita justamente com o propósito de desencadear uma acusação de impeachment contra Johnson, já que um conflito em torno das prerrogativas de demitir ministros era previsível àquela altura.[115]

A denúncia foi apresentada apenas três dias depois da demissão não autorizada de Stanton. Em 24 de fevereiro de 1868, ela foi aprovada na Câmara dos Deputados.[116] No curso do processo, o principal debate jurídico envolveu um tema que se mostraria recorrente na história dos impeachments nos Estados Unidos e em outros países: a natureza do ilícito capaz de ensejar a remoção do presidente. A defesa de Johnson sustentou que o fundamento jurídico de sua acusação, os "altos delitos", exigia características estritamente criminais que não existiam na sua conduta: o presidente não agira com o propósito deliberado ("dolo") de violar uma lei criminal, mas sim motivado pela honesta convicção de que cumpria um dever de seu cargo. Além do mais, diziam seus advogados, a remoção de Stanton não havia produzido efeitos jurídicos diante da recusa do Senado em aceitá-la: a conduta de Johnson teria sido no máximo uma tentativa, e não caberia impeachment por um ilícito meramente ensaiado. A acusação, ao contrário, insistia que Johnson havia violado a lei e praticado o *high misdemeanor* nela definido. Os acusadores do presidente pareciam aceitar o pressuposto de que a conduta capaz de fundamentar um impeachment precisava apresentar natureza criminal, e apenas argumentavam que o comportamento de Johnson tinha, sim, todas as características de um crime em sentido estrito. A acusação apontou ainda que, naquelas condições, o crime tentado equivalia ao consumado.[117]

O resultado da votação final no Senado foi o mais apertado possível. Em 1868, havia 54 cadeiras na casa, representando os 27 estados então existentes, com dois senadores cada. Eram necessários, então, 36 votos contra o presidente para assegurar sua remoção. Apuradas as cédulas, 35 senadores haviam votado pela condenação. Andrew Johnson acabou absolvido por um voto.

As interpretações sobre o impeachment de Johnson são variadas. Alguns autores, mesmo críticos de sua administração, apontam que a história lhe deu razão na questão constitucional subjacente à acusação que lhe foi feita, pois a Suprema Corte finalmente decidiu, em 1926, que não cabe ao Congresso limitar os poderes de indicação do presidente para cargos do Executivo federal.[118] Por outro, há quem anote que Johnson só se salvou do impeachment por um erro estratégico de seus acusadores, que optaram por uma imputação estreita, parecida com uma denúncia criminal, limitada ao imbróglio em torno da demissão do ministro da Guerra e da violação ao Tenure of Office Act, quando a melhor estratégia teria sido uma acusação de escopo amplo, que abarcasse as suas muitas ações de sabotagem ao plano de reconstrução aprovado pelo Congresso.[119] Esta seria uma acusação mais complicada de se construir, pois exigiria uma amarração narrativa elaborada, mas também muito mais difícil de ser rebatida:[120] além de um corolário do princípio da separação de Poderes, a "fiel execução das leis" é um dever explicitamente imposto pela Constituição ao presidente.[121] A opção pela acusação mais estreita deixou de lado as

"*Os maiores violadores das leis*"

ilegalidades granulares de Johnson, que em seu conjunto desenhavam um mosaico nítido de abuso de poder e sabotagem institucional, exatamente o tipo de comportamento que o impeachment visa a coibir.[122]

O desfecho do processo de Johnson ensina que, ao menos nos Estados Unidos, a tese jurídica da acusação não é irrelevante, mesmo com a carga política inerente ao julgamento de um impeachment.[123] Não basta que haja descontentamento generalizado de deputados e senadores com o presidente: é preciso escolher para quais condutas o processo se voltará, e elas devem ser expressivas de uma interpretação bem fundamentada daquilo que a Constituição dos Estados Unidos exige ao falar de "traição, corrupção e altos crimes e delitos".

Olhando pela lente mais política, os bastidores do processo de Johnson amenizam a visão de que a investida contra ele foi um total fracasso. A ameaça da condenação fez Johnson abandonar sua intransigência e aceitar negociar. Em um aceno de composição, sua equipe de advogados incluiu dois correligionários do grupo moderado do Partido Republicano (Johnson era do Partido Democrata). Com isso, seu objetivo era enquadrar o conflito como uma disputa entre duas facções dos republicanos: a moderada, que aceitava compor com ele, e a radical, que queria sua saída a qualquer custo. Ao longo do processo no Senado, Johnson negociou importantes concessões com alguns senadores republicanos, inclusive a indicação de um ministro da Guerra que não fosse hostil ao plano de reconstrução do Congresso.[124] Com essas movimentações, conseguiu isolar os republicanos radicais e garimpou votos da ala moderada do partido, que se mostraram decisivos para sua absolvição.[125] Se o julgamento do impeachment tem um componente inegavelmente político, Johnson se defendeu politicamente com sucesso. O desfecho do caso sugere que a tese jurídica é condição importante mas não suficiente para se chegar a uma condenação: ainda que Andrew Johnson tivesse abertamente violado uma lei textualmente punível com o impeachment, ele conseguiu costurar um acordo para sua absolvição. Tivesse ele insistido em sua briga teimosa com o Congresso, possivelmente acabaria condenado pelo Senado.

As lições do impeachment presidencial nos Estados Unidos seriam estudadas no Brasil pouco mais de duas décadas depois da absolvição de Andrew Johnson, quando o procedimento foi acolhido por nossa primeira Constituição republicana, em 1891. Essa experiência mesclou-se a nossa história política do século XIX, quando convivemos com um instituto do parlamentarismo imperial que também encontrou seu lugar no impeachment republicano: os crimes de responsabilidade.

2. "Façam justiça e salvem a República!"

"Crimes de responsabilidade": a herança do Império

O impeachment como ferramenta para a remoção de uma autoridade que atenta contra as instituições é um mecanismo essencialmente republicano. Como se mostrou no capítulo anterior, a possibilidade de punição do presidente era vista pela geração de políticos que fez a independência dos Estados Unidos como uma das grandes diferenças entre o seu regime político e a monarquia britânica. Nas monarquias, como regra, os reis não estão sujeitos à responsabilização jurídica. Não era diferente no Brasil, onde a Constituição do Império, de 1824, estabelecia que a pessoa do imperador era "inviolável e sagrada", não se sujeitando "a responsabilidade alguma".[1]

Ao mesmo tempo, e também em linha com o que ocorria nas monarquias constitucionais europeias, outros artigos da Constituição estabeleciam que eram responsabilizáveis os agentes públicos que, auxiliando o imperador no exercício dos poderes que a Constituição lhe atribuía, dessem conselhos impróprios ou fizessem executar medidas inconstitucionais. Era o caso dos ministros de Estado, por meio de quem o imperador exercia o Poder Executivo, e dos conselheiros de Estado, com quem ele deliberava no exercício do Poder Moderador, um poder neutro e arbitral que se tornou central para o desempenho dos reis em regimes constitucionais.[2]

A Constituição do Império descia às minúcias de especificar os ilícitos pelos quais os ministros de Estado poderiam ser punidos: traição, peita (o que hoje chamamos de corrupção passiva, isto é, o recebimento de vantagens indevidas por um funcionário público), suborno (uma peita que não envolvia dinheiro, mas mero pedido da parte interessada), abuso de poder, desobediências à lei, atentados contra direitos individuais e "qualquer dissipação dos bens públicos". A opção por detalhar, no texto constitucional, as condutas pelas quais essas autoridades podiam ser responsabilizadas era incomum às Constituições monárquicas da Europa daquele tempo. A exceção ficava por conta da Constituição portuguesa de 1822, cujo artigo 159 incluía incisos de redação idêntica aos do artigo 133 da nossa Constituição imperial.[3] Daí veio nossa tradição de rigidez constitucional na definição dos ilícitos que viriam a ser chamados, em breve, de "crimes de responsabilidade".

Como explica Júlio Vellozo,[4] a responsabilidade de agentes públicos foi um tópico cardeal do constitucionalismo monárquico do final do século XVIII e início do XIX. No Brasil Império, ela foi regulada pela lei de 15 de outubro de 1827, a chamada "Lei da Responsabilidade dos Ministros e Secretários de Estado, e dos Conselheiros de Estado". Foi ela que introduziu o instituto dos "crimes de responsabilidade" em nossa cultura jurídica. Além de fixar, em linha com a Constituição de 1824, a competência do Senado para conhecer as denúncias por esses delitos, ela mandava que os senadores atuassem como "juízes" nessas situações, sendo sua função "aplicar a lei" aos acusados — exatamente o que se esperava dos senadores dos Estados Unidos no julgamento de impeachments, como visto no capítulo anterior.

A expressão "crimes de responsabilidade" voltou a aparecer no Código Criminal de 1830, quando ele afirmava que suas disposições não eram aplicáveis aos "crimes de responsabilidade dos ministros e conselheiros de Estado, os quais serão punidos com as penas estabelecidas na lei respectiva" (art. 308). Ela também foi empregada no Código de Processo Criminal de 1832, que designava delitos funcionais de agentes públicos e ministros de Estado. No início da década de 1830, portanto, a expressão "crimes de responsabilidade" designava ações ilegais de agentes públicos no exercício de suas funções, apenadas com sanções criminais como prisão e degredo, e não apenas das altas autoridades do Império.

Com o passar do tempo, a expressão "crimes de responsabilidade" passou a ser cada vez mais associada às ilegalidades especificamente cometidas pelos altos emissários do imperador — ministros e secretários de Estado, bem como membros do Conselho de Estado. Pimenta Bueno, o marquês de São Vicente, em 1857, já definia os "crimes de responsabilidade" como "delitos que afetam profundamente a ordem e [os] interesses públicos, por si e pela posição dos delinquentes", o que incluía ministros de Estado e também magistrados.[5] Seguramente contribuiu para o estreitamento de escopo dos "crimes de responsabilidade" a opção legislativa por disciplinar os crimes dos ministros e conselheiros em uma lei apartada do restante do funcionalismo público, inclusive dos juízes[6] — justamente a lei de 15 de outubro de 1827.

A opção por uma lei que tentava prever em detalhes cada possível crime de responsabilidade distanciava o Brasil Império dos países da Europa e dos Estados Unidos, onde o Legislativo tinha margem mais ampla para decidir, a cada caso concreto, se teria havido ou não violação de dever que merecesse responsabilização jurídica. Esse engessamento do Legislativo incomodava alguns deputados. Joaquim Gonçalves Ledo, do Rio de Janeiro, reclamava que essa estratégia tornaria a legislação brasileira um museu de ilegalidades passadas, deixando-a despreparada para enfrentar desvios futuros: "A tentativa de fazer uma lei [...] casuística e precisa, que abranja todas as hipóteses, é [...] ilusória e inservível", dizia. Para não se tornar imprestável, prosseguia o deputado, uma lei que descesse ao detalhe das condutas incriminadas deveria conter uma disposição final, "temerária" porém "indispensável para fechar o círculo", que dissesse o seguinte: "e além destes, todos os mais [crimes] que se puderem derivar".[7] Ledo não estava de todo errado, e sua crítica teve um quê de profecia: todas as leis de responsabilidade de altos funcionários públicos da história do Brasil independente, inclusive a lei nº 1079/1950, que hoje rege a matéria, conjugaram proibições de condutas bem delimitadas a outras mais abertas.[8]

As consequências legais previstas para os "crimes de responsabilidade" eram todas penais: iam desde a suspensão do cargo até a morte, passando pela prisão e pelo degredo. Em sintonia com o que determinava a Constituição de 1824, a lei de 1827 fixava a competência para "decretar a acusação" na Câmara dos Deputados, e a competência para julgar no Senado.[9] A Câmara decretava a acusação, mas não formulava a denúncia: esta poderia ser apresentada por "todo cidadão", fosse ele deputado ou não.[10] O poder de denunciar autoridades por crime de responsabilidade era garantido como direito político dos cidadãos brasileiros na Constituição de 1824.[11]

O impeachment chega à República

A Constituição da República dos Estados Unidos do Brasil, de 24 de fevereiro de 1891, manteve a opção feita pela Constituição do Império, e criticada por alguns deputados da época, de definir em detalhes os "crimes de responsabilidade". Embora ela usasse a expressão para se referir a atos tanto do presidente (art. 54), como também de magistrados (art. 57, §2º) e funcionários públicos em geral (art. 34, n. 27), apenas os crimes presidenciais foram especificados no texto constitucional. Eram as condutas que atentassem contra "1) a existência política da União; 2) a Constituição e a forma do governo federal; 3) o livre exercício dos poderes políticos; 4) o gozo e exercício legal dos direitos políticos ou individuais; 5) a segurança interna do país; 6) a probidade da administração; 7) a guarda e o emprego constitucional dos dinheiros públicos; 8) as leis orçamentárias votadas pelo Congresso".

A Constituição de 1891 mandou que a primeira legislatura republicana aprovasse duas leis especiais: uma para pormenorizar a definição dos crimes e outra para estabelecer os ritos do processo.[12] Elas viriam em janeiro de 1892, promulgadas pelos decretos nºˢ 27 e 30, que foram elaborados no ano anterior por uma comissão mista com deputados e senadores — e renderam um enorme conflito entre o Legislativo e o primeiro presidente republicano do Brasil, Deodoro da Fonseca. Epitácio Pessoa, representante da Paraíba que participou da comissão mista responsável pela redação do decreto nº 30 de 1892, reportou que os deputados inspiraram-se diretamente na lei imperial de 1827.[13] Tal inspiração explica a manutenção da alcunha de "crimes" para os delitos políticos do presidente, o que levou diversos autores a insistir na tese — a meu ver equivocada — de que o impeachment presidencial seria um instituto de direito penal.[14] A afirmação contundente dos crimes de responsabilidade como ilícitos *políticos* constitucionais só ganhou um defensor de grande porte entre nós a partir da publicação do livro de Paulo Brossard, em 1965.[15]

A aprovação do decreto de 1892 passou por dois temas que adquiriram grande importância nos debates atuais sobre o impeachment. O primeiro diz respeito à unidade ou dualidade das penas de afastamento do cargo e inabilitação. Epitácio Pessoa defendia a tese de que a condenação em processo de impeachment implicava duas punições distintas: o afastamento, que seria uma pena principal e necessária, e a inabilitação, que seria acessória e facultativa, devendo ser guardada para os casos mais graves.[16] Esse era, como visto no capítulo anterior, o modelo dos Estados Unidos. Do lado oposto, o deputado Felisbelo Freire insistia na tese da pena única. Para ele, o que o Senado fazia, ao condenar um presidente por crime de responsabilidade, era decretar a incapacidade do mandatário, e o imediato afastamento do cargo seria mera decorrência desse reconhecimento. Freire invertia a lógica de Epitácio Pessoa: a incapacidade era a pena principal, e a perda do cargo, a acessória.[17] Longe de se tratar de filigrana jurídica, esse debate tem importância crucial para a sorte das autoridades condenadas: segundo a posição defendida por Felisbelo Freire, por exemplo, Dilma Rousseff não poderia ter sido poupada da inabilitação após sua condenação em 2016. Nos debates em 1891, porém, saiu vencedora a posição de Epitácio Pessoa: o decreto nº 30 de 1892, em seu artigo 2º, estabeleceu que os crimes de responsabilidade seriam "punidos com a perda do cargo somente ou com esta pena e a incapacidade para exercer qualquer outro, impostas por sentença do Senado". Esse desenho era também o adotado em diversas Constituições estaduais da Primeira República, como as de Mato Grosso, Bahia e Minas Gerais.[18]

O segundo tema que dividiu os deputados foi a possibilidade de haver processo de impeachment contra autoridade que não mais ocupasse o cargo — questão que, como veremos no próximo capítulo, foi muito importante no caso de Fernando Collor de Mello. Nesse tópico, a posição de Epitácio Pessoa ficou vencida: o artigo 3º do decreto nº 27, a lei processual do impeachment, estabeleceu que a ação não seria mais cabível uma vez que o presidente deixasse o cargo. Felisbelo Freire conseguiu convencer os colegas de que mover uma ação para afastar quem já não estava na função era tão sem sentido quanto aplicar "pena de morte ao cadáver".[19]

Em matéria processual, confirmou-se a competência para o julgamento no Senado, que deveria, nesses casos, atuar "como Tribunal de Justiça", prosseguindo na tradição de diferençar as tarefas senatoriais de legislar e julgar, como faziam os Estados Unidos. A nossa Constituição de 1891 também seguiu o modelo norte-americano ao atribuir a presidência do Senado ao vice-presidente da República. Dessa forma, a presidência das sessões de julgamento de impeachments, em cujos resultados os vice-presidentes são obviamente parte interessada, foi igualmente atribuída ao presidente do Supremo Tribunal Federal (STF).

Em uma importante alteração relativa ao modelo norte-americano, o modelo brasileiro previu, desde a Primeira República, a suspensão preventiva do presidente se confirmada a acusação pela Câmara dos Deputados. A disposição não constava da primeira versão do texto constitucional, que entrou em vigor através do decreto nº 510 de 22 de junho de 1890, mas foi acrescentada pelo Congresso na redação definitiva do documento.[20] É importante lembrar que, na Constituição de 1891, como em outras cartas consitucionais brasileiras posteriores (mas não a atual[21]), o vice-presidente era escolhido através de um pleito independente: não era, como hoje, mero acompanhante da pessoa que encabeça a chapa presidencial. Dessa situação decorria não apenas a possibilidade de que o vice fosse membro de grupo político adversário ao do presidente, como também que ele pudesse chegar à presidência da República fazendo sombra ao titular. Foi precisamente o caso de Floriano Peixoto, que teve mais votos para a vice-presidência do que Deodoro para a presidência. "No dia da posse, [Deodoro] foi acolhido no Congresso com frieza, ao passo que ao vice-presidente foi concedida apoteótica aclamação."[22] Era mau presságio para o titular.

A DISCUSSÃO ALONGADA SOBRE DETALHES miúdos da lei na Câmara dos Deputados revela que a regulamentação do impeachment tinha grande

"Façam justiça e salvem a República!"

importância política naquele momento. De fato, o Poder Legislativo estava no ápice de sua disputa com o então presidente Deodoro da Fonseca, um militar obtuso e pouco afeito à negociação política inerente a seu cargo. Indispôs-se com seu ministério provisório, ocasionando renúncia coletiva em janeiro de 1891. Monarquista até a undécima hora do antigo regime, a desconfiança dos políticos republicanos em relação a ele só fez aumentar quando o barão de Lucena, outro notório monarquista, foi feito homem forte de seu governo.

Deodoro enfrentou uma permanente crise militar durante sua breve presidência. O racha nas armas vinha desde o Império, quando havia um cisma não apenas entre a Marinha ("Armada") e o Exército,[23] mas também entre jovens oficiais formados sob a liderança de Benjamin Constant e uma velha guarda, os "tarimbeiros", que ascendera com a Guerra do Paraguai, da qual Deodoro fazia parte.[24] Não bastasse tudo isso, o Brasil enfrentava ainda uma severa crise econômica que o governo não conseguia debelar.[25]

Deodoro da Fonseca enfrentou incansável oposição tanto na Câmara quanto no Senado.[26] Nesse contexto, ele sempre viu os projetos de lei dos crimes de responsabilidade não como o simples cumprimento de um dever que a Constituição de 1891 impunha à primeira legislatura republicana, mas sim como uma armadilha para fustigá-lo.

O Congresso aprovou o projeto da lei e mandou-o à sanção presidencial em 22 de outubro de 1891. Deodoro vetou-o integralmente, alegando que a lei era incompatível com o exercício das prerrogativas constitucionais do Poder Executivo e arriscava tornar inviável o exercício da presidência da República. Devolvido o projeto ao Legislativo, o veto presidencial foi rapidamente derrubado pelos congressistas. Instigado por uma facção militar exaltada, que o convenceu de uma trama do Congresso para derrubá-lo, Deodoro tomou a iniciativa de quebra institucional: alegando vícios procedimentais na sessão parlamentar que reprovara seu veto, ordenou a dissolução do Congresso Nacional e mandou convocar novas eleições legislativas para 15 de novembro de 1891, data festiva pelos dois anos da proclamação da República. Tropas do governo chegaram a ocupar o palácio da Quinta da Boa Vista, onde funcionava o Congresso.[27] Em um manifesto que acompanhou o decreto de dissolução do Congresso, o presidente deixou claro que a principal razão da medida era a insistência dos parlamentares na lei de responsabilidade — "discutida de afogadilho", "odiosa porque era feita contra o atual presidente da República" e "eivada de uma casuística deprimente da moralidade dos poderes soberanos da nação".[28]

Mas a dissolução parlamentar, corriqueira na monarquia do Segundo Reinado, não estava prevista na Constituição republicana. A medida golpista não foi aceita pelo Congresso, que publicou um manifesto-resposta.[29] Nos dias seguintes, articulou-se uma aliança para enfrentamento do governo, reunindo elementos da Marinha e do Exército, bem como políticos importantes em estados como São Paulo, Minas Gerais, Pará e Rio Grande do Sul. Nesse meio-tempo, Deodoro adoeceu: assistiu acamado à formação da coalizão ampla contra seu governo. Isolado, renunciou em 23 de novembro de 1891.[30] O vice-presidente Floriano Peixoto assumiu poucos dias depois de passarem a valer as novas leis, em janeiro de 1892. Embora não tenha sido propriamente o decreto nº 30 de 1892 a reger o afastamento de Deodoro, por meio de impeachment, ironicamente o conflito político para sua aprovação foi determinante na queda de nosso primeiro presidente da República.

Quanto ao rito processual do decurso de impeachment previsto na Constituição e regulamentado pelo decreto nº 27 de 1892, houve continuidades e rupturas em relação à herança imperial. Como na lei de 1827, à Câmara dos Deputados caberia não propriamente uma acusação, como ocorria na Inglaterra e nos Estados Unidos, mas apenas a "declaração da procedência ou improcedência da acusação contra o presidente da República", bem como contra ministros de Estado acusados de crimes conexos aos do presidente.[31] Porém, ao contrário do que valia no regime monárquico, os ministros não eram mais responsáveis pelos conselhos dados ao presidente.[32] O julgamento caberia ao Senado, que nesses casos atuava "como Tribunal de Justiça". Ao determinar que o presidente fosse submetido a "julgamento" do órgão reunido "como tribunal", o Brasil seguia na tradição de diferenciar as funções julgadora e legislativa da casa.

"Façam justiça e salvem a República!" 59

As primeiras leituras dos "crimes de responsabilidade" pela cultura jurídica republicana interpretavam o instituto a partir de nossas tradições monárquicas e parlamentaristas. No *Jornal do Brasil* (*Jb*), intelectuais monarquistas[33] desdenhavam da eficácia do impeachment. Em editorial de 26 de abril de 1891, o jornal lembrou que Andrew Johnson fora o único presidente acusado em mais de um século de vigência do instituto nos Estados Unidos, e ainda assim acabara absolvido.[34] Segundo o *Jb*, o impeachment era receita certa para crises políticas sem fim, pois permitia ao chefe do Executivo permanecer no cargo mesmo que em pé de guerra com o Legislativo. O periódico republicano *Novidades* respondeu na sequência, anotando que o impeachment era precisamente o remédio para dissipar embates agudos entre os Poderes, oferecendo um caminho "muito mais pacífic[o]" e mais alinhado aos desejos da opinião pública do que a dissolução do Parlamento, a solução parlamentarista para as mesmas situações.[35]

A concepção dos "crimes de responsabilidade" defendida pelos redatores presidencialistas do *Novidades* destoava da ideia que os constituintes norte-americanos tinham em mente quando adaptaram o instituto inglês à sua Constituição de 1776: como visto no capítulo anterior, a sugestão de que o impeachment pudesse ser levado a cabo por qualquer conduta que o Legislativo julgasse merecê-lo — *at pleasure* — havia sido explicitamente rejeitada pelos Founding Fathers norte-americanos, receosos de que ela deixasse o Executivo muito vulnerável ao Legislativo.

Essa lente parlamentarista das primeiras leituras de nosso impeachment presidencial favorecia uma concepção dos "crimes de responsabilidade" como delitos desprovidos de conteúdo, ainda que a Constituição de 1891 explicitasse a necessidade de condenação por condutas bem definidas tanto na própria Constituição quanto em lei que a regulamentasse. Levou algum tempo até que se firmassem interpretações mais rígidas e informadas pela técnica jurídica sobre os crimes de responsabilidade presidencial. Na segunda edição de seu livro de comentários à Constituição de 1891, concluída pouco antes de seu falecimento em 1909, João Barbalho Uchôa Cavalcanti, ministro do STF e conhecido constitucionalista da Primeira República, insistia que a Câmara era submetida à lei dos crimes de responsabilidade e tinha o dever de formalizar a acusação do presidente sempre que ele cometesse um dos crimes nela previstos. Barbalho opinava que a lei vinculava a Câmara e não deixava aos deputados "a faculdade de pôr de lado a prova dos autos e abolir, a seu talante, os fatos que ela faz certos e evidentes". Conceder tamanha liberalidade política à Câmara nessa matéria, dizia Barbalho, "entroniza[va] a onipotência do Parlamento, ou, antes, da Câmara dos Deputados", o que só se concebia em regime parlamentarista, que não era o nosso.[36]

Polêmicas jurídicas à parte, o fato é que a vigência das leis nº 27 e nº 30, de 1892, deixou o impeachment pronto para ser aplicado, o que se tentou fazer já na presidência do sucessor de Deodoro da Fonseca, o também militar Floriano Peixoto.

A primeira denúncia frustrada

"Venho, calmo e sereno, diante da Câmara dos srs. deputados, pedir só e unicamente que façam justiça e salvem a República!"[37] Com esse apelo, o deputado baiano J. J. Seabra apresentou a seus pares a peça que deu início à primeira investida relevante contra um presidente brasileiro por meio de impeachment. O denunciado foi Floriano Peixoto, o ano era 1893.

Peixoto chegara à presidência por via conturbada, não apenas pelas circunstâncias de renúncia de seu antecessor, mas por ter ignorado o dever constitucional de convocar novas eleições.[38] Na ocasião, estavam presentes vários dos elementos que se tornariam característicos dos momentos em que prospera essa medida extrema: havia o que hoje chamaríamos de uma forte polarização política em torno do presidente, uma figura divisiva dentro e fora das Forças Armadas;[39] havia uma sangrenta guerra civil em curso no país, a chamada Revolução Federalista, no Rio Grande do Sul; havia grande inquietação militar, bem ilustrada pela Revolta da Armada, um levante da Marinha contra o presidente;[40] persistia a crise do Encilhamento, que causava inflação, desajustes no câmbio e falências de bancos e empresas;[41] havia jornais publicando inflamadas críticas ao presidente, com destaque para os textos de Rui Barbosa no *Jb*;[42] havia um ambiente

"Façam justiça e salvem a República!"

político faccioso e hostil entre as elites políticas, com o presidente, apoiado pela ala jovem militar, opondo-se aos velhos oficiais que ascenderam no Império;[43] havia conflitos agudos entre o Executivo e o Legislativo, que chegou a reprovar cinco nomes submetidos por Floriano Peixoto para o STF em 1894;[44] e, sobretudo, havia medidas do governo contestáveis à luz da Constituição e da Lei do Impeachment da época.

A principal acusação contra Floriano Peixoto fundava-se no emprego abusivo de um instituto de direito constitucional, o estado de sítio. Fruto de uma adaptação da França pós-revolucionária e de uma lei inglesa de 1714 que visava a coibir manifestações de rua,[45] o estado de sítio era um remédio previsto na Constituição de 1891 para hipóteses de agressão estrangeira ou grave comoção interna ("intestina"). É medida extrema da qual o Estado pode lançar mão, em situações excepcionais, para suspender temporariamente o exercício de direitos fundamentais, como o direito de reunião, em benefício da estabilização política da nação.[46] Mas no governo Floriano Peixoto o estado de sítio foi tudo menos excepcional: em seus quase três anos de governo, o país viveu sob sítio por 295 dias.[47]

Em curioso paralelo com o caso de Andrew Johnson, que havia sido acusado de demitir ilegalmente um ministro de Estado protegido por estabilidade, Floriano Peixoto foi denunciado por ter usado o estado de sítio como pretexto para afastar agentes públicos de modo ilegal.[48] Entre 10 e 12 de abril de 1893, na vigência de estado de sítio no Distrito Federal, o presidente reformou militares do Exército e da Armada acusados de sedição e aposentou compulsoriamente professores efetivos ("lentes") do ensino superior, desrespeitando sua estabilidade funcional.[49] No caso dos lentes, o governo ordenou ainda que o concurso para seus substitutos fosse realizado nos moldes da legislação imperial, ignorando uma reforma do ensino superior de 1890.[50] A denúncia argumentava que as reformas e demissões equivaliam à imposição de penas não previstas em lei, sem prévio processo e sem amparo legal, e ainda por cima determinada por autoridade não judiciária. "Quem não vê em tudo isso o propósito de violar a lei, de colocar-se acima das suas prescrições, de ofender a justiça e governar caprichosamente?", perguntava, retoricamente, o denunciante J. J. Seabra.

Por arbitrário que Floriano Peixoto fosse, a denúncia, nesses termos, destoava da compreensão que a doutrina constitucional viria a assumir a respeito dos limites constitucionais ao estado de sítio. João Barbalho defendia que a Constituição de 1891 era omissa sobre quais direitos individuais podiam ser suspensos no estado de sítio, deixando às autoridades decretantes (Executivo ou Legislativo) a liberdade de optar pelas medidas que mais se adequassem aos desafios do momento.[51] Uma denúncia juridicamente inconsistente não é bom ponto de partida para a acusação.

A DENÚNCIA CONTRA FLORIANO PEIXOTO não se limitou à acusação de emprego abusivo do estado de sítio. A peça valeu-se da estratégia de apresentar um amplo leque de possíveis delitos presidenciais, na provável expectativa de que algum deles ganhasse tração política: alegou violação à competência legislativa do Congresso, por ter o Executivo, na criação do Banco da República do Brasil, disciplinado o resgate de papel-moeda em poder do Estado; reputou ilegal o uso do recrutamento militar compulsório, medida vedada pela Constituição de 1891;[52] apontou mau uso de recursos públicos e execução indevida do orçamento; e, finalmente, chamou de "indébita e criminosa" a intervenção federal decretada no Rio Grande do Sul, que vivia a Revolução Federalista.

A denúncia foi encaminhada a uma comissão especial, incumbida de redigir um parecer sobre o mérito da acusação. Revelando a força do presidente na Câmara dos Deputados, o parecer da comissão foi antes de qualquer coisa uma defesa de Floriano Peixoto.[53] O parecer pela rejeição da denúncia foi aprovado pelo colegiado. Um trecho do documento joga luz sobre uma importante discussão quanto ao elemento político em um processo de impeachment:

> Um processo de responsabilidade, bem que não seja um recurso extremo, é uma medida de importantes consequências políticas, que só deve ser adotada quando o Executivo pretenda destruir em seu proveito o equilíbrio dos Poderes. É esta a lição que resulta do caso clássico de Johnson, que depois

"*Façam justiça e salvem a República!*" 63

de um processo cheio de incidentes foi absolvido, porque os legisladores norte-americanos julgaram acertado firmar este magnífico precedente: além dos casos claramente expressos na seção IV do art. 2º da Constituição — *traição e conspiração* — o presidente da República só pode sofrer o processo de impeachment nos casos em que o delito político cometido possa expô-lo à jurisdição criminal ordinária![54]

Antes de tudo, convém apontar as imprecisões no relatório. Não é verdade que Johnson foi absolvido porque o Senado julgou que faltava o elemento criminal em sua conduta, pois a lei por ele violada, o Tenure of Office Act, era explicitamente criminal em seus efeitos: ela punia como *high misdemeanor* a desobediência à proibição do Senado. Como visto no capítulo anterior, a absolvição de Johnson deveu-se a uma série de fatores, que iam desde a estratégia equivocada da acusação até a habilidade do presidente em defender-se politicamente. Além disso, ao comparar a absolvição de Johnson à improcedência da denúncia contra Floriano, a comissão especial falhou gravemente em não diferenciar a atuação do Senado (que foi quem absolveu Johnson) da atuação da Câmara dos Deputados em processos de impeachment. Se havia fundamento para a rejeição da denúncia contra Floriano por razões de mera prudência política, como sugeria o parecer da comissão, isso se devia ao fato de que a Câmara exerce um controle de natureza política sobre a acusação,[55] enquanto o Senado, nos termos tanto da Constituição de 1891 quanto da disciplina do impeachment nos Estados Unidos, deveria atuar "como Tribunal de Justiça" nessa matéria. No caso brasileiro, esse elemento de politicidade na atuação da Câmara era (e ainda é) acentuado pelo fato de que ela é mera avalista da acusação, e não o próprio órgão acusador. O acerto da comissão especial estava, portanto, em reclamar à Câmara um juízo de discricionariedade política na decisão de dar ou não seguimento à denúncia contra o presidente. O paralelo com a absolvição de Johnson era tanto equivocado quanto irrelevante.[56]

A denúncia fracassou na Câmara, por 108 votos a favor de seu arquivamento contra apenas 57 pelo seguimento.[57] Floriano Peixoto, embora polarizador e autoritário, não era desarticulado nem impopular: contava com apoio importante de setores bem representados no Congresso, com destaque para as oligarquias rurais que assumiram a condução econômica e política da Primeira República,[58] além de empolgar eleitores mais jovens, especialmente militares, com sua vitalidade e juventude que em tudo destoavam de Deodoro da Fonseca.[59] Floriano concluiu seu mandato e deixou a presidência em 15 de novembro de 1894. Como seu antecessor, morreu poucos meses após o fim de seu governo.

STF e o impeachment da Primeira República

Para entender a atuação do Supremo Tribunal Federal em questões de impeachment durante a Primeira República, é preciso considerar que já naquela época havia grandes debates sobre a atuação do Judiciário nas chamadas "questões políticas".[60] De início, o STF foi contido em suas interferências nos embates políticos nacionais e regionais: o tribunal firmou entendimento de que não lhe cabia revisar "medidas administrativas tomadas pela autoridade competente, em virtude de faculdade ou poder discricionário" conferido por lei, assim como o mérito desses atos "do ponto de vista de sua conveniência ou oportunidade".[61] Contudo, os contornos desses limites eram borrados, pois o Judiciário tinha o poder de barrar, em casos singulares, lesões a direitos individuais, inclusive as causadas por políticas públicas implementadas pelo Executivo. E às vezes o fazia, como nos diversos habeas corpus (HC) concedidos contra medidas sanitárias lideradas por Oswaldo Cruz no Rio de Janeiro da primeira década no século XX.[62]

Sob essa orientação inicialmente restritiva, governadores da Paraíba e de Sergipe mirados por impeachments em seus estados tentaram, sem sucesso, obstruir a atuação de Assembleias Legislativas estaduais que os ameaçavam.[63] Em 1911, em um caso do vice-governador do Amazonas, Antônio Gonçalves Pereira de Sá Peixoto, o tribunal afirmou que lhe competia revisar condenações por crimes comuns, mas nunca os de responsabilidade.[64] Essa autocontenção do Supremo era desaprovada por alguns ministros, em especial Pedro Lessa,[65] mais permissivo em aceitar intervenção judicial sobre questões políticas. Essa propensão tornava-o ponto fora da curva quando o assunto era a revisão judicial de impeachments: Lessa admitia que juízes pudessem rever inclusive o mérito de decisões tomadas pelo Legislativo.[66]

Uma importante mudança no entendimento do tribunal ocorreu em 1916, com o julgamento de dois casos do governador de Mato Grosso, general Caetano Manoel de Faria e Albuquerque. Eleito em 1915 pelo Partido Republicano Conservador, Albuquerque logo rompeu com sua legenda e ficou politicamente isolado na Assembleia estadual. Seus antigos correligionários abriram um processo de impeachment contra ele, acusando-o de pretender conduzir um governo ditatorial. Alegando falta de segurança para trabalharem em Cuiabá, ameaçados que estavam pelas tropas comandadas pelo governador, os deputados decidiram mudar a sede da legislatura estadual para Corumbá. Lá, a quase mil quilômetros de distância da capital do estado, passou a correr o processo de impeachment contra Albuquerque.[67]

Essa mudança motivou a defesa do governador a impetrar dois habeas corpus no STF. No julgamento da primeira ação, embora não tenha concedido a ordem requerida, o Supremo aceitou conhecer o pedido e determinou ao governo federal que reportasse a situação no estado.[68] "Conhecer o pedido" implicava reconhecer que a matéria em questão era de competência do tribunal. Foi o primeiro passo para, na ação seguinte,[69] a maioria dos ministros conceder o habeas corpus impetrado pela defesa do governador e determinar a anulação de todo o processo. Seus advogados sustentavam que a mudança de cidade, além de inconstitucional, inviabilizava seu exercício de defesa. O relator, ministro André Cavalcanti, decidiu que o governador estava sendo processado "sem a mais elementar defesa", o que violava seus direitos garantidos pela Constituição de 1891.[70] O placar do julgamento foi apertado: seis a cinco.[71] Paulo Brossard, notório crítico de qualquer interferência judicial em processos de impeachment, desdenhou da decisão como fruto de "maioria ocasional", amparada em "variada e contraditória fundamentação".[72] A Assembleia, ainda instalada em Corumbá, recusou-se a aceitar o resultado. O impasse só acabou quando o governo federal nomeou o mineiro Camilo Soares de Moura como interventor no estado.[73]

O julgamento dos habeas corpus de Caetano Albuquerque pode ser visto como o início de uma tradição jurisprudencial de rara estabilidade na história do STF. Essa linha reconhece que, mesmo em processos de impeachment, com sua alta carga política, é necessária a observância do devido processo legal em benefício da autoridade acusada, o que implica a possibilidade de uma defesa efetiva. Isso não se confunde com a possibilidade de revisar o mérito das decisões legislativas, mas apenas de assegurar espaço para que o réu conheça as acusações contra si, responda-as em prazo razoável, produza provas em seu favor e contradite aquelas apresentadas por seus acusadores. É um entendimento razoável, que decorre da correta opção de levar a sério a ideia de que o rito de um impeachment deve conduzir a algo que mereça ser chamado, em sentido próprio, de um "julgamento". Como será visto nos capítulos 3 e 5, essa tradição jurisprudencial brasileira foi reforçada nos casos de Fernando Collor de Mello e de Dilma Rousseff.

A lei nº 1079/1950 e o xadrez dos governadores

O primeiro governo de Getúlio Vargas (1930-45), boa parte do qual transcorreu com o Congresso fechado, é pobre para a história do impeachment, a não ser pelo fato de que seu autoritarismo foi determinante para os adversários trabalharem pela aprovação da Lei do Impeachment após a redemocratização do país em 1946. Vigente desde abril de 1950, a lei nº 1079 ainda hoje rege a definição e o processo por crimes de responsabilidade no Brasil. Ela sofreu apenas ajustes de constitucionalidade por decisões do STF nos casos Fernando Collor de Mello[74] e Dilma Rousseff,[75] para ser adequada à Constituição de 1988, além de uma emenda em 2000, que ampliou o capítulo dos crimes contra o orçamento público e atualizou a lista de autoridades alcançáveis pelo impeachment.

Nossa atual Lei do Impeachment teve complicada tramitação no Congresso Nacional. Como visto na seção anterior em relação aos decretos nos 27 e 30 de 1892, uma tramitação tumultuada é sinal não apenas de que há muitos interesses políticos por trás da matéria, mas também de que esses interesses têm força suficiente para atrapalhar seu andamento parlamentar. No caso da lei nº 1079, os protagonistas do tumulto foram governadores ameaçados por impeachments em seus estados, especialmente o paulista Ademar de Barros, do PSP. Eleito em 1947, sua administração foi marcada tanto pela realização de grandes obras quanto pelas suspeitas de corrupção, que iam desde fraudes em concorrências a ligações com o jogo do bicho. Seus próprios correligionários o defendiam com o bordão "Rouba, mas faz!".[76]

Durante o primeiro mandato de Ademar de Barros, ao menos no estado de São Paulo, qualquer conversa sobre impeachment e aprovação de lei dos crimes de responsabilidade remetia não ao presidente da República, mas ao governador paulista. Em um programa de rádio dias antes da aprovação da lei, o entrevistador perguntou a Ademar sobre suas expectativas diante da iminente votação do projeto: "O senhor aguenta um impeachment?". O governador reagiu com raiva: "Aguento um, dois, três, quatro impeachments, ou quantos você quiser!".[77]

Pressionado pela difícil crise fiscal que São Paulo atravessava,[78] Ademar de Barros enfrentava oposição implacável do PSD e da UDN na Assembleia estadual. O paulista não era o único governador na mira do impeachment: o udenista Otávio Mangabeira, na Bahia, e os pessedistas José da Rocha Furtado, no Piauí, e Walter Jobim, no Rio Grande do Sul, também suportavam investidas agressivas em seus estados. A lei nº 1079 foi também pensada a fim de fornecer um caminho para que os conflitos políticos estaduais pudessem ser resolvidos localmente, sem a necessidade de intervenções federais a todo momento, como ocorrera na Primeira República.

Correligionários de Ademar de Barros no Congresso fizeram o que estava ao seu alcance para evitar que a lei tramitasse. Olavo de Oliveira, senador pelo Ceará e vice-presidente do PSP, partido de Ademar, era acusado de trabalhar para dificultar o andamento da matéria no Senado.[79] Na Câmara, os adversários do governador não deixaram por menos: na surdina, inseriram o parágrafo único do artigo 81 no texto que chegou do

Senado, com potencial efeito de diminuir o número de votos necessários para a condenação.[80] O senador paulista Euclides Vieira, do PSP, denunciou a manobra como uma emenda diretamente contra Ademar.[81] Os defensores da lei negavam que ela tivesse sido feita sob medida para quem quer que fosse, mas não escondiam que seria usada contra Ademar de Barros tão logo entrasse em vigor.[82]

Um dos principais focos de tumulto na tramitação da lei foi a Comissão de Constituição de Justiça (CCJ) da Câmara. Um dos membros da comissão chegou a desaparecer com os autos do processo: pediu vista e jamais o devolveu.[83] Por sua vez, o presidente da CCJ, o pernambucano Agamenon Magalhães, do PSD, fez o que pôde para a matéria avançar. Magalhães chegou até a designar relator para emitir parecer sobre o projeto antes mesmo de receber o texto do Senado, "para ganhar tempo", sob protesto dos aliados de Ademar.[84]

A lei finalmente ganhou vigência em abril de 1950, sancionada pelo presidente Eurico Gaspar Dutra, poucos meses antes de Getúlio Vargas vencer as eleições que lhe asseguraram o retorno à presidência. O resiliente Ademar de Barros não apenas terminou aquele mandato como obteve um segundo, em 1963. Permaneceu no cargo até junho de 1966, quando foi cassado pela ditadura militar. A temida ameaça dos impeachments tampouco se confirmou para outros governadores. Houve um único caso em que um líder estadual chegou a ser levado a julgamento. Em 1957, o governador alagoano Muniz Falcão recebeu seis votos pela condenação e quatro pela absolvição em um tribunal misto (composto por deputados estaduais e desembargadores). Escapou por não se ter atingido a maioria qualificada de dois terços de votos pela condenação.[85] O episódio passou longe do encaminhamento civilizado que o impeachment pretendia dar às disputas políticas estaduais: no dia da sessão de julgamento, mais de mil tiros foram disparados dentro da Assembleia Legislativa de Alagoas. O deputado Humberto Mendes, sogro do governador acusado, acabou morto na confusão.[86]

A Lei do Impeachment é dividida em quatro partes, que se ocupam da definição dos crimes e devidos processos do presidente da República e dos ministros de Estado (partes primeira e segunda); dos ministros do STF e do procurador-geral da República (parte terceira); e dos governadores e secretários de Estado (parte quarta). Em relação a presidentes, e na linha da Constituição de 1946, ela fixa a competência da Câmara dos Deputados para declarar a procedência ou improcedência da acusação, por maioria absoluta de seus membros; e do Senado para julgar a denúncia, sendo necessários votos de dois terços dos membros da casa para a condenação.[87] A Constituição de 1988 equiparou o quórum para aprovação da acusação na Câmara e no Senado:[88] hoje, são necessários dois terços em ambas as casas.

Em grande parte, os crimes incluídos na lei nº 1079/1950 repetem os que já existiam no decreto nº 30, de 1892.[89] São punidas várias modalidades de abuso de poder, diretamente contra os cidadãos e/ou contra outras instituições: criar impedimentos ao voto, abusar de restrições a direitos fundamentais, opor embaraços injustificados ao cumprimento de decisões judiciais, desconsiderar limitações legislativas e constitucionais ao orçamento e ao provimento de cargos, entre outras. Assim como o decreto nº 30 de 1892, a lei nº 1079/1950 traz delitos que são definidos com precisão (por exemplo: art. 8º, n. 6: "Ausentar-se do país sem autorização do Congresso Nacional"), mas também outros redigidos em termos vagos, especialmente no capítulo dos crimes contra a probidade na administração. São os casos, por exemplo, dos crimes de "expedir ordens ou fazer requisição de forma contrária às disposições expressas da Constituição" (art. 9º, n. 4), ou "proceder de modo incompatível com a dignidade, a honra e o decoro do cargo" (art. 9º, n. 7), concretizando a previsão do deputado imperial Gonçalves Ledo, em 1826:[90] delitos de responsabilidade não podem ser definidos em tipos fechados, e qualquer lei que pretenda fazê-lo carecerá sempre de complementos por disposições vagas e abertas, capazes de serem usadas para enquadrar abusos não antevistos pelos legisladores.

Quanto ao processo, a lei nº 1079/1950 garantiu oportunidades de defesa para o presidente tanto na Câmara (art. 22) quanto, em seu julgamento propriamente dito, no Senado (arts. 25 a 27). A Constituição de 1946, como a de 1988, estabelecia que o presidente tinha direito a ser submetido a um "julgamento" pelos senadores. Um julgamento não se confunde com uma votação parlamentar comum: ele exige uma acusação minimamente delimitada, de modo a permitir a defesa do acusado, como também oportunidades para que ele desenvolva uma defesa eficaz. Isso implica, além da possibilidade de rebater as teses acusatórias, um direito à produção de provas, bem como de contestação das provas apresentadas pela acusação. Implica também que a autoridade acusada deve receber um veredicto que seja fiel aos fatos provados e a uma interpretação minimamente imparcial da lei. Nada menos do que isso merece ser chamado de um "julgamento".

Como no caso dos Estados Unidos, a lei nº 1079/1950 dá pistas de que o papel dos senadores no julgamento de um impeachment não se confunde com sua função legislativa habitual. Alguns dos impedimentos judiciais, que obrigam um juiz a afastar-se da causa quando houver dúvidas sobre sua imparcialidade, são igualmente oponíveis aos senadores.[91] Sob a vigência da Constituição de 1946, houve decisões do STF que reforçaram a ideia de que impeachments são um trabalho à parte no ofício dos membros do Legislativo: em 1957, o tribunal decidiu que um parlamentar não pode votar sobre a denúncia de crime de responsabilidade que ele próprio formulou, "por motivos óbvios".[92]

A forma de se garantir um julgamento imparcial ao acusado, tanto quanto possível, permanece um desafio nos processos de impeachment. Os "juízes" do caso são agentes políticos, sempre inclinados a agir por razões políticas. A fórmula de julgamento que tem sido adotada pela prática brasileira, que pede a senadoras e senadores que respondam "sim" ou "não" à totalidade da acusação, muitas vezes composta de diversas imputações, é especialmente prejudicial a esse fim. Melhor seria que cada imputação fosse votada separadamente, com um quesito de condenação ou absolvição ao final, à luz do que ficar decidido nas votações anteriores. Seria modelo semelhante ao que existe nos Estados Unidos, onde tanto a acusação quanto a votação são feitas por quesitos (*articles*) — no Brasil, esse é o modelo de julgamento do tribunal do júri, responsável pelos crimes dolosos contra a vida, composto de "juízes" (os jurados) que tampouco são magistrados profissionais.

Getúlio Vargas na mira do impeachment

A mais vigorosa tentativa de levar adiante uma condenação por crime de responsabilidade sob a Constituição de 1946 mirou Getúlio Vargas, do PTB. Impulsionada no Congresso pela UDN, e na imprensa por Carlos Lacerda, a marcha em busca do impeachment de Vargas teve seu ápice entre maio e junho de 1954. A denúncia foi uma de muitas investidas jurídicas contra sua administração. Além dela, houve diversas comissões parlamentares de inquérito (CPIS) revirando incontáveis assuntos de seu governo. As CPIS haviam ganhado musculatura na Constituição de 1946: receberam a atribuição de investigar quaisquer atos (e não apenas crimes) do governo, e podiam ser abertas tanto pela Câmara quanto pelo Senado. Regulamentadas pela lei nº 1579/1952, as comissões de inquérito foram uma ferramenta de desestabilização política amplamente usada pela oposição a Getúlio: houve 29 ao todo, sendo 23 delas entre 1952 e 1953.[93]

Uma das CPIS que atazanou Vargas foi a chamada "CPI da CCP", a Comissão Central de Preços, um órgão governamental que atuava no enfrentamento à inflação. A CPI foi aberta a fim de apurar o uso de 50 milhões de cruzeiros para adquirir gado necessário ao abastecimento de carne da cidade do Rio de Janeiro, visando a uma queda de preços do produto na então capital federal. Relatada por Tancredo Neves, à época deputado, apontava irregularidades no uso de crédito não autorizado pelo governo, mas não chegava a pôr a culpa no presidente.[94] De qualquer forma, o resultado da CPI embasou uma denúncia por crime de responsabilidade contra Vargas. O denunciante foi o jornalista Wilson Leite Passos, presidente de uma organização apartidária chamada Movimento Nacional Popular (MNP)[95] e que viria a eleger-se vereador no Rio de Janeiro pouco tempo depois.[96] A denúncia foi apresentada em 4 de maio, três dias após Vargas conceder um aumento de 100% ao salário mínimo, acirrando ainda mais os ânimos da oposição, que o acusava de irresponsabilidade fiscal.[97]

Em cerca de vinte laudas datilografadas, a denúncia mirou um amplo leque de condutas de Vargas. Além de apontar, com fundamento no relatório da CPI da CCP, atentados à lei orçamentária, o documento imputou-lhe crimes contra a existência da União, improbidade na administração e atentados ao cumprimento de decisões judiciais. Naqueles anos de macarthismo, Vargas foi acusado de colocar em risco a segurança nacional ao negociar a entrada do Brasil no chamado "Bloco ABC", uma aliança regional estratégica ao lado de Argentina e Chile. A denúncia também acusava Vargas de recusar-se a obedecer ordens do Poder Judiciário, diante do atraso do governo no pagamento de condenações judiciais.[98] No mesmo dia, um juiz do Distrito Federal, Amilcar Laurindo Ribas, apresentou denúncia por crime de responsabilidade contra o ministro da Fazenda de Vargas, Oswaldo Aranha.[99]

No dia seguinte, 5 de maio de 1954, Nereu Ramos, deputado do PSD e presidente da Câmara dos Deputados, leu a denúncia em plenário e mandou-a à publicação. Imediatamente, foi constituída a comissão especial para analisá-la. Seguindo o que manda a lei nº 1079/1950, ela foi proporcionalmente preenchida com deputados das doze legendas representadas na casa.[100] Até o final do mês de maio de 1954, sob a presidência do udenista João Agripino, a comissão especial reuniu-se para debater a acusação e analisar os documentos que a instruíram. Em 2 de junho, aprovou o parecer pela rejeição da denúncia. A acusação sobre o Bloco ABC havia perdido tração, pois o próprio presidente já não insistia na formação do grupo. Quanto aos ilícitos orçamentários, a maioria governista argumentou que o Tribunal de Contas e o Congresso não haviam ainda julgado as contas do exercício ao qual a acusação se referia — 1951 e 1952 —, dizendo-se impedida de se pronunciar sobre a matéria.[101] O plenário da Câmara logo referendou o parecer da comissão, enterrando a denúncia em definitivo.

Afonso Arinos de Melo Franco, prócer da UDN e notório opositor de Getúlio Vargas, chamou a acusação de uma "aventura" que só serviu para mobilizar a base de apoio ao presidente. Outro udenista, o brigadeiro Eduardo Gomes, preferia enxergar o copo meio cheio: confiava que o fracasso do moroso e burocrático processo de impeachment convenceria os militares de que a saída de Vargas só seria efetivada à força.[102] Entre impeachments

"Façam justiça e salvem a República!"

e golpes clássicos, o Brasil daquela época, então, forjará uma terceira via: o impedimento, isto é, o afastamento sumário do presidente por simples votação parlamentar. Sem acusação, sem processo, sem defesa — e sem previsão constitucional.

"Faltava Café e Luz, mas tinha pão de Lott": O improviso do "impedimento"

O pré-candidato à presidência pelo PSD para as eleições de outubro de 1955, Juscelino Kubitschek, não era tolerado nem por lideranças da UDN, nem por muitos militares. Seus adversários buscaram uma figura de consenso suprapartidário que evitasse a disputa fratricida entre as lideranças civis e militares,[103] mas o PSD não abriu mão da candidatura de seu maior nome.[104] Juscelino venceu as eleições com apenas 36% dos votos, uma vez que não havia segundo turno no regime eleitoral da Constituição de 1946.[105] A hipótese de impugnar eleitoralmente a vitória acusando a falta de maioria absoluta tinha baixas chances de êxito, porque o argumento já havia sido rejeitado na eleição de Vargas em 1950.[106] Falava-se em impedir a posse de JK pela força, mas Café Filho, vice que assumira a Presidência após a morte de Getúlio, prometia posse aos eleitos.[107]

Exatamente um mês após as eleições, no dia 3 de novembro de 1955, o presidente Café Filho sentiu-se mal e foi levado ao Hospital dos Servidores do Estado, no Rio de Janeiro. Forçado a afastar-se repentinamente de suas atividades, ele não teve tempo de encaminhar a solução para um conflito que surgira dois dias antes. No enterro de um militar, o coronel Jurandir de Bizarria Mamede fez um discurso inflamado, denunciando a "moralidade democrática" e seus "falsos defensores". Um dos alvos implícitos de sua crítica era o ministro da Guerra de Café Filho, general Henrique Teixeira Lott, que defendia a posse dos eleitos e estava presente no velório.[108] Lott julgou o discurso de Mamede ofensivo e insubordinado: pediu a punição do coronel, pleito que dependia de autorização presidencial.[109]

Com o afastamento de Café Filho, assumiu a presidência o próximo na linha sucessória, Carlos Luz, presidente da Câmara. Embora filiado ao PSD de Juscelino, Luz era notoriamente hostil à candidatura do político mineiro, tendo inclusive liderado a ala dissidente do partido que se opôs a ela. Eram também ruins as suas relações com Lott. Luz não estava disposto a permitir a punição do coronel Mamede, e fez o que pôde para retardá--la.[110] O ministro da Guerra sentia-se desmoralizado pela dificuldade em efetivar a sanção contra um oficial de patente menor. Estava também cada vez mais convencido de que a posse de Juscelino e do vice João Goulart estava ameaçada, pois circulavam notícias de que Café Filho já estava recuperado e apto a voltar à presidência, mas que havia resistências para que ele retomasse seu posto.[111]

Sob esse clima de desprestígio e desconfiança, Lott recebeu a notícia de que seria substituído pelo general Fiúza de Castro no Ministério da Guerra. Foi então que decidiu agir: entre o dia 9, data de seu aviso prévio, e o dia 11, quando entregaria de fato o cargo, o ministro demissionário mobilizou o comando do Exército no Rio de Janeiro e mandou ocupar prédios públicos, rádios e redações de jornais. O principal alvo do golpe, Carlos Luz, estava a bordo de um cruzador rebelado, o *Tamandaré*, a caminho de Santos, com o possível objetivo de instaurar um governo paralelo comandado a partir de São Paulo. Estudiosos do episódio classificam a manobra de Lott como algo entre "um golpe militar no estilo clássico",[112] uma quebra constitucional de curto prazo (*short term breakdown*)[113] e um "contragolpe preventivo".[114]

Lott precisava agir rapidamente para se legitimar, o que não era trivial: demitido, ele havia se insurgido contra a pessoa a quem a Constituição, naquele momento, atribuía o exercício da presidência da República. Seu primeiro movimento foi buscar solidariedade em outras instituições. No próprio dia 10, conseguiu declarações de apoio das presidências da Câmara dos Deputados e do STF.[115] Do Congresso, porém, veio o ato que coloca o afastamento de Carlos Luz no itinerário da história do impeachment no Brasil: o descabido "impedimento" presidencial.

No DIA 11 DE NOVEMBRO — com o presidente Café Filho ainda hospitalizado, o interino Carlos Luz isolado em um navio e o insurgente Henrique Lott liderando uma ocupação militar do Congresso Nacional —, a Câmara dos Deputados reuniu-se para resolver o impasse. O líder do PSD, José Maria Alkmin, aliado de Café Filho, apresentou então um requerimento para que a Câmara afastasse Carlos Luz:

> Tomando conhecimento dos graves acontecimentos que desde ontem se desenrolam no país, e considerando a situação de fato pelos mesmos criada, [o Congresso Nacional] reconhece a existência do impedimento previsto no art. 79, §1º, da Constituição Federal, para cuja solução o mesmo dispositivo prevê o chamamento do vice-presidente no Senado Federal ao exercício da presidência da República.[116]

O líder do governo, Gustavo Capanema, fez eco ao requerimento de Alkmin, atestando que Luz estava "materialmente impedido" de exercer a presidência da República naquele momento.[117] Do outro lado, o udenista João Agripino insistia que, enquanto durasse o afastamento de Café Filho, o único governo legal do país era o de Carlos Luz.[118] Nenhum udenista mencionou as ações de Luz que desafiavam sua legitimidade, como sua iniciativa de, sendo mero interino, demitir o ministro da Guerra de Café Filho, ou sua alegada tentativa de montar um governo paralelo em São Paulo. Capanema insistia na interpretação de que a questão se resolvia por uma constatação empírica, "[Estamos] diante de um fato real e concreto", apontando que Luz, encurralado em um navio de guerra em algum lugar entre Rio e São Paulo, estava em lugar "incerto e não sabido", o que reforçava sua condição de "impedido para governar".[119] Ele apelava aos deputados que reconhecessem o dilema que enfrentavam, de iminência de um golpe militar, e que aceitassem a "tábua de salvação" do tal "impedimento".[120] Após muitos debates, o requerimento de Alkmin foi submetido a votação nominal e aprovado por 185 votos a 72.[121] No mesmo dia, o Senado recebeu comunicação da deliberação da Câmara e igualmente aprovou a resolução.[122] A presidência foi transmitida ao terceiro homem a ocupá-la naquele breve intervalo, o vice-presidente do Senado, Nereu Ramos, tudo sob tutela do ministro demissionário Henrique Lott. Aparício Torelly, o barão de Itararé, fez troça da situação: "No Palácio do Catete, em 11 de novembro de 1955, faltava Café e Luz, mas tinha pão de Lott".[123]

O Congresso reconheceu que, ao lado do impeachment, que deveria se desenrolar por uma acusação que tramitasse segundo as regras da lei nº 1079, culminando com um julgamento no Senado, havia essa figura nova, o "impedimento" por "situação de fato", neste caso materializada por um levante militar. O art. 79 da Constituição de 1946, alegado fundamento da decisão, dizia que "substitui o presidente, em caso de impedimento, e sucede-lhe, no de vaga, o vice-presidente da República". "Em caso de impedimento", porém, refere-se a circunstâncias como férias ou licenças médicas;[124] jamais a um levante militar contra o presidente da República em exercício, o que é obviamente inconstitucional. Na lei nº 1079, o termo "impedimento" aparece apenas em sentido processual, para estipular as condições nas quais os senadores, como juízes, são proibidos de julgar o presidente. Quando muito, "impedimento" serve como tradução ruim para impeachment.[125]

Se Café Filho sentiu-se vitorioso pelo "impedimento" de Carlos Luz, a sensação foi efêmera. Após se recuperar do problema de saúde que motivara seu afastamento, ele comunicou ao presidente em exercício, Nereu Ramos, bem como à presidência da Câmara dos Deputados, que estava pronto para reassumir o cargo.[126] Quase no mesmo instante em que sua comunicação era lida aos deputados, um deles, Ulysses Guimarães, do PSD de São Paulo, informava que recebera um documento instruindo que Café Filho não poderia reassumir. Motivo: "estava impedido".

A circunstância que levava ao novo "impedimento" noticiado por Ulysses Guimarães era parecida com a que afastara Carlos Luz. Dessa vez, porém, os fatos se davam em terra firme: Café Filho estava preso em sua casa, "cercado por forte aparato militar, que incluía grande número de

"*Façam justiça e salvem a República!*"

veículos blindados".[127] O exército de Lott, que seguia como ministro da Guerra após a queda de Carlos Luz, trabalhou para manter Nereu Ramos na presidência, confiando que ele daria posse a Juscelino Kubitschek. Um requerimento assinado por 127 deputados, decretando que o Congresso, exercitando "o poder político que lhe é irrecusável", reconhecia a continuidade do "impedimento" de Café Filho "até deliberação em contrário do Congresso Nacional",[128] foi aprovado na madrugada de 22 de novembro por 179 votos contra 94 na Câmara e 35 contra 16 no Senado.[129] Nereu Ramos prosseguiu no cargo e só o entregou diretamente a Juscelino Kubitschek em 31 de janeiro de 1956.

Nos debates sobre o pedido de impedimento, o deputado udenista Aliomar Baleeiro ironizou os colegas que insistiam em tentar convencer os outros, e talvez a si próprios, de que aquele desenrolar dos fatos tinha algo a ver com um suposto instituto de "impedimento", que até então ninguém havia enxergado na Constituição de 1946:

> Neste instante, há duas coisas a distinguir: o ato, que pertence ao presidente da República, de reassumir ou não o cargo, ato esse do qual é o juiz único; e o exercício de fato desse cargo. O exercício de fato da presidência da República não depende nem de mim, nem da maioria [...]. Num país anárquico, sem ordem jurídica como este, é uma questão de força. Quem tiver força hoje dará posse a um presidente da República que pode ser o sr. Nereu Ramos [...], pode ser o sr. Café Filho [...], e poderá também ser um sargento, um cabo ou um gari da prefeitura.[130]

Antes de ser definitivamente atropelado pela força de que falava Aliomar Baleeiro, Café Filho tentou uma última cartada para retornar à presidência da República: acionar o Supremo Tribunal Federal. Sua iniciativa gerou o mandado de segurança nº 3557, do qual foi relator o ministro Hahnemann Guimarães, um ex-professor de latim do Colégio Pedro II e de direito romano da Faculdade do Rio de Janeiro.[131] Café Filho pediu que o Supremo afastasse Ramos e o colocasse de volta no cargo. Em resposta, o STF decidiu não decidir.

Por força da lei federal nº 2654, aprovada três dias após o afastamento de Carlos Luz, o presidente em exercício Nereu Ramos havia decretado estado de sítio, depois aprovado pelo Congresso Nacional. O artigo 2º da lei suspendeu diversas garantias constitucionais, entre as quais o direito à ação de mandado de segurança. Por esse motivo, o Supremo julgou prejudicada a ação e arquivou-a, sem apreciar seu mérito.

Não é implausível que a saída tenha sido um artifício do tribunal para se evadir de uma decisão que o colocaria em rota de colisão com quem detinha – como alertara o deputado Baleeiro — a força de afastar dois presidentes e manter um interino no cargo. É irônico que o STF tenha invocado o estado de sítio, medida que visa a proteger os poderes constitucionais legitimamente constituídos, justo para evitar que um desses poderes, a presidência da República, fosse devolvido a quem tinha o direito de ocupá-lo. O encaminhamento pelo não cabimento da ação só foi aventado pelo terceiro magistrado a votar, o ministro convocado Armando Sampaio Costa. Antes, houve tempo para um esclarecedor embate entre o ministro relator, Hahnemann Guimarães, e o segundo magistrado a votar, o ministro Álvaro Ribeiro da Costa.

Guimarães votou pela denegação do mandado de segurança. Embora aceitasse que o ato poderia, em tese, ser apreciado pelo Judiciário, porque estava em jogo lesão de direito individual, ele afirmou que Câmara e Senado dispunham de um "poder implícito no sistema constitucional" para votar sobre quaisquer matérias que julgassem necessárias para assegurar "a sobrevivência do regime e a tranquilidade da nação". Essa era a tese defendida por Ulysses Guimarães, expressa na própria redação do decreto de "impedimento" de Café Filho. O ministro relator sustentou que isso era questão essencialmente política, que escapava à jurisdição do STF. "Rejeito a arguida inconstitucionalidade do ato do Congresso Nacional e nego o mandado requerido", concluiu.

Depois dele, votou o ministro Álvaro Ribeiro da Costa. De família militar, era um homem recatado, mas que não fugia de conflitos.[132] Rebatendo diretamente o relator, ele apontou que nada havia de "essencialmente político" na questão trazida pelo mandado de segurança de Café

Filho: "O problema da competência do Congresso Nacional para, em resolução, declarar o impedimento do presidente da República [...] envolve antes uma questão estritamente jurídica que de índole política". Uma suposta competência do Congresso Nacional para declarar "impedido" um presidente da República simplesmente não existia na Constituição e nas leis, defendeu. Acrescentou ainda que nenhum constitucionalista brasileiro até então jamais havia dito uma palavra sequer sobre um suposto poder do Congresso Nacional para, "em resolução, afastar, por impedimento, o presidente da República do exercício de seu cargo". Ribeiro da Costa censurou o general Lott, de quem se disse amigo, acusando-o de ter praticado, "sem consulta amadurecida", um "ato irrefletido". Concluiu seu voto afirmando que a resolução de impedimento era "ato nulo, por falta de competência", e que por isso era caso de conceder a segurança requerida e determinar o retorno de Café Filho ao cargo. A perda de objeto do mandado de segurança foi uma saída que permitiu aos demais ministros escapar da querela entre Hahnemann Guimarães e Ribeiro da Costa.

Esses casos de "impedimento" devem ser conhecidos para uma doutrina do impeachment, mas não para constituir qualquer precedente relevante para a interpretação do instituto. Menos ainda para afirmar a existência de um suposto poder do Congresso Nacional de afastar sumariamente um presidente por simples decreto.[133] Eles são fruto das tumultuosas condições políticas da época e devem ser guardados no baú de excentricidades de nossa história política e constitucional.

A lei nº 1079/1950 e a hipótese do cavalo de Troia

Em dezembro de 2015, teve início na Câmara o processo que culminaria com o impeachment de Dilma Rousseff. Nessa época, eu e muitas outras pessoas da comunidade jurídica passamos a estudar o instituto com atenção redobrada. Decidi investigar nossa Lei do Impeachment nos arquivos da legislatura iniciada em 1946, pela qual ela tramitou. Localizei o projeto de lei apresentado ao Senado Federal pela comissão mista que o elaborou.[134]

Desde logo, três particularidades chamaram minha atenção. A primeira foi a demora em sua tramitação, que havia durado quase dois anos. A segunda foi a composição da comissão que redigiu o projeto de lei, repleta de nomes que se notabilizaram pela tentativa de implementação do parlamentarismo no Brasil logo após a Constituição de 1946: Luiz Viana, Prado Kelly, João Mangabeira, Gustavo Capanema, Attilio Vivacqua e principalmente Raul Pilla, o "dr. Parlamentarismo", como era chamado por seus colegas. A terceira foi a própria coincidência temporal entre a aprovação da lei e a fracassada tentativa de aprovação de uma emenda que pretendia alterar a Constituição de 1946 para implementar o parlamentarismo como sistema de governo, a proposta de emenda nº 4 de 1949.

Imediatamente ocorreu-me a hipótese de que a lei nº 1079 poderia ter sido uma espécie de plano B dos parlamentaristas frustrados pela derrota da proposta de emenda nº 4. Se eles não haviam conseguido aprovar a emenda à Constituição de 1946, talvez tivessem ao menos conseguido contrabandear um simulacro de parlamentarismo pela porta dos fundos, via legislação ordinária. Isso explicaria os crimes vagos na lei nº 1079, que davam ampla margem para o Congresso investir contra o presidente e antecipar o fim de seu mandato por razões puramente políticas. O parlamentarismo também teria entrado em nossa interpretação do impeachment através da influente doutrina jurídica de Paulo Brossard, pois ele próprio era um confesso parlamentarista. Batizei essa hipótese da parlamentarização clandestina do impeachment, pela lei e pela doutrina, de "cavalo de Troia parlamentarista".[135]

A hipótese do enxerto parlamentarista convenceu algumas pessoas[136] e despertou críticas de outras. Dentre as críticas, destaco aquela que foi feita por Cláudia Paiva Carvalho, porque procedente. Com razão, ela contestou que a específica redação dos crimes de responsabilidade da lei nº 1079/1950 teria sido fruto de uma trama dos parlamentaristas da geração de 1940, pois muitos dos delitos definidos de modo vago na atual Lei do Impeachment têm redação semelhante à da lei anterior, o decreto nº 30 de 1892.[137]

Por outro lado, como a própria autora reconhece, a hipótese do cavalo de Troia era mais ampla. Ela não se limitava a especular sobre uma expli-

"Façam justiça e salvem a República!"

cação para a redação da lei, mas sugeria também que havia uma influência parlamentarista na própria concepção do instituto do impeachment no Brasil, e dos crimes de responsabilidade em particular. Nessa dimensão doutrinária, o apoio das fontes à hipótese é maior. Como visto no capítulo anterior, a cultura parlamentarista tinha raízes antigas entre nós: ela vinha desde o Império, especialmente a partir do Segundo Reinado.[138] Esse legado parlamentarista se fez sentir na disciplina jurídica do impeachment presidencial não apenas no nome dos institutos, de que os "crimes de responsabilidade" são exemplo evidente, mas principalmente na postulação de sua função. Como visto no início deste capítulo, o impeachment presidencial foi desde o princípio retratado no Brasil como ferramenta para a superação de impasses entre forças políticas rivais, justamente um dos propósitos a que o chamado voto de desconfiança serve no parlamentarismo.[139] Tal perspectiva era totalmente estranha à concepção dos fundamentos das *impeachable offenses* nos Estados Unidos, onde a ideia de que o presidente pudesse ser removido por mero antagonismo com o Legislativo foi explicitamente rejeitada pelos constituintes de 1787.

Se a "parlamentarização" do impeachment refere-se à possibilidade de um presidente ser condenado e afastado pela votação partidarizada de uma acusação igualmente partidarizada, é preciso reconhecer que esse risco existe mesmo onde a cultura jurídica sobre o instituto não padeça desse vício original. Nos Estados Unidos, o julgamento do impeachment de Donald Trump em 2020 foi decidido em linhas estritamente partidárias, com exceção de um único voto em uma das duas acusações contra ele.[140] O advento de partidos políticos organizados, com atuação em ambas as casas legislativas — uma realidade estranha ao desenho original do impeachment na Constituição norte-americana —, torna ainda mais difícil garantir que o Senado funcione como tribunal jurídico. Se nos Estados Unidos o impeachment não gera ameaças perenes aos presidentes, isso se deve principalmente às características de seu sistema eleitoral, que resulta na hegemonia de dois grandes partidos. Com isso, o presidente pode contar com um "escudo legislativo"[141] mais efetivo, pois, sem os votos de um razoável número de membros de sua própria legenda, dificilmente o quórum de dois terços, necessário à condenação no Senado, é atingido. No caso da primeira acusação contra Trump, por exemplo, teria sido preciso que vinte senadores republicanos tivessem votado por sua condenação para que esse quórum fosse alcançado.

Ao mesmo tempo, é errada a postura fatalista de tratar o impeachment como instituto inexoravelmente fadado a se "parlamentarizar". Devemos ter clareza quanto às fundamentais diferenças entre o modo de ascensão de um primeiro-ministro, normalmente escolhido pelo próprio Parlamento entre seus membros, e o de um presidente, eleito por votação popular direta. O voto de desconfiança parlamentarista apenas retira o apoio que o próprio Parlamento dera, enquanto o impeachment permite que poucas centenas de deputados, e poucas dezenas de senadores, afastem do cargo a única autoridade da nação escolhida por voto direto de todos os eleitores do Brasil. A legitimidade do mandato presidencial não deriva da concordância do Congresso, e sim da vontade do povo expressa em eleições presidenciais. Nenhum fatalismo político ou jurídico pode ofuscar essa diferença.

No caso brasileiro, é impossível ignorar o fato de que os crimes de responsabilidade são definidos em lei, e que é necessário aferir seus significados segundo as regras estabelecidas da interpretação jurídica. Isso vale mesmo para os crimes da lei n⁰ 1079/1950 cujas condutas são descritas de modo menos preciso, a exemplo do conhecido artigo 9º, n. 7 ("Proceder de modo incompatível com a dignidade, a honra e o decoro do cargo"): "dignidade", "honra" e "decoro" não são termos estranhos à cultura jurídica, e há parâmetros doutrinários, parlamentares e judiciais para sua aplicação. Esse cenário é capaz de conferir balizas que nos permitem avaliar e criticar, na esfera pública, empregos abusivos do impeachment, e distinguir entre investidas meritórias ou abusivas contra mandatos presidenciais. Não tem cabimento sustentar que os crimes da Lei do Impeachment podem ser interpretados como cada um bem quiser, e que suas palavras podem significar qualquer coisa que condiga com a conveniência política de qualquer senador. Se não permitimos essa licenciosidade interpretativa a qualquer outra lei, ainda quando interpretada por agentes políticos (um prefeito não pode interpretar a Lei de Licitações dando às palavras os sentidos que lhe

"Façam justiça e salvem a República!"

forem subjetivamente mais oportunos), não há razão sensata para tolerá-la justamente no processo que pode levar à destituição do ocupante do mais elevado cargo político da República.

Finalmente, é preciso levar em consideração que os efeitos de um impeachment são muito diferentes da aprovação da censura parlamentar a um primeiro-ministro. Como aponta Pérez-Liñán, a remoção de um presidente impõe ao político derrotado um destino amargo, que muitas vezes implica o fim de sua carreira.[142] No Brasil, onde a Constituição — a despeito do erro cometido no julgamento de Dilma Rousseff — impõe inabilitação de oito anos como consequência da condenação por crime de responsabilidade, a rejeição à ideia de que deputados e senadores são livres para fazer o que bem quiserem com o mandato presidencial tem de ser ainda mais forte.

3. "Não me deixem só, eu preciso de vocês!"[1]

O Brasil na era dos impeachments

Durante a campanha para as eleições presidenciais de 1914, que seriam vencidas pelo mineiro Venceslau Brás, Rui Barbosa, candidato pelo Partido Republicano Liberal, realizou conferências denunciando o governo de Hermes da Fonseca, um militar como Deodoro da Fonseca e Floriano Peixoto, e primeiro gaúcho a chegar à presidência do Brasil. Em seu governo conturbado, Hermes também enfrentou agitações nas Forças Armadas, a exemplo da Revolta da Chibata,[2] e teve de administrar uma economia combalida, além de lidar com as contestações de um número crescente de movimentos operários e anarquistas em diversas cidades.[3]

Em um dos pronunciamentos de sua chamada "campanha civilista", ao mesmo tempo que denunciava a "destruição da essência constitucional" pelo governo Hermes da Fonseca, Rui Barbosa também lamentava a ineficácia do principal instituto de contenção de abusos presidenciais, o impeachment. Chamou-o de "tigre de palha" e "monstro de pagode": "medonho na carranca" mas de "garras imóveis". O jurista baiano lamentava que o impeachment fosse "dominado lá de cima", isto é, pelo próprio presidente, "um colosso da imbecilidade" que o abafava com "as quatro patas da sua força".[4]

A crítica à impotência do impeachment foi renovada na década de 1960, no já citado livro de Paulo Brossard, cujo capítulo final, em que o instituto é chamado de "inepto" e "inadequado", tem ares melancólicos. Cercado de excessos para evitar seu emprego abusivo, dizia o futuro ministro do STF, o impeachment tornou-se o oposto disso: um instituto inaplicável, levando à "consagração da irresponsabilidade". Para ele, essa inaplicabilidade era sinônimo de inexistência de um regime democrático, pois não poderia haver democracia se não houvesse "responsabilidade dos que dirigem a coisa pública".[5]

Brossard viveria para ver a onda de impeachments que atingiu a América Latina a partir da década de 1990 — e que, a julgar pelo recente afastamento do peruano Martín Vizcarra, em novembro de 2020, ainda não terminou. O primeiro deles, que deu origem à série dessas novas manifestações de instabilidade política[6] nas jovens democracias de nosso continente, foi brasileiro.

QUANDO TOMOU POSSE, em 15 de março de 1990, como primeiro presidente eleito pelo voto direto em quase trinta anos, Fernando Collor de Mello recebeu um país em situação econômica precária, mas com um povo cheio de esperanças. A inflação havia derrotado todos os planos econômicos implementados pela administração de José Sarney e ultrapassava os 80% ao mês quando Collor assumiu. Ao longo da década de 1980, os países latino-americanos, incapazes de honrar seus compromissos com credores externos, contaminavam as reputações uns dos outros com suas crises e tornavam mais caros os empréstimos que eram obrigados a contrair para conseguir fechar suas contas, levando à escalada da dívida externa.[7] Os índices de emprego da população economicamente ativa sofriam com planos anti-inflacionários recessivos. Trabalhadores formais eram penalizados quando, visando a quebrar o ciclo inflacionário, as medidas passavam pela desindexação dos salários.[8] A indústria brasileira, pendurada em subsídios e marcada pelo nacionalismo estatizante da ditadura militar, era ineficiente.[9] O cenário jurídico do direito privado, que disciplinava relações societárias e trabalhistas, tampouco contribuía para a competitividade econômica do país.[10] Os desafios para o novo presidente, enfim, eram enormes.

A despeito disso tudo, Collor chegou ao cargo cercado de otimismo: logo antes da posse, 71% dos brasileiros esperavam que ele fizesse um bom governo, enquanto os pessimistas não passavam de 4%. Pouco mais de dois anos depois, essas estatísticas se inverteriam: em setembro de 1992, quando as ruas já estavam cheias de estudantes em protesto, enquanto a Câmara dos Deputados debatia os méritos da denúncia por crime de responsabilidade contra o presidente, 68% achavam seu governo ruim ou péssimo, e menos de 10% o aprovavam. Do primeiro ao último dia de governo, a popularidade de Collor, registrada em gráfico, desenha uma ladeira íngreme e descendente.[11]

Como a queda de um avião, a marcha de um governo rumo ao cadafalso do impeachment se dá pela combinação de diversos fatores. No caso de Collor, eles incluíram sua incapacidade de organizar as relações com o Congresso, na condição de presidente minoritário; a crescente perda de apoio junto ao empresariado; a revolta de seu vice, Itamar Franco, que se sentia escanteado nas articulações políticas do governo; a incansável oposição de movimentos de trabalhadores, que haviam entrado fortalecidos no novo regime democrático; a persistência de protestos de rua, cuja convocação seminal curiosamente partiu do próprio presidente; e, sobretudo, o insucesso de um plano econômico que, embora violentíssimo, foi incapaz de entregar sua principal promessa de governo, feita de público no discurso de posse: não apenas conter, mas liquidar a inflação.[12] A esse caldo de muitos temperos, seu irmão Pedro Collor adicionou o ingrediente principal: a revelação da relação íntima do presidente com um operador de esquemas, o empresário alagoano Paulo César Farias, o PC, homem responsável pelas finanças da vitoriosa campanha presidencial.

A presidência cesarista

Fatores políticos e econômicos caminharam juntos para o ocaso da presidência de Fernando Collor de Mello. Em matéria socioeconômica, seu governo era ambicioso: além do combate à inflação, o novo presidente propunha uma abrangente reforma do Estado, para diminuir-lhe o tamanho, e uma profunda modernização econômica, entendida como a soma de privatizações e integração do Brasil à economia globalizada.[13] Collor planejava inscrever o Brasil no mapa das economias neoliberais, tendo por norte três axiomas: estabilidade macroeconômica e equilíbrio fiscal; desregulação e diminuição da participação direta do Estado na economia; e redução de barreiras comerciais e criação de ambientes convidativos para os capitais estrangeiros no país.[14]

Ao chegar à presidência, Collor viu-se diante de um cenário político incomum: eleito no final de 1989 e empossado em março de 1990, ele governou até fins de janeiro do ano seguinte, quando tomariam posse os deputados e senadores eleitos no segundo semestre de 1990, com um Legislativo em final de mandato. Na prática, o presidente chegou ao poder um ano antes dos deputados e senadores que comporiam o Congresso durante a maior parte de seu mandato. Com isso, ao longo do primeiro ano de seu governo, quando precisava capitalizar a expectativa otimista quanto à sua administração, Collor conviveu com deputados e senadores que estavam preocupados principalmente com as campanhas eleitorais vindouras.

A Constituição de 1988 dava-lhe uma arma poderosa para não ficar preso ao imobilismo do Congresso: as medidas provisórias (MPS). Até a chegada da nova legislatura,[15] em 1º de fevereiro de 1991, Collor usou essas medidas sem constrangimentos: em dez meses e meio de governo, editou e reeditou 149 delas, uma média de mais de catorze por mês.[16] Previstas no artigo 62 da Constituição de 1988, as MPS são uma das formas que o presidente tem de exercer diretamente atividade legislativa. Durante a presidência de Collor, as MPS tinham poucos limites de utilização: o artigo 62 da Constituição de 1988 dizia apenas que elas deveriam ser empregadas em caso de "relevância e urgência". Uma vez editadas, deveriam ser prioritariamente avaliadas pelo Congresso Nacional, que decidiria, no prazo de trinta dias, se seriam convertidas em lei. Se não o fossem, o Executivo poderia simplesmente reeditar a medida quantas vezes quisesse, para impedi-la de perder a eficácia, até que o Legislativo a derrubasse. Na prática as MPS, na redação original da Constituição, funcionavam como os decretos-lei da ditadura militar.[17] Duas emendas constitucionais (ECS) subsequentes, de 1995 (EC 6) e 2001 (EC 32), limitaram sensivelmente a amplitude do uso possível dessas medidas pelo Executivo, em parte à luz da experiência do governo Collor.[18] A atual redação da Constituição proíbe, por exemplo, a edição de MPS que determinem a "detenção ou sequestro de bens, de poupança popular ou qualquer outro ativo financeiro".

Na interpretação de Collor, mas não apenas dele, a situação econômica calamitosa do Brasil era relevante e urgente, de forma que o uso de medidas provisórias para enfrentá-la era justificado. E assim foi feito: apenas em 15 de março de 1990, seu primeiro dia no cargo, Collor editou 22 MPS, além de nove decretos. Brasílio Sallum Jr. descreveu esse movimento como revelação do "pendor autocrático e voluntarista" do presidente,[19] sinalizando planos de uma gestão que seria marcada por desequilíbrio não apenas nas relações entre os Poderes, em favor do Executivo, mas também nas relações federativas, em favor da União.

O Plano Brasil Novo, nome oficial do pacote de medidas, acabou batizado pela imprensa de Plano Collor.[20] Ficou marcado pela violência com que impactou as finanças de muitas famílias. Anunciado no dia seguinte à posse, 16 de março, uma sexta-feira, o plano bloqueou depósitos aplicados em fundos com títulos públicos, assim como aqueles com rendimento diário (overnight), além dos saldos em cadernetas de poupança e contas-correntes. Festas de casamento foram suspensas; famílias que haviam vendido imóveis e guardavam o dinheiro no banco para a compra da próxima morada viram-se sem reservas para terminar o mês. O pacote, o mais "arbitrário e ditatorial" dos planos econômicos da história do Brasil,[21] levou a enfartes, depressões e suicídios.

Em um primeiro momento, os mais duramente impactados pelo plano pertenciam à parcela da população que tinha capital para ser confiscado, que eram a minoria dos brasileiros. Isso ajuda a explicar o apoio inicial alcançado por essas medidas tão violentas: no dia seguinte ao plano, seis em cada dez brasileiros o avaliavam positivamente; em abril, 71% o aprovavam, enquanto a aprovação pessoal de Collor ultrapassava os 60%.[22] Aos poucos, contudo, ficou evidente que a brutalidade das medidas teve impactos em série, produzindo uma "cadeia de infelicidades", no dizer de Miriam Leitão: sem dinheiro para investir na produção, no pagamento de salários e em fornecedores, as empresas passaram a demitir.[23]

"Não me deixem só, eu preciso de vocês!"

Além do confisco de ativos, as medidas do governo atingiram setores historicamente apoiados pelo Estado brasileiro, como o cafeeiro, o sucroalcooleiro e o siderúrgico. O Plano Collor suspendeu benefícios setoriais e reduziu barreiras protecionistas às importações, colocando em apuros imediatos boa parte da indústria nacional.[24] As disposições — que refletiam bandeiras empunhadas por defensores do liberalismo econômico, como a desestatização, a redução da presença do Estado na economia e a redução de barreiras tarifárias — deixaram muitos empresários sem chão. Não foi por falta de aviso: em seu discurso de posse, Collor prometera deixar "a esquerda perplexa e a direita indignada".[25]

Nos primeiros meses, o plano funcionou e a inflação recuou. O governo abriu linhas de crédito para atender a dificuldades de setores econômicos específicos com o pagamento de salários, dissipando em parte a pressão que vinha do empresariado.[26] Pego de surpresa, o Congresso em fim de mandato e preocupado com as campanhas eleitorais não pôde esboçar reação às MPs: o apoio popular ao plano, em seu início, bem como seus primeiros resultados, dificultava a oposição às medidas por parte de deputados e senadores. Além do nanico PRN de Collor e Itamar Franco, outros cinco partidos haviam prometido, desde antes da posse, apoio ao novo governo no campo econômico, e assim o fizeram: PFL, PDS, PTB, PL e PDC votaram pela aprovação da MP 168, a principal dentre as que compunham o plano. Foram acompanhados pelo PMDB e PSDB, que avaliaram ser impossível se opor ao governo naquele momento, sob pena de passar a imagem de que estariam jogando contra a estabilização da moeda nacional.[27] Do Judiciário também veio certa blindagem inicial: o PDT ajuizou ação direta de inconstitucionalidade (ADI) contra a MP 173, que proibia a concessão de tutelas de urgência, como decisões liminares, contra as medidas, mas o STF rejeitou a demanda e manteve o plano protegido contra intervenções judiciais.[28]

A relação de Collor com o Congresso em seu primeiro ano de presidência é interpretada por Guilherme Casarões como fruto de um cálculo estratégico, dada sua condição de presidente minoritário.[29] Em um lance de ousadia, o presidente apostou todas as fichas em seu plano drástico de controle da inflação. Se bem-sucedida, a política elevaria sua popularidade e lhe daria vantagem política na relação com o Congresso, que se renovaria em breve. Haveria estímulos para que os partidos buscassem aderir ao governo, visando a colher bons dividendos por se associarem a uma administração bem avaliada. Na pior das hipóteses, Collor poderia negociar maiorias, a cada votação importante, com todos aqueles partidos que se dispusessem a dialogar com o governo — e que seriam mais numerosos quanto mais bem-sucedido fosse seu plano econômico. Na legislatura empossada em 1991, os partidos mais à esquerda — como PDT, PT, PCdoB, PCB e PSB —, de quem se esperava oposição programática ao presidente, atingiram apenas 20% da Câmara e menos de 10% do Senado, ficando o restante com os partidos de centro e de direita.[30] Portanto, mesmo sem apoio de uma bancada fixa, ancorada em um grande partido, havia margem de negociação com a qual Collor podia contar, desde que sua popularidade o sustentasse. Não era impossível sobreviver como minoritário, desde que os bons resultados não demorassem a aparecer.

Os DADOS SOBRE O USO DE MEDIDAS PROVISÓRIAS após a chegada da nova legislatura, em fevereiro de 1991, falam contra a hipótese de que a administração de Collor estaria marcada por um cesarismo incondicional, inerentemente hostil ao Congresso: entre 1º de fevereiro de 1991, quando tomaram posse os deputados e senadores eleitos no final de 1990, até 31 de janeiro de 1992, portanto ao longo de um ano já com a nova legislatura empossada, Collor editou apenas seis MPs.[31] Àquela altura, com pouco menos de um ano de governo, sua popularidade já não era a mesma, como também não era o mesmo o otimismo com sua administração.

Em menos de um ano, o Plano Collor ganhou companhia: um novo pacote foi lançado em janeiro de 1991, apelidado de "Plano Collor II". A expectativa da equipe econômica era de que, após um choque inicial por medidas heterodoxas, a estabilização passaria a ser perseguida de forma mais ortodoxa, com controle de gastos públicos e instrumentos usuais de política monetária.[32] Mas a expectativa do governo se frustrou: poucos

"Não me deixem só, eu preciso de vocês!" 91

meses após a implementação do plano inicial, a inflação já havia voltado a subir. Daí a equipe econômica ter voltado à carga com novas MPS,[33] uma das quais unificava as datas-base para reajustes salariais, gerando forte reação de empresários.[34] Não era fácil encontrar um meio-termo: a proposta da Federação das Indústrias do Estado de São Paulo (Fiesp), de liberação de preços, diminuição de juros e redução da carga tributária, era considerada "irreal" pela ministra da Economia, Zélia Cardoso de Mello;[35] do lado dos trabalhadores, a correção pela média salarial, e não pelos índices de inflação, foi igualmente mal recebida: a Central Única dos Trabalhadores (CUT) e a Central Geral dos Trabalhadores (CGT) colocaram-se como adversárias do plano, acusando o governo de autoritário.[36] As novas medidas aumentaram o desgaste de Collor com todo o setor produtivo privado, de patrões a empregados.

Se o Plano Collor I pegou os parlamentares de surpresa, no Plano Collor II a situação era outra. Além da descrença no projeto do governo, cuja aprovação despencara de 81% para apenas 23% em um ano,[37] os deputados e senadores que receberam o segundo pacote haviam acabado de chegar ao Congresso. Com a segurança de um mandato inteiro pela frente, sua disposição para enfrentar o Executivo era maior.[38] A composição interna de forças no Parlamento tampouco favorecia Collor: dentre os grandes partidos, o que mais lhe era próximo era o PFL, mas as presidências da Câmara e do Senado ficaram com o independente PMDB.[39] Tal qual o apoio ao plano, a popularidade de Collor também decrescia: na medição do Datafolha em março de 1991, portanto um mês após a posse dos novos membros do Congresso, a avaliação negativa do presidente ultrapassou a positiva pela primeira vez: 34% o consideravam ruim ou péssimo, enquanto apenas 23% o julgavam bom ou ótimo.[40]

A nova legislatura estava determinada a dar um basta à política de governar por MPS. Um projeto de lei complementar (PLP) de autoria do deputado gaúcho Nelson Jobim, do PMDB, proposto semanas após o lançamento do Plano Collor I, em 1990, passou a tramitar rapidamente na Câmara e foi pautado para votação na semana seguinte à aprovação do Plano Collor II.[41] Seu objetivo era impedir a renovação contínua das MPS. Entre juristas, havia dúvidas sobre a constitucionalidade da iniciativa: poderia o Legislativo limitar o uso de um poder que a Constituição conferia ao presidente? Ao mesmo tempo, nomes de peso do mundo jurídico concordavam que era abusivo o uso que Collor fazia das MPs, que habitualmente ignoravam os requisitos constitucionais de relevância e urgência.[42]

O presidente chamou de "inaceitável e inconstitucional" o projeto de Jobim. Como o amplo poder de editar MPs estava previsto na Constituição, Collor entendia que só uma emenda constitucional poderia restringi-lo. Lembrou também que todas as suas medidas provisórias haviam sido apreciadas e aprovadas pelos parlamentares, o que referendava sua avaliação de relevância e urgência.[43] Ao mesmo tempo, indicou que aceitava negociar com o Congresso um uso mais contido das MPs, sinal de que já se via, àquela altura, como relativamente fraco para enfrentá-lo.[44] No mesmo sentido, no aniversário de um ano de seu governo acenou explicitamente com uma gestão "negociada" junto ao Congresso.[45] Desgastado pelo insucesso de suas brutais medidas econômicas, Collor não tinha mais condições de ignorar o Parlamento como vinha fazendo até então.

Em maio de 1991, Collor trocou o comando da economia: substituiu Zélia Cardoso de Mello pelo embaixador Marcílio Marques Moreira. Quando assumiu o cargo, Zélia era uma jovem economista desconhecida no plano nacional: a mensagem de fundo que se passava era de que a autoridade econômica permaneceria com Collor. Marcílio, ao contrário, mandava o recado oposto: era um diplomata com quarenta anos de carreira àquela altura, ex-embaixador em Washington, com boa experiência junto a financiadores internacionais e bom trânsito entre empresários.[46] No campo internacional, em que o novo ministro tinha amplo respeito, havia um nó difícil que precisava ser desatado: a negociação da dívida externa brasileira.

A opção por uma política econômica ortodoxa exigia que o governo enfrentasse temas politicamente difíceis, mas agora sob clima de negociação com o Congresso, não mais de imposição. Collor elegeu como uma de suas prioridades a reforma do Estado, matéria de tramitação sempre espinhosa. A MP 296, apelidada de "MP do Funcionalismo", que dava reajustes diferenciados a certos grupos do funcionalismo público, civil e militar, acabou

"Não me deixem só, eu preciso de vocês!"

rejeitada pelos parlamentares em junho de 1991.[47] Em resposta, o presidente instigou uma reação de militares contra o Congresso, e eles divulgaram nota de protesto contra o achatamento de seus ganhos.[48] O presidente do Senado e do Congresso Nacional, Mauro Benevides, do PMDB, reagiu, imputando a Collor a intenção de fazer do Parlamento seu bode expiatório.[49] O presidente voltou à carga na semana seguinte com uma nova versão da MP que fazia concessões ao Congresso. Conseguiu aprová-la, mas a reprovação da MP 296 acendera o sinal de alerta sobre a disposição de deputados e senadores de enfrentarem o governo mesmo nas pautas econômicas, nas quais Collor dispunha do trunfo de uma inegável emergência social: uma inflação descontrolada que precisava ser domada o mais rápido possível.

Em agosto de 1991 veio uma nova mostra da fraqueza do presidente no Congresso: uma frente ampla de partidos de oposição, formada por PMDB, PSDB, PSB, PDT, PT, PCB e PCdoB, aprovou uma nova lei salarial que contrariava projetos que o Executivo havia enviado ao Parlamento.[50] Considerando as medidas "excessivas", Collor resolveu usar seu poder de veto:[51] barrou diversos trechos da lei, como o artigo 17, que mandava incorporar no cálculo do reajuste os abonos pagos desde março daquele ano.[52] O impasse entre Collor e Congresso na questão do reajuste dos salários só seria resolvido em dezembro de 1991, com um acordo sobre nova lei de abono salarial.[53]

A dificuldade em aprovar medidas relativamente simples, como uma lei ordinária sobre reajuste dos salários, tema corriqueiro naqueles tempos de inflação fora de controle, não impediu Collor de testar seus limites com ambições muito maiores. Ainda em agosto de 1991, o governo começou a costurar o apoio a uma proposta de ampla reforma constitucional, apelidada de "Emendão". Para contornar os obstáculos no Congresso, o presidente aliou-se aos governadores, oferecendo-lhes condições mais favoráveis para seus estados receberem repasses da União.[54] Os projetos do Emendão chegaram ao Congresso em outubro: propunham alterar nada menos do que 23 artigos da Constituição.[55] Eram "muitos vespeiros ao mesmo tempo", nas palavras de Sérgio Abranches.[56] Tamanha ambição em contexto de dificuldades crescentes para o Executivo em face do

Legislativo e da opinião pública revelava "o descompasso extraordinário entre o desejado pelo Executivo e as possibilidades políticas efetivas de consegui-lo".[57] Sugeria também que Collor tinha por estratégia reagir a insucessos criando fatos políticos novos.[58] Ao mesmo tempo, a aprovação da lei salarial por uma ampla frente de oposição, articulada à margem da agenda do Executivo, fazia o presidente parecer dispensável. Foi nesse cenário que planos alternativos à sua presidência passaram a ser cogitados, embora ainda não se falasse em impeachment.

Plano P, de parlamentarismo

A deterioração da popularidade de Collor no segundo semestre de 1991 era palpável: em setembro sua reprovação chegava a 41%, enquanto os índices de ótimo e bom ficavam em meros 18%.[59] O Executivo buscava retomar o leme da agenda política nacional, mas o barco flutuava para outras águas: o dilema estava em saber se Collor seria mantido na embarcação em posição secundária ou se seria jogado ao mar. O principal defensor da última opção era o PT, que entoara o "Fora, Collor!" desde muito cedo. Já os proponentes da segunda alternativa ressuscitavam versões de uma conhecida panaceia para nossas crises políticas: o parlamentarismo. Se o poder concentrado nas mãos do presidente não havia gerado os resultados pretendidos, a alternativa era mudá-lo de mãos, entregando de vez os rumos da administração federal ao Congresso.[60]

Havia um terreno aplainado onde a estrada do parlamentarismo podia ser pavimentada: o plebiscito sobre as formas de governo, previsto no Ato das Disposições Constitucionais Transitórias (ADCT). O ADCT é um anexo à Constituição de 1988 cuja função principal fora fixar as regras para a transição do antigo para o novo regime constitucional. Em seu artigo 2º, o ADCT previu que em 7 de setembro de 1993 seria realizado um plebiscito para se definir a forma (república ou monarquia) e o sistema (parlamentarismo ou presidencialismo) de governo que deveriam vigorar no Brasil. No contexto de amplas barganhas da Constituinte, o plebiscito foi a maneira de contemplar as partes derrotadas em uma das mais duras batalhas havidas na elaboração do texto constitucional: a escolha entre presidencialismo e parlamentarismo. À medida que aumentava a impopularidade de Collor e se desgastava sua relação com o Congresso, a possibilidade de antecipação do plebiscito passou a ser considerada como forma de se contornar as dificuldades políticas do governo.

Além de textos publicados em jornal até pelos governadores de quem Collor se aproximara,[61] havia ao menos duas propostas de EC, ambas anteriores ao acirramento das rusgas políticas entre Executivo e Legislativo, que propunham antecipar a data do plebiscito de setembro de 1993: uma na Câmara, do tucano José Serra, e outra no Senado, do peemedebista José Richa. Segundo o relato de José Sarney, também do PMDB, na época da Constituinte Richa propôs a ele que a Constituição de 1988 começasse presidencialista, mas passasse para o parlamentarismo após cinco anos, alternativa vetada por Mário Covas, do PSDB, que tinha ambições presidenciais.[62]

Quando o parlamentarismo passou a ser considerado alternativa ao governo Collor, foi a proposta de Richa, a Proposta de Emenda à Constituição (PEC) nº 14/1991, que primeiro ganhou tração. Sua emenda, que propunha antecipar o plebiscito para 21 de abril de 1992, foi votada em outubro de 1991. Nenhuma emenda constitucional havia sido aprovada até então. Embora não se opusesse inicialmente[63] à alteração para os próximos governos, Collor resistia enfaticamente a que a mudança de sistema, embalada sob o bordão "Parlamentarismo já", valesse ainda em seu mandato. Chamou a iniciativa de "conspiração golpista".[64] A PEC foi aprovada em primeiro turno, inclusive com apoio de oito senadores considerados governistas, sob os protestos do presidente, que acusava o Congresso de "rasgar a Constituição e frustrar a voz das urnas".[65] O governo trabalhou nos bastidores e reconquistou os votos dos senadores que o haviam traído em primeiro turno. A proposta não passou na segunda votação no Senado: em 6 de novembro de 1991, a emenda foi barrada por três votos.[66] A interferência do Planalto contribuiu para azedar as relações com partidos importantes, como o PSDB, minando ainda mais a sustentação de Collor no Congresso.[67]

Em julho de 1992, o plebiscito do parlamentarismo seria enfim antecipado, com a aprovação da emenda do deputado José Serra (PEC 51/1990), convertida na EC 2. Àquela altura, as denúncias de Pedro Collor já carcomiam o pouco de reputação que ainda restava ao presidente, sepultando definitivamente quaisquer chances de êxito de seu governo. Uma Comissão Parlamentar Mista de Inquérito (CPMI) trazia a público, dia após dia, denúncias de benefícios diretos à família presidencial pagos por um homem que praticava o mais rasteiro tráfico de influência: PC Farias. O plebiscito sobre a forma e o sistema de governo no Brasil, no qual o parlamentarismo foi derrotado pela segunda vez na história, ocorreu já sob a presidência efetiva de Itamar Franco, em 21 de abril de 1993. Itamar foi, aliás, uma peça importante na queda de Collor.

Um vice repaginado

À medida que pioravam o desempenho econômico e a popularidade de Collor, e subia a animosidade entre ele e o Congresso, tornou-se corrente o adágio de que o presidente tinha sorte por ter Itamar como vice: o velho político mineiro seria, em si mesmo, o maior desestímulo ao afastamento presidencial.[68] Homem público cuja carreira começara quatro décadas antes como candidato a vereador em Juiz de Fora, Itamar era o antônimo de Collor. Enquanto o presidente era jovial, tinha ares modernizantes e propostas arrojadas de corte neoliberal, Itamar era associado ao estatismo e à atuação direta e intensa do Estado na economia. Na Fiesp, era visto como "neolítico", "nacionalista tipo ferrabrás", "antiprivatização" e "pré-queda do Muro de Berlim".[69] Collor tinha carisma, Itamar era monótono. Collor vestia-se com elegância e tinha sempre os cabelos aparados e bem penteados, ao passo que Itamar, com seus óculos desproporcionalmente grandes e o topete desgrenhado, era a alegria dos caricaturistas da época. Em situações comuns, um país que havia se encantado com Collor dificilmente seria seduzido por Itamar Franco tão pouco tempo depois — mas a necessidade é a rainha de todos os gostos.

"*Não me deixem só, eu preciso de vocês!*"

Itamar e Collor tiveram uma união política de ocasião. Concorreram juntos na chapa do nanico PRN, criado para viabilizar a candidatura de Collor à presidência, mas a afinidade entre eles era mínima. Enquanto o candidato à presidência vinha de uma família de políticos alinhada ao regime militar, tendo iniciado na vida pública como prefeito nomeado de Maceió pela Aliança Renovadora Nacional (Arena),[70] a origem de Itamar era ligada ao PTB, do trabalhismo varguista, e depois ao Movimento Democrático Brasileiro (MDB), que fora oposição durante a ditadura. Após a redemocratização, ele teve passagens pelo PMDB e pelo PL. Suas filiações partidárias eram aparentemente determinadas pela conjuntura da política mineira.[71] Sua aliança com Collor foi de conveniência recíproca: Itamar estava em fim de mandato e sem partido, e talvez pudesse se beneficiar da exposição pública de uma campanha presidencial ímpar, a primeira em quase trinta anos no Brasil; já Collor poderia tirar vantagem não apenas da popularidade de Itamar em um estado grande como Minas Gerais, mas também de sua conhecida imagem de homem público "asperamente honesto",[72] um ativo poderoso para quem se vendia como inimigo da corrupção e "caçador de marajás".

No governo, a relação entre ambos nunca foi boa. Além das divergências ideológicas que os separavam, parece ter havido genuíno desalinhamento de expectativas sobre o papel do vice no governo. Itamar acalentava a ambição de participar das grandes decisões políticas nacionais, mas Collor tinha o governo como apenas seu. Ao vice, reservou o papel de cacique do PRN nos assuntos paroquiais da política mineira, como a definição dos candidatos ao governo estadual e às prefeituras, ao Legislativo mineiro e às câmaras de vereadores. Collor nem sequer avisou Itamar Franco acerca do dia e hora do evento público em que o plano de governo foi apresentado, logo após a posse. O vice chegou nos últimos minutos, visivelmente contrariado, e teria dito a uma jornalista que renunciaria no dia seguinte. Depois, negou ter feito o desabafo e seguiu no governo.[73]

A primeira grande desavença pública entre eles sobre medidas de governo aconteceu em 1991, por ocasião da privatização da siderúrgica Usiminas. Sediada em Ipatinga e fundada em 1956 por Juscelino Kubitschek, foi a escolhida para inaugurar a onda desestatizante que Collor prometera na campanha. A privatização da Usiminas teve todos os capítulos típicos desses negócios na década de 1990: guerra de liminares na justiça, protestos incessantes de movimentos de trabalhadores e todas as tentativas de obstrução possíveis. Em setembro de 1991, no dia marcado para um leilão frustrado por ordem de uma vara federal de Brasília, executivos foram atingidos por ovos enquanto tentavam se aproximar do prédio da Bolsa de Valores do Rio de Janeiro. Seguranças particulares dispersaram a multidão com tiros para o alto.[74]

Itamar Franco criticava publicamente a venda da empresa: "Não sou contra a política de privatizações, mas contra a privatização da Usiminas em particular".[75] O vice sabia que não podia fazer oposição escancarada contra uma medida anunciada em campanha de sua chapa, mas achava um jeito de jogar água na brasa: "Não posso criar dificuldades para o presidente, pois sou seu substituto eventual, mas isso me obriga a um autopoliciamento, uma autodisciplina".[76] O imbróglio acontecia em meio à disputa entre Collor e o Congresso pela política salarial, na qual o presidente tomava medidas amplamente impopulares, que implicavam perda de poder de compra para os trabalhadores. O fogo amigo vinha em péssima hora.

Com a contínua queda de popularidade de Collor, Itamar foi aos poucos descolando-se do presidente. Em outubro de 1991, o vice mostrava-se abertamente simpático às conversas sobre implantação do parlamentarismo no Brasil. Rejeitando as alegações de Collor de que qualquer mudança imediata de regime implicaria violação à vontade popular, Itamar retrucava que, em caso de vitória no plebiscito antecipado, a adoção do parlamentarismo desde logo não caracterizaria golpismo, já que contaria com explícito respaldo popular. "A pressão popular pela implementação imediata do sistema pode ser tão forte que obrigue o presidente a mandar ao Congresso mensagem com a adoção do parlamentarismo", declarou ele, em 2 de outubro de 1991.[77]

EM ABRIL DE 1992, Itamar Franco fez chegar à imprensa uma carta que enviou a Collor protestando por não ter sido consultado sobre a reforma ministerial promovida naquele mês. Foi a época da montagem do chamado "Ministério dos Notáveis", um gabinete composto por nomes de peso do mundo jurídico, político e empresarial, que visava a resgatar a credibilidade do governo.[78] A missiva se dizia uma "carta pessoal reservada", mas foi parar nos jornais.[79] O vice estava profundamente contrariado porque o PFL e o senador baiano Antônio Carlos Magalhães, ACM, com quem ele tinha notórias e figadais desavenças, haviam sido amplamente ouvidos na indicação de nomes.[80] Em protesto, Itamar nem mesmo compareceu à posse dos novos membros do governo, que chamaria de "vitoriosos do terceiro turno".[81] Poucos dias depois, desfiliou-se do PRN e ficou de pensar com calma sobre seu futuro. Disse apenas que não iria "em hipótese alguma" para o PSDB ou o PFL.[82]

A partir de maio de 1992, quando Pedro Collor de Mello lançou a bomba das relações impróprias entre seu irmão e PC Farias, Itamar passou a fazer campanha aberta para construir sua viabilidade como sucessor de Collor. A essa altura, o vice já havia se tornado um crítico público do governo. A bombástica entrevista de Pedro ao jovem jornalista Luis Costa Pinto, da revista *Veja*,[83] em maio de 1992, fez do governo um completo pandemônio. Itamar, ao contrário de vários ministros, não telefonou para dar sequer uma palavra de conforto ao presidente.[84] O vice passou a ser tão claro quanto podia em suas demonstrações de que estava pronto para ascender à presidência. Apoiadores seus fizeram campanha junto a empresários para dissipar sua imagem de antiquado e estatizante.[85]

Políticos ainda próximos do presidente tentavam desconstruir a alternativa Itamar, como ACM, que alegou que o vice não tinha representatividade para assumir a presidência.[86] Em resposta, Itamar expressou a importância do respeito à Constituição e clamou por uma "união nacional em torno da legalidade". Em sua defesa, aliados como o governador do Paraná, Roberto Requião, do PMDB, alegavam que a posse do vice era a única alternativa constitucionalmente aceitável.[87] De sua parte, Itamar reiterava a todo instante que estava pronto para assumir a presidência em caso de impeachment.[88] Quanto aos militares, ainda ariscos nos primeiros anos da redemocratização, eles tiveram "comportamento exemplar" na ascensão de Itamar e na queda de Collor, segundo José Murilo de Carvalho:[89] limitaram-se a observar tudo à distância, sem qualquer ameaça de intervenção.

No começo do segundo semestre de 1992, quando caminhava a todo vapor a CPMI de PC Farias e as ruas já estavam cheias com protestos dos "caras-pintadas", Itamar já se permitia reunir economistas para esboçar linhas de ação de seu futuro governo.[90] Collor havia sido definitivamente derrotado pela inflação e estava acossado por uma taxa de rejeição que beirava incríveis 70% em setembro de 1992. O pouco que lhe restava de capital político foi queimado, sem sucesso, nas tentativas para sobreviver à acusação de crime de responsabilidade apresentada pelos advogados Barbosa Lima Sobrinho, presidente da Associação Brasileira de Imprensa (ABI), e Marcello Lavenère Machado, presidente nacional da Ordem dos Advogados do Brasil (OAB), no dia 1º de setembro daquele ano. Mas o impeachment foi apenas o ato final de uma série de escândalos políticos que começaram a aparecer à medida que a popularidade do presidente declinava e os insucessos de seu governo se avolumavam.

LBA, um quase escândalo

Em agosto de 1991, portanto um ano antes do início do processo de impeachment que culminou com seu afastamento da presidência, Fernando Collor começou a conviver com suspeitas de corrupção que funcionavam como estopins de crises. Esses eventos são importantes porque mostram a preparação do ambiente público para que uma eventual denúncia pudesse evoluir ao patamar de grande escândalo, um dos determinantes de sucesso de acusações de impeachments na América Latina a partir da década de 1990. A possibilidade de envolver presidentes em grandes denúncias de corrupção era sintoma não apenas do aumento da liberdade de expressão nas novas democracias de nosso continente, mas também das mudanças profissionais, tecnológicas e econômicas por que passou o jornalismo profissional naquele período.[91]

"Não me deixem só, eu preciso de vocês!"

O primeiro rastilho de pólvora que ameaçou detonar uma crise moral no governo Collor foi deixado por sua então esposa, a primeira-dama Rosane Collor de Mello. Rosane tinha apenas 25 anos de idade quando seu marido vestiu a faixa presidencial. Era tratada pela imprensa a partir do estereótipo de primeira-dama no Brasil: sua função primordial seria gerir a vida privada do casal enquanto o marido, até então o único homem divorciado a se tornar presidente, se ocupava dos grandes assuntos da República.[92] A tradição brasileira também atribuía às primeiras-damas a gerência de projetos de assistência social, segundo o molde das esposas dos presidentes Getúlio Vargas, Darcy, e Epitácio Pessoa, Mary.[93]

Foi na qualidade de líder da benemerência nacional que Rosane Collor foi nomeada pelo marido para a presidência da extinta Legião Brasileira de Assistência (LBA). Fundada durante a Segunda Guerra Mundial e tendo como primeira líder Darcy Vargas, a LBA nasceu com o ideário de arrecadar recursos entre os "brasileiros de boa vontade" para "amparar os soldados brasileiros e seus familiares", e destacou-se, desde o início, pelo incentivo ao trabalho voluntário feminino e por suas relações com o Estado e com o empresariado nacional.[94] "As primeiras-damas passaram a ter mais inserção, liderança e visibilidade a partir do terreno da assistência social", segundo Michele Barbosa, e a LBA foi pioneira na institucionalização desse papel.[95]

A LBA era entidade oficialmente vinculada ao governo federal.[96] Nessa condição, recebia verbas públicas, vindas do Ministério da Ação Social, para executar seus projetos, e suas contas eram submetidas ao controle do Tribunal de Contas da União (TCU). Por isso, qualquer deslize administrativo na fundação tinha potencial de atingir tanto o governo quanto Collor pessoalmente. O presidente futuramente diria que nunca havia simpatizado com a ideia de Rosane dirigir a LBA, pois temia que problemas na gestão da entidade fossem utilizados para atacá-lo.[97] Ao mesmo tempo, ele não deixava de tentar capitalizar politicamente com os projetos tocados pela primeira-dama, um dos quais era o Projeto Minha Gente, que fazia óbvia (e ilegal[98]) alusão ao bordão emblemático com o qual o Collor abria seus pronunciamentos oficiais em rádio e televisão.

O Projeto Minha Gente implementava e mantinha creches em várias cidades brasileiras. Foi na compra de insumos para esse fim que estourou o principal escândalo da LBA: mais de 1,6 mil toneladas de leite em pó adquiridas a preços superfaturados.[99] Rosane eventualmente respondeu perante a Justiça[100] por ter autorizado, em caráter emergencial, um aditamento de contrato que elevou o preço da aquisição em 41%, enquanto a legislação da época limitava a reposição inflacionária nesses casos a 25%. Segundo a acusação, cuja versão não foi comprovada, ela teria autorizado a operação em troca de vantagens pessoais, pagas pelas empresas beneficiadas no aditamento contratual.[101]

A essa altura, a popularidade de Collor já estava em franco declínio. Para não correr o risco de ser tragado para dentro dos problemas da LBA, o presidente passou a distanciar-se pública e acintosamente da primeira-dama. Rosane era constrangida pela imprensa com sucessivas reportagens sobre o descaso quase publicitário que recebia do marido. Em um dos eventos de comemoração de seu aniversário de 42 anos, celebrado em 12 de agosto de 1991, Collor recusou duas vezes a mão estendida da esposa, diante de toda a imprensa. Jornais salientaram que ela ainda usava a aliança, enquanto ele já havia abandonado a sua.[102] Dias depois dessa humilhação, Rosane chegou de Macapá, onde havia cumprido seu último compromisso como presidente executiva da LBA, e anunciou à imprensa que ficaria no aeroporto à espera de Collor, que retornaria pouco depois de São Paulo, para que voltassem juntos para casa. Todos viram quando Collor chegou, desceu do avião e embarcou direto em um helicóptero que o levou embora. Rosane ficou para trás, junto com jornalistas e a primeira-dama do DF, Weslian Roriz, que lhe fazia companhia no aeroporto.[103]

Ao contrário do que Collor pretendia, a sequência de humilhações públicas a que submeteu a primeira-dama tornou-se, para sua imagem, um foco de desgaste em si mesmo. Pesquisa de opinião do Datafolha mostrava que a população acreditava na sinceridade do sofrimento de Rosane, que fora vista chorando em público, e atribuía a crise conjugal à reação irascível de Collor às denúncias na LBA. Metade dos entrevistados ainda achava

"Não me deixem só, eu preciso de vocês!"

que o desentendimento matrimonial dos dois prejudicava a imagem do Brasil.[104] Mas, quando PC Farias entrou em cena, Rosane tornou-se o menor dos problemas para Fernando Collor de Mello.

A "República de Alagoas"

O mundo de Fernando Collor de Mello ruiu definitivamente com a divulgação de suas relações com PC Farias, empresário alagoano com tentáculos em vários negócios públicos e homem de confiança do presidente. Tesoureiro da campanha de Collor, PC era visto desde o início do governo como alguém capaz de exercer influência junto à administração federal: indicava nomes para ministérios e era procurado por empresas que tinham interesses em fazer negócios com a União ou obter financiamentos de bancos públicos. Collor o tinha como um dos grandes responsáveis por seu sucesso na eleição presidencial: "Sem você, eu não teria ido nem para o segundo turno", disse-lhe no réveillon anterior a sua posse.[105]

Os diversos apaniguados de PC em vários cargos da administração federal faziam parte do que se convencionou chamar de "República de Alagoas". Um deles era seu irmão, o médico Luiz Romero Farias, a quem Collor nomeou secretário-executivo do Ministério da Saúde. Luiz Romero deixou o cargo em setembro de 1991, na sequência do superfaturamento do leite em pó na LBA, diante das primeiras denúncias que escancaravam o tráfico de influência praticado por seu irmão. Collor não gozava de popularidade que lhe permitisse suportar novas denúncias: além do irmão de PC, cinco outros ocupantes da "República de Alagoas" foram exonerados do governo. Foi sua primeira tentativa de se distanciar de PC quando suspeitas passaram a rondar o amigo.[106]

Coube a Pedro Collor, irmão mais novo do presidente, detonar em realidade a potência explosiva de PC. A indisposição entre eles remetia aos negócios da família: Pedro desconfiava que Fernando queria enxertar PC nas empresas do clã para ganhar mais poder do que os outros irmãos. Quando Fernando favoreceu o amigo na compra da parte de

Leopoldo Collor, o outro irmão, nas Organizações Arnon de Mello, Pedro convenceu-se de que PC Farias era testa de ferro de Fernando e seria usado para expulsá-lo da sociedade após a morte da matriarca, dona Leda.[107] Mais especificamente, a desavença entre Pedro e PC remetia à disputa entre o jornal *Tribuna de Alagoas*, que o segundo comprara havia pouco tempo, e a *Gazeta de Alagoas*, que pertencia à família Collor e era tocada por Pedro.[108] Este desconfiava que Fernando apoiaria PC na disputa entre os dois jornais, levando a *Tribuna* a sufocar a *Gazeta*, para diminuir a influência do irmão no grupo empresarial familiar e atender às queixas de aliados de Fernando, que não eram bem retratados no jornal dirigido por Pedro.

Pedro Collor decidiu contar o que sabia sobre as relações entre seu irmão e PC Farias a partir de maio de 1992, principalmente através da revista *Veja*, que já vinha na trilha do empresário alagoano: na edição anterior à bombástica entrevista do irmão caçula do presidente, a revista publicou uma reportagem especial detalhando as enroladas declarações de imposto de renda de PC. Mas foi a edição 1236 que entrou para a história do impeachment no Brasil. Em seguida à reportagem "Chegou no Planalto", que detalhava as relações entre PC Farias e o presidente, vinha a entrevista "O PC é o testa de ferro do Fernando". Pedro não poupou detalhes, mencionando até o consumo de cocaína por ele e pelo irmão quando eram jovens em Brasília. Descreveu a política miúda da obtenção de concessões de rádio pelo grupo da família, relatou a disputa entre os jornais alagoanos, apontou a existência de um apartamento em Paris não declarado pelo irmão, acusou PC de possuir sete empresas ocultas no exterior e asseverou "não ter dúvidas" de que o irmão aumentara seu patrimônio pessoal durante a presidência.[109] Nos dias seguintes, renovou as acusações em entrevistas a outros veículos.[110] A síntese das acusações de Pedro era de que os crimes de PC Farias beneficiavam o presidente tanto econômica quanto politicamente.

Collor tentou reagir com a ajuda da mãe: conseguiu o apoio de dona Leda para o afastamento de Pedro dos negócios da família.[111] Sofreu, porém, um duro golpe quando o procurador-geral da República, Aristides

Junqueira Alvarenga, determinou à Polícia Federal (PF) que instaurasse inquérito para apurar os crimes atribuídos por Pedro ao presidente, a PC Farias e à ministra Zélia Cardoso de Mello, a quem Pedro acusava de passar informações privilegiadas a PC.[112] O pedido do procurador-geral mostrava que o Ministério Público Federal (MPF) e a PF não estavam dispostos a poupar o presidente do constrangimento das investigações. Estas seguramente fariam crescer o escândalo, pois a imprensa estava pronta para publicar cada passo do caso. A essa altura, a aprovação do governo já havia encolhido para a casa dos 20%, enquanto a reprovação chegava ao dobro disso.[113]

Em 26 de maio, Collor falou em cadeia nacional de rádio e televisão sobre as acusações pela primeira vez. Chamou de "falsidade" e "insensatez" as denúncias do irmão. Avisou que havia solicitado ao Ministério Público a instauração de ação penal contra Pedro, por crimes contra a honra, e que o processaria por danos morais. Prometeu "a verdade" e exigiu "responsabilidade" de seus acusadores e da imprensa, a quem acusou de condenação antecipada.[114] O pronunciamento adotou uma linha que custaria caro a Collor mais adiante, no processo de impeachment: foi principalmente sua insistência em negar fatos comprovados por documentos e testemunhas que fundamentou a acusação do crime de responsabilidade por comportamento indecoroso na presidência da República.

De início, Collor foi defendido pelos governadores com quem havia costurado vantajosos repasses de verbas federais. Buscando desacreditar as denúncias, Antônio Carlos Magalhães — o PFL seria o último partido a abandonar o presidente, já às vésperas da autorização de seu processo pela Câmara — alimentava a acusação de que Pedro sofria de distúrbios emocionais e estava fora de si,[115] enquanto o governador do Rio de Janeiro, Leonel Brizola, defendia uma nova "Cadeia da Legalidade" para proteger o presidente.[116] Magalhães e Brizola tentavam arregimentar deputados e senadores para defender Collor no próximo campo de batalha, que se provou fatal para seu destino: a CPMI que investigou PC Farias e suas relações com o presidente da República.

A "CPMI do PC" e o embalo da imprensa

No dia seguinte à determinação da PGR de abertura de inquérito para apurar as relações entre Fernando Collor e PC Farias, líderes de diversos partidos decidiram constituir uma CPMI para aprofundar as investigações sobre as revelações do irmão caçula do presidente.[117] No dia 27 de maio, nomes importantes do PSDB (como o senador Fernando Henrique Cardoso), do PMDB (como o senador Humberto Lucena), do PT (como o senador Eduardo Suplicy e os deputados Eduardo Jorge e José Dirceu) e do PDT (como o senador Maurício Corrêa e o deputado Éden Pedroso) apresentaram ao presidente do Congresso Nacional, o senador cearense Mauro Benevides, do PMDB, o pedido para instauração da comissão. Em outro mau sinal para Collor, sugerindo a completa debilidade de seu escudo legislativo já a essa altura, a comissão foi rapidamente instalada, em 1º de junho.

A chamada "CPI do PC Farias", que na verdade era uma comissão mista, (CPMI) porque envolvia Câmara e Senado, correu em paralelo ao inquérito requisitado por Aristides Junqueira à PF. Esse inquérito não investigava diretamente o presidente, mas seu entorno, salientou o procurador. O esclarecimento era importante, porque não era clara, àquela altura, a jurisprudência sobre a possibilidade de um presidente ser criminalmente investigado por crimes cometidos no exercício da função sem prévia autorização da Câmara dos Deputados.[118] Mas para o impeachment de Collor o inquérito policial foi dispensável: o relatório da CPMI apontou sozinho todos os elementos necessários ao processo, e seu relatório praticamente conclamava a apresentação da denúncia por crimes de responsabilidade.

Com apoio de ACM, o governo conseguiu emplacar a presidência da CPMI, que ficou com o deputado Benito Gama, do PFL. A relatoria, porém, ficou com a oposição, a cargo de Amir Lando, do PMDB. O governo também empenhou-se em delimitar o objeto de investigação, para garantir que Collor ficasse, tanto quanto possível, fora dos holofotes. Comissões parlamentares de inquérito devem ter objetos de investigação delimitados, e o presidente trabalhava para que a "CPI do PC Farias" mirasse, de fato, em PC Farias. Os defensores do governo acusavam a comissão de não ter competência para investigar Collor, uma vez que as suspeitas levantadas por seu irmão implicavam possíveis crimes comuns do presidente, e a competência para investigá-los seria do STF e não do Congresso. Nesse tópico, o deputado Nelson Jobim, cuja opinião jurídica era considerada pelos pares dado seu papel de destaque na Assembleia Nacional Constituinte, concordava que o presidente não poderia ser penalmente investigado pela comissão.[119] Mas havia quem sustentasse o contrário: Marcello Lavenère, o presidente nacional da OAB que viria a assinar a denúncia de impeachment que derrubou Collor, defendia que o Legislativo tinha competência para a investigação por uma lógica de separação de Poderes: "Quem deve investigar o Executivo é o Legislativo".[120]

Era inevitável que a CPMI, que iniciou formalmente seus trabalhos no primeiro dia de junho de 1992, chegasse cada vez mais perto do presidente: o fio do novelo de PC Farias levava à casa, à família e aos negócios de Fernando Collor de Mello. Este tentou por diversas vezes barrar a CPMI no Supremo Tribunal Federal, alegando que ela, a pretexto de investigar PC Farias, estava se mostrando um ato preparatório para seu impeachment, e isso seria ilegal. O argumento foi mencionado no HC nº 69 647, relatado pelo ministro Celso de Mello. O ministro negou seguimento ao pedido da defesa de Collor argumentando que a ameaça de afastamento por crime de responsabilidade não poderia ser protegida por habeas corpus, pois crimes de responsabilidade não são crimes no sentido penal do termo, e o impeachment, por não prever pena de prisão, não implica ameaça à liberdade de ir e vir da autoridade acusada (que é a liberdade protegida por habeas corpus). Foi o primeiro sinal dado pelo Supremo de que o tribunal não pretendia interferir de modo determinante no deslinde do conflito entre governo e oposição.

A CPMI FOI A MANEIRA ENCONTRADA pelo Congresso de responder rapidamente às denúncias: a decisão de instaurá-la foi tomada poucos dias após a publicação da entrevista de Pedro Collor.[121] Perante deputados e senadores, depuseram o principal denunciante, Pedro Collor; o principal investigado, Paulo César Farias; funcionários de primeiro escalão do governo, como a ministra Zélia Cardoso de Mello; pessoas do círculo íntimo político-empresarial de Collor, como seu secretário particular, Cláudio Francisco Vieira; agentes públicos que personificavam a influência de PC Farias no governo, como seu irmão Luiz Romero Farias; e homens de negócios acusados de se beneficiar do esquema de PC junto à administração federal, como empresários do setor de saúde que supostamente se valiam do acesso fácil a Luiz Romero.

À medida que evoluíam as investigações, os poucos pilares de sustentação política que Collor ainda tinha iam desmoronando. Membros do "Ministério dos Notáveis", cuja nomeação havia levado ao rompimento final com o vice Itamar Franco, passaram a fustigá-lo de modo sutil, mas em público. O ministro da Justiça, Célio Borja, um medalhão que inclusive havia integrado o STF, e o ministro da Economia, Marcílio Marques Moreira, lamentavam publicamente a contaminação da economia por escândalos da família presidencial. O presidente do Senado dizia, nas entrelinhas, que um processo de impeachment estava à vista, ao explicar que os resultados da CPMI poderiam implicar o presidente e dar início a "um outro rito constitucional".[122]

A CPMI foi uma estratégia para encurralar Collor em definitivo, mas também para proteger o Congresso: ao colocar o presidente no centro do cadafalso, os partidos de destaque na comissão, mesmo o governista PFL, direcionavam a ira da opinião pública contra a pessoa do chefe de governo, diminuindo as chances de que eclodissem protestos difusos contra toda a classe política (como futuramente ocorreria em junho de 2013).[123] Nos escândalos que levam a impeachments, a relação entre mobilização popular e instituições é complexa: a ira do povo impulsiona as instituições, mas é simultaneamente alimentada pelo trabalho dessas mesmas instituições, que podem usar sua atuação para direcionar e alimentar o descontentamento popular contra um determinado alvo. Manifestantes na rua impulsionam impeachments, mas o trabalho das instituições, sobretudo quando amplificado pela imprensa, ajuda a converter cidadãos passivos em manifestantes.

"Não me deixem só, eu preciso de vocês!"

Enquanto lideranças políticas buscavam alternativas de desfechos menos traumáticos para a crise, como uma possível licença de Collor,[124] as investigações da CPMI marchavam inexoráveis. Em junho de 1992, dois novos personagens surgiram na trama da crise: Ana Maria Acioli Gomes de Melo e Eriberto França. Ana, que era formalmente funcionária da Assembleia Legislativa de Alagoas, na prática atuava como secretária pessoal do presidente; França, que trabalhara na campanha presidencial de 1989, recebia salários da Radiobrás, mas era motorista do presidente e de sua família. Ele contou à revista *IstoÉ*, e depois reafirmou na comissão, que coletava dinheiro nas empresas de PC Farias e entregava-o à secretária, que fazia pagamentos de despesas pessoais de Collor.[125] O depoimento de Ana Acioli dava pistas de que havia um esquema para ocultar a verdadeira relação financeira entre Collor e PC: ela reconheceu que mandava pagar gastos de Collor com dinheiro que vinha de Cláudio Vieira, o secretário pessoal do presidente, também conhecido de longa data de PC (ambos haviam sido seminaristas juntos). Ana disse ainda que só efetuava pagamentos mediante ordens expressas de Collor, o que atestava a participação direta e pessoal do presidente naquelas empreitadas ilegais. Toda a movimentação financeira em benefício de Collor era feita através das contas pessoais da secretária. Um dos bancos de que ela era correntista chegou a mudar a grafia de seu nome na titularidade de uma conta para "Ana Maria Gomes", removendo o sobrenome mais conhecido, "Acioli", para, segundo seu depoimento, "resguardar o presidente".[126] Tudo sugeria tratar-se de um mecanismo primário de ocultação de valores ilícitos.

A EXPLICAÇÃO DE COLLOR para seus gastos vultosos, pagos com dinheiro vindo das empresas de PC Farias, foi apresentada no segundo depoimento de Cláudio Vieira à CPI. Homem de absoluta confiança do presidente, Vieira trabalhava para a família Collor desde 1975, quando ingressou, como advogado, no quadro de funcionários das Organizações Arnon de Mello. Ele explicou que em janeiro de 1989 havia contraído um empréstimo de 5 milhões de dólares no Uruguai, para pagamento de despesas da campanha presidencial daquele ano. O dinheiro teria sido trazido para o Brasil, segundo Vieira, pelo doleiro Najun Turner, homem que àquela altura tinha passagens na PF por remessa ilegal de minério — leia-se: ouro.[127] As sobras desse dinheiro, que seriam portanto sobras de campanha, teriam ido para as contas de Ana Acioli e PC Farias, e pagavam despesas pessoais do presidente e da primeira-dama. Najun Turner foi ouvido pela CPI e confirmou a operação.[128] Vieira apresentou, como prova de sua versão, um contrato que seria referente a um empréstimo contraído no Uruguai, com data de janeiro de 1989.[129] A estratégia era situar todas as potenciais ilicitudes na relação entre Collor e PC em momentos anteriores ao início do mandato, o que ajudaria o presidente na defesa contra eventuais acusações tanto de crimes de responsabilidade quanto de crimes comuns.[130]

Em 31 de julho, porém, o depoimento de uma personagem inesperada fez ruir a versão da chamada "Operação Uruguai". Sandra Fernandes de Oliveira, secretária da empresa ASD Empreendimentos e Participações Ltda., contou a deputados e senadores que tinha escutado, por uma porta entreaberta da sala de reuniões da empresa, um diálogo que sugeria que o contrato de empréstimo apresentado por Vieira era falso. Segundo ela, o documento havia sido discutido e assinado em São Paulo poucas semanas antes do depoimento de Cláudio Vieira à CPI. Sandra informou que a ASD tinha uma subsidiária no Uruguai, e que o dono da empresa, Alcides dos Santos Diniz, tinha experiência em remessa de recursos não declarados para o Brasil. Em troca do apoio de PC Farias para a liberação de empréstimos públicos para sua empresa, Diniz havia se prontificado a forjar algum lastro documental para a história. A secretária testemunhara o planejamento dessa fraude.[131]

A farsa da chamada "Operação Uruguai" tornou-se peça central na acusação contra Collor pelo crime de "proceder de modo incompatível com a dignidade, a honra e o decoro do cargo".[132] Sandra, o doleiro Najun Turner e o operador Cláudio Vieira foram arrolados entre as seis testemunhas de acusação apontadas pela denúncia no processo de impeachment. No Senado, os acusadores de Collor apresentaram um laudo que atestava a falsidade da data do contrato de empréstimo. O investimento da acusa-

"Não me deixem só, eu preciso de vocês!"

ção nessa imputação específica, entre muitas que se poderia fazer contra Collor, mostra o quanto a mentira do presidente foi elevada à condição de substância do crime. De acordo com seus acusadores, Collor descera abaixo do piso moral do cargo não apenas por sua relação corrupta com um traficante de influências em seu governo, mas por ter buscado enganar, com documentos falsos e o testemunho mentiroso de um doleiro, deputados, senadores e a opinião pública que ansiava por explicações para todos aqueles fatos.

As investigações também revelaram que a arquitetura montada por PC Farias e Cláudio Vieira envolvia o uso de contas-fantasma para despistar valores que vinham dos negócios do empresário alagoano e chegavam à família do presidente. Um dos cheques fantasmas, do Banco Rural, famosamente pagou um Fiat Elba que servia a Rosane Collor.[133] Foi o motorista Eriberto França que contou ter levado o cheque à concessionária para pagamento do carro, que estava em nome do próprio presidente.

O uso de contas-fantasma, o álibi amparado em fraude documental e a incapacidade de explicar a origem lícita de recursos compatíveis com os elevados gastos do estilo de vida do presidente levavam suspeitas de crimes comuns, como corrupção, a rondar o governante. Collor insistia em apontar que a comissão parlamentar era um inquérito policial disfarçado, que investigava atos não relacionados ao exercício do cargo e violava a competência do STF para abrigar investigações contra presidentes da República. Aqui se nota a tentativa da defesa de aproximar crimes de responsabilidade de crimes comuns: a confusão beneficiava Collor e arriscava esfriar o ritmo e o ânimo da comissão. O STF, porém, nunca aceitou essa tese, e deixou o presidente arder na fogueira.[134] Ao rejeitar a natureza penal tanto de um impeachment quanto da investigação parlamentar que podia desvelar crimes de responsabilidade cometidos pelo presidente, o Supremo abriu mão de exercer qualquer poder revisor naqueles casos, como poderia fazer se os tivesse equiparado a um processo criminal ou a um inquérito comum, e deixou inteiramente ao Congresso o controle de todo o procedimento. Nas decisões relativas a Fernando Collor de Mello, o tribunal claramente sustentou o entendimento de que crimes de responsabilidade não se confundem com crimes comuns, nem mesmo quando puderem ensejar uma ação criminal no futuro.[135] Foi, aliás, o que aconteceu com Collor: ele acabou condenado pelo Senado na acusação por crimes de responsabilidade, mas absolvido pelo STF na acusação por crimes comuns.

POLITICAMENTE ISOLADO E SEM PERSPECTIVA de contar com intervenção do STF em seu favor, Collor, talvez em ato de desespero, cometeu seu erro fatal. Em um discurso para taxistas no Palácio do Planalto, convocou os brasileiros para saírem às ruas no domingo 16 de agosto vestindo qualquer peça de roupa com as cores da bandeira do Brasil; incitou o povo a pendurar nas janelas das casas lenços e toalhas que demonstrassem quem era "a maioria silenciosa", cujo apoio ele ainda imaginava ter. Em resposta, colheu a evidência visual de seu absoluto abandono: no Rio de Janeiro, uma multidão reuniu-se no Leme e passou cantando marchinhas provocativas em frente ao prédio do governador Leonel Brizola, que ainda se mantinha na base de apoio de Collor; em São Paulo, o Parque do Ibirapuera lotou de gente vestindo luto; e em Brasília, um engarrafamento de vinte quilômetros com carros cobertos de preto formou o maior protesto da história da capital até então.[136]

Exatamente uma semana após os protestos, o senador Amir Lando entregou o relatório final da CPMI. Era praticamente um libelo acusatório por crime de responsabilidade contra Fernando Collor de Mello, que concluía repetindo a fórmula do artigo 9º, nº 7, da lei nº 1079/1950: "Obviamente, os fatos descritos anteriormente contrariam os princípios gravados na Constituição, sendo incompatíveis com a dignidade, a honra e o decoro do cargo de chefe de Estado". Lando conclamava as instituições à ação: "Pressinto um novo arrebol de decência no destino da pátria".[137] Ao qualificar as condutas do presidente como violação a um dispositivo específico da Lei do Impeachment, o relatório deu aos denunciantes o fundamento que procuravam para a acusação por crime de responsabilidade.[138] Collor nunca deixou de acusar a mudança de foco nos trabalhos da CPI, que se voltou mais para ele do que para PC Farias, como um artifício político manuseado por Lando para ensejar seu afastamento.[139]

"Não me deixem só, eu preciso de vocês!"

A pressa: o procedimento na Câmara

A trilha jurídica que levou ao impeachment de Collor teve grande participação da elite da advocacia brasileira do período. Não apenas porque a denúncia foi assinada por dois advogados, Barbosa Lima Sobrinho (pela ABI) e Marcello Lavenère Machado (pela OAB), mas porque a estratégia acusatória e processual foi inteiramente concebida por um consórcio de notáveis juristas. Versões preliminares da petição de denúncia foram apresentadas ao grupo por Miguel Reale Jr.,[140] Fábio Konder Comparato, Raymundo Faoro e Clóvis Ramalhete.[141] Segundo recordou Evandro Lins e Silva, principal advogado da acusação no Senado Federal, houve reuniões para debater a forma final do texto na casa de Márcio Thomaz Bastos, em São Paulo, onde "talvez houvesse uns vinte advogados presentes".[142] Nessas reuniões é que se decidiu que os denunciantes seriam o presidente da ABI e o presidente da OAB,[143] como pessoas físicas, embora a redação final da petição tenha sido dada por Evandro Lins e Silva, Fábio Konder Comparato, Sérgio Sérvulo da Cunha, Paulo Cavalcanti Filho e Marília Muricy.[144]

A denúncia foi apresentada por uma comitiva de advogados aos presidentes da Câmara, Ibsen Pinheiro, e do Senado, Mauro Benevides. No dia em que a peça foi protocolada, os denunciantes partiram em uma "caminhada cívica" desde a sede da OAB em Brasília até o Congresso Nacional. Foi uma cerimônia cheia de pompa: mais de mil pessoas estiveram presentes no salão verde da Câmara para assistir ao discurso do denunciante Barbosa Lima Sobrinho.[145] Ibsen Pinheiro prometeu uma tramitação rápida na casa, enquanto Collor acusava o Congresso de querer cassar sumariamente seu mandato.[146]

No dia seguinte, o presidente da Câmara apressou-se em tomar duas providências exigidas pela Lei do Impeachment: leu a denúncia em plenário e passou a articular os nomes para compor a comissão especial que daria um parecer sobre a acusação, observada a representatividade dos partidos. A essa altura, as últimas lideranças de expressão que ainda davam algum apoio a Collor distanciaram-se abertamente do governo: o PFL de ACM anunciava que não obstruiria o impeachment, enquanto Brizola insistia na renúncia e criticava a "teimosia" do presidente.[147] O ministro da Justiça, Célio Borja, fazia coro ao governador fluminense: "Renúncia não é ato de covardia".[148]

Uma semana depois, no dia 8 de setembro, Ibsen Pinheiro definiu um "rito sumário" para o julgamento, dando a Collor apenas cinco sessões para apresentar sua defesa à comissão. A decisão veio no dia seguinte ao desfile do feriado da Independência, quando o presidente foi recebido pelos presentes com gritos de "Fora Collor!". Além do prazo apertado, o rito estabelecia que o presidente poderia apenas enviar uma resposta escrita à acusação: qualquer produção de provas, como a oitiva de testemunhas, deveria ser guardada para a fase propriamente processual do impeachment, que ocorreria no Senado. Ibsen anunciou também que a votação para autorizar o processo seria nominal e aberta, e prometeu que a casa finalizaria sua parte dos trabalhos até o final do mês de setembro. Collor acusava de "golpe" as formalidades divulgadas por Ibsen.[149]

O rito da Câmara deu ensejo às únicas intervenções judiciais na tramitação do impeachment no processo contra Collor: a primeira em uma decisão cautelar proferida no dia 10 de setembro e a segunda no julgamento final da ação, no dia 23 do mesmo mês, ambas no MS 21 564. Nesse mandado de segurança, o STF fixou pontos importantes sobre a recepção da lei nº 1079/1950 pela Constituição de 1988. O tribunal confirmou que o papel da Câmara era meramente autorizativo, e que o processo e julgamento propriamente deveriam ocorrer perante o Senado. Porém, embora fosse em essência político, o procedimento na Câmara deveria assegurar ao presidente o direito constitucional à ampla defesa, razão pela qual o STF estendeu de cinco para dez sessões o prazo para apresentação da defesa à comissão especial. O Supremo ainda confirmou a validade do artigo 23 da lei nº 1079/1950, que exigia votação nominal (isto é, voto individual e aberto) na Câmara, como queria a oposição, e não votação fechada, como pedia Collor. Isso significava que os deputados que estivessem dispostos a defendê-lo deveriam fazê-lo abertamente, algo muito custoso em se tratando de alguém tão impopular. Finalmente, o tribunal rejeitou a alegação de que a Lei do Impeachment teria sido revogada pela emenda

"*Não me deixem só, eu preciso de vocês!*"

parlamentarista de 1961, decidindo que ela fora readmitida à ordem jurídica ("repristinada") pela emenda de 1963, que reinstituiu o presidencialismo após um plebiscito no governo de João Goulart.[150] O julgamento da ação fez parte de um esforço do STF para deixar o terreno limpo de dúvidas jurídicas o mais rapidamente possível, e foi acertado entre Ibsen Pinheiro, Sydney Sanches, o então presidente do STF, e Célio Borja.[151] A sessão de julgamento do MS 21 564 foi transmitida ao vivo pelas redes de TV, por autorização especial do presidente do STF.[152] O evento era excepcional, pois não havia TV Justiça à época.

A comissão especial da Câmara trabalhou entre 8 e 24 de setembro de 1992, quando foi votado e aprovado o parecer do relator Nelson Jobim — tramitação espantosamente célere (a fase equivalente do impeachment de Dilma Rousseff durou quatro meses, de dezembro de 2015 a abril de 2016). Na comissão, a defesa de Collor contestou a validade da denúncia: segundo os advogados, ela havia sido redigida em termos muito genéricos, incapazes de serem especificamente rebatidos, e portanto incompatíveis com o direito de defesa do presidente. Por isso, diziam eles, a denúncia era inválida ("inepta") e devia ser rejeitada.[153] Anos depois, Nelson Jobim recordou-se de que a denúncia não era mesmo a melhor:

> A denúncia foi muito malfeita. [...] É aquela coisa. Sentaram dez juristas para fazer uma denúncia [...], aquele pessoal que nunca fez uma denúncia na vida. [...] Denúncia, quem faz é promotor. [...] Fizeram uma espécie de um discurso. [...] Tivemos que fazer ou refazer a denúncia, dentro da Comissão de Justiça, em que eu fui o relator.[154]

Talvez Jobim, que tampouco foi promotor alguma vez na vida, estivesse apenas valorizando o papel de sua relatoria.[155]

Nelson Jobim fez sua parte para cumprir a promessa de Ibsen Pinheiro de que a autorização da denúncia contra Collor seria votada até o final de setembro: todas as medidas para a produção de provas solicitadas pela defesa foram negadas, sob a justificativa de que elas deveriam ser produzidas no Senado, onde o presidente seria julgado.[156] O parecer alegou que o indeferimento, isto é, o não acolhimento dos pedidos, se impunha para que a Câmara não invadisse a competência do Senado, o que não faz sentido: assim como a polícia não invade a competência do Judiciário quando ouve a vítima e as testemunhas do crime na fase de inquérito, nada haveria de invasão em a Câmara ouvir testemunhas ou analisar documentos (no caso de Dilma Rousseff, essas oitivas aconteceram).[157] Assim, o parecer seguiu para discussão no plenário da Câmara na última semana de setembro de 1992. No dia 29, a Câmara autorizou o processo de Collor pelo Senado, por maioria avassaladora: 441 votos a favor, 38 contra e uma abstenção. O presidente não compareceu aos debates nem enviou alguém para falar em seu nome.

A indefinição: os primeiros passos no Senado

Tão logo o impeachment deslocou-se para o Senado, os denunciantes constituíram dois advogados de acusação: Evandro Lins e Silva, lendário criminalista e ex-ministro do STF cassado pela ditadura militar (e que coincidentemente fora colega de faculdade do pai de Collor); e Sérgio Sérvulo da Cunha, advogado de destaque na OAB paulista. Um terceiro, Fábio Konder Comparato, juntou-se à dupla apenas nas etapas finais do caso, logo antes da sessão de julgamento no Senado, embora viesse participando do impeachment desde seus preparativos.

Na manhã de 30 de setembro de 1992, quando os senadores chegaram para trabalhar, os jornais do dia tratavam a autorização da Câmara como se ela implicasse, por si só, o afastamento do governante: "Collor está fora do poder", noticiou *O Globo*; "Câmara depõe Collor em decisão histórica" foi o subtítulo da manchete da *Folha de S.Paulo*; e *O Estado de S. Paulo* estampou "Collor fora" em letras imensas. Não era isso, porém, que dizia a Constituição: "O presidente ficará suspenso de suas funções: [...] nos crimes de responsabilidade, após a instauração do processo pelo Senado Federal".[158] Se na redação original da lei nº 1079 o afastamento cautelar é de fato previsto para após a votação na Câmara dos Deputados, a Constituição de 1988 empurrou-o um pouco mais para a frente, para o ato de instauração do processo no Senado.[159] Nas reportagens, os jornais efetivamente explicavam que o afastamento de Collor era fato consumado, embora faltassem etapas jurídicas a se cumprir: *O Globo* esclarecia que o mandato do presidente havia "praticamente" terminado, cumprida a etapa da Câmara,[160] e a *Folha* anunciava que ele seria afastado do cargo no próprio dia 30, "assim que [fosse] notificado da instauração do julgamento no Senado".[161] Mas as coisas não foram assim tão simples.

No próprio dia 30, os senadores mostraram ter dúvidas sobre o momento a partir do qual se daria, enfim, o afastamento provisório do presidente: quando ocorria, afinal, a "instauração do processo" de que falava a Constituição? Bastava a eleição da comissão especial de impeachment no Senado? Ou seria necessário também notificar Collor para que a suspensão se efetivasse? Deveria haver algum ato decisório de recebimento da denúncia, como acontece em um processo criminal? Nesse caso, quem deveria executá-lo era o presidente do Senado ou o do STF? Todos tinham pressa, mas o regimento interno da casa dificultava as coisas: seu artigo 380 sugeria um caminho demorado, pois jogava a decisão sobre o recebimento da acusação, da qual dependiam a "instauração do processo" e o consequente afastamento temporário do presidente, nos termos da Constituição, para depois da conclusão do parecer da comissão especial, que poderia demorar semanas. A dúvida existia também no STF, onde os ministros se debruçavam sobre a Constituição, a lei nº 1079 e o regimento interno do Senado mesmo antes de Sydney Sanches assumir a presidência do julgamento.[162]

O presidente do Senado, Mauro Benevides, esclareceu que a mesa diretora da casa havia chegado à conclusão de que o afastamento de Collor dependeria de sua citação,[163] isto é, da comunicação formal ao acusado de que o processo contra ele havia sido autorizado e passaria a tramitar, mas que para tanto seria necessário ao menos um parecer preliminar da comissão especial de impeachment, em obediência ao que mandava o regimento.[164] Indicados os membros da comissão pelo critério de representação partidária, o senador Nelson Carneiro foi incumbido de arregimentá-los rapidamente: deu-lhes quinze minutos para que se encontrassem na sala de trabalhos do colegiado.[165]

Enquanto a comissão organizava o início de seus trabalhos, os senadores em plenário ficaram apreensivos com a indefinição dos próximos passos. Queriam saber quando, exatamente, Collor seria afastado, pois estavam sendo insistentemente cobrados para fornecer a data e o horário precisos em que a presidência passaria para as mãos do vice. A mesa diretora esquivava-se da resposta, pois havia dúvidas: não estava claro se, com o relatório da comissão especial em mãos, Collor poderia ser suspenso por ato do presidente do Senado, ou se esse seria já o primeiro ato do processo, que caberia, portanto, ao presidente do STF (que, pela Constituição, deve presidir as sessões e a condução do processo de impeachment no Senado como um todo). A pressa tomou conta dos senadores: José Paulo Bisol, do PT, sugeriu que Benevides telefonasse para o ministro Sydney Sanches e o convidasse a comparecer ao Senado, para assinar logo o que fosse preciso, naquele dia mesmo. "Estamos empurrando para a frente o que poderia estar feito já hoje", protestou. "Em trinta minutos fazemos o despacho, encaminhamos a citação e suspendemos o presidente da República das funções presidenciais." Um colega então avisou: "Parece que o presidente do Supremo está no Senado!".[166] Outro senador chegou a cogitar que todo o trabalho da comissão especial corresse à revelia de Collor, naquela tarde mesmo, para que ele pudesse ser imediatamente julgado, mas foi alertado de que isso colocaria todo o processo sob risco de nulidade.[167]

Enquanto isso, a comissão especial do Senado trabalhava acelerada. No tempo de uma partida de futebol, seus membros produziram um documento de dois parágrafos, escrito pelo senador paraibano Antônio Mariz — um ex-promotor de justiça que fora eleito relator do colegiado —,[168] uma espécie de pré-parecer da comissão especial, que se limitava a dizer que a Câmara havia autorizado o processo e que tudo parecia formalmente regular até ali. Esse parecer preliminar seria votado e, se aprovado, Collor seria intimado e temporariamente afastado da presidência da República.[169] Na sequência, o trabalho da comissão especial seguiria seu curso, com a produção de provas inerente ao processo de impeachment, mas já com Itamar empossado. O presidente da comissão, senador Élcio Álvares, considerou a proposta de Mariz uma forma "óbvia e natural"

"Não me deixem só, eu preciso de vocês!"

de acelerar o andamento das providências necessárias.[170] Foi o modo que os senadores encontraram de agilizar o afastamento do presidente sem ignorar o artigo 380 do regimento interno do Senado. O parecer foi aprovado no dia 1º de outubro.[171]

O próximo passo era intimar Collor, para que seu afastamento temporário se consumasse. Por sugestão do senador Eduardo Suplicy, o teor do mandado de intimação deixou claro que o acusado poderia acompanhar todas as sessões de trabalho da comissão especial, ou mandar representante que o fizesse.[172] Surgiu uma nova dúvida, dessa vez sobre quem deveria assinar a intimação a Collor — Benevides, como presidente do Senado, ou Sanches, como presidente dos trabalhos do processo de impeachment? O novo impasse motivou o senador Mário Covas, de São Paulo, a fazer um protesto furioso contra Benevides, que deixara pontos tão elementares para serem decididos de última hora.[173] Mas para outros senadores a relativa demora da mesa diretora pareceu proposital: um jogo de cena em benefício de Itamar Franco. O senador José Richa especulou que Itamar fora surpreendido pela rapidez com que o procedimento caminhara até ali, e que por isso "estaria desejando um pouco mais de tempo para tomar posse". Sustentou que Itamar tivera postura ética de não montar ministério enquanto pendente o julgamento de Collor, e por isso, talvez, a aparente procrastinação de Benevides servisse para lhe dar tempo de definir ao menos uma parte de seu gabinete.[174] Anos depois, Fernando Henrique Cardoso contou que de fato Itamar estava relutante em assumir a presidência quando o afastamento de Collor se tornou iminente.[175]

Benevides não estava em plenário para ouvir o protesto de Covas contra sua relutância, pois saíra pouco antes para almoçar com o presidente do STF. Sydney Sanches chegou ao Senado informando que o Supremo fizera o que os senadores não haviam feito: definira o rito do julgamento de maneira clara e objetiva. Ele portava um documento detalhando, passo a passo, as regras do processo. O rito havia sido escrito principalmente pelo ministro Celso de Mello, outro ex-promotor de justiça, como Antônio Mariz, e validado junto aos demais ministros.[176] A sequência de atos desdobrava o julgamento perante o Senado em duas partes: uma fase de acusação e outra de julgamento.[177] Tanto quanto possível, o rito procurava deixar claro que o julgamento do impeachment deve ser, de fato, um julgamento. Não apenas pelas oportunidades de manifestação das partes e pelas oportunidades de defesa, mas pela exigência da preservação de um mínimo de aparência de imparcialidade objetiva. Esse elemento ficava evidente no ponto em que o rito, em conformidade com a lei nº 1079, proibia que participasse do juízo qualquer senador que incidisse nas vedações do artigo 36 da lei, segundo o qual não poderia atuar como juiz da causa um membro do Senado que tivesse parentesco em linha reta com o acusado ou tivesse sido testemunha em fase anterior no processo.[178] Os advogados de Collor chegaram mesmo a questionar a imparcialidade de um dos senadores para julgá-lo: Divaldo Suruagy, do PFL, que havia afirmado publicamente ser "adversário declarado" de Collor. No MS 21 623, relatado pelo ministro Carlos Velloso, o STF rejeitou o pedido da defesa para que Suruagy fosse impedido de participar do julgamento. Segundo os ministros, a lei nº 1079/1950 era mais restrita do que os códigos de processo civil e penal, e nem tudo aquilo que gerava suspeição acerca de juízes comuns deveria valer para senadores. Para o Supremo, a lei reconhecia que senadores, mesmo quando juízes, não deixavam de ser agentes políticos, e podiam se portar como tal: hipóteses de suspeição judicial, como amizade íntima ou inimizade pessoal, não se aplicam.[179] Esse entendimento foi referendado pelo tribunal no impeachment de Dilma Rousseff, na Arguição de Descumprimento de Preceito Fundamental (ADPF) 378.

O rito entregue por Sanches, então, era uma carta de fiança do STF: "Se esse roteiro for seguido, eu prometo aos senhores que o Supremo não derrubará nenhuma decisão".[180] Na volta do almoço, às 14h30, Benevides informou aos senadores que Fernando Collor de Mello e Itamar Franco seriam intimados no dia seguinte, 2 de outubro, na parte da manhã, o primeiro para responder às acusações e tomar ciência de seu afastamento do cargo, o segundo para assumir interinamente a presidência da República até o final do processo de impeachment. A citação foi efetivada no dia seguinte, às 10h20, quando o presidente da República recebeu cópias das 927 páginas que compunham o processo àquela altura.

"Não me deixem só, eu preciso de vocês!"

A Comissão Especial do Senado: estratégias e embates

Com as questões processuais definidas e o presidente intimado e afastado, o julgamento pôde prosseguir para a fase de produção de provas perante a comissão especial do Senado. Ao advogado José Guilherme Villela, que vinha representando o presidente desde o começo do procedimento na Câmara, juntou-se Antônio Evaristo de Moraes Filho, então expoente máximo de uma família de notórios advogados criminalistas. Em lados opostos do processo, Evaristo e Evandro Lins e Silva reeditariam o célebre confronto que havia marcado suas carreiras anos antes, no julgamento de Raul "Doca" do Amaral Street, assassino confesso de Ângela Diniz, defendido por Evandro e acusado por Evaristo.

Collor chegou a se defender perante a comissão especial do Senado, por meio de seus advogados. Insistiu nas alegações de prejuízo a seu direito de defesa, fosse porque não estavam claras desde o princípio as acusações contra ele, fosse porque a defesa não tivera, na comissão especial da Câmara, chance de avaliar os documentos em que a acusação se baseava, isto é, as provas que serviram de base ao relatório do senador Amir Lando na CPMI. A defesa de Collor recebera esses documentos apenas após a autorização da Câmara para que se instaurasse o processo contra o presidente — quando, a bem da verdade, seu afastamento era fato quase consumado, dependendo apenas dos ritos burocráticos para efetivar sua intimação, apressadamente decididos no dia 1º de outubro no Senado.

A defesa de Collor sustentava ainda que o presidente estava sendo afastado não por qualquer crime de responsabilidade definido na Lei do Impeachment, mas por mera perda de apoio político. Tal providência, sustentavam seus advogados, era incompatível com o presidencialismo brasileiro e configurava verdadeiro "golpe parlamentar".[181] Collor também argumentava que a denúncia era pouco clara, impossibilitando sua defesa. A despeito das já mencionadas críticas de Nelson Jobim à denúncia apresentada pelos presidentes da ABI e da OAB, essa alegação era infundada: a denúncia havia, sim, imputado ao presidente um grande conjunto de fatos específicos, tirados dos resultados públicos e notórios das investigações da CPMI; e havia afirmado que esses fatos implicavam quebra de decoro presidencial, em um sentido reconhecido do termo "decoro": o presidente recebera vantagens indevidas, fora conivente com o tráfico de influência praticado por PC Farias (e se beneficiara dele) e mentira ao povo brasileiro e às instâncias de controle ao oferecer justificativas falsas para aqueles fatos, o que implicava tanto omissão em relação a seu dever legal de zelar pela moralidade na administração pública quanto ações incompatíveis com dignidade, honra e decoro do cargo. A Collor restava sustentar ou que os fatos eram falsos, ou que não tinha responsabilidade por eles, ou que não configuravam indignidade, desonra e quebra de decoro presidencial. Se isso parecia impossível diante das comprovações, não era por falha na redação da denúncia.

A defesa de Collor tentou aproximar o julgamento do impeachment de um julgamento criminal. Essa é uma estratégia comum em defesas de autoridades acusadas no Brasil e no exterior,[182] uma vez que processos criminais deveriam ser mais protetivos em relação aos réus, o que em tese beneficiaria os réus. Essa alegação tampouco tinha fundamento, já que a instância política do impeachment não se confunde com as outras, cíveis ou criminais. O papel do impeachment é estritamente proteger as instituições constitucionais, e não castigar a autoridade acusada; seus crimes de responsabilidade podem ou não configurar também delito comum. O caso de Fernando Collor de Mello, aliás, é exemplar disso: como já foi dito, ele foi condenado pelo Senado mas absolvido, anos depois, pelo STF quanto à imputação de corrupção,[183] o que em nada afeta a legitimidade de seu impeachment.

Em sua manifestação perante a comissão especial no Senado, a acusação argumentou que o presidente havia violado dois dispositivos específicos da lei nº 1079/1950. Por sua complacência com o tráfico de influência praticado por PC Farias, foi acusado de cometer o crime de "permitir, de forma expressa ou tácita, a infração de lei federal de ordem pública" (art. 8º, nº 7). Já pela espiral de mentiras e fraudes em que se metera para tentar justificar suas relações financeiras com o empresário alagoano, foi acusado do crime de "proceder de modo incompatível com a honra, a dignidade

"Não me deixem só, eu preciso de vocês!" 123

e o decoro do cargo" (art. 9º, nº 7). Esses foram os dois dispositivos da Lei do Impeachment em que se fundamentou, juridicamente, o afastamento de Fernando Collor de Mello.

Collor não compareceu ao seu interrogatório na comissão especial do Senado. Limitou-se a contar com os depoimentos de testemunhas, muitas das quais eram ou haviam sido seus ministros. Marcílio Marques Moreira (Fazenda) deu trabalho à comissão, pois estava fora do Brasil em compromissos profissionais, em lugar não precisamente sabido pela defesa. Quando veio a informação de que ele retornaria ao Brasil em duas semanas, ou talvez até depois disso, a defesa insistiu em ouvi-lo, sob protestos da acusação. Sydney Sanches resolveu o impasse aplicando o artigo 405 do Código de Processo Penal, que dá à defesa o direito de substituir testemunhas que não tenham sido encontradas, mas não de paralisar o andamento do processo caso não queira realizar a substituição.[184] Marcílio Marques Moreira não depôs em defesa de Collor.

Na comissão especial do Senado, dois lances do embate entre Evandro Lins e Silva e Evaristo de Moraes chamaram a atenção de todos. Em 4 de novembro, os acusadores dispensaram o depoimento de Paulo César Farias. Uma vez que ele estava arrolado como testemunha da acusação, mas não da defesa, a dispensa significava que ele não falaria perante os senadores. O senador Mário Covas protestou: "Não pode, eu quero ouvir esse sujeito, você não pode fazer isso!". Evandro voltou-se para Covas, sentado atrás dele, e retrucou com segurança: "Olhe, você entende de política, agora, disto aqui, quem entende sou eu". Evandro estava convencido de que PC Farias mudaria radicalmente a linha das declarações que até então vinha dando sobre o caso: achou que ele confessaria os delitos, assumiria toda a culpa e tentaria isentar Collor de qualquer responsabilidade. Uma entrevista de PC na véspera lhe dera essa sensação. Desistir de ouvi-lo como testemunha impediu que essa versão chegasse ao processo por qualquer meio de prova. "Estou absolutamente convencido de que eu tinha razão nas minhas premonições", lembrou o advogado anos depois.[185] A vantagem pendia toda para o lado da acusação, com Collor afastado e a opinião pública sedenta por condenar o presidente. Um experiente advogado como Evandro Lins e Silva não tinha motivos para correr riscos desnecessários.

O segundo lance de destaque foi a virulenta intervenção dos advogados de acusação contra a impugnação, apresentada pela defesa, da credibilidade do depoimento da testemunha Sandra Fernandes de Oliveira,[186] a secretária que narrara a fraude dos contratos forjados da "Operação Uruguai". Evaristo de Moraes Filho sustentou que Sandra, como secretária, tinha dever de guardar segredo, tal qual um advogado em relação ao cliente, ou um psiquiatra em relação ao paciente, e que por isso seu depoimento não poderia ser utilizado como prova contra Collor. O depoimento de Sandra era crucial, pois provava que o presidente havia mentido e fraudado documentos para enganar a CPMI que investigava PC Farias; essa era a base da acusação de quebra de decoro presidencial.

Lins e Silva reagiu duramente, usando termos até mesmo ofensivos em relação a Evaristo de Moraes Filho: chamou o expediente de "manobra profissional hábil e inconsistente", que visava a ocultar o "mar de lama que envergonhou o país". Para ele, querendo desacreditar a imagem pública de Sandra perante o país, Moraes Filho invocava uma contradita grotescamente impertinente — e de fato era, pois não há prerrogativa de sigilo profissional para secretárias. Em outra ocasião, Lins e Silva foi embora da sessão negando o aperto de mão oferecido pelo colega. A linguagem inflamada e a postura desafiadora lhe renderam críticas de outros advogados, mas serviram também para elevar a temperatura do processo, que havia esfriado com as nem sempre emocionantes oitivas de testemunhas.[187] Anos depois, Evandro alegou que fizera tudo de caso pensado: o duelo inflamado entre dois notáveis criminalistas rendia um atrativo adicional ao julgamento naquela fase entediante.[188]

Em sua última manifestação na comissão especial, a acusação insistiu pesadamente na tese da violação à dignidade, à honra e ao decoro do cargo. Não apenas porque Collor era um homem dado a "excentricidades", adepto de um "discurso enganador e demagógico" e alimentado por "publicidade narcisista", mas sobretudo pelo recurso insistente à mentira: "Mentiu, sem dúvida, mentiu".[189] Os denunciantes traçaram um paralelo com o escândalo de Watergate, lembrando que Nixon, por ter mentido, fora forçado a renunciar pela iminência de um impeachment. A acusação foi beneficiada pela ação da PGR, que logo na sequência denunciou Collor por corrupção passiva e formação de quadrilha.[190] Em resposta, a última manifestação da defesa do presidente insistiu na parcialidade de diversos senadores, além de apontar que o objeto da acusação mudara desde a fase da Câmara.[191]

O parecer da comissão especial, escrito pelo senador Antônio Mariz, foi aprovado no plenário do Senado em 2 de dezembro de 1992. Embora para essa votação bastasse a aprovação da maioria simples dos senadores, o placar mostrou que a maioria qualificada exigida para a condenação por crime de responsabilidade seria atingida com folga: 67 senadores, treze a mais que os dois terços exigidos, votaram contra Collor, e apenas três votaram a seu favor. Ao presidente restavam duas alternativas: a renúncia e a procrastinação.

A forma final da acusação

O libelo acusatório, peça final da acusação contra Collor, foi apresentado em 3 de dezembro de 1992.[192] A principal imputação era de que Collor havia procedido "de modo incompatível com a dignidade, a honra e o decoro do cargo"[193] porque mentira à nação nas explicações sobre sua relação financeira com PC Farias, e também porque se envolvera com um traficante de influências em sua administração, tirando vantagens pessoais desse relacionamento. A peça acusava Collor de ter buscado ludibriar as investigações por meio de transações clandestinas e fraudes documentais, a exemplo da chamada "Operação Uruguai". Ainda apontava que o presidente havia permitido, por seu apadrinhamento de PC Farias, "infração de lei federal de ordem pública" (art. 8º, nº 7): mesmo sabendo das negociatas do amigo, não tomara qualquer medida para impedi-las. A acusação insistiu que a complacência de Collor com as negociatas de PC havia sido fundamental para que o empresário alagoano cometesse crimes como exploração de prestígio e corrupção ativa.

O presidente tentou duas últimas cartadas: um mandado de segurança no STF, o já mencionado MS 21 623, e uma renovação do pedido de perícia na Casa da Dinda, onde o presidente morava, recusado pelo ministro Sydney Sanches. No ato de indeferimento desse pedido, Sanches designou a sessão de julgamento para as nove horas da manhã do dia 22 de dezembro de 1992.

O escrivão Guido Faria de Carvalho foi à Casa da Dinda entregar a Collor a intimação para o derradeiro ato de seu processo. Foi recebido por um militar que fazia a guarda presidencial, que lhe informou que Collor estava em casa mas não poderia receber a notificação. O escrivão foi orientado a telefonar e agendar para outro dia uma audiência com o presidente afastado. Carvalho então fez contato com o Senado, onde estava o advogado de Collor, José Guilherme Villela, que lhe avisou que já havia assinado a intimação.[194] Com isso, o recibo do presidente tornava-se dispensável, e o processo pôde seguir sua marcha.

A tentativa de Collor de escapar à intimação como um devedor que se esconde do oficial de justiça acendeu a luz amarela para a acusação: o presidente faria de tudo para adiar o julgamento, contando, talvez, com o arrefecimento da pressão pública por sua condenação durante o recesso de final de ano que se aproximava. A insistência na perícia da Casa da Dinda, uma providência demorada, igualmente sugeria uma estratégia de procrastinação. Em resposta, a acusação, visando a abreviar o processo e convencida de que a demora só beneficiaria o presidente, dispensou todas as testemunhas que havia arrolado para o julgamento. No dia 22 de dezembro, data designada para a sessão, compareceram todos ao Senado — menos o acusado e seus advogados. Na noite anterior, Evaristo de Moraes Filho e José Guilherme Villela haviam comunicado ao ministro Sydney Sanches que Collor os destituíra, em uma última manobra para adiar a sessão de julgamento. Na carta de destituição, o presidente afastado teve o cuidado de determinar que eles não comparecessem ao julgamento. Sydney Sanches convidou os dois advogados a assumirem o caso como dativos, advogados nomeados pelo próprio juiz para defender um acusado que deixou de escolher seu próprio defensor, uma vez que sabidamente gozavam da confiança de Collor. Eticamente, ambos recusaram o pedido.

"Não me deixem só, eu preciso de vocês!"

O artifício da destituição de véspera renderia a Collor uma semana a mais no cargo de presidente (afastado). Enfurecido, Evandro Lins e Silva chamou a manobra de "chicana sem paralelo na história".[195] O presidente do STF nomeou como dativo o advogado Inocêncio Mártires Coelho, professor de direito constitucional da Universidade de Brasília e recém-aposentado do MPF.[196] Para lhe dar tempo de preparar a defesa, Sanches redesignou o julgamento para 29 de dezembro. De última hora, Collor ainda nomeou outro advogado, o criminalista alagoano José Moura Rocha, que peticionou a Sydney Sanches na antevéspera de Natal solicitando prazo de trinta dias para estudar o processo e preparar a defesa. No dia 24 de dezembro, Lins e Silva respondeu com uma dura petição denunciando mais essa manobra protelatória de Collor. A data do julgamento foi mantida, e Sydney Sanches astutamente achou um jeito de se precaver: pediu a Mártires Coelho que comparecesse à sessão do dia 29 preparado para defender Collor, mesmo que este tivesse advogado constituído. Caso o defensor do presidente não comparecesse, ou também fosse destituído logo antes da sessão, Mártires Coelho seria nomeado no ato e faria a defesa. As duas alternativas do presidente agora eram a renúncia e a condenação.

A renúncia e a teoria das "duas penas"

A sessão de julgamento do dia 29 de dezembro começou com o que parecia ser mais uma artimanha protelatória de Collor: uma de suas testemunhas não compareceu ao julgamento, por razões de saúde. A defesa pediu que se transferisse a oitiva para outra oportunidade, o que foi negado pelo ministro Sydney Sanches. Tão logo se iniciou o depoimento seguinte, da testemunha Francisco Roberto André Gross, que fora presidente do Banco Central de maio de 1991 a novembro de 1992, o advogado de defesa José Moura Rocha interrompeu-o para um pronunciamento urgente: "Acabo de falar, por telefone, com o presidente afastado Fernando Collor de Mello. Sua Excelência pediu-me que entregasse ao presidente do Congresso Nacional o seu pedido de renúncia ao cargo". Na sequência,

Moura Rocha requereu a extinção do processo.[197] A sessão de julgamento foi suspensa ainda antes das dez horas da manhã, com retorno anunciado para depois do almoço.

A defesa de Collor amparara amplamente seu pedido nas opiniões de estudiosos de referência sobre o impeachment. O livro de Paulo Brossard é categórico: "Se a autoridade [...] se desligar definitivamente do cargo, contra ela não será instaurado processo, e, se instaurado, não prosseguirá". E arremata: "O término do mandato, por exemplo, ou a renúncia ao cargo tranca o impeachment ou impede sua instauração".[198] Nos Estados Unidos, de onde vem a inspiração para o impeachment presidencial, há exemplos de autoridades federais que renunciaram poucos dias antes de seus veredtos, levando à extinção dos processos.[199] A lógica dessa opção é que o impeachment, por se tratar de um processo de defesa das instituições contra um governante perigoso, perde razão de ser quando este deixa o cargo. Nesse caso, tudo o mais que eventualmente houver a ser apurado contra ele, na esfera judicial ou administrativa, em matéria criminal ou não, prosseguirá pelos ritos comuns, e não pelo caminho excepcional do impeachment, pois o presidente já fora do cargo não representa mais uma ameaça.

O pedido de Collor gerou alvoroço no Senado: depois de tantos artifícios protelatórios, parecia impensável que o acusado pudesse escapar da condenação pública, e principalmente da perda dos direitos políticos, com um singelo bilhete de renúncia escrito à mão em cinco linhas. Deu-se então a última polêmica jurídica do caso, talvez a maior de todas. Invocando a doutrina de Paulo Brossard, que nessa época era ministro do STF, o advogado de Collor insistiu que a extinção do processo se impunha porque a "pena principal", o afastamento do cargo, estava prejudicada. A inabilitação era "pena acessória", disse ele, e nessa qualidade não poderia ser aplicada sem a principal: "A inabilitação é necessariamente acessória à pena de perda do cargo, não podendo ser aplicada sem aquela".[200]

Pela acusação, Evandro Lins e Silva retrucou alegando que eram duas penas independentes, embora pudessem ser aplicadas cumulativamente: "Não é pena acessória, é pena simultânea, é pena concorrente, é pena autônoma".[201] Neste ponto, vale recuar algumas etapas no processo: no

"Não me deixem só, eu preciso de vocês!" 129

libelo acusatório, apresentado poucos dias antes, a acusação não havia feito qualquer consideração relativa à aplicação de duas penas em caso de condenação. Sempre que se falou das consequências da condenação, usou-se "pena", no singular, jamais "penas":

> Os denunciantes esperam que o Senado da República, aplicando a Constituição e a Lei de Crime de Responsabilidade, imponha ao denunciado a pena de perda do cargo com inabilitação por oito anos para o exercício da função pública, na forma do § único [sic] do art. 52 da Constituição.[202]

Desde sempre, em todo o processo, a perda do cargo necessariamente acompanhada de inabilitação por oito anos era tratada como uma e única consequência de eventual condenação. Foi a renúncia de Collor que fez Evandro Lins e Silva sutilmente passar a falar em "penas simultâneas" já no final do julgamento, com o objetivo de construir uma tese jurídica que respaldasse a inabilitação do acusado.

O ministro Sydney Sanches jogou a decisão para o plenário do Senado. Em seu entender, a questão se confundia com o próprio mérito do processo, sobre o qual só o plenário poderia decidir, pois dependia de interpretação sobre a natureza do impeachment e de sua(s) pena(s). De mais a mais, esclareceu Sanches, ainda que fosse para se declarar extinto o processo, atendendo ao pedido da defesa de Collor, só os juízes competentes para a causa, que eram os senadores, poderiam fazê-lo. Posta a questão em votação pelo Senado, Collor foi derrotado: aprovou-se a resolução nº 101, de 1992, considerando que o pedido de perda de mandato havia perdido razão de ser, mas impondo pena de inabilitação ao agora ex-presidente. Ele ainda tentou recuperar seus direitos políticos no STF, mas o tribunal reafirmou a tese das duas penas e manteve a inabilitação por oito anos.[203]

Qual o saldo dessa polêmica? A conclusão é importante porque a questão da unidade ou dualidade das penas (ou da pena) no impeachment foi também relevante no caso de Dilma Rousseff, e seguramente voltará a sê-lo em casos futuros, principalmente diante da confusão armada na votação do impeachment de 2016.

A meu ver, a Constituição de 1988 impõe à condenação uma única consequência, de duplo efeito: perda do cargo com inabilitação por oito anos. Ela rompeu com a tradição da Constituição de 1946 (vigente quando foi elaborada a lei nº 1079/1950) e com o texto da própria lei, que previam duas penas — "perda do cargo" e "inabilitação por até cinco anos" — como consequências nitidamente separadas para a condenação. Assim, o Senado era obrigado a tomar duas decisões diferentes: primeiro, sobre a absolvição ou condenação do acusado, com necessária remoção do cargo no último caso; segundo, sobre a inabilitação e sua duração, caso a primeira votação levasse à condenação. Mas esse cenário foi alterado pela Constituição de 1988, que ordena a destituição do cargo "com inabilitação, por oito anos". Ou seja, uma pena única. A tese das "duas penas" explica-se mais pelo desejo do Senado de impor uma sanção a Collor (já que a renúncia necessariamente cancelava qualquer decisão sobre afastamento), e pela astúcia de Lins e Silva de mudar sua tese de modo a acomodar esse desejo dos senadores, do que pela lógica do impeachment ou pelo texto atual da Constituição.

Vale destacar que o rito definido pelo STF e entregue a Mauro Benevides quando o processo chegou ao Senado tampouco cogitava a suposta dualidade de penas. Segundo o documento, o quesito a ser formulado aos senadores era único: "Cometeu o acusado os crimes que lhe são imputados, e deve ser ele condenado à perda de seu cargo e à inabilitação temporária, por oito anos?". Se o STF tivesse cogitado tratar-se de duas penas distintas, como era a hipótese da redação original da lei nº 1079, e como insistiu a acusação no momento final do processo, haveria necessidade de uma votação à parte para deliberar sobre a imposição ou não de inabilitação.

A justificativa das "duas penas", que permitiu a aplicação autônoma da inabilitação por oito anos, parece ter sido uma racionalização a posteriori para evitar que Collor saísse impune do processo. A indagação foi formulada claramente pelo senador Francisco Chagas Rodrigues, do Piauí, quando a matéria era deliberada: "Um presidente da República [...] pode cometer crime de responsabilidade e ficar impune tão somente porque, por ato individual, renunciou ao mandato?".[204] Nas suas memórias, Evandro Lins e Silva apresentou a mesma justificativa: a tese da dualidade das

"Não me deixem só, eu preciso de vocês!"

penas, que permitia a condenação mesmo em caso de renúncia, tornava-se obrigatória como medida para evitar a impunidade.[205] Esses raciocínios partem de uma premissa equivocada, pois a absolvição em um processo de impeachment, ou sua extinção pela renúncia, não significa impunidade, uma vez que nenhum resultado (condenação, absolvição ou extinção sem julgamento do mérito) obsta que o presidente seja criminalmente processado se tiver cometido um delito — exatamente como aconteceu com Collor, que respondeu a um processo criminal no STF por suas relações espúrias com PC Farias. Pela mesma lógica, a condenação em um impeachment não equivale a imposição de pena, por mais que ela seja pessoal e emocionalmente sofrida para a autoridade que a vivencie: o afastamento do cargo é um remédio para proteção das instituições, sobretudo da própria presidência. Punições são assunto para outros processos, especialmente os criminais, se for o caso.

Isso quer dizer então que o processo contra Collor deveria ter sido extinto no momento da renúncia? Não necessariamente. Mas decerto havia outros fundamentos jurídicos que permitiriam a continuidade do julgamento sem a necessidade de se recorrer à justificativa imprópria da "dualidade de penas". Em ações penais relativamente recentes, o Supremo Tribunal Federal passou a considerar que a renúncia de última hora, apenas para provocar deslocamento de competência que levaria o caso de volta à primeira instância — e retardaria sua conclusão, com risco inclusive de prescrição —, constitui abuso de direito e não impede o julgamento do acusado.[206] Isso poderia ter sido feito no caso de Collor, ajudando a fixar claramente o momento processual até o qual o direito de renúncia poderia ser exercido (digamos, o agendamento da sessão final de julgamento no Senado), como o STF fez em relação às ações penais. Outro marco possível poderia ser dado pela própria lei nº 1079/1950, que estabelece que a denúncia não seja recebida caso a autoridade acusada não esteja mais no cargo[207] — o que permitiria o raciocínio, *a contrario sensu*, de que abandonar o cargo após o recebimento da denúncia pelo Senado não teria efeito sobre o processo, que poderia seguir até o final. No cenário legislativo atual, a interpretação jurídica com melhor respaldo é a de que a leitura da denúncia na

Câmara dos Deputados impede que o presidente evite o prosseguimento do processo por meio de renúncia. Isso porque uma alteração legislativa de 2010 modificou a lei complementar nº 64 para estabelecer que a renúncia após "o oferecimento de representação ou petição capaz de autorizar a abertura de processo por infringência a dispositivo da Constituição Federal" não prejudica o veredicto de inelegibilidade.[208]

Além de mais fiel à lógica do impeachment, por não assumir um papel impróprio de punição, e à literalidade do texto constitucional, qualquer uma dessas alternativas teria evitado que se introduzisse a teoria da suposta dualidade das penas, que voltaria a gerar muita confusão no impeachment de Dilma Rousseff.

4. Escândalos e escudos

Itamar Franco: "Escândalo? Escândalo com quem?"[1]

Quando o presidente Itamar Franco saiu de seu hotel para ir ao camarote da Liga das Escolas de Samba do Rio de Janeiro em 14 de fevereiro de 1994, é possível que ele tenha imaginado que a noitada lhe renderia muitos frutos — mas não um pedido de impeachment.

Naquela noite, Itamar, que havia assumido o cargo após a vacância gerada pela renúncia de Fernando Collor de Mello pouco mais de um ano antes, foi apresentado a Lilian Ramos, uma das destaques da Escola de Samba Unidos do Viradouro. A modelo havia mandado beijos para o presidente de cima do carro alegórico[2] e foi levada a seu encontro após o desfile. Itamar e Lilian passaram a noite dançando lado a lado. Em um certo momento, o presidente abraçou-a pela cintura. Do asfalto, abaixo do camarote, a imprensa fotografou o casal fartamente. Itamar usava calça social bege e uma camisa de mangas compridas verde, de tecido levemente brilhante. Lilian vestia apenas uma camiseta branca com estampas coloridas que descia até suas coxas, à altura de uma minissaia. A partir do ângulo do qual foi registrada pelo fotógrafo Marcelo Carnaval, que acompanhava os festejos de Itamar Franco na Sapucaí para o jornal *O Globo,* era possível ver que a modelo estava sem calcinha. Lilian, que desfilara com um tapa sexo, tinha vestido apenas a camiseta larga para cobrir o corpo nu antes de ser levada ao encontro do presidente da República.

No dia 15 de fevereiro, *O Globo* trouxe a foto de Itamar com as mãos unidas, como se estivesse em prece, ao lado de Lilian, com o sexo à mostra, dado o ângulo pela qual fora fotografada.[3] Além de Lilian, o evento deu fama a um até então desconhecido deputado federal, Valdemar Costa Neto, o cupido que levara a modelo até o presidente.[4] O deputado não voltaria a atrair tanta atenção até 2012, quando foi condenado pelo STF, no julgamento do Mensalão, a sete anos e dez meses de prisão pelos crimes de corrupção passiva e lavagem de dinheiro.

A foto do presidente ao lado da modelo virou escândalo nacional. A repercussão nos jornais foi uma aula cruel sobre a diferença entre liberdade e objetificação. O corpo nu da modelo, que fora aplaudido sobre um carro alegórico quando serviu à contemplação pública, tornou-se pecado intolerável no momento seguinte, quando serviu apenas a si própria. Barrada pela Unidos do Viradouro no desfile das campeãs,[5] Lilian antecipou sua volta à Europa, onde morava, e denunciou a hipocrisia de que fora vítima. A imprensa internacional repercutiu o fato como algo entre o transgressor e o pitoresco: enquanto o tabloide inglês *Daily Express* retoricamente indagou se aquela deveria ser mesmo a conduta de homens públicos, os âncoras da CNN riram ao noticiar a noitada presidencial.[6]

Nos dias que se seguiram, Itamar Franco veio a público prestar contas à patrulha da moral e dos bons costumes. Explicou que não era "namorador" ou "paquerador", e que não sabia que Lilian estava sem calcinha — e que, se soubesse, ainda assim não teria uma peça à mão para lhe emprestar. Mesmo depois de ter sido publicamente exposto por Lilian, que revelara à imprensa um telefonema em que o presidente se disse "apaixonado", elogiou-a como "adorável". Negou, contudo, que ela fosse a dona de seu coração: "A gente só se apaixona uma vez", disse ele, que era divorciado.[7]

APESAR DAS EXPLICAÇÕES, o episódio era um prato cheio para seus adversários: pelo aspecto moralista da polêmica, o enredo tinha potencial para se tornar um escândalo público que ocuparia espaço na imprensa. Escândalos públicos de grande repercussão não são condição de legitimidade jurídica de um impeachment — nem a Constituição nem a lei nº 1079/1950 exigem indignação popular, denúncias na imprensa ou protestos populares contra um presidente como condição para sua condenação e afastamento —, mas

Escândalos e escudos 135

são determinantes sociais importantes para qualquer forma, legal ou ilegal, de interrupção prematura de mandatos presidenciais.[8] Para os adversários de Itamar Franco, não custava tentar.

A denúncia do presidente por sua transgressão momesca foi apresentada à Câmara dos Deputados pelo jornalista Orlando Machado Sobrinho em 25 de fevereiro de 1994. A peça argumentava que Itamar não apenas havia aceitado festejar em um camarote sabidamente mantido "pela nata dos banqueiros do jogo do bicho", como também havia incentivado a conduta imprópria de Lilian Ramos, mulher "sem calcinha, sem sutiã e sem vergonha". Segundo a denúncia, ao presidente, como "Magistrado Maior da Nação" — as maiúsculas são do original — cabia "preservar o pudor público em respeito à sua pessoa, à sua e à família alheia, ao cargo que exerce e sobretudo à dignidade do poder". Com a "insofismável ofensa à família brasileira", sustentava o acusador, Itamar havia atentado contra a dignidade, a honra e o decoro do cargo.[9]

A denúncia contra Itamar Franco não foi adiante: acabou barrada na presidência da Câmara dos Deputados, então ocupada por Inocêncio de Oliveira, do PFL. É possível especular sobre razões desse insucesso. Antes de tudo, deve ficar claro que a conduta de Itamar não configurou crime de responsabilidade. O atentado à dignidade, à honra e ao decoro do cargo, de que fala a lei nº 1079/1950, é sem dúvida um desvio de moralidade do presidente, mas não de moralidade privada ou de costumes sexuais, e sim de moralidade política: a lei não está preocupada com as paqueras de autoridades em bailes de Carnaval, mas sim com as mentiras e as fraudes que inventam, ou os crimes que incitam, normalmente em benefício próprio e em prejuízo das convenções democráticas mais elementares. Não bastasse a falta de base jurídica, a natureza da alegada transgressão de Itamar Franco não foi do tipo que normalmente gera quedas de presidentes: mandatários que amargam impeachments costumam ser envolvidos em grandes tramas de corrupção.[10] Em terceiro lugar, o momento da acusação favorecia mais a Itamar do que à denúncia:[11] além de o impeachment de Collor ainda ser recente demais, a chegada da campanha presidencial de 1994 fez o assunto minguar na imprensa. Finalmente, tanto a avaliação de Itamar Franco como presidente quanto a percepção de desempenho da economia brasileira tiveram agudas melhoras imediatamente após o oferecimento da denúncia: em março de 1994, quando passaram a valer as primeiras medidas do Plano Real.[12] Com esse cenário, e sem grandes disputas entre a presidência da República e os caciques do Congresso, tudo jogava contra o sucesso de qualquer das quatro denúncias de impeachment contra Itamar.[13] Isoladamente, escândalos não costumam derrubar presidências.[14]

De toda forma, é pedagógico que o episódio da noite ao lado de Lilian Ramos, dentre todos os seus desdobramentos possíveis, tenha desembocado também em uma acusação por crime de responsabilidade. Onde houver um escândalo capaz de atrair atenção da imprensa e do grande público, haverá uma janela de oportunidade para que adversários do presidente da República busquem ameaçá-lo com um pedido de impeachment. Com o fim das ditaduras militares, que impunham rígida censura contra o jornalismo, políticos passaram a considerar a imprensa, cada vez mais estruturada, profissional e influente, como variável central nas suas disputas por poder.[15] O caso de Collor, visto no capítulo anterior, é prova dessa força: as denúncias que levaram a sua queda foram exaustivamente cobertas pela imprensa, e o tiro fatal que o abateu — as acusações de seu irmão Pedro — foi desferido a partir de uma revista semanal de grande impacto.

Banqueiros em apuros

Fernando Henrique Cardoso, que se cacifou para a presidência após comandar a implementação do Plano Real como ministro da Fazenda de Itamar Franco, terminou seu primeiro mandato, em 1998, reeleito em primeiro turno com 53% dos votos. Venceu em 24 das 27 unidades da federação e em 87% dos municípios do país.[16] Tão logo começou seu segundo mandato, porém, FHC promoveu medidas impopulares como parte de um ambicioso programa de ajuste fiscal. Uma delas foi a alteração da política cambial, pela qual o Banco Central passou a adotar um regime de bandas

Escândalos e escudos

que levou a enormes turbulências já em janeiro de 1999.[17] Para não prejudicar a reeleição presidencial, e principalmente o desempenho eleitoral de governadores, deputados e senadores aliados, o governo havia guardado silêncio sobre as medidas que adotaria para promover ajustes nas contas públicas, sabidamente necessários, caso reeleito.[18]

A sombra de uma crise econômica, a frustração por dívidas em dólar, cujo valor em reais saiu de controle, e a sensação de estelionato eleitoral levaram a popularidade do governo à lona já no primeiro ano do segundo mandato: em setembro de 1998, pouco antes da reeleição, FHC tinha 43% de bom/ótimo, e apenas 17% de ruim/péssimo em medição do Datafolha; um ano depois, o índice de bom/ótimo não passava de 13%, enquanto o de ruim/péssimo havia chegado em 56%.[19]

Além da queda de popularidade, o ajuste cambial promovido pelo Banco Central foi também responsável por jogar um evento com potencial de escândalo para dentro do Palácio do Planalto. Algumas instituições financeiras tinham muitas dívidas em moeda estrangeira e viram-se, do dia para a noite, incapazes de honrar seus compromissos. Os mais notáveis casos foram os dos bancos Marka, de Salvatore Cacciola, e FonteCindam, de Roberto Steinfeld e Luiz Antônio Gonçalves. Alegando o risco de uma crise sistêmica, o Banco Central realizou uma operação de salvamento dos dois bancos. De acordo com pareceres que futuramente seriam levados à Justiça Federal pelo MPF, o Banco Central vendeu dólares aos bancos em apuros por valores muito abaixo da cotação oficial. Em apenas dois dias, o custo da operação para os cofres públicos chegou a 8,8 bilhões de reais.[20]

O salvamento emergencial do Marka e do FonteCindam ecoava uma política anterior de auxílio governamental a bancos privados, o Programa de Estímulo à Reestruturação e ao Fortalecimento do Sistema Financeiro Nacional (Proer).[21] Mas havia uma diferença crucial: no caso do Proer, havia base legal para as ações do Banco Central, pois o governo havia tomado o cuidado de editar uma medida provisória que dava respaldo àquela política pública.[22] Já no socorro às pressas aos bancos de Cacciola e Steinfeld/Gonçalves, não havia norma que especificamente autorizasse a venda de dólares a valores subsidiados. O caminho regular teria sido liquidar as duas instituições financeiras. O próprio presidente do Banco Central à época, Francisco Lopes, reconheceu posteriormente ter agido por impulso: "Simplesmente coloquei em prática, sem pensar em tudo aquilo que aconteceria na sequência".[23] O salvamento dos dois bancos rendeu ações cíveis e criminais às pessoas e às instituições envolvidas. Ele também rendeu uma CPI, que seria para FHC, como ocorrera com Collor, a propulsora de um pedido de impeachment presidencial.

EM MARÇO DE 1999, por iniciativa do senador Jader Barbalho, do PMDB, foi criada no Senado a chamada "CPI dos Bancos".[24] A comissão investigou as relações entre o governo e diversas instituições financeiras, especialmente as suspeitas de favorecimento a algumas delas, como Marka e FonteCindam, através da antecipação de informações sigilosas. O principal suspeito de vazá-las era Francisco Lopes, o ex-diretor e então presidente interino do Banco Central.[25]

Em paralelo à CPI, a PF conduzia um uma investigação criminal sobre o caso, para apurar a prática de crimes contra o Sistema Financeiro Nacional. Dessa investigação partiu uma ordem para a busca e apreensão de documentos na casa de Francisco Lopes, cumprida na manhã de 16 de abril de 1999, quando ele já havia deixado a presidência do Banco Central.[26] No mesmo dia houve operação semelhante na casa de Salvatore Cacciola, onde um procurador da República informou ter encontrado um bilhete de Lopes ao banqueiro.[27]

Foi então que o governo de FHC decidiu entrar na briga: o ministro da Justiça, Renan Calheiros, ex-aliado de Collor e líder do PRN na Câmara durante o breve governo de seu conterrâneo de Alagoas, avisou que considerava ilegais as formas como estavam sendo cumpridas diligências nas casas de diretores do Banco Central e ordenou à PF que não participasse mais das operações.[28] O próprio FHC protestou publicamente contra a ação policial na casa de Francisco Lopes.[29] Ainda, o presidente e seu ministro da Justiça concordaram em substituir o superintendente da PF no Rio de Janeiro, onde corriam as investigações.[30] No Senado, onde o governo tinha

Escândalos e escudos   139

boa maioria, ocorreu o que Carlos Heitor Cony chamou de "Operação Abafa", conjunto de medidas para diminuir os impactos das investigações.[31] Além de mandarem o óbvio recado de que os investigados não seriam abandonados pelo governo, as reações eram uma exibição de força política do Planalto.

A CPI foi concluída no final de 1999, apontando a ilegalidade das ações de diretores do Banco Central.[32] Banqueiros e agentes públicos foram acusados de crimes e responderam a processos na Justiça Federal.[33] O governo sobreviveu, no final, mas a "CPI dos Bancos" inaugurou a era dos escândalos sob a qual se desenrolou todo o segundo mandato de Fernando Henrique Cardoso: da privatização das empresas públicas de telefonia às ações do secretário particular do presidente, Eduardo Jorge Caldas Pereira, foram muitas as tentativas de emplacar denúncias contra a presidência da República. Com popularidade decrescente e cercado de denúncias, a ameaça de impeachment rondou FHC ao longo de todo o seu segundo mandato.

Duas denúncias contra FHC

Em resposta ao escândalo dos bancos e à "Operação Abafa" capitaneada pelo governo, o deputado petista Milton Temer ofereceu denúncia acusando o Ministério da Justiça de obstruir investigações e o presidente de cometer crime de responsabilidade por manter Renan Calheiros no cargo, por "não tornar efetiva a responsabilidade dos seus subordinados" (lei nº 1079/1950, art. 9º, n. 3).[34] Esse dispositivo da Lei do Impeachment é a salvaguarda constitucional à discricionariedade presidencial na nomeação e demissão de ministros: se nem o Congresso nem o Judiciário podem nomear ou demitir ministros em lugar do presidente, ao menos ele pode ser responsabilizado por manter no cargo ministros que atentem contra a Constituição através das instituições sob seu comando.[35]

A Câmara dos Deputados era presidida por Michel Temer, do PMDB, que rejeitou a denúncia por considerar que os fatos narrados "não constitu[íam] evidentemente crime".[36] Contra a decisão, três deputados do PT

— o denunciante Milton Temer, juntamente com José Dirceu e Arlindo Chinaglia, ambos de São Paulo — apresentaram recurso ao plenário da Câmara. Escrito em linguagem de apelação criminal, ele argumentava que a denúncia narrava fato "típico e antijurídico", e que havia indícios suficientes de autoria e materialidade que autorizavam o prosseguimento da causa. A aproximação com uma denúncia criminal pode ter sido estratégica, pois era difundida a opinião de que, em casos duvidosos, os processos criminais deveriam ser iniciados e os fatos, investigados. Havia três respostas possíveis ao recurso: a primeira, defendida pelos denunciantes, era o encaminhamento da acusação a uma comissão especial de impeachment. A segunda, preferência dos governistas, era rejeitá-la desde logo. A terceira, que se pode dizer intermediária, era esperar a conclusão das investigações que estavam em curso, a exemplo da CPI dos Bancos, para então decidir se havia ou não indícios de crime de responsabilidade contra o presidente. Na prática, a segunda e a terceira posições levavam à rejeição do recurso e favoreciam FHC.

O recurso foi votado em 19 de maio de 1999. Posicionaram-se contra ele alguns deputados independentes, como Fernando Gabeira, do PV — "Não me identifico nem com oposição, nem com governo" —, além das lideranças governistas.[37] Alguns dos deputados aliados até reconheceram que a conduta do governo havia sido errada, mas que não valia um impeachment: "São erros administrativos que não configuram crime de responsabilidade", resumiu o deputado Ronaldo Vasconcellos, do PL.[38] A favor do recurso, além do PT, votaram as bancadas do PDT e do PSB. Ao final, foi mantida a decisão de Michel Temer, pela rejeição da denúncia, por 342 votos a cem.

O placar, que obedeceu a linhas estritamente partidárias, é relevante para ilustrar os diferentes papéis da Câmara e do Senado num impeachment. O destino da acusação na Câmara foi decidido por um acordo de lideranças, como em uma votação política ordinária. Além disso, Arlindo Chinaglia, que era um dos recorrentes, votou a favor de seu próprio recurso, o que igualmente acentua o caráter político daquela deliberação: no Senado, onde se deve realizar uma sessão que esteja à altura do "julgamento" que a

Constituição exige, um senador que seja eventualmente autor da denúncia não poderia ele próprio votar pela condenação do acusado. A diferença na linguagem da Constituição não é acidental: à Câmara cabe "autorizar a instauração de processo" (art. 51, I), e ao Senado, "processar e julgar" (art. 52, I) as acusações. Na ADPF 378, julgada às vésperas do início do processo contra Dilma Rousseff, o STF reafirmaria que o juízo da Câmara é "eminentemente político".[39] FHC venceu essa disputa, mas ela foi apenas a primeira grande batalha da guerra da oposição para tentar passar o impeachment.[40]

Logo depois, ainda em maio de 1999, outro grupo de deputados da oposição, entre os quais os petistas José Genoíno e Luiza Erundina e o pedetista Miro Teixeira, apresentou nova denúncia contra FHC, acusando-o de articulações ilegais para favorecer o grupo Opportunity no leilão da Telebras, com base em gravações de conversas telefônicas do presidente com a cúpula do BNDES.[41] Fiel ao governo, Michel Temer tentou uma manobra para responder à nova denúncia: ao invés de despachar o arquivamento da peça perante o plenário da casa, o presidente da Câmara determinou que a secretaria-geral da mesa se limitasse a comunicar por telefone a Genoíno que o pedido nao teria seguimento, mas o deputado petista fez constar a comunicação em discurso perante os colegas.[42] Na sequência, Temer formalizou o indeferimento apenas por um ofício enviado diretamente aos partidos de esquerda cujos membros assinavam a denúncia.[43] Mediante recurso, os deputados de oposição conseguiram levar o pedido à apreciação do plenário,[44] mas não tiveram sucesso em fazer a denúncia prosseguir. A oposição não conseguiu emplacar nem sequer uma CPI para apurar as denúncias de ilegalidades na privatização da Telebras. A dificuldade para superar essa barreira e investigar o governos gerou embates perenes no segundo mandato de FHC, e motivou ela própria outra denúncia por crime de responsabilidade.

EM MAIO DE 2001, cinco dos mais renomados juristas do Brasil àquela altura — Celso Antônio Bandeira de Mello, professor de direito administrativo da PUC de São Paulo; Fábio Konder Comparato e Goffredo da Silva Telles Júnior, professores de filosofia do direito da Faculdade de Direito da USP; Dalmo de Abreu Dallari, colega de Comparato e Telles Júnior no Largo de São Francisco; e Paulo Bonavides, especialista em direito constitucional da Universidade Federal do Ceará — apresentaram denúncia por crime de responsabilidade contra Fernando Henrique Cardoso. A estratégia de acusação por uma "frente ampla de juristas" destoava do modelo que prevalecera nas denúncias contra FHC, a maioria das quais havia sido apresentada por políticos de partidos de oposição, como PT e PSTU, ou por denunciantes solitários, normalmente advogados ou jornalistas. Ela repetia a tática que havia sido bem-sucedida no caso de Collor: das 29 denúncias que o ex-presidente sofrera, prosperou aquela que foi apresentada por dois juristas com senioridade, Barbosa Lima Sobrinho (ABI) e Marcello Lavenère Machado (OAB), que presidiam entidades de representação profissional associadas à causa da redemocratização.

A peça de acusação era breve, com menos de cinco páginas. Seu argumento era muito simples, e também lembrava a acusação contra Collor: a base de todos os crimes de responsabilidade é essencialmente ética, e os crimes devem ser interpretados à luz dos padrões de moralidade política exigíveis de um presidente da República. Segundo os denunciantes, o descarado assédio do governo para que deputados bloqueassem investigações das muitas denúncias contra o Executivo, com oferta de cargos e liberação de recursos, equivalia a uma forma corrupção, nos termos da lei nº 1079/1950.[45]

Esse argumento serve de porta de entrada para o problema das relações entre Executivo e Legislativo no regime da Constituição de 1988. Convém relembrar os fatos que antecederam essa 18ª denúncia por crime de responsabilidade oferecida contra FHC. Em maio de 2001, o governo estava ameaçado pela iminente criação da chamada "CPI da Corrupção", que prometia uma devassa em diversos departamentos da administração federal.[46] Entre os fatos a serem investigados estavam a suposta prática de tráfico de influência pelo secretário pessoal do presidente, Eduardo Jorge (do que ele seria absolvido no futuro);[47] irregularidades na atuação do Banco do Brasil durante a privatização da Telenorte Leste; uso ilegal de recursos públicos em obras do Departamento Nacional de Estradas de Rodagem, o DNER;

corrupção e fraudes na concessão de incentivos fiscais à região amazônica, por meio da atuação da Superintendência da Amazônia, a Sudam; e desvios na utilização de recursos do Fundo de Amparo ao Trabalhador.

Havia também um clima de conflagração interno ao Senado, que acabou por render a FHC um inimigo poderoso: o senador Antônio Carlos Magalhães.[48] ACM e o líder do governo na casa, José Roberto Arruda, do PSDB, estavam acuados por terem sido flagrados violando o painel de votação eletrônica na sessão que deliberou a cassação do senador Luiz Estevão, do PMDB, em 2000.[49] Magalhães, que presidira o Senado até fevereiro daquele mesmo ano,[50] atribuiu ao PSDB e ao governo FHC pouco empenho tanto em trabalhar por sua reeleição quanto em defendê-lo no Conselho de Ética da casa, onde ele respondia pela violação do painel. Líder de uma pequena bancada de fiéis parlamentares, os chamados "carlistas", ACM ordenou que todos apoiassem a criação da CPMI.

Em 9 de maio de 2001, a oposição protocolou o pedido de criação da comissão mista com 209 parlamentares, sendo 180 deputados e 29 senadores. Desses, 47 deputados e treze senadores vinham de partidos governistas.[51] O número era suficiente para garantir a criação da CPMI, mas por uma margem apertada. Havia apenas nove assinaturas além do mínimo na Câmara; no Senado, a folga era de apenas dois nomes. Para o governo, uma comissão tão ampla implicava paralisia, na melhor das hipóteses, ou riscos de impeachment e processos criminais, na pior delas. Assim, fazia sentido lutar até o fim para impedi-la. FHC, que vinha guardando certa distância do conflito no Congresso, entrou pessoalmente na batalha e jogou pesado contra os governistas cujos nomes estavam na lista: "Quem mantiver assinatura será considerado meu adversário e assim será tratado".[52] Mas, além do dedo em riste, o governo também distribuiu benesses: em uma operação que desembolsou entre 47 milhões e 60 milhões de reais,[53] ele usou todo seu poder de liberação de emendas e recursos para trazer os recalcitrantes de volta ao barco situacionista. Com a ajuda do recém-eleito presidente do Congresso, Jader Barbalho, que manteve aberta até a meia-noite do último dia do prazo a possibilidade de retirada de assinaturas, o governo conseguiu que deputados do PSDB, PPB e do PFL, inclusive os "carlistas", voltassem atrás e deixassem de apoiar a criação da CPMI. O toma lá dá cá poupou o governo da CPMI, mas foi retratado como "corrupção" na denúncia apresentada pelos cinco renomados juristas.

Escudo legislativo: importância e custos

De todas as acusações por crimes de responsabilidade de que FHC foi objeto, 23 foram oferecidas durante aquele período.[54] Diversas condições sociais estavam presentes para que alguma denúncia prosperasse contra ele. Sua reprovação foi consistentemente mais alta que a aprovação durante todo o segundo mandato.[55] Na economia, o Brasil sofria com sucessivas crises internacionais e, domesticamente, com os efeitos da mudança do regime cambial de 1998, que pesavam sobre muitas famílias que haviam contraído dívidas atreladas ao dólar. Para piorar, uma crise energética, na esteira de privatizações cheias de suspeitas de corrupção, havia introduzido o vocábulo "apagão" na conversa dos brasileiros. Finalmente, o governo FHC padeceu nas mãos de uma sequência de CPIs que parecia não ter fim — na média, uma a cada dois meses[56] — e que para o governo eram fontes constantes de más notícias amplamente repercutidas pela imprensa.

Independentemente do mérito ou não dos pedidos, havia três elementos que jogavam contra um impeachment naquele momento. Primeiro, o fato de que o afastamento de Collor era ainda muito recente: pouco mais de seis anos separavam sua queda do início do segundo mandato de FHC, que era apenas o segundo presidente eleito pelo voto direto após a redemocratização. Um impeachment, mesmo quando cabível, é sinal de fracasso dos meios menos traumáticos de contenção de abuso de poder. É uma medida extrema que pode salvar as instituições e deve ser empregada quando não há alternativa, mas não está isenta de custos para a reputação do país.

Segundo, a fidelidade governista dos dois presidentes da Câmara dos Deputados durante o segundo mandato de Fernando Henrique Cardoso: além de Michel Temer, do então PMDB, a casa foi comandada por Aécio Neves, companheiro de partido do presidente da República, durante os

Escândalos e escudos

últimos dois anos de seu segundo mandato. A presidência da Câmara é um posto importante não só pelo poder formal de receber e encaminhar as denúncias, mas também pelos sinais que emite: ela fornece um termômetro do apoio ao presidente da República entre as lideranças da casa.

O terceiro elemento, que se relaciona com o segundo, era a eficiência da própria articulação política do governo na Câmara. FHC soube usar a oferta de cargos e a liberação de recursos para arregimentar aliados, o que lhe garantiu um eficiente escudo legislativo no Congresso. Há fortes suspeitas de que o governo também tenha lançado mão de recursos impróprios para garantir e fortalecer seu dique de proteção: um deputado federal admitiu ter recebido 200 mil reais para votar a favor da emenda da reeleição em 1997, e acusou outros quatro parlamentares do mesmo crime.[57] De qualquer forma, essas suspeitas não foram suficientes para dar tração aos processos de impeachment contra FHC.[58]

O segundo e o terceiro elementos apontados ilustram o papel da Câmara dos Deputados como instituição de veto político em processos de impeachment. A eficiência da blindagem legislativa contra denúncias por crimes de responsabilidade é uma das mais importantes variantes institucionais da resistência política de presidentes. Possivelmente, é a mais importante de todas: "Qualquer que seja o desenho constitucional, se o presidente é capaz de manter o Congresso sob controle, seu afastamento constitucional é virtualmente impossível", diz Pérez-Líñan.[59] A eficácia dessa blindagem depende de fatores como o tamanho da bancada do partido presidencial, a fidelidade dos parlamentares da coalizão governista e a capacidade do governo de garimpar votos pontuais de parlamentares da oposição. Apesar das dificuldades, FHC manteve seu escudo intacto, conservando o apoio de seu partido e de outras legendas de peso, como PFL e PMDB.

Em contextos de crises e escândalos, há uma tensão inerente à construção dessa proteção legislativa. De um lado, o Congresso e os partidos, como instituições, e os deputados e senadores, individualmente, podem ser prejudicados se mantiverem a blindagem a um presidente impopular e suspeito de envolvimento em práticas desonestas ou abusivas; de outro, esses mesmos partidos e parlamentares podem beneficiar-se imediatamente de vantagens políticas que o governo lhes ofereça em troca dessa proteção,[60] tais como cargos de visibilidade na administração federal e recursos orçamentários para obras e projetos que sejam bandeiras de deputados recalcitrantes. As vantagens de ficar ao lado de um governo acuado por denúncias, disposto a entregar o que uma base de apoio efêmera lhe pede, só deixam de ser atraentes ou quando a impopularidade da administração é tamanha que a presença na coalizão governista implica danos reputacionais muito grandes, levando risco ao desempenho eleitoral dos aliados; ou à medida que vá se delineando o cenário em um futuro governo do vice-presidente, revelando vantagens em comparação com o cambaleante governo do titular. Também neste quesito, a discrição quase soturna do vice-presidente Marco Maciel, do PFL, foi valiosa para a integridade da base de Fernando Henrique Cardoso no Congresso.

No caso brasileiro, o escudo legislativo deve ser construído principalmente na Câmara dos Deputados, pois quando o processo chega ao Senado o presidente é afastado e seu poder político desaparece. Vale relembrar, para fins de comparação, o caso do presidente dos Estados Unidos Andrew Johnson, absolvido pelo Senado por um único voto em 1868: enquanto corria seu julgamento no Senado, Johnson, que seguiu no cargo, usou todos os poderes da presidência para barganhar concessões políticas com os senadores que o julgariam. Essa articulação só foi possível porque nos Estados Unidos, ao contrário do Brasil, não há afastamento cautelar do presidente, que segue no cargo ao longo de todo o processo. Ou seja, o presidente brasileiro perde mais cedo os instrumentos políticos relevantes para manter a integridade de seu escudo legislativo, que logo passam para o controle do maior beneficiário político de sua eventual condenação.

A AÇÃO DO GOVERNO FHC para barrar a CPI da Corrupção revela as práticas de como o escudo legislativo é construído na democracia presidencialista brasileira e chama atenção para o problema dos custos financeiros dessa estratégia defensiva. Desde o momento em que ficaram claras as ferramentas políticas de cada um dos poderes na Constituição de 1988, cientistas políticos observaram que a relação entre Executivo e Legislativo no Brasil demandaria um grande esforço de coordenação governamental, resultando no que Sérgio Abranches chamou de "presidencialismo de coalizão".[61]

A capacidade do governo FHC de resistir à instauração da CPI da Corrupção, que chegou a receber apoio até de parlamentares da base governista, mostrou como o Executivo pode ser capaz de rechaçar as investidas de seus adversários mesmo diante dos cenários mais adversos. Mais ainda: os oito anos de governo do PSDB, em que leis e emendas constitucionais custosas encampadas pelo Executivo foram aprovadas no Congresso, pareciam desafiar o prognóstico de que a Constituição de 1988 tornaria impossível a vida dos presidentes.

Sob a constatação de que o governo de Fernando Henrique Cardoso havia conseguido não apenas formar uma coalizão no início de seu governo, mas também mantê-la unida e gerar resultados, Argelina Figueiredo e Fernando Limongi se propuseram a analisar as características do funcionamento efetivo de nosso "presidencialismo de coalizão".[62] Em sua interpretação, o amplo poder de agenda do Executivo, por meio de instrumentos como as MPS, a capacidade de impor tramitação em regime de urgência aos assuntos de seu interesse no Congresso, bem como o poder constitucional de iniciativa legislativa exclusiva para diversas matérias, davam ao presidente possibilidades únicas de impor um norte ao governo e colocar o Legislativo para trabalhar nas causas que interessavam ao Planalto. O controle do Executivo sobre altos cargos federais, como ministérios e secretarias, e também sobre a execução do orçamento, era outra ferramenta eficaz para garantir apoio parlamentar. Na relação entre Executivo e Legislativo, cada poder tem algo do qual o outro precisa para ser mais bem-sucedido, o que gera bons incentivos para a cooperação. Por isso, diziam Figueiredo e Limongi em 1999, o presidencialismo de coalizão funciona: "Na prática, o Executivo tem aprovada em curto espaço de tempo a grande maioria das matérias que submete ao Congresso".[63]

A investida do governo contra a CPI da Corrupção em 2001 revela um aspecto crítico do presidencialismo de coalizão que vai além do risco de paralisia: seus custos.[64] Sem uma disciplina orçamentária rígida, os incentivos para a economia são menores do que os incentivos para o gasto. Além disso, em casos nos quais o Executivo está sob especial ameaça, como ocorreu com FHC em 2001 e com outros presidentes depois dele, há estímulos adicionais para que parlamentares criem dificuldades e em seguida ofereçam facilidades, e isso acaba custando caro aos cofres públicos. Não é possível sabermos se os projetos que foram patrocinados pela liberação excepcional de verbas no último esforço para barrar a CPI da Corrupção eram de fato vistos como relevantes pelo governo. Tampouco é possível saber se eles eram prioritários para os parlamentares que se aproveitaram da fraqueza episódica de FHC para obter recursos que, em condições normais, talvez não fossem liberados.

Mesmo que se reconheçam esses problemas, porém, a pergunta importante que resta, formulada por Figueiredo e Limongi quando voltaram ao tema em 2017, é: o que pôr no lugar do presidencialismo de coalizão?[65] Que outro sistema atenderia igualmente bem às características de um país grande e heterogêneo como o Brasil, sem gerar riscos de paralisia ou custos excessivos? Se o problema é do desenho institucional do presidencialismo de coalizão, há duas saídas: ou se muda o "presidencialismo", ou se muda a (dependência de) "coalizão". A primeira aposta costuma vir acompanhada da solução do parlamentarismo, uma iniciativa cuja implementação falha desde os tempos de Raul Pilla, seja no Congresso, seja no voto popular.[66] (E é sempre importante lembrar que dificuldades para a formação de coalizão também existem no parlamentarismo quando o Legislativo tem composição fragmentada).[67] Isso leva à segunda alternativa: abrir mão do elemento da coalizão. O custo dessa opção seria sacrificar as legendas menores, algumas das quais são agremiações ideologicamente coesas que atuam sobre bases programáticas, que acabariam sufocadas pelos jogos de interesse das lideranças dos grandes partidos. Encontrar o equilíbrio fino entre, de um lado, o necessário pluralismo no Parlamento e, de outro, uma fragmentação excessiva que leve à inoperância é um assunto complexo para cientistas políticos — e difícil de ser posto em prática por lideranças políticas que são, elas próprias, as maiores beneficiárias do arranjo atual.

Lula: denúncias, popularidade e economia

O argumento de que custa caro construir coalizões no presidencialismo brasileiro vai além de denunciar incentivos à gastança para aprovar leis ou barrar CPIs no Congresso. Para alguns, barganhar leis e votos em troca de espaço no governo e priorização de projetos tem também um custo moral. A prática, de qualquer modo, não é ilegal, e para alguns é mesmo indissociável da política institucionalizada. Contudo, é possível levar mais além a crítica ao presidencialismo de coalizão: o sistema pode gerar incentivos não apenas para a barganha orçamentária, mas para negociatas à margem da lei, envolvendo vantagens e recursos ilegais. O incentivo à ilegalidade é maior à medida que crescem mecanismos de controle de gastos eleitorais e orçamentários.[68] No governo Fernando Henrique Cardoso, um aperitivo do ajuste criminoso entre governo e parlamentares havia sido dado com a suspeita de compra de votos a favor da emenda da reeleição, que rendeu duas denúncias de impeachment contra o presidente.[69] Na era Lula, o fio desse novelo começou a ser puxado ainda no primeiro mandato.

A primeira fenda na barragem que romperia na década seguinte, levando junto partidos e lideranças políticas tradicionais à direita e à esquerda nas águas indomáveis da Lava Jato, começou com um caso de 3 mil reais. Ela foi aberta por uma entrevista do deputado Roberto Jefferson à jornalista da *Folha de S.Paulo* Renata Lo Prete, em 6 de junho de 2005. Nela, o presidente nacional do PTB, que integrava a base de apoio de Lula, denunciou o pagamento de uma "mesada" para que deputados votassem a favor do governo. Jefferson deu ao processo a alcunha que acabou incorporada ao vocabulário político brasileiro como sinônimo de corrupção política: "O Delúbio [Soares, tesoureiro do PT] está fazendo um esquema de mesada, um 'mensalão', para os parlamentares da base. O PP, o PL, e quer que o PTB também receba.". Ele relatava ter ouvido a denúncia dessa mesada da boca de um antigo presidente nacional de seu partido, José Carlos Martinez, morto em um acidente aéreo em 2003. Jurou ter ficado horrorizado quando soube: "Eu não terei coragem de olhar nos olhos do presidente Lula".[70]

Em sua entrevista bombástica, Jefferson implicou não só Delúbio Soares como José Dirceu, ministro-chefe da Casa Civil e principal articulador político do governo Lula, Aldo Rebelo, do PCDOB, então líder do governo na Câmara, e outros ministros de Estado, como o petista Antônio Palocci, da Fazenda. O deputado disse ter alertado todos eles sobre a distribuição do Mensalão a colegas do PL e do PP, e externado preocupação com o futuro de Lula: "Vai dar uma zebra neste governo". O que distinguia o Mensalão da corrupção anterior, segundo Jefferson, era seu caráter estável: se antes havia corrupção episódica, como para a compra de votos em uma emenda constitucional, o Mensalão era um pagamento mensal fixo para constituir uma bancada de aluguel que apoiasse o governo incondicionalmente. "Eu tenho 23 anos de mandato. Nunca antes ouvi dizer que houvesse repasse mensal para deputados federais por parte de membros do partido do governo".

Roberto Jefferson reagia, e aqui entram os 3 mil reais, a um vídeo publicado em maio do mesmo ano de 2005 pelo site da *Veja*, que revelava corrupção nos Correios em benefício do PTB. As imagens mostravam Maurício Marinho, apadrinhado de Jefferson para a chefia do Departamento de Contratação e Administração de Material dos Correios, recebendo o valor de alguém que se passava por pessoa interessada em participar de uma licitação na estatal. No vídeo, que pouco tempo depois foi exibido pelo *Jornal Nacional*, Marinho mencionava Roberto Jefferson nominalmente. O governo mandou afastar Marinho e determinou abertura de sindicância administrativa. Essa foi apenas uma das pedras nos sapatos de Jefferson e do PTB naquele mês. Na mesma época, o partido foi acusado de drenar até 400 mil reais por mês do Instituto de Resseguros do Brasil (IRB), outra estatal preenchida com apadrinhados de Jefferson.[71]

Roberto Jefferson enxergava um culpado pela tormenta enfrentada por ele e por seu partido: José Dirceu. Daí por que suas acusações se voltaram para o domínio de atuação de Dirceu no governo, a articulação política entre Planalto e Congresso. As denúncias nos Correios renderam a "CPI dos Correios" — na verdade uma CPMI —, presidida pelo senador petista Delcídio Amaral. O relatório final da comissão, de 2006,[72] desacreditava o

Escândalos e escudos

vídeo, ligando-o a disputas políticas pelo comando dos Correios. Sugeria também a atuação ilegal de agentes da Agência Brasileira de Inteligência (Abin) na gravação. Chamado a depor na CPMI, Roberto Jefferson seguiu investindo nas suas acusações, a essa altura já envolvendo um segundo personagem: Marcos Valério, acusado de ser responsável por uma estrutura financeira de pagamento de propinas — o termo "Valerioduto" já era empregado então. O relatório mencionava também a atuação de instituições financeiras como o banco BMG e o Banco Rural. O Relatório Final da CPMI dos Correios — que perdeu destaque em ano de eleições nacionais e estaduais — descreveu em detalhes a engenharia que levaria, em 2012, à condenação de banqueiros, corretores, publicitários e agentes políticos no chamado "Julgamento do Mensalão" pelo Supremo Tribunal Federal.[73]

O DESEMPENHO DE ROBERTO JEFFERSON GARANTIU A LULA o grande escândalo de seu primeiro mandato, e pode ter tido algum impacto sobre a popularidade de seu governo. Embora tenha desfrutado de uma avaliação regular, que pouco destoou do início de 2003 até o final de 2005, ficando sempre acima dos 40%, seus índices de ruim/péssimo, que nunca haviam passado de 17% em 2003 ou 2004, ultrapassam os 20% em julho de 2005 e encostam em 30% no final daquele ano. Já seus índices de ótimo/bom, que haviam chegado a 45% no final de 2004, desceram a 28% no final de 2005.[74] Havia, porém, um grande alento vindo da economia: o risco-país havia descido ao menor nível da história, 304 pontos; o índice de desemprego recuara mais de 7% em alguns meses, refletindo o aumento de empregos no setor industrial, boa parte em postos com carteira assinada; o número de pessoas em situação de miséria caía; e o real mostrava bom desempenho frente ao dólar.[75] A Bolsa de Valores acumulou alta sensível em 2005: começou o ano na casa dos 25 mil pontos e terminou com mais de 33 mil.[76]

Naquele ano, antes mesmo da conclusão da CPMI dos Correios, cinco denúncias por crime de responsabilidade foram apresentadas contra Lula com fundamento no alegado esquema do Mensalão. Seus autores foram Célio Evangelista do Nascimento (o mesmo que denunciara FHC por crime de responsabilidade pela compra de votos em 2000), Carlos Alberto de Oliveira, Júlio Cesar Zanluca, Gildson Gomes dos Santos e Aylton Ferraz Freitas.[77] Mas os obstáculos políticos ao andamento dessas denúncias eram muitos. Além da alta popularidade econômica do governo tanto entre os mais ricos quanto entre os mais pobres, a proximidade das eleições de 2006 — o relatório final da cpmi foi concluído semanas antes do início da campanha — tornava menos segura a aposta política de levar adiante um processo de impeachment naquele momento, dada a reacomodação eleitoral que forçosamente ocorreria em breve. O "fator vice" tampouco ajudava: José Alencar, que parecia nutrir até afeto pessoal por Lula, não demonstrava qualquer interesse no afastamento do presidente. Por fim, durante a maior parte de 2005, inclusive no período em que Roberto Jefferson e José Dirceu trabalhavam pela queda um do outro, uma circunstância absolutamente única se abateu sobre a Câmara dos Deputados: a tumultuada presidência de Severino Cavalcanti, do pp, um parlamentar sem liderança alguma para conduzir um processo politicamente delicado como a autorização de denúncia por crime de responsabilidade.[78] Cavalcanti renunciou a seu mandato parlamentar em 21 de setembro de 2005, para escapar a uma provável cassação por quebra de decoro, que implicaria perda de direitos políticos. Uma semana depois, o deputado Aldo Rebelo foi eleito presidente da Câmara dos Deputados com apoio do governo.[79]

Leal aliado do governo de Luiz Inácio Lula da Silva, Rebelo ficou à frente da casa — e se recusou a dar andamento a vários pedidos de impeachment — até o final do primeiro mandato de Lula. Em 2007, foi sucedido pelo petista Arlindo Chinaglia, que por sua vez foi seguido por Michel Temer, em 2009. Temer e Chinaglia igualmente mandaram para os arquivos as denúncias que receberam, embora seja difícil imaginar Lula sob qualquer risco durante seu segundo período presidencial, fosse quem fosse o presidente da Câmara. Com a economia brasileira sendo festejada pela capa da revista *The Economist*, Lula terminou seu segundo mandato com a maior aprovação de nossa história.

Crimes (de responsabilidade) perfeitos?

Se o insucesso da acusação contra Itamar Franco pela noitada ao lado de Lilian Ramos está mais para um capítulo dos fatos pitorescos da política brasileira, a história de algumas das acusações fracassadas contra FHC e Lula é significativa para a compreensão do impeachment. Elas ajudam a iluminar o tão comentado duplo caráter desse instituto, que é ao mesmo tempo político e jurídico.

As denúncias de compra de apoio parlamentar contra FHC (reeleição) e Lula (Mensalão) envolviam fatos graves: a obtenção de votos no Congresso em troca de pagamentos ilegais a parlamentares. Com deputados flagrados confessando terem recebido dinheiro, a acusação de compra de votos pela emenda da reeleição era bastante plausível (o próprio FHC afirmou que "provavelmente" houve compra de votos a favor da mudança constitucional, embora não "pelo governo federal").[80] No caso de Lula, elementos que respaldavam as denúncias de Roberto Jefferson foram logo colhidos pela CPMI dos Correios; e, mais adiante, pela investigação conduzida pelo ministro do STF Joaquim Barbosa, levando à condenação de diversos réus pelo STF no julgamento da Ação Penal AP 470, no segundo semestre de 2012. Qualquer que seja a opinião que se tenha sobre o julgamento dessa ação penal, é inequívoca a existência de um esquema de corrupção que se utilizava das empresas de Marcos Valério para o pagamento de valores ilegais a deputados da base aliada do governo.

A compra de votos pelo governo no Congresso, com uso de repasses ilegais para deputados ou partidos, constitui evidente crime de responsabilidade: a lei nº 1079/1950 proíbe presidentes de cooptar deputados "por suborno ou qualquer outra forma de corrupção".[81] A circunstância de que FHC e Lula talvez não soubessem dos detalhes de cada negociata individual com cada um dos deputados ou partidos não atenua seus crimes de responsabilidade, na medida em que se trata responsabilidade política, não criminal. No regime presidencial, essa responsabilidade recai toda sobre os ombros do presidente.[82] É questão de segunda ordem saber se o ilícito político configura também ilícito criminal, para o qual o efetivo conhecimento e a real intenção corruptora do presidente seriam condições necessárias. Como mostra o exemplo de Collor, condenado por crime de responsabilidade pelo Senado e absolvido da acusação de corrupção pelo STF, responsabilidade política e responsabilidade penal podem ser parentes, mas não são gêmeas idênticas.

FHC e Lula não sofreram impeachments pelo mesmo motivo que Aaron Burr, vice-presidente dos Estados Unidos em 1804, foi poupado pelo Congresso americano: por razões políticas, embora as condições jurídicas para tanto estivessem preenchidas em todos os casos. Em 1804, em um duelo com desfecho inesperado, Burr assassinou Alexander Hamilton, político imensamente popular, ex-secretário do Tesouro de George Washington e um dos autores de *O Federalista* e da Constituição dos Estados Unidos. O assassinato de Hamilton obrigou Burr a abandonar Washington e a presidência do Senado. Embora o homicídio de um adversário político sem dúvida sujeitasse seu autor não apenas ao impeachment, mas também a processo criminal em seguida, Burr foi poupado.[83] Além do receio de acirrar a conflagração política imperante no país desde a eleição presidencial de 1800, os congressistas optaram por não associar a imagem do Senado e da vice-presidência a um assassinato infame, que colocaria em xeque a reputação das instituições do novo país perante o mundo.[84] Ou seja, embora os requisitos jurídicos para sua acusação estivessem fartamente preenchidos, o impeachment de Burr foi descartado por razões de prudência institucional.

A liberdade política de parlamentares em um impeachment tem limites: o Congresso não pode, por estratégias político-partidárias, acusar um presidente de algum fato que não exista, ou atribuir a condutas quaisquer, inclusive ilegalidades menores, o significado de crimes de responsabilidade como pretexto para conseguir seu afastamento. Mas o inverso não é verdadeiro: no caso de acusação por crime de responsabilidade ou por crime comum, a Câmara pode, por razões de prudência política, negar autorização para o processo contra o presidente — nessas ocasiões, idealmente, as lideranças políticas da casa deveriam justificar essa opção pragmática.

Escândalos e escudos

Pelas mesmas razões, nada impede que o presidente jogue o jogo duro do presidencialismo de coalizão e use seus poderes legais e políticos para manter coeso seu escudo legislativo — como também nada impede que os próceres de um eventual futuro governo do vice-presidente prometam o emprego desses mesmos mecanismos para garantir apoio ao impeachment presidencial. Nesses momentos de elevada sensibilidade política, convém ao Judiciário observar com distância, para não ser acusado de favorecer uma ou outra parte da disputa. Esse mandamento foi abertamente ignorado no caso de Dilma Rousseff.

5. O impeachment fiscal

O embate entre Caixa e Tesouro

Na manhã do dia 13 de agosto de 2014, um avião modelo Cessna Citation 560 xls+ decolou do aeroporto Santos Dumont, no Rio de Janeiro, com destino ao litoral paulista. Por volta das dez horas, com cerca de sessenta minutos de voo, a aeronave caiu sobre uma área residencial na cidade de Santos. Não houve sobreviventes. Entre as vítimas estava o economista Eduardo Henrique Accioly Campos, candidato do PSB à presidência da República nas eleições de outubro daquele ano. As causas do acidente jamais foram determinadas.[1] Campos morreu no mesmo dia e mês que seu avô materno, Miguel Arraes, falecido oito anos antes. Ambos estão enterrados no mesmo jazigo do cemitério de Santo Amaro, no centro de Recife.[2]

Campos era, àquela altura, o terceiro colocado nas pesquisas de intenção de voto para a presidência da República nas eleições de outubro de 2014. Na noite anterior, ele havia participado da sabatina no *Jornal Nacional*, da Rede Globo. Além de abrir passagem para a candidatura de Marina Silva, até então vice em sua chapa, que teve desempenho notável naquelas eleições, sua morte tornou irrelevantes todos os jornais daquela manhã. Com o país absorvido pela comoção da tragédia e pelas incertezas projetadas sobre a disputa presidencial, pouca gente prestou atenção nas reportagens de capa dos cadernos de economia dos jornais *Folha de S.Paulo* e *O Estado de S. Paulo*, que noticiavam o mesmo fato: havia um conflito entre a Caixa Econômica Federal e o Tesouro Nacional, motivado pelo fato de que o banco público estava pagando, com recursos próprios, despesas que eram devidas pelo governo federal, mas cujos repasses o Tesouro insistia em atrasar.

Os repórteres Julio Wiziack e Mariana Carneiro, da *Folha*, explicavam que, "na prática", os atrasos funcionavam "como se a Caixa estivesse financiando o Tesouro".[3] No *Estadão*, Murilo Rodrigues Alves e João Villaverde lembravam que a manobra, que não era inédita, tinha o apelido de "pedalada",[4] em alusão ao drible futebolístico que ilude o marcador. O ato de empurrar para a frente o pagamento de uma parcela devida pelo governo, sem prejuízo de o banco público credor pagar os benefícios que deveriam ser custeados pelo dinheiro que não chegava a tempo, driblava os incautos observadores das contas públicas, pois fazia parecer que o Tesouro tinha mais dinheiro em caixa do que de fato tinha. Alves e Villaverde já haviam noticiado atrasos em pagamentos do governo em março de 2014, em prejuízo de construtoras que executavam obras do programa Minha Casa, Minha Vida, do governo federal, embora recebessem com atraso, e em valores menores, os repasses a esse título que lhe eram devidos pelo Tesouro Nacional.[5] As reportagens publicadas no dia da morte de Eduardo Campos mostravam que as consequências dos atrasos haviam subido de patamar: elas haviam gerado uma disputa institucionalizada dentro da administração pública federal, envolvendo a Caixa, ministérios, o Tesouro, a Procuradoria da Fazenda Nacional e a Advocacia Geral da União (AGU).

As chamadas "pedaladas fiscais" foram o mais conhecido[6] fundamento da acusação que levou ao impeachment da presidente Dilma Vana Rousseff. Reeleita em outubro de 2014 com pouco mais de 51% dos votos válidos, em uma acirrada disputa de segundo turno com o também mineiro Aécio Neves, do PSDB, Dilma foi afastada pela instauração do processo no Senado em 12 de maio de 2016, e definitivamente removida do cargo em 31 de agosto do mesmo ano. Ainda assim, no segundo semestre de 2014, quando a prática das pedaladas começou a ser desnudada pela imprensa, parecia impensável que aquelas condutas pudessem levar à queda de Dilma Rousseff. Em 1º de novembro de 2014, uma manifestação pedindo o impeachment da presidente, como também intervenção militar, reuniu cerca de 2500 pessoas e alguns parlamentares à época insignificantes no cenário nacional, como dois filhos de Jair Bolsonaro, então deputado federal pelo PP. (Um deles, Eduardo, que acabara de se eleger deputado federal pelo PSC, disse que o pai teria "fuzilado" Dilma Rousseff caso tivesse sido candidato nas eleições que haviam acabado de acontecer.[7]) No mesmo mês, lideranças do PSDB, então o principal adversário do Partido dos Trabalhadores, unanimemente rejeitavam a hipótese de impeachment de Dilma por qualquer fundamento até ali conhecido, inclusive as "pedaladas" que os jornais vinham reportando havia meses: FHC dizia não ver razão para apoiar um impeachment àquela altura, Geraldo Alckmin se disse "totalmente contra" a ideia, Aécio Neves prometeu "não endossar" a tese e Xico Graziano comparou quem pedia impeachment a quem defendia a ditadura militar.[8] Os primeiros registros jornalísticos das palavras "impeachment" e "pedalada" surgem apenas em abril de 2015, quando os dois termos combinados apareceram em três notícias do jornal *O Estado de S. Paulo*. Foi o mês seguinte aos pedidos de abertura de inquérito, apresentados ao STF pelo procurador-geral da República Rodrigo Janot, contra os presidentes da Câmara, Eduardo Cunha, e do Senado, Renan Calheiros, ambos do PMDB.

A CONDIÇÃO POLÍTICA DE DILMA ROUSSEFF e as características da acusação que levariam à sua queda eram muito diferentes daquelas que vitimaram Fernando Collor de Mello em 1992. Lembrava mais a de FHC, que sobrevivera a diversas denúncias por crimes de responsabilidade no segundo mandato: sua popularidade era decrescente e a economia do país sofria, mas a força de seu escudo no Congresso parecia lhe garantir proteção suficiente.

Dilma tinha lastro político: representava um governo de continuidade ao de Lula, ex-presidente muito popular;[9] seu partido, o PT, elegera 69 deputados na Câmara,[10] o que lhe dava, de largada, 40% do quórum necessário para barrar qualquer denúncia. O Partido dos Trabalhadores ainda elegeu dois candidatos ao Senado, levando a nova bancada do partido na casa a um total de doze senadores.[11] Com esse desempenho, o partido de Dilma garantiu a maior bancada da Câmara e a segunda maior do Senado. Do histórico recente das administrações petistas, inclusive de seu primeiro mandato, Dilma havia herdado uma boa coalizão.[12] Se sua base se manti-

O impeachment fiscal

vesse fiel, o Executivo teria força suficiente não só para barrar quaisquer ameaças de impeachment como também para aprovar medidas que exigissem amplo quórum, como emendas constitucionais.

Para além do Congresso, o PT tinha capilaridade social e contava com uma militância ativa, além de ser historicamente associado a bandeiras politicamente fortes, como os direitos trabalhistas, o combate à pobreza e o aumento de oportunidades de melhoria de renda e educação. Era uma agremiação madura, que havia conquistado apoio relativamente estável de partidos politicamente fortes, com genuína penetração social e um histórico de governo bem avaliado para ostentar em sua vitrine. Não era uma legenda ajambrada para uma eleição episódica que projetara um desconhecido à presidência, como ocorrera com Collor e seu nanico PRN.

Além da dimensão político-partidária, a acusação que prosperou contra Dilma diferia em um ponto importante daquela que fustigou Collor: enquanto ele havia sido enquadrado em um enredo de fácil compreensão popular — o presidente que se beneficiava dos trambiques praticados pelo amigo corrupto e que foi conivente com essa corrupção e mentiu para tentar escapar —, as imputações contra ela eram tecnicamente complicadas, baseadas em regras e costumes nada intuitivos das finanças públicas. A acusação contra Dilma era difícil de ser compreendida mesmo para pessoas com formação jurídica, já que o direito das finanças públicas é ensinado em uma minoria das faculdades brasileiras. Para quem não vivia o mundo da contabilidade pública e do direito financeiro, entender "pedaladas" e "decretos não numerados de abertura de crédito suplementar" era uma corrida de obstáculos ladeira acima — uma corrida que, como as pesquisas sugerem, a maioria da população não conseguiu completar: em junho de 2016, já sob a presidência (ainda interina) de Michel Temer, apenas um terço dos brasileiros sabia que Dilma havia sido afastada pelas tais pedaladas fiscais (e não há garantia de que mesmo essa fração reduzida soubesse explicar o que elas eram ou por que mereciam uma resposta tão drástica quanto um impeachment).

Havia, contudo, dois pontos de semelhança relevantes. Tanto quanto Collor, Dilma teve um governo muito contestado do ponto de vista da gestão econômica. Com uma agenda voltada para redução de juros, desvalorização do real, amplas desonerações tributárias e contenção de gastos e investimentos públicos, a presidente apostou na chamada "Nova Matriz Econômica", cujos resultados, no dizer de Laura Carvalho, foram "desastrosos": uma combinação de desaceleração econômica e severa deterioração fiscal.[13] Em cenários de ameaça de impeachment, essa circunstância joga contra os presidentes, pois mau desempenho econômico costuma catalisar mobilizações sociais que desestabilizam governos.[14] A pessoa do presidente acaba sendo individualmente responsabilizada pelo insucesso econômico,[15] e isso facilita a aceitação política de sua queda, embora não constitua, em si, fundamento legal para uma acusação.

Atrelada a essa responsabilização vem, naturalmente, a baixa popularidade — a segunda semelhança relevante entre Dilma e Collor. Como FHC, Dilma começou o segundo mandato com reprovação superior à aprovação: em fevereiro de 2015, 44% dos entrevistados pelo Datafolha a consideravam ruim ou péssima, contra apenas 23% de ótima ou boa. Em junho, a reprovação já havia atingido 65%, e a aprovação não passava de 10%.[16] A presidente recebia uma avaliação ruim desde meados de seu primeiro mandato. Se até junho de 2013 ela havia conseguido sustentar a aprovação na casa dos 50% e 60%, após os protestos daquele mês esse número tombou para a casa dos 40%, e a partir do início do segundo mandato despencou ininterruptamente.

Como no caso de Collor, além do mau desempenho econômico, a avaliação do governo de Dilma Rousseff era puxada para baixo porque sua administração era associada, pela opinião pública, à prática de corrupção. Em fevereiro de 2016, já com o processo de impeachment em andamento, 34% da população achava que o governo da petista era mais corrupto do que qualquer outro[17] — inclusive o governo de Collor, que fora afastado por motivos relacionados a corrupção, e o de Luiz Inácio Lula da Silva, àquela altura sabidamente investigado por suas relações com as empreiteiras corruptas na Operação Lava Jato.[18] Seguramente pesava contra Dilma o fato de ela pertencer a um partido cuja imagem era associada, há anos, a grandes escândalos de corrupção, como o Mensalão (2012)[19] e o Petrolão (2014).[20]

O impeachment fiscal

Cabem, contudo, duas considerações relevantes sobre as aproximações entre Dilma Rousseff e Fernando Collor. Primeiro, Collor era suspeito de envolvimento em corrupção e seu vice, Itamar Franco, que assumiria na hipótese de seu afastamento, era um homem insuspeito de desonestidade. Para quem se indignava com a corrupção e buscava afastar o presidente por esse motivo, pedir a troca de Collor por Itamar fazia sentido. O vice de Dilma Rousseff, ao contrário, era Michel Temer, homem a quem a força-tarefa da Lava-Jato do Rio de Janeiro atribui "uma vida de cometimento de ilícitos em prejuízo ao Erário".[21] A segunda consideração é que, diferentemente de Collor, Dilma não era suspeita de se beneficiar pessoalmente de corrupção e não foi afastada do cargo por qualquer conduta relacionada à proteção de amigos corruptos, nem por tentativas de impedir ou retardar investigações contra seus aliados. A principal denúncia que abateu seu governo chegou discreta, sobre duas rodas.

As pedaladas

"Pedaladas", como já mencionado brevemente, são o nome popular de uma manobra contábil que existia desde muito antes da presidência de Dilma Rousseff. Originalmente, a prática consistia em realizar ordens de pagamento no último dia útil do mês, mas somente após o encerramento do expediente bancário. Com isso, só eram efetivadas no dia útil subsequente, portanto no mês seguinte — ou até no ano seguinte, caso o atraso intencional acontecesse no último dia útil de dezembro. Essa estratégia melhorava o retrato contábil do mês que se encerrara, retrato que é traçado a partir do saldo financeiro no último dia útil do mês: como nesse o dinheiro já designado para um determinado pagamento continuava nas contas do governo, o extrato mensal revelava uma posição artificialmente mais elevada do que os valores de que o Tesouro efetivamente dispunha.[22] A pedalada era, assim, um drible tanto em quem recebia o dinheiro (pois os valores chegavam alguns dias depois do vencimento) quanto em quem averiguava o extrato do pagador (porque seu saldo era irreal).

Segundo é possível apreender do relato feito por João Villaverde,[23] um dos jornalistas que reportou detalhadamente o atraso nos repasses destinados ao pagamento de despesas do governo ao longo de 2014, as pedaladas, embora existissem desde antes de Dilma Rousseff, adquiriram dimensões inéditas em seu primeiro mandato, por duas razões. Primeiro, porque os valores e a frequência das pedaladas, especialmente entre meados de 2013 e o final de 2014, ano em que disputou a reeleição, foram incomparavelmente maiores que em qualquer outro governo.[24]

O volume e a constância ímpares sugeriam que não se tratava de meros desencontros episódicos entre a previsão de despesas feita pelo Tesouro Nacional e o valor efetivamente pago a título daqueles benefícios, o que não era incomum. Sob Dilma, a prática tinha outros sentidos: primeiro, evitar que o pagamento de benefícios sociais e a manutenção dos muitos subsídios governamentais a diversos setores da economia, um dos pilares da Nova Matriz Econômica, prejudicassem a imagem das contas públicas brasileiras, cada vez mais impactadas pelas sucessivas quedas na arrecadação de tributos; segundo, evitar que o governo tivesse de assumir que o dinheiro simplesmente não dava para cobrir seus gastos, o que o obrigaria a cortá-los ou reduzi-los. Em qualquer dos casos, principalmente no segundo, os custos eleitorais seriam enormes, tendo em vista a proximidade da eleição presidencial de 2014, na qual Dilma seria candidata à recondução. Esse quadro deu margem à acusação de que o governo pedalava deliberada e sistematicamente, colocando suas conveniências eleitorais de curto prazo acima do zelo com a integridade das contas públicas — uma segunda singularidade das pedaladas sob Dilma.

FORAM OS REPASSES ATRASADOS do Tesouro Nacional à Caixa, em valores aquém do necessário, que soaram o alarme para a estratégia de uso das pedaladas pelo governo. Elas funcionavam como técnica de maquiagem contábil por uma razão simples: segundo a metodologia do cálculo da dívida pública feita pelo Banco Central desde os anos 1990, atrasos desse tipo não eram considerados no cálculo da dívida pública do governo federal. Técnicos do Tesouro Nacional perceberam isso e expressaram sua oposição à tática: em uma reunião tensa, ocorrida no final de 2013, os onze coordenadores-gerais do órgão, com apoio de diversos funcionários de carreira, haviam levado ao secretário do Tesouro, Arno Augustin, suas preocupações sobre o que viam como irregularidades praticadas pelo órgão. A reunião deveria permanecer sob sigilo, mas vazou para a imprensa no começo de dezembro de 2013.[25]

Augustin era homem de confiança da presidente e foi o mais longevo secretário do Tesouro Nacional a ocupar o cargo até hoje (junho de 2007 a dezembro de 2014). Era visto como o artífice dos expedientes contábeis que visavam a melhorar a aparência das contas públicas. Tais práticas eram batizadas por seus críticos de "contabilidade criativa", uma acusação que ele sempre negou: "A metodologia usada pelo Brasil é uma metodologia internacional. [...] O Brasil tem recebido prêmios de transparência. [...] Nossa metodologia é conhecida, respeitada", disse ele um mês antes de que vazasse o motim dos técnicos do Tesouro. "O órgão que faz a conta do resultado primário para efeitos da Lei de Diretrizes Orçamentárias é o Banco Central."[26]

As reiteradas críticas de pesquisadores e analistas do mercado financeiro aos grandes valores desses atrasos, somadas à revelação do descontentamento de técnicos da burocracia financeira estatal, levaram jornalistas e analistas econômicos a uma indagação: será que as práticas observadas na Caixa haviam sido repetidas em outras instituições financeiras controladas pelo governo federal, como bancos e fundos públicos? Puxando o fio desse novelo, em pouco tempo foram descobertas operações semelhantes no Banco do Brasil, no Banco Nacional de Desenvolvimento Econômico e Social (BNDES) e no Fundo de Garantia por Tempo de Serviço (FGTS). A revelação reforçou o diagnóstico de que as pedaladas vinham sendo praticadas cada vez mais intensamente e em valores incompatíveis com um caráter episódico. Elas se espraiavam por diversos programas sociais, como o Bolsa Família, o seguro-desemprego, o abono salarial, o Plano Safra, o Programa de Sustentação do Investimento e o Minha Casa, Minha Vida. Ao final de 2014, o saldo negativo do governo junto a bancos públicos ultrapassava os 52 bilhões de reais.[27]

UMA VEZ CONSTATADOS O TAMANHO e a frequência das pedaladas em diversas instituições financeiras controladas pelo governo federal, a pergunta seguinte era jurídica: aquela prática era legal ou ilegal? De todas as instituições, a mais impactada pelas pedaladas foi a Caixa, que tinha contratos com o Ministério do Trabalho e com o Ministério do Desenvolvimento Social para operacionalizar os pagamentos do Bolsa Família, do seguro-desemprego e do abono salarial. Além do custo financeiro para o banco, os atrasos traziam riscos legais para seus administradores. Era natural, portanto, que o debate sobre o significado jurídico das pedaladas fosse suscitado por seu presidente, Jorge Hereda, bem como pelos conselheiros e advogados do banco.

Havia três enquadramentos jurídicos possíveis para as pedaladas. A fim de entendê-los, é preciso guardar em mente que a Caixa, assim como o BNDES, é uma empresa pública, isto é, uma pessoa jurídica que, embora constituída sob regime de direito privado, é inteiramente controlada pelo Estado. Sendo o governo federal ao mesmo tempo o controlador do banco e o responsável por prover, via Tesouro Nacional, os recursos com os quais os benefícios sociais seriam pagos, não era difícil especular que a Caixa estava concedendo uma espécie de adiantamento a seu controlador, a União. Por essa linha, uma primeira possibilidade de enquadramento legal para as pedaladas era criminal: a lei nº 7492/1986, que define os crimes contra o Sistema Financeiro Nacional, estabelecia, em sua redação à época, que deferir "empréstimo ou adiantamento" ao controlador implicaria o crime previsto em seu artigo 17, com pena de reclusão de dois a seis anos, além de multa. Era um risco grande para quem operacionalizava o pagamento dos benefícios, tanto nos ministérios quanto na Caixa.

Uma segunda capitulação jurídica possível para as pedaladas vinha da Lei de Responsabilidade Fiscal, cujo artigo 36 veda "operação de crédito" entre um banco público e a instituição que o controle. Nos termos do artigo 73 da mesma lei, infrações ao regime de responsabilidade fiscal poderiam implicar improbidade administrativa, crime comum ou crime de responsabilidade — este último, já sabemos, leva ao impeachment. Para isso, seria preciso considerar que o atraso nos pagamentos implicava, em sentido jurídico, a contratação de operação de crédito, por demandar pagamento de juros do ministério ao banco, embora não houvesse qualquer previsão da contratação de crédito entre as duas instituições. Mas, mesmo que se optasse por essa interpretação, alguma calibragem seria necessária: caso contrário, qualquer descumprimento de contrato entre o Tesouro Nacional e um ente público poderia ser considerado uma "operação de crédito". Sem esse filtro, ocupantes de altos cargos públicos estariam sujeitos a sanções severas por irregularidades irrisórias.

Um terceiro enquadramento jurídico possível para as pedaladas vinha dos contratos que regiam a relação entre os ministérios do Trabalho e do Desenvolvimento Social e a Caixa. Uma vez que o próprio contrato previa penalidades para o descumprimento dos deveres das partes, e o dever dos ministérios de transferir recursos para a Caixa era previsto no contrato, a falta do pagamento implicaria o acionamento da cláusula penal do acordo, obrigando os ministérios ao pagamento da sanção prevista (multa, correção e juros). Por essa interpretação, que era a que o governo defendia, as pedaladas deveriam ser tratadas como uma violação contratual, a ser penalizada nos termos do contrato (juros), sem repercussão criminal ou fiscal.

A escolha entre essas alternativas não é trivial, e mesmo juristas experientes e bem-intencionados podem jamais chegar a um consenso a esse respeito.[28] Ela passava pela interpretação tanto de conceitos como "empréstimo", "adiantamento" e "operação de crédito" quanto do enquadramento de condutas ambíguas — de agentes do Tesouro Nacional, dos ministérios e dos bancos públicos — em uma ou várias categorias jurídicas. Ao mesmo tempo, era evidente que havia um componente político na opção do Tesouro Nacional pelos pagamentos atrasados: a saúde fiscal do governo seria um dos temas explorados na campanha eleitoral que se aproximava, e deixar as contas com boa aparência para esse período de intenso escrutínio era um imperativo. Além disso, a maquiagem adiava medidas de contenção orçamentária, que poderiam levar à diminuição, às vésperas da eleição, do pagamento de benefícios sociais como o Bolsa Família e o Minha Casa, Minha Vida. Mas os administradores da Caixa, com razão, não queriam ficar reféns de riscos legais.

Para desatar o nó jurídico das pedaladas, a Caixa acionou a AGU, que instalou, em maio de 2014, uma câmara arbitral para enfrentá-lo. Nessa câmara, que é um órgão extrajudicial para resolução de conflitos, os diversos entes públicos envolvidos — o Tesouro, os ministérios, a própria Caixa e eventualmente o Banco Central e a Procuradoria-Geral da Fazenda Nacional — seriam ouvidos, apresentariam suas leituras do impasse e tentariam chegar a um acordo para dar fim ao problema. No transcurso desse procedimento, consensos e desencontros foram revelados. De um lado, concordou-se que não era caso de se falar do crime da lei nº 7492/1986, pois um antigo parecer da AGU deixava claro que ele não se aplicava a operações entre a União e a Caixa. Não houve a mesma clareza quanto à infração ou não ao artigo 36 da Lei de Responsabilidade Fiscal, pois faltou consenso sobre quem tinha competência para dar essa resposta, o Banco Central ou a Procuradoria-Geral da Fazenda Nacional. De qualquer modo, a solução parecia clara para todos: bastava que o Tesouro Nacional regularizasse os pagamentos para que os ministérios não mais atrasassem seus repasses à Caixa.[29]

Contudo, os resultados fiscais do governo em maio, junho e julho de 2014 haviam sido os piores da série histórica para aqueles meses até então. Nesse contexto, regularizar os pagamentos, como havia recomendado a AGU, forçaria a administração a contabilizar todos os débitos atrasados — e a obrigaria a confessar, bem em meio à campanha das eleições presidenciais, que a meta fiscal daquele ano era irrealizável.[30] Se fizesse isso, o governo se veria constrangido a assumir que a política de estímulo econômico via aumento de gastos públicos, principalmente através de desonerações tributárias para setores específicos, não havia surtido o efeito esperado. Mas o governo não parecia disposto a fazer essa confissão em ano eleitoral, ainda mais com Dilma disputando a reeleição: durante toda a campanha, o governo manteve-se em estado de negação, contra todos os prognósticos dos analistas econômicos. Apenas em novembro de 2014, portanto após a reeleição, o Executivo enviou projeto de lei pedindo alteração da meta fiscal daquele ano, reconhecendo o que analistas e a imprensa especializada já apontavam há muito tempo.[31]

O início da radicalização

Em 18 de dezembro de 2014, o PSDB, partido cujo candidato, Aécio Neves, fora derrotado por Dilma Rousseff no apertado segundo turno da eleição presidencial, ajuizou ação em que pedia ao Tribunal Superior Eleitoral (TSE) a cassação da chapa vencedora. Entre outros argumentos, a ação incluía a "manipulação de dados socioeconômicos" como um de seus fundamentos.[32]

O comportamento eleitoral e pós-eleitoral de ambas as partes, o governo reeleito e a oposição derrotada, remetia a antigas práticas brasileiras. Do lado das candidaturas vencedoras, esconder as cartas da economia para evitar prejuízos de curto prazo nas urnas não era novidade entre nós. Em 1986, o governo Sarney negou que tomaria medidas econômicas impopulares para responder ao fracasso do Plano Cruzado; contudo, essas medidas, que ficariam conhecidas como Plano Cruzado II, foram adotadas logo após o pleito de novembro daquele ano,[33] que consagrou a maior vitória eleitoral da história de seu partido, o PMDB.[34] Algo semelhante aconteceu nas eleições de 1989, quando Collor prometeu que não levaria a cabo o confisco de ativos que pôs em prática tão logo assumiu,[35] realizando o pesadelo que muitos acreditavam que viria pelas mãos de um temido socialismo petista. Durante a campanha de 1998, o governo FHC afirmou que jamais faria o grande ajuste cambial que pôs em prática logo após a reeleição.[36]

Do lado derrotado, a impugnação judicial da campanha vencedora lembrava as investidas udenistas contra as vitórias de seus adversários nas décadas de 1950 e 1960: a recusa perene em aceitar os resultados das urnas e a disposição para contestá-las judicialmente sob qualquer pretexto disponível.[37] O movimento do PSDB, que já vinha semeando dúvidas sobre a lisura das eleições desde outubro, antes mesmo de a votação ser realizada,[38] rompeu com um importante legado da geração anterior de líderes do partido, representada por Fernando Henrique Cardoso: a disposição em aceitar a vitória eleitoral dos adversários, marcando o fim da disputa e reconhecendo a legitimidade do governo que virá. A chapa de Aécio Neves alegou abuso de poder econômico pelo emprego de dinheiro não contabilizado proveniente de corrupção investigada pela Operação Lava Jato — embora nem o uso de fundos não declarados, nem relações com empresas implicadas na operação fossem estranhos ao PSDB. O movimento de Aécio e do PSDB pode ser compreendido como um lance de radicalização, nos termos propostos por Pérez-Liñán: a recusa em fazer concessões a adversários e a disposição de levar ao extremo as táticas de contestação a seus opositores.[39] Essa radicalização, segundo o autor, é um ponto comum entre os golpes militares e os abusos no rito ou nos fundamentos legais de processos de impeachment na América Latina.

A ação de impugnação à chapa Dilma-Temer, ajuizada em 2014 pelo PSDB, foi apreciada pelo TSE e julgada improcedente apenas em 2017, quando a situação de todos os seus protagonistas era muito diferente. Aécio Neves, que pleiteava ser empossado na presidência com a petição protocolada em 2014, passou a ser cada vez mais implicado na Lava Jato a partir do ano seguinte: sua irmã e seu assessor foram presos, e uma gravação sua pedindo dinheiro a um empresário delator foi revelada em maio de 2017, ano em que ele chegou a ser afastado do cargo duas vezes por determinação do STF. Em 2019, Aécio tornou-se réu pelos crimes de corrupção passiva e obstrução à investigação de organização criminosa.[40] Michel Temer, embora então presidente da República, brigava com índices terríveis de popularidade e sofria com o cerco implacável da Lava Jato a seu partido e a ele próprio. Dilma Rousseff, por sua vez, já havia sido condenada em definitivo por crimes de responsabilidade, em parte em razão das pedaladas fiscais.

"As instituições estão funcionando"

A rebelião dos técnicos do Tesouro Nacional em novembro de 2013 é um exemplo do que pode significar o bordão "As instituições estão funcionando", amplamente propagado por aqueles que defendem o avanço de investigações, processos e condenações contra agentes políticos. Sendo esse bordão sinônimo do diagnóstico de que as instituições de Estado estão fazendo bom uso de seus poderes para apurar violações à lei e promover a

O impeachment fiscal 169

responsabilização de agentes públicos, a conduta dos técnicos do Tesouro mostrava a burocracia técnica cumprindo o dever legal de não fechar os olhos a condutas impróprias de seus superiores. Aqueles servidores assim procederam não apenas porque tinham o dever legal de fazê-lo, sob pena de incorrerem, eles mesmos, em omissões que poderiam ter implicações até mesmo criminais, mas também por estarem protegidos pelo manto da estabilidade: por mais contrariados que ficassem seus superiores, nenhum técnico corria perigo de ser demitido por haver reportado condutas suspeitas.

Invocada como mantra pelos detratores de Dilma Rousseff, a ideia de que a marcha inexorável do impeachment era prova de que as "instituições estavam funcionando" deve chamar a atenção para o fato de que os mecanismos de fiscalização e apuração de irregularidades, em ambientes de grande complexidade institucional como a moderna administração pública, vão muito além de crimes comuns ou de responsabilidade. Eles incluem uma imprensa com liberdade para buscar informações públicas e reportar o que julgar relevante, constrangendo as autoridades a justificarem ações que de outro modo passariam despercebidas; organizações da sociedade civil livremente constituídas, cujo objeto pode incluir o monitoramento e a denúncia de práticas impróprias de agentes políticos; uma rede de instituições com poderes para fiscalizar umas às outras, bem como para receber denúncias e apurá-las de modo eficaz; uma esfera pública plural e pujante, na qual especialistas podem criticar e defender condutas de autoridades sem receio de perseguição ou intimidação; e um ambiente de eleições limpas e periódicas, nas quais o povo possa expressar aprovação ou reprovação aos candidatos que se oferecerem à concorrência popular, e que precisam, em contrapartida, trabalhar por um reconhecimento que lhes renda votos. Todos esses elementos promovem responsabilização, de diversos tipos, de agentes que exercem poder.[41] Quando essa grande orquestra toca afinada, o bordão "As instituições estão funcionando" cai como uma luva. A fogueira na qual ardeu o governo de Dilma Rousseff é um bom exemplo de como a variedade de estratégias de responsabilização de uma administração, e a consequente correção de seus desvios, funcionaram no Brasil daquele período, independentemente do impeachment.

SEGUNDO JOÃO VILLAVERDE, a revelação dos bastidores da reunião sigilosa deixou Arno Augustin "enfurecido" e sentindo-se "traído".[42] Ele convocou seus subordinados imediatos para uma reunião em 4 de dezembro de 2013, tão logo soube que as reportagens dos jornais *O Estado de S. Paulo* e *Folha de S.Paulo* seriam publicadas. Embora o secretário os tenha ameaçado com abertura de processos disciplinares, os servidores sabiam que estavam bem protegidos: mesmo que perdessem os cargos comissionados de chefia, voltariam às suas funções burocráticas no Tesouro Nacional, com bons salários e estabilidade. A possibilidade de um processo administrativo dessa natureza prosperar dependeria de que algum dos jornalistas revelasse suas fontes dentro do Tesouro, algo a que o direito constitucional ao sigilo da fonte os desobriga, e que a ética jornalística lhes proíbe. A cobertura especializada dos grandes jornais foi decisiva para revelar, como vimos, em um primeiro momento, as pedaladas na Caixa; e, na sequência, as práticas semelhantes no Banco do Brasil, no BNDES e os atrasos nos repasses ao FGTS. A imprensa foi determinante para mostrar a inédita extensão das pedaladas, assim como o caráter sistemático com o qual elas passaram a ser praticadas a partir do início de 2013 até o final de 2014, forçando o governo a responder publicamente por seus atos.

Além de revelações anônimas à imprensa, outros servidores públicos valeram-se da proteção de seus cargos para se insurgirem contra práticas fiscais reprováveis do governo Dilma, até mesmo quando ocupavam cargos comissionados na administração federal. Em 17 de março de 2014, o então ministro da Previdência, Garibaldi Alves, do PMDB, deu uma entrevista dizendo que o déficit previdenciário estimado pelo governo para o ano estava subestimado em 10 bilhões de reais.[43] A entrevista deixou membros do governo incomodados. Garibaldi foi pressionado e teve de voltar atrás em sua afirmação no mesmo dia.[44] Evidentemente, o ministro não havia feito ele próprio as contas: o responsável pelos cálculos era Leonardo Rolim, assessor concursado da Câmara dos Deputados. Por seus amplos conhecimentos de contabilidade pública, Rolim fora escolhido por Alves para a Secretaria de Políticas Previdenciárias do ministério. Com o objetivo de evitar futuras contestações às projeções oficiais da administração

Rousseff para o déficit da Previdência, Rolim acabou demitido e voltou a seu cargo na Câmara.[45] Mais perto do final do ano, quando o governo reviu sua meta, chegou muito próximo à estimativa que Rolim dera em março, projetando um déficit previdenciário de 49,193 bilhões de reais para 2014. Ainda assim, foi pouco: o déficit total naquele ano chegou a 56,7 bilhões de reais.[46] O saldo final do episódio foi desgastante para um governo que lutava contra a imagem de maquiador de contas: um servidor técnico havia sido demitido de um cargo comissionado por dizer a verdade sobre o déficit da Previdência.

Além de servidores dispostos a apontar irregularidades, também especialistas com voz no debate público usaram suas plataformas para denunciar práticas que lhes pareciam impróprias na contabilidade do governo federal. José Roberto Afonso, um dos mentores da Lei de Responsabilidade Fiscal[47] e à época pesquisador da FGV, era um crítico da política fiscal do governo cujas opiniões ressoavam na imprensa. Responsável por uma página de internet popular entre economistas, foi uma das vozes públicas pioneiras em distinguir as práticas do Tesouro Nacional sob Dilma daquelas levadas a efeito por outros presidentes antes dela, negando inclusive que o termo "pedalada", cunhado para as situações anteriores, fosse adequado para descrevê-las.[48] Também Mansueto Almeida, então analista de carreira do Instituto de Pesquisa Econômica e Aplicada (Ipea) que editava um blog influente, vinha criticando condutas do governo que lhe pareciam trapaças contábeis.[49] Pelo histórico de relações de ambos com políticos do PSDB, as críticas de Almeida e Afonso eram desqualificadas por Arno Augustin.[50] De qualquer modo, esse era um debate que se travava pela imprensa e através de plataformas de comunicação amplamente acessíveis, que se valiam do direito à livre expressão e à prestação desimpedida de informação.

Houve ainda organizações da sociedade civil que fizeram marcação cerrada sobre as contas públicas de Dilma Rousseff. A principal delas foi a ONG Contas Abertas. Seu principal debatedor público, Gil Castelo Branco, era colaborador frequente em grandes jornais. Em janeiro de 2014, a Contas Abertas já havia denunciado ao Congresso Nacional práticas de contabilidade pública que julgava impróprias, à custa das quais o governo havia conseguido atingir as metas fiscais de 2013. Entre elas, a entidade apontava atrasos em repasses obrigatórios ao sus, o Sistema Único de Saúde, atrasos em repasses a estados e municípios, aumento inexplicável de despesas genéricas sob a rubrica "restos a pagar" e as pedaladas em seu sentido mais clássico: repasses feitos após o horário bancário do último dia útil no mês.[51] Era o direito constitucional à livre associação, inclusive com o objetivo de denunciar ilegalidades governamentais, que amparava a existência de ongs como a Contas Abertas.

O Banco Central foi um caso à parte na rede de fiscalização e responsabilização que encurralou o Tesouro Nacional, e assim o governo federal, em 2014. Para entender sua atuação, relembremos que as pedaladas eram mecanismos eficazes de maquiagem contábil porque atrasos nos repasses a bancos federais ficavam de fora do cálculo da dívida pública brasileira, invisibilidade que decorria de antigas convenções contábeis do Banco Central, a autoridade responsável pela apuração oficial da dívida para fins de avaliar o cumprimento de metas da Lei de Diretrizes Orçamentárias.

Embora Arno Augustin demonstrasse tranquilidade para justificar as pedaladas com base nas práticas de escrituração do Banco Central,[52] para o presidente do banco, Alexandre Tombini, a questão não era tão simples. Aparentemente, Tombini incomodava-se com o fato de que uma convenção contábil do Banco Central fosse utilizada para ocultar um dado obviamente relevante sobre a saúde fiscal do país. Segundo João Villaverde,[53] o presidente do Banco Central começou a trabalhar para que a antiga metodologia fosse alterada, de modo que aqueles passivos passassem a ser oficializados nas dívidas do Tesouro. Essa mudança faria com que as pedaladas perdessem seu principal atrativo, pois não serviriam mais para esconder passivos atrasados.

Quando o Banco Central foi envolvido no procedimento arbitral entre Caixa, ministérios e o Tesouro Nacional, o que sugeria que sua cúpula e seus técnicos poderiam incorrer em alguma ilegalidade caso ignorassem o problema, Tombini conseguiu a mudança que queria: a metodologia contábil do banco foi alterada e passou a considerar "os estoques a descoberto nas contas da Caixa de pagamento de programas sociais" no cálculo da dívida pública.[54] Essa mudança, facilitada pelo trabalho da câmara de conciliação da AGU, e motivada em grande parte pela insistência da Procuradoria-Geral da Fazenda Nacional em responsabilizar o Banco Central pelo cálculo da dívida pública, diminuiu o estímulo para que governos atrasassem repasses em desfavor da Caixa, ao menos se o objetivo fosse fazer as contas do Tesouro não parecerem tão ruins. Se as pedaladas eram verdadeiramente o problema, a mudança patrocinada por Tombini foi um importante passo para evitar que elas se repetissem.

Esse movimento colocou as práticas do Tesouro em outro patamar de escrutínio, inclusive porque os trabalhos da câmara de conciliação tornaram-se públicos pelo constante acompanhamento da imprensa. A institucionalização e publicidade do conflito provocaram as outras instituições envolvidas a pensar mudanças que pudessem prevenir o problema no futuro. Internamente à Caixa, também houve movimentações que visavam a impedir a continuidade daquelas práticas, pois elas impactavam negativamente os resultados do banco. (Vale lembrar que foi dessa instituição que partiu, em dezembro de 2013, a iniciativa de envolver a AGU na contenda, inclusive apontando potenciais violações à Lei de Responsabilidade Fiscal.)[55] A Caixa mudou o padrão dos contratos de prestação de serviços que tinha com os ministérios. Segundo João Villaverde, a nova redação contratual fixava prazos e limites no fluxo de recursos entre os ministérios e os bancos. Com isso, não seria mais possível que o montante de atrasos chegasse aos patamares registrados em 2013 e 2014.[56] Uma vez que as pedaladas eram possibilitadas pela específica redação dos contratos entre as partes envolvidas, as instituições competentes então reagiram para aperfeiçoar os termos desses acordos.

A ode ao funcionamento das instituições poderia aludir ainda ao chamado *accountability* político não eleitoral, isto é, o controle exercido pelo superior hierárquico sobre o inferior hieráquico em cargos de livre nomeação e demissão.[57] No caso das pedaladas, embora houvesse inegável afinidade entre Dilma Rousseff e os subordinados responsáveis por suas políticas econômica e fiscal-orcamentária — respectivamente o ministro da Fazenda Guido Mantega e o secretário do Tesouro Nacional Arno Augustin —, ela aproveitou a reeleição para trocá-los por nomes sabidamente adversários da chamada Nova Matriz Econômica e das práticas de "contabilidade criativa" de que Arno era acusado. Em 2015, foram empossados como ministro da Fazenda Joaquim Levy, economista formado em Chicago e tido como entusiasta de uma gestão econômica mais ortodoxa que a de Mantega; e como secretário do Tesouro Nacional Marcelo Saintive, também economista, nome da confiança de Levy.[58] A mudança da equipe sinalizava a disposição do governo em ajustar os rumos da política econômica dentro da qual as práticas da chamada "contabilidade criativa" haviam sido gestadas e implementadas. Era impensável que os novos titulares das pastas se prestassem ao papel de dar prosseguimento a elas.

UM ÚLTIMO ORGANISMO DA TEIA de *accountability* que cercou as pedaladas foi o TCU. Em abril de 2015, julgando uma representação do Ministério Público assinada pelo procurador Júlio Marcelo de Oliveira, baseada em relatório de auditoria iniciada no final do ano anterior, o TCU considerou que as pedaladas eram ilegais.[59] Relatado pelo ministro José Múcio Monteiro, o acórdão nº 825/2015 determinou uma série de medidas em resposta à representação do Ministério Público junto ao Tribunal de Contas: ao Banco Central, foi determinado que passasse a registrar todos os débitos em aberto; aos ministérios, o TCU mandou que pagassem o que deviam aos bancos públicos; e ao Tesouro Nacional, ordenou que repassasse o que era devido aos ministérios, para que eles pudessem quitar seus atrasos com as instituições financeiras. A decisão dispôs também que um conjunto seleto de autoridades, que incluía Guido Mantega, Arno Augustin e o agora ex-presidente da Caixa Jorge Hereda, justificasse as operações de suas respectivas instituições, sob ameaça de penas que poderiam levá-los até mesmo à inabilitação para o exercício de funções públicas. O acórdão também determinou que o Ministério Público fosse oficiado, para que tomasse as medidas que julgasse cabíveis.

O saldo mais impactante do julgamento do TCU foi a conclusão de que os aproximadamente 40 bilhões de reais até então retidos pelo Tesouro em prejuízo dos bancos públicos federais implicavam "assunção de compromisso financeiro" sem a devida previsão, e, por conseguinte, violação à Lei de Responsabilidade Fiscal. A decisão chamou atenção pelo fato de que o artigo 73 da Lei de Responsabilidade Fiscal estabelece que as infrações aos dispositivos da lei podem ser consideradas ilícitas à luz da Lei do Impeachment, que se aplica tanto a presidentes quanto a ministros de Estado. No dia seguinte ao julgamento, órgãos de imprensa reportaram que o TCU havia decidido que "as pedaladas foram crime de responsabilidade",[60] muito embora nenhuma afirmação específica nesse sentido tenha constado da versão final do acórdão nº 825/2015. É importante ressaltar que tal conclusão não decorre diretamente do reconhecimento de violação à Lei de Responsabilidade Fiscal: não é porque *algumas* violações àquela lei *podem* configurar crime de responsabilidade que *qualquer* violação à lei *sempre* os irá configurar; há, naturalmente, um juízo de gravidade a ser feito em cada caso concreto. De qualquer forma, ao menos no que dependia do relator, não havia que se falar em crimes de responsabilidade das autoridades sob julgamento (Mantega, Augustin e Hereda, entre outros): "Faltou dinheiro para pagar as contas. As pessoas tiveram de cumprir uma ordem",[61] ponderou José Múcio Monteiro.

Ainda assim, a decisão do TCU animou a oposição liderada pelo PSDB, que estava abertamente à procura de qualquer tese que pudesse embasar o afastamento de Dilma. Segundo informou *O Estado de S. Paulo* no dia seguinte ao julgamento, as pedaladas, àquela altura, estavam ao lado de outros possíveis fundamentos para um pedido de impeachment, como as acusações de que a Controladoria Geral da União segurara informações sobre corrupção na Petrobras até depois das eleições de 2014 e o suposto uso irregular dos Correios na campanha.[62] A oposição também torcia para que os escândalos de corrupção do PT chegassem próximo à presidente, à medida que o cerco contra a cúpula do partido se fechava: no mesmo dia em que o Tribunal de Contas julgou ilegais as pedaladas fiscais contra a Caixa, o tesoureiro do partido, João Vaccari Neto, foi preso por ordem do juiz Sergio Moro. Após o ajuizamento de ação no TSE para impugnar a eleição de Dilma Rousseff, a disposição de se explorar politicamente o julgamento das pedaladas pelo TCU, inclusive através de um pedido de impeachment, igualmente sugeria propensão à radicalização contra a legitimidade do mandato da presidente.

"As contas são da presidente"

Ao mesmo tempo que diversas instituições agiam para resolver de forma eficaz o problema das pedaladas, outras trabalhavam de modo a criar condições para o impeachment de Dilma, fosse com base em pedaladas, fosse por outro fundamento qualquer. Elas atuaram para dificultar a condução política do governo, afugentar membros da coalizão da presidente e estimular um sentimento agudo de indisposição da opinião pública não apenas contra o governo em particular, mas contra a classe política em geral. Foram funcionais para o impeachment, mas cruzaram a linha da imparcialidade política que deve reger o funcionamento de órgãos de Estado — em especial em contextos de elevada polarização, nos quais o recato deveria ser máximo e o estímulo à radicalização, nenhum. A primeira dessas instituições foi o TCU.

O TCU é um órgão previsto na Constituição de 1988 e que realiza diversas funções. No caso das pedaladas, relatado pelo ministro José Múcio Monteiro, o TCU exerceu função de julgamento. Mas aquele tribunal também exerce outro papel importante, especificamente relativo à presidência da República: avaliar as contas do governo a cada ano e emitir parecer para que o Congresso aprove, ou reprove, a gestão fiscal dos presidentes.[63]

Logo após as eleições de 2014, quando a oposição já vinha contestando a reeleição de Dilma junto ao TSE, o TCU tornou-se foco de atenção de políticos interessados em encurralá-la. Se a atividade do tribunal é pouco acompanhada pela população em geral, sua relação com os parlamentares é estreita, não apenas porque seus membros privam da companhia de políticos no círculo social provinciano da elite brasiliense, mas principalmente porque ter bom relacionamento político é condição necessária para

O impeachment fiscal

se chegar a ministro do TCU.[64] Notório crítico do órgão, o ex-ministro do STF Joaquim Barbosa desdenhava-o como um "playground de políticos fracassados", zombando do fato de que seus conselheiros são frequentemente escolhidos por articulações políticas que beneficiam deputados de menor expressão.[65]

Augusto Nardes, relator do parecer sobre as contas de 2014 do governo federal, não era um político fracassado, mas seguramente era um político — e como tal se portou no julgamento das contas de Dilma Rousseff, embora sua função ali fosse a de juiz.[66] Tão logo as pedaladas foram consideradas ilegais no processo relatado por seu colega José Múcio Monteiro, em abril de 2015, Nardes passou a dar repetidas declarações que não deixavam dúvidas quanto à sua intenção de rejeitar as contas federais por violação à Lei de Responsabilidade Fiscal.[67] Em sucessivas entrevistas, buscou deixar claro que a responsabilidade pelos ilícitos apurados no primeiro julgamento não se limitava às autoridades julgadas até então, mas deveria estender-se ao cume do governo federal. Para ele, qualquer irregularidade fiscal em toda a contabilidade do governo federal poderia ser direta e pessoalmente imputável a Dilma Rousseff.

Em junho de 2015, poucas semanas antes do início do julgamento que culminaria com a reprovação das contas presidenciais, Nardes assumiu o papel de adversário de Dilma e veio a público rebater antecipadamente uma das provas que a AGU apresentou em favor do governo: um documento assinado de próprio punho por Augustin, datado do final de 2014, em que o ex-secretário assumia responsabilidade pessoal pelas pedaladas. "Não adianta o Arno Augustin dizer que foi ele que fez as pedaladas. As contas são da presidente."[68] Na véspera do julgamento, o ministro mandou um recado nada sutil de que votaria pela reprovação integral das contas do governo relativas a 2014: "Não votarei pela aprovação com ressalvas", disse ele à imprensa, logo antes de entrar em sessão.[69]

Os advogados do governo e os políticos do PT passaram a criticar o acintoso prejulgamento de Nardes. Mais do que violar a liturgia judicial, o ministro atuava para mobilizar parlamentares de oposição e a sociedade civil pelo impeachment de Dilma. No final de semana anterior ao julgamento, três ministros do governo — José Eduardo Cardozo (Justiça), Nelson Barbosa (Planejamento) e Luís Adams (AGU) — convocaram uma coletiva para rebater as acusações de violação à Lei de Responsabilidade Fiscal e contestar a participação de Nardes no julgamento.[70] Em resposta, a oposição organizou uma comitiva multipartidária para "fazer um desagravo" ao órgão, tendo em vista a "pressão desmedida" que diziam proceder do governo. "Viemos aqui apenas para prestar solidariedade", disse o então senador Aécio Neves antes de reunir-se, na véspera do julgamento, com Nardes e o presidente do TCU, Aroldo Cedraz. Junto com Aécio estavam os senadores Aloysio Nunes (PSDB), Ana Amélia (PP), Agripino Maia (DEM), Ronaldo Caiado (DEM) e Eduardo Amorim (PSC).[71] Ao menos no que diz respeito aos parlamentares, o TCU foi uma força de mobilização poderosa para a aliança pró-impeachment.

O governo tentou de diversas maneiras adiar o julgamento relatado por Augusto Nardes. Na segunda-feira, dia 5 de outubro, a AGU impetrou mandado de segurança no STF buscando impedir a sessão. No próprio dia do julgamento, quarta-feira, 7 de outubro, os advogados do governo pediram liminar ao ministro relator, Luiz Fux, insistindo na suspeição de Nardes. Os pedidos foram negados.[72] A AGU também apresentou uma exceção de suspeição — isto é, um pedido ao próprio TCU para que Nardes fosse impedido de participar do julgamento —, sumariamente rejeitada pelos demais ministros.[73] O tribunal passou então a julgar as contas de 2014 de Dilma Rousseff.

O VOTO DO RELATOR CONSIDEROU que a Lei de Responsabilidade Fiscal não exige contrato bancário específico para que haja operação de crédito. Assim, o simples atraso, por implicar pagamento de juros pelo devedor, equivalia a operação de crédito. Essa interpretação nada tem de trivial, porque equipara na prática dois fenômenos jurídicos distintos: o descumprimento contratual, de um lado, do qual podem advir consequências como correção monetária, juros e multa; e a contratação de operação de crédito, que também implica pagamento de juros, mas sob fundamento

O *impeachment* fiscal

diverso (a remuneração pelo capital emprestado). Se para a contabilidade juros são sempre juros, para o direito o descumprimento contratual e a celebração de um contrato de crédito são fenômenos distintos, embora ambos resultem na obrigação de um pagamento. Foi por essa interpretação que Nardes considerou que o governo havia desrespeitado o artigo 36 da Lei de Responsabilidade Fiscal, que proíbe operações de crédito entre instituição financeira federal e a União.[74]

O relator julgou que a omissão das informações relativas a esses atrasos do cálculo da dívida pública distorceu as estatísticas fiscais do governo. Em razão disso, sempre segundo Nardes, as projeções do próprio governo, baseadas nesses números que sabidamente não espelhavam a realidade das contas públicas, haviam afetado toda a programação orçamentária da União. O relator também entendeu que o governo havia editado decretos que estavam em desacordo com os parâmetros da responsabilidade fiscal, porque fundados em uma estimativa tributária que o governo sabia ser falsa. Embora o governo tivesse ajustado as projeções fiscais no final do ano, e conseguido para elas a aprovação do Congresso, Nardes avaliou que o Executivo agira de má-fé: somente levou o pedido de alteração ao Congresso no final do exercício, "quando a realidade fiscal já estava deteriorada, o que deixou o Parlamento refém de uma situação fática irreversível".[75] Esse argumento possibilitou outra acusação contra Dilma, ao lado das pedaladas: a edição de decretos suplementares de crédito em desacordo com a meta fiscal factível (embora de acordo com aquela formalmente vigente) no momento de sua elaboração. O parecer do relator foi acompanhado à unanimidade por seus colegas.

O voto vencedor de Nardes era bom para a política do impeachment, mas inspirava alguns cuidados. O resultado do julgamento no TCU trazia risco a diversos governadores, que igualmente haviam pedalado em suas administrações estaduais. Segundo levantamento da Agência Pública divulgado em 2016, nada menos do que dezessete chefes de Poder Executivo estaduais haviam tido condutas semelhantes em 2013 e 2014.[76] Alguns desses governadores haviam sido reeleitos e não podiam correr o risco de a tese ser usada contra eles em seus estados. Como governadores têm importante influência sobre parlamentares de seus estados no Congresso Nacional, uma tese jurídica que os colocasse em perigo não era politicamente atraente. Fazia-se necessária uma costura jurídica que os protegesse, construída por um hábil conhecedor das regras e dos meandros da burocracia parlamentar. Alguém como o então presidente da Câmara, Eduardo Cunha, um ícone da classe de políticos encurralados pela Lava Jato na época da queda de Dilma Rousseff. Se é verdade que parlamentares aderem a impeachments quando se vislumbram em situação melhor no governo futuro do que no atual,[77] o fim da Lava Jato era o prêmio máximo para muitos deputados e senadores, que começaram a abandonar a base de apoio ao governo a partir de 2015.

A política em apuros

Embora as acusações que levaram ao impeachment de Dilma Rousseff não tivessem relação direta com a Lava Jato ou com suspeitas de corrupção praticadas pessoalmente pela presidente, as investidas implacáveis do MPF contra parlamentares corruptos, empresários corruptores e doleiros lavadores de dinheiro tiveram estreita relação com o processo. Isso se deu de três maneiras diferentes. Primeiro, a operação estimulou políticos acuados a agirem em sua própria proteção, sonhando com uma troca de governo que pusesse freio à operação. Segundo, ela inflamou a indignação popular, já escaldada com escândalos de corrupção do PT desde o julgamento do Mensalão, em 2012; em resposta, uma parcela grande da população, com justeza indignada com as sucessivas notícias sobre políticos e funcionários públicos que haviam abusado de seus cargos para obter vantagens criminosas para si e para seus partidos, respondeu enchendo as ruas com sucessivos protestos que deram embalo popular ao impeachment. Terceiro, em alguns lances específicos de sua cruzada anticorrupção, o Poder Judiciário atuou de modo impróprio para obstacularizar a articulação política pela qual Dilma Rousseff procurava se defender da radicalização provocada pela oposição. Essa radicalização desaguou no impeachment quando seus perpetradores tiveram segurança de que esse seria o modo mais efetivo para afastar a presidente do cargo. O tempo dos atos do sistema judiciário, em alguns lances-chave para o impeachment, parece ter sido calculado sempre em desfavor dos interesses da defesa de Dilma. Quando convinha ao impeachment que o ato fosse praticado rapidamente, inclusive dispensando formalidades de praxe, assim era feito, a exemplo da divulgação da célebre conversa telefônica entre Dilma e Lula; mas quando o conveniente era o oposto, o ato era retardado, como ocorreu com a divulgação do não menos célebre áudio do senador Romero Jucá ou com o afastamento cautelar do deputado Eduardo Cunha, ambos retidos até se votar a autorização para o processo na Câmara dos Deputados. Como bem aponta Fabiana Alves Rodrigues, em paródia do conhecido bordão do ministro Marco Aurélio Mello, os processos da Lava Jato "tinham capa" — isto é, sua condução não ignorava a condição das pessoas nele envolvidas, cujos nomes estão gravados na capa dos autos —, "e essa capa influenciou a gestão temporal dos casos".[78]

Aos políticos acuados, a perspectiva da troca de Dilma por Temer dava esperanças de sobrevivência. O vazamento de áudio protagonizado por Romero Jucá, em 23 de maio de 2016, deixou isso evidente. Em uma conversa gravada pelo então candidato a delator Sérgio Machado, ex-presidente de uma subsidiária da Petrobras, Jucá, então presidente nacional do PMDB, mostrava receio pela iminente delação de Marcelo Odebrecht. O senador estava convencido de que a Lava Jato iria atrás de gente de todas as legendas, com o objetivo de "acabar com a classe política para ressurgir, construir uma nova casta, pura". Jucá dizia a Machado que todas as lideranças políticas já haviam percebido que estava "todo mundo na bandeja para ser comido". Em dado momento, revelou que ministros do STF haviam dito a ele que, enquanto Dilma estivesse no governo, a pressão contra os políticos não cessaria, pois a Lava Jato queria, no seu entender, tirá-la do poder: "Enquanto ela estiver ali [...] os caras querem tirar ela, essa porra não vai parar nunca". Para o senador, a solução era uma só: "Tem que ter impeachment. É a única saída". Com isso, seria possível haver um acordo de pacificação política, com chancela do STF —

"com o Supremo, com tudo" —, para, em um governo de Michel Temer, limitar os impactos da operação aos políticos que haviam sido atingidos até aquele momento. "Delimitava onde está, pronto."[79]

Embora essa gravação tivesse ocorrido em março de 2016, portanto um mês antes da votação na Câmara dos Deputados que pavimentou um caminho sem volta para o impeachment, o áudio foi divulgado apenas em maio, com Dilma já afastada após o recebimento da denúncia pelo Senado. À época do vazamento, Romero Jucá era ministro do Planejamento do governo interino de Michel Temer. Do ponto de vista do impeachment, esse atraso foi evidentemente impróprio, pois impediu a opinião pública de conhecer as reais motivações por trás de uma articulação política que foi decisiva para a queda da presidente. Sem o apoio do PMDB, que trabalhava pelas razões inconfessáveis que vieram a público com o áudio de Romero Jucá, o impeachment simplesmente não teria acontecido.

O desdobramento dos fatos deu razão aos temores do senador. De fato, a justiça encurralou não apenas personagens do primeiro escalão do PMDB, como Eduardo Cunha, mas também Aécio Neves, figura de ponta do PSDB, embora o tenha feito apenas após eles terem cumprido seu papel no impeachment: Cunha só foi afastado e preso depois de ter engendrado a tramitação e a costura política da autorização para o processo na Câmara dos Deputados; e Aécio só foi afastado e denunciado após ter dado força pública ao TCU nos julgamentos sobre as contas de governo, e de ter funcionado como importante agente na condenação de Dilma pelo Senado.

ROMERO JUCÁ ESTAVA NITIDAMENTE CONVENCIDO de que Dilma não iria interferir nos órgãos responsáveis pela Lava Jato e não agiria para proteger seus aliados do PMDB. O comportamento da presidente confirmou as certezas do senador, pois a operação correu sem qualquer resistência da parte dela. Seu maior atestado público de não interferência deu-se com a recondução de Rodrigo Janot ao cargo de procurador-geral da República, em agosto de 2015. Para caciques políticos da época, Janot era carbonário. Seu apoio incondicional à matriz da operação em Curitiba, seu empenho

O impeachment fiscal

pessoal no oferecimento de denúncias, pedidos de prisão e afastamentos de cargos públicos e sua sanha em negociar colaborações premiadas como a de Sérgio Machado não deixavam dúvidas: no que dependesse dele, não restaria pedra sobre pedra dos arranjos onde haviam florescido figuras como Jucá e Cunha.

Por que Dilma Rousseff assistiu passivamente ao avanço da Lava Jato e de certa forma contribuiu com ele por meio da recondução de Janot? É possível especular algumas razões. A primeira: talvez Dilma tivesse receio de que qualquer ação sua em prejuízo da operação causasse suspeitas de interferência política indevida de sua parte. Naqueles tempos de radicalização, isso seguramente levaria a protestos da imprensa e da oposição, e poderia redundar, por si só, em uma acusação por crime de responsabilidade contra a presidente.[80] Por essa primeira hipótese, Dilma não poderia interferir na Lava Jato nem que quisesse. A segunda: a passividade do governo pode ter sido estratégica, pois a operação talvez tirasse do caminho de Dilma diversos políticos poderosos com os quais ela sabidamente não se dava, especialmente do PMDB, como Eduardo Cunha. A terceira: essa deferência pode ter sido uma decisão política acertada junto a lideranças do PT, pois a suspeita de intromissão no Ministério Público seria um ônus excessivo para uma legenda já muito associada à corrupção. Finalmente, é possível apostar também que a falta de interferência tenha sido apenas autocontenção republicana por parte de Dilma Rousseff. Essas hipóteses não são excludentes entre si. O fato é que, para desespero de Romero Jucá, a presidente foi exemplar em seu decoro em face das autoridades que emparedavam tanto seus aliados quanto o seu próprio partido.[81]

A mensagem que sobrava era clara: a presidência da República não agiria para proteger aliados que viviam com medo de serem tirados da cama pela PF. Para essas pessoas, o impeachment se tornava pragmaticamente atraente na medida em que elas acreditavam que o vice, Michel Temer, seria capaz de entregar o tão sonhado freio na Lava Jato. Romero Jucá, ao menos, contava com isso: "Só o Renan [Calheiros] que está contra essa porra. Porque não gosta do Michel, porque 'o Michel é Eduardo Cunha'. Gente, esquece o Eduardo Cunha, o Eduardo Cunha está morto, porra".[82]

O sistema de justiça trabalhando pelo impeachment

Pelo desenho da Constituição, o papel do Judiciário em processos de impeachment é muito pequeno, ao menos se considerarmos seu poder de jurisdição sobre a matéria. Como visto nos capítulos anteriores, a única função do sistema de justiça é fixar as regras do rito do impeachment, garantindo a oportunidade para o exercício do direito de defesa e diminuindo a margem para abusos de procedimento. Mesmo essa intervenção, que é mínima, é polêmica na sistemática do impeachment: no Brasil, Paulo Brossard achava que o STF não devia sequer permitir-se analisar ("conhecer") mandados de segurança que impugnassem os ritos da Câmara e do Senado;[83] nos Estados Unidos, a Suprema Corte rejeitou jurisdição sobre o rito de julgamento definido pelos senadores, por entender tratar-se de questão exclusivamente política.[84] O caso contra Dilma, porém, correu num instante em que o sistema de justiça levava a cabo a Operação Lava Jato, que tinha impacto direto sobre atores centrais do impeachment. Ainda que não se tratasse de uma atuação cujo objeto envolvesse prática de crimes de qualquer natureza pela presidente, o choque produzido pela operação, que se projetava amplamente sobre atores relevantes do universo político, poderia desequilibrar a balança em favor de um dos lados da disputa entre governo e oposição.

Nessas circunstâncias, há diferentes posturas que podem ser adotadas pelo sistema de justiça. Uma primeira é uma contenção cuidadosa: sabendo que suas decisões poderão influir decisivamente no deslinde de um conflito tão sensível quanto um impeachment, juízes e membros do Ministério Público podem redobrar os cuidados para não interferirem na arena das disputas políticas. Nesse caso, a não ser que haja ameaça de prescrição à vista, ou medidas de cautela a serem tomadas de modo inadiável, atores do sistema de justiça deixam os holofotes e observam rígida discrição, tanto nas palavras quanto nos atos funcionais. Outra postura possível é a indiferença: mesmo sabendo que suas decisões poderão influir no desembaraçamento de um conflito político tão sensível quanto um impeachment, juízes e membros do Ministério Público podem ignorar essa circunstância e seguir com a marcha inexorável de investigações e processos. *Fiat justitia, pereat mundus*, "Faça-se a justiça ainda que o mundo pereça". Há bons argumentos a favor de ambas as posições. A única coisa que *não* pode acontecer é uma combinação das duas posturas, de modo que a contenção seja escolhida quando convém a uma das partes do conflito político e a indiferença seja adotada quando prejudica a outra. Se fizer isso, o sistema de justiça poderá ser fundamentadamente acusado de ter usado seus poderes para desequilibrar o conflito político em benefício de uma das partes, o que é evidentemente impróprio.

Em momentos-chave do impeachment de Dilma Rousseff, há bons motivos para suspeitar que o sistema de justiça observou justamente essa combinação indevida. Retomando o episódio do áudio de Romero Jucá, ele sugere que estratégias de ordem política influenciaram ao menos o *tempo* da prática de certos atos. O material foi primeiramente divulgado pela *Folha de S.Paulo*, que o obteve de fonte desconhecida, em 23 de maio de 2016, embora a gravação já estivesse em poder das autoridades desde março daquele ano. Vale dizer: apesar de o material bombástico já estar à disposição semanas antes da votação da autorização para o processo de impeachment contra Dilma na Câmara dos Deputados, ele foi vazado para a imprensa — possivelmente por alguém de posição elevada no MPF, pois um documento tão sensível não ficaria ao alcance de qualquer um — apenas após o afastamento preventivo da presidente pelo Senado.

Assim, a melhor explicação para o tempo do vazamento é um cálculo estratégico: quem guardou segredo sobre o áudio sabia que divulgá-lo antes daria força a Dilma, pois exporia a motivação imprópria de muitos dos políticos que trabalharam por sua queda; e sabia também que publicizá-lo logo após a ascensão de Temer deixaria claro que o plano de Jucá fracassaria, e que Michel Temer não seria capaz de poupar os investigados que trabalharam para colocá-lo na cadeira presidencial. Assim, entre todas as partes envolvidas, ninguém — nem mesmo Cunha, Jucá ou Temer — ganhou tanto com o timing do vazamento do áudio de Jucá quanto a própria Lava Jato.

A suspeita de cálculo político na prática de atos do sistema de justiça era anterior a esse vazamento. Em março de 2016, mesma época em que

Jucá foi gravado, Dilma Rousseff e o ex-presidente Lula tiveram uma conversa telefônica interceptada. Essa conversa foi tornada pública pelo juiz Sergio Moro poucas horas após sua captação. No áudio, Dilma dizia que mandaria entregar uma cópia do termo de posse a Lula, que acabara de aceitar convite para tornar-se ministro-chefe da Casa Civil, para que ele o usasse "em caso de necessidade", possivelmente em referência a uma iminente ordem de prisão.

A conversa foi gravada após o juiz Moro ordenar a interrupção da captação. Por determinação legal, interceptações não podem ser feitas antes da ordem judicial que as autorize, nem podem continuar após ordem judicial que as mande interromper. Ao tomar ciência do teor da conversa, Moro mandou divulgar o áudio imediatamente. O fato caiu como bomba na opinião pública: em minutos, a conversa entre Lula e Dilma era repetida à exaustão nas rádios e em canais de notícia. Locais públicos que se notabilizaram como pontos de encontro de manifestantes em diversas cidades rapidamente foram tomados por pessoas protestando contra a posse de Lula na Casa Civil.[85] No dia seguinte, o ex-juiz de Curitiba ainda voltou atrás em uma decisão anterior sua, para convalidar o trecho ilegal da interceptação, que fora captado após ordem sua para interrompê-la.[86]

O contraste com a demora na divulgação do áudio de Romero Jucá é gritante: enquanto a gravação que tinha potencial de favorecer politicamente Dilma Rousseff foi retida por dois meses, aquela que prejudicava a possibilidade de reorganização de sua base parlamentar foi divulgada em minutos. Moro não aguardou sequer a transcrição de seu conteúdo, medida que se impõe para o cumprimento do dever legal de separar o que não interessa à investigação (e deve ser destruído) daquilo que interessa (e deve ser preservado, sob sigilo).

Em 2019, o consórcio de veículos de imprensa liderado pelo jornal *The Intercept Brasil*, que (legalmente) publicou reportagens baseadas em mensagens (ilegalmente) captadas do celular de um dos procuradores da Operação Lava Jato, revelou bastidores importantes sobre esse episódio. Em nova demonstração de quebra do dever de imparcialidade, o material que foi divulgado pela Lava Jato omitiu outras conversas captadas do celular do ex-presidente Lula que eram relevantes para o contexto. Em diálogos com diversas outras tantas autoridades, Lula revelava a amplitude das razões que o haviam convencido a aceitar o convite de Dilma, entre as quais estava seu desejo de se contrapor a uma onda de rejeição às instituições políticas tradicionais que lhe parecia tomar corpo mundo afora.[87] Se estavam em questão os motivos que o haviam levado a assumir a Casa Civil, esses outros registros, que Sergio Moro optou por manter em segredo, eram tão pertinentes quanto aqueles que o juiz de Curitiba escolheu instantaneamente divulgar.

A reportagem permite concluir que o vazamento dos áudios visava a criar ambiente incompatível com a posse de Lula no ministério, o que reforça a hipótese da prática de atos jurisdicionais com o objetivo impróprio de interferir na dinâmica dos conflitos políticos entre partidários e adversários de Dilma Rousseff. "Vamos descer a lenha até terça", ordenou o procurador Deltan Dallagnol em 16 de março de 2016, assim que os áudios foram divulgados pelo canal GloboNews.[88] Lula chegou a tomar posse na terça-feira, dia 17 de março, mas logo foi afastado do cargo por decisão liminar do ministro Gilmar Mendes, do STF. Dallagnol usou sua visibilidade, que é indissociável de seu cargo, para criar um ambiente público hostil à posse, algo obviamente impróprio para um procurador da República. É evidente que o impeachment era o horizonte que todos tinham em mente, pois trazer Lula para o governo era uma necessidade imperiosa para Dilma Rousseff: se havia alguém capaz de recompor a base política do governo na Câmara, dinamitada por Eduardo Cunha, esse alguém era Lula.

Nenhuma história de politização da justiça no Brasil recente é bem contada se não descrever o envolvimento do Supremo Tribunal Federal. Com a divulgação do áudio do telefonema entre Dilma e Lula, uma onda de decisões cautelares de juízes de primeira instância impediu a posse do ex-presidente como ministro. O tema logo chegou ao STF em dois mandados de segurança de partidos políticos, um impetrado pelo PPS (MS 34 070), outro pelo PSDB (MS 34 071). Ambos acabaram sob relatoria do ministro

Gilmar Mendes. Até então, e ao menos desde 2004,[89] Mendes sustentava em suas decisões que partidos políticos não tinham competência para ajuizar mandados de segurança para a defesa de interesses coletivos, somente para a defesa de direitos líquidos e certos de seus filiados. A seguir por essa linha, Mendes deveria ter se recusado a analisar as ações ajuizadas pelo PPS e pelo PSDB. Mas, quando recebeu os dois mandados de segurança pedindo para que a posse de Lula fosse impedida, o ministro não se deixou constranger por seus próprios precedentes: "Percebo que a análise que fiz daquela feita foi excessivamente restritiva".[90]

Gilmar Mendes concedeu a medida cautelar pleiteada pelos partidos e impediu a posse de Lula. A decisão jamais foi levada à apreciação dos demais ministros do tribunal, em um notável exemplo de alguns poderes absolutos que ministros do Supremo têm dado a si mesmos: decidem sozinhos questões de enorme importância e não as submetem ao escrutínio dos órgãos colegiados do tribunal, ou só o fazem muito tempo depois de o assunto perder relevância. A liminar barrando a posse de Lula ficou guardada na gaveta de Mendes até que a ação perdesse o objeto, em razão do impeachment de Dilma Rousseff. A medida cautelar por ele concedida serviu para alimentar a ambição, quase sempre imprópria, de que juízes podem revisar nomeações de presidentes para cargos políticos — uma ambição que ele próprio reprovou pouco tempo depois, quando criticou a possibilidade de juízes impedirem a posse da deputada Cristiane Brasil como ministra do Trabalho de Michel Temer: "Daqui a pouco vamos entrar em critérios diversos, se o fulano tem cárie ou mau hálito. Fica até engraçado isso. Eu posso não gostar do ministro, mas cabe ao presidente nomear".[91]

Lula não foi o único indicado por Dilma impedido de tomar posse: dias antes, o Supremo já havia barrado a nomeação do promotor de justiça Wellington César Lima e Silva no Ministério da Justiça, por considerar inconstitucional que integrante do Ministério Público ocupasse cargo no Executivo. Gilmar Mendes, relator também desta ação, chamou a participação de membros do MPF em cargos de governo de "estupro constitucional".[92] A decisão de não permitir que promotores de justiça sirvam aos governos que o Ministério Público deve fiscalizar é correta, mas novamente chama

O impeachment fiscal

a atenção o tempo da prática dos atos: não apenas porque a participação de promotores em governos, especialmente no nível estadual, era reiterada e antiga — havia até resoluções do Conselho Nacional do Ministério Público que a disciplinavam —, mas especialmente pelo tempo recorde de tramitação da ação constitucional em que a proibição foi fixada: apenas seis dias entre o ajuizamento da ação e seu julgamento pelo tribunal.[93]

Por mais popular que fosse o jacobinismo dos procuradores de Curitiba, o círculo de fogo que encurralou a elite política brasileira não estaria fechado sem a participação dos tribunais superiores. Em situações precedentes, os ímpetos da Justiça Federal de primeiro grau já haviam sido refreados por ordens judiciais vindas de Brasília. Foi o que ocorreu na Operação Castelo de Areia — que mirava muitas das mesmas empreiteiras pegas pela Lava Jato —, brecada pelo Superior Tribunal de Justiça (STJ) em 2011.[94] Desta vez, porém, houve perfeito alinhamento entre instâncias judiciais inferiores e superiores para preservar a marcha da operação, ao menos até 2016. Sob a relatoria dos ministros Teori Zavascki, no STF, e Felix Fischer, no STJ, e alimentados pelas incessantes investigações e denúncias promovidas pelo MPF na capital federal, os desdobramentos brasilienses da Lava Jato foram cataclísmicos para muitas das legendas que se empenharam em fazer andar o impeachment de Dilma Rousseff. Parafraseando o notório áudio da conversa entre Romero Jucá e Sérgio Machado, a ficha tinha caído para todos os líderes políticos, mesmo os da oposição. "Todos eles. Aloysio [Nunes], [José] Serra, Aécio [Neves]. [...] Todos, porra. E vão pegando e vão..."[95] Pelo diagnóstico de Jucá, não havia escapatória por cima: mesmo os alçapões do STJ e do STF estariam fechados enquanto Dilma continuasse na presidência.

A ficha caiu, possivelmente, em março de 2015. No começo daquele mês, o mesmo em que Dilma foi alvo dos primeiros panelaços contra seu governo, o ministro Teori Zavascki levantou sigilo de inquéritos e determinou a investigação de 37 deputados e senadores. Entre eles estavam os presidentes do Senado, Renan Calheiros, e da Câmara, Eduardo Cunha. Além do PMDB, no rol de investigados da situação havia diversos parlamentares do PP e PT, alguns dos quais ex-ministros do governo Dilma. Havia também nomes importantes da oposição, como o senador mineiro Antonio Anastasia, do PSDB, que em breve seria relator do processo contra Dilma Rousseff na comissão especial do Senado.[96] Desses todos, nenhum político personificou tanto o uso instrumental do impeachment para tentar escapar da justiça quanto o presidente da Câmara dos Deputados.

O fator Cunha

O peemedebista Eduardo Cunha presidiu a Câmara dos Deputados durante toda a tramitação do pedido de autorização para o impeachment contra Dilma Rousseff. Sua ascensão e queda igualmente sugerem cálculos indevidos do sistema de justiça para o tempo da prática de atos que poderiam impactar o processo. Cunha concluiu seu papel fundamental no processo contra Dilma ao conduzir a votação que autorizou a instauração do processo, em 17 de abril de 2016. Menos de três semanas depois, em 5 de maio,[97] o STF o afastou cautelarmente do cargo, embora o pedido para isso tivesse sido formulado pela PGR em dezembro do ano anterior[98] — justamente o mês em que ele havia mandado instalar a comissão especial de impeachment para apreciar a denúncia apresentada por Hélio Bicudo, promotor de justiça aposentado e ex-membro do PT, juntamente com os advogados e professores da USP Miguel Reale Jr. e Janaína Paschoal. Todos os motivos que autorizaram o afastamento de Cunha em maio de 2016, nos termos da própria decisão que a determinou, já estavam presentes em dezembro de 2015. A denúncia contra ele,[99] oferecida no mesmo inquérito em que seu afastamento cautelar foi requerido (inq. 3893), era ainda mais antiga: fora apresentada por Rodrigo Janot em agosto de 2015. Se o receio do STF era que Cunha usasse os poderes de seu cargo de modo impróprio, agindo com desvio de finalidade para seu próprio benefício político, não havia por que excluir os atos relativos ao impeachment dessa preocupação. A denúncia quanto ao afastamento cautelar de Cunha dormitou por meses no gabinete do relator, ministro Teori Zavascki, até que sua participação na autorização do impeachment de Dilma Rousseff estivesse concluída.

O impeachment fiscal

Cunha e Dilma se estranhavam ao menos desde 1º de fevereiro de 2015, quando o deputado carioca sagrou-se vencedor, em primeiro turno, da eleição para a presidência da Câmara dos Deputados. O peemedebista bateu o candidato do PT, Arlindo Chinaglia, por confortáveis 267 votos a 136. Partidos que pertenciam à base de apoio de Dilma, como PR, PSD e PDT, deixaram de entregar votos ao candidato governista, selando o desempenho medíocre de Chinaglia, que por pouco não foi alcançado pelo terceiro colocado, o deputado Júlio Delgado, do PSB.[100] No dia seguinte à sua eleição, Cunha deixou clara sua contrariedade quanto ao modo como havia sido tratado pelo governo: acusou eminências do PT de terem feito pressão, ameaças e tentativas variadas de constrangimento contra deputados nas vésperas da eleição.[101] A força eleitoral de Cunha dentro da Câmara era atribuída a sua capacidade de arrecadar fundos para campanhas de diversos deputados, não necessariamente por vias lícitas: a jornalista Julia Duailibi reportou que em Brasília se estimava, à boca pequena, que até cem parlamentares, quase um quinto da Câmara, haviam se beneficiado da potência arrecadatória de seu novo presidente.[102]

A disposição de Dilma em apoiar um candidato do PT contra Cunha consolidou no peemedebista a certeza de que a presidente queria fustigá-lo, nem que para isso o governo tivesse de se mancomunar com o Ministério Público.[103] Não há evidências desse ajuste, mas o fato é que a sorte de Cunha começou a mudar pouco tempo depois, ainda em março de 2015. Naquele mês, ele depôs espontaneamente à CPI da Petrobras. Cunha era apontado pelo doleiro e delator Alberto Youssef como principal beneficiário de um contrato de aluguel de navios-plataforma assinado pela Petrobras. Em sua fala, além de atacar Rodrigo Janot, o deputado negou que tivesse quaisquer contas na Suíça, como afirmava Youssef. Foi aplaudido ao final da sessão, por governistas e pela oposição.[104]

Mas a ousadia do depoimento por vontade própria lhe custaria caro em breve. Em 1º de outubro de 2015, o mesmo dia em que o procurador do TCU Paulo Bugarin liberou parecer recomendando a reprovação das contas de Dilma Rousseff em 2014, o Ministério Público da Suíça informou ter localizado e bloqueado 5 milhões de dólares em contas no país. O beneficiário era Eduardo Cunha. Segundo os procuradores europeus, o deputado tinha aberto empresas de fachada em paraísos fiscais para movimentar as contas sem deixar rastros.[105] Essas empresas, diziam os suíços, alimentavam um fundo (*trust*) que tinha Cunha como beneficiário e controlador indireto. A informação casava com a acusação do delator Alberto Youssef e desmentia a versão contada pelo presidente da Câmara a seus colegas de Parlamento na CPI da Petrobras. A revelação teve grande impacto na casa: um processo contra Cunha foi aberto na Comissão de Ética da Câmara a pedido de dois partidos, Psol e Rede.

Dois dias depois da abertura do processo disciplinar contra Cunha, a terceira versão da denúncia por crime de responsabilidade contra Dilma Rousseff preparada por Hélio Bicudo, Miguel Reale Jr. e Janaína Paschoal — a versão que levaria à condenação da presidente — foi apresentada à Câmara dos Deputados. Ao contrário das anteriores, cujo escopo era muito amplo, essa terceira petição focava nas irregularidades orçamentárias que já haviam sido apontadas pelo TCU, fosse no primeiro processo das pedaladas fiscais na Caixa, julgado em abril de 2015, fosse no parecer pela reprovação das contas de governo, julgado apenas uma semana antes. O pedido também aprofundava a acusação pelos decretos não numerados de abertura de crédito suplementar, que não constavam na primeira versão da denúncia, mas apenas em um aditamento apresentado duas semanas depois.[106] A denúncia dos decretos tinha duas vantagens estratégicas em comparação à das pedaladas: decretos são atos pessoais do presidente, e não do secretário do Tesouro Nacional, de modo que envolviam a participação pessoal e direta de Dilma Rousseff; e eles haviam sido editados em 2015, o que eliminava a polêmica jurídica quanto a saber se atos do mandato anterior poderiam ser alvo de processo no mandato subsequente. Havia uma pitada de déjà-vu nessa nova imputação: como visto no capítulo 2, Getúlio Vargas fora denunciado sessenta anos antes justamente pela abertura não autorizada de crédito emergencial.

A decisão de engavetar a denúncia, como fizera com 41 acusações anteriores,[107] ou dar prosseguimento a ela cabia a Cunha. Segundo as regras formais e convenções políticas da Câmara, esse é um dos poderes praticamente absolutos do presidente da casa: enquanto ele não toma alguma decisão, seja pelo encaminhamento ou pelo arquivamento, instaura-se um limbo jurídico para o qual não há modo eficaz de reação.[108] Enquanto pôde, Eduardo Cunha usou dessa prerrogativa para tentar salvar sua pele no Conselho de Ética. Por dois meses buscou apoio do PT, que controlava a maior bancada da Câmara, para se safar da acusação de quebra de decoro por ter mentido à CPI. Havia três deputados do partido entre os 21 membros do conselho, e seus votos eram considerados cruciais para o futuro do peemedebista, isso sem mencionar outros parlamentares da base governista. O PT, por sua vez, estava preso a duas opções que teriam, qualquer uma delas, alto custo político: se apoiasse Cunha, o processo contra Dilma talvez não andasse naquele momento, mas o partido ficaria ainda mais associado à falta de ética política; se, por outro lado, negasse apoio ao deputado, Dilma ficaria sob o risco de deflagração do processo de impeachment. Prevaleceu a opção por distanciar-se de Cunha, e os três parlamentares petistas votaram contra ele no Conselho de Ética. No mesmo dia em que o PT tomou essa decisão, em evidente ato retaliatório Cunha deu andamento à denúncia contra Dilma Rousseff na Câmara dos Deputados.[109]

"Verba volant"

Um ponto importante de semelhança entre a dinâmica das destituições de Dilma e de Collor foi o papel dos respectivos vices, Itamar Franco e Michel Temer. Em ambos os casos, eles deram sinais públicos de descolamento dos titulares quando as conversas sobre impeachment ganharam tração — ambos, curiosamente, através de cartas que ganharam as páginas dos jornais. Esse elemento não faz parte dos modelos tradicionalmente explicativos do processo, mas parece relevante ao menos para os casos brasileiros, talvez pela grande fragmentação do Congresso e as incertezas que ela gera para os próprios parlamentares. A falta de um vice abertamente disposto a assumir o cargo joga contra as chances de um impeachment, o que lhe impõe uma delicada tarefa quando deseja ver o processo andar: sugerir-se para a sucessão sem parecer desleal.

Como visto no capítulo 3, Itamar Franco se incomodava com a insignificância a que Collor o relegava. Quando o insucesso econômico se tornou fato consumado, a queda de popularidade de Collor parecia invencível e denúncias de corrupção começaram a rodear a presidência da República, Itamar documentou seu distanciamento do governo com uma carta que acabou publicada pela imprensa.[110] Poucas semanas depois, Itamar abandonou o PRN, o partido do presidente, e começou a fazer reuniões com entidades empresariais e a esquadrinhar sua equipe econômica, enquanto Collor ardia na fogueira da CPI que investigava PC Farias. Foram, enfim, sucessivos recados públicos de distanciamento em relação ao presidente naqueles meses que antecederam a denúncia contra Fernando Collor de Mello.

Lula alertava Dilma a manter bom trato com Temer. O ex-presidente, que havia sido responsável pela aproximação entre PMDB e PT em meados de seu primeiro mandato, sabia que o vice era capaz de conservar a bancada de seu partido sob controle. Isso era vital não apenas para assegurar a aprovação de projetos importantes do governo, mas também para garantir proteção à presidente contra seus maiores adversários no Congresso. Da mesma maneira, Temer e o PMDB sabiam que sua participação dificilmente seria dispensável ao governo Dilma, dado o tamanho da bancada do partido. Sem o PMDB, era impossível ao governo aprovar emendas constitucionais, por exemplo. Com seu agigantamento garantido por vitórias eleitorais importantes no início do período da redemocratização, esta se tornou a vocação peemedebista: fazer-se influente em quaisquer governos, garantindo a seus líderes o controle de generosos quinhões do condomínio do poder.[111] Qualquer tentativa de distanciamento em relação aos caciques do PMDB poderia ser arriscada; para Dilma, foi fatal.

A carta de Michel Temer para a presidente da República, celebrizada por sua epígrafe em latim — *Verba volant, scripta manent*, ou "As palavras voam, a escrita permanece" —, ganhou as páginas dos portais de notícia no mesmo dia em que foi entregue pessoalmente à presidência pela chefe de gabinete do vice-presidente, em 7 de dezembro de 2015. Embora não haja certeza sobre quem a vazou, apurações jornalísticas da época apontavam que ela fora transmitida à imprensa pelos próprios funcionários do Palácio do Planalto, não pelo vice.[112] Na carta, Temer acusava Dilma de tê-lo relegado à função de "vice decorativo", alienando-o e a seu partido das discussões políticas do governo. Dizia ainda que a presidente tratava o PMDB com permanente desconfiança, e que só o acionava para dissipar crises ou garantir votos no Congresso. A publicação da carta deu notoriedade ao descontentamento de Temer e do PMDB, e projetou um horizonte de rompimento imediato do partido com o governo. A partir do *verba volant*, que ocorreu quando Cunha já havia declarado guerra ao PT, a questão era menos *se* o PMDB desembarcaria do governo e mais *quando* esse desembarque iria se efetivar. Isso representava uma sentença de morte para Dilma: com a debandada do maior partido do Congresso, salvo um ou outro parlamentar independente, o escudo legislativo da presidente perderia as 66 cadeiras do PMDB na Câmara e as dezenove no Senado, sem mencionar parlamentares de partidos menores que os seguiriam pelo efeito de manada.

ALÉM DO DESCONTENTAMENTO POLÍTICO com sua importância no governo, Temer tinha outra razão para desejar um futuro alternativo àquele que se desenhava sob o governo de Dilma Rousseff. Como Eduardo Cunha e tantos outros de seus correligionários do PMDB, o vice-presidente estava cada vez mais encurralado pelo avanço da Lava Jato. O cerco a Cunha, que se fechava no final de 2015, sugeria que a Lava Jato já havia aportado no mesmo terreno onde Temer era suspeito de operar esquemas à margem da lei.

Alguns dos investigados a quem a PGR atribuía relações criminosas com Eduardo Cunha eram sabidamente próximos do vice-presidente, como o doleiro Lúcio Funaro (preso em julho de 2016, quando Michel Temer substituía Dilma na presidência). Portanto, além dos ressentimentos propriamente políticos pela falta de espaço no governo, Temer, como muitos de seus colegas de cúpula do PMDB, também tinha razões para se preocupar com a chegada iminente da Lava Jato em seus domínios de atuação. Neste ponto o paralelo entre Itamar Franco e Michel Temer encontra seu limite. Em 1992, Itamar distanciou-se de Collor cada vez mais à medida que aumentavam as denúncias de corrupção contra o presidente. O caso do vice de Dilma foi precisamente o oposto: quem estava cercado de suspeitas de corrupção era ele próprio. Enquanto Itamar agia também para salvar sua biografia de homem público "asperamente honesto", nos dizeres do ex-ministro do STF Carlos Velloso,[113] Temer ganhou impulso pela esperança dos chefões de seu partido, que contavam com ele para escapar da prisão, um desejo que possivelmente era seu também.

Os desdobramentos da operação após o impeachment de Dilma dão mostras de que o vice-presidente tinha mesmo boas razões para se preocupar. Em 2017, o deputado federal Rodrigo Rocha Loures, do PMDB, homem de sua íntima confiança e seu emissário em conversas reservadas, foi flagrado em vídeo correndo com uma mala de dinheiro que lhe fora entregue por um lobista da multinacional JBS. O dinheiro, que vinha do empresário Joesley Batista, teria como destinatário Michel Temer.[114] Ao mesmo tempo, veio a público um áudio gravado por Joesley, de uma conversa sua com Temer, que dava margem à interpretação de que o presidente interino trabalhava para comprar o silêncio de um potencial delator — justamente Lúcio Funaro, que servia a Eduardo Cunha. Esse conjunto de provas embasou uma denúncia criminal contra Temer em 2017, da qual ele foi absolvido em 2019, já como ex-presidente, na Justiça Federal de primeira instância.[115] Mas a absolvição não o poupou de outros apuros com a justiça, que inclusive o levaram à prisão.[116] Até março de 2021, Michel Temer ainda respondia a múltiplos processos criminais relativos a condutas diversas praticadas em décadas de sua atuação política.[117]

ASSIM COMO UM IMPEACHMENT POR PEDALADAS FISCAIS representava risco jurídico para governadores e ex-governadores que haviam praticado condutas semelhantes em seus mandatos, o outro fundamento que serviu à condenação de Dilma Rousseff — os decretos não numerados de abertura de crédito suplementar — trazia risco para o próprio Michel Temer. Se-

O impeachment fiscal

gundo a denúncia que no final prosperou, os tais decretos, no valor somado de pouco menos de 96 bilhões de reais, haviam sido editados em situação na qual já era evidente que a meta fiscal não seria cumprida. Embora o governo tivesse enviado ao Congresso um projeto de lei que recalculava a meta prevista na Lei de Diretrizes Orçamentárias, de forma que os tais decretos ficassem dentro dos valores aprovados, e a nova meta fiscal tivesse sido aprovada em dezembro de 2015,[118] a acusação sustentava que o Congresso fora trapaceado: a realidade à qual o projeto de lei pedia adequação era um fato já consumado quando a nova meta foi aprovada. Porém, Michel Temer havia praticado essa conduta tanto quanto Dilma: em situações nas quais ele a substituiu, o vice assinara sete decretos idênticos àqueles pelos quais a presidente foi acusada. A soma total dos créditos liberados por seus decretos (10,807 bilhões de reais) era mais de quatro vezes superior aos de Dilma (2,5 bilhões de reais).[119]

Surgiu a dúvida: Temer poderia ser arrastado para o impeachment junto com Dilma? O vice justificou a assinatura dos decretos dizendo estar agindo em obediência à política da titular, à qual ele, como vice, era subordinado. "O vice-presidente não formula a política econômica ou fiscal", esquivou-se.[120] Esses decretos valeram inclusive uma cilada armada pelo senador Randolfe Rodrigues, da Rede, à advogada de acusação Janaína Paschoal. Em uma das sessões da comissão especial do Senado, Rodrigues listou os decretos — sem mencionar quem os havia assinado — e perguntou a ela se eles configuravam crime de responsabilidade. A advogada respondeu que sim, e longamente fundamentou sua resposta. "Muito bem, fico feliz com sua opinião, porque a senhora acabou de concordar com o pedido de impeachment do vice-presidente Michel Temer. Essas ações que eu li foram tomadas pelo vice."[121] Janaína Paschoal respondeu invocando argumentos semelhantes aos que Temer havia oferecido: disse que o vice age apenas por delegação.

Essa justificativa é verdadeira quase sempre — mas ela obviamente não vale quando o ato delegado é um crime, seja comum ou de responsabilidade. O vice-presidente não é obrigado a continuar um crime só porque ele começou a ser executado pelo titular. Ao contrário: como qualquer autoridade pública, ele tem o dever não apenas de recusar a prática do delito como também de reportá-lo às autoridades competentes. Do contrário, a assinatura do vice nos decretos seria completamente dispensável, ou ficaria reduzida a uma formalidade sem valor algum. Não há escapatória: se os atos foram ilegais quando praticados por Dilma Rousseff, eles também foram ilegais quando praticados por Michel Temer.

Os decretos renderam denúncias de impeachment contra Temer, como era de esperar. Diante da recusa de Eduardo Cunha em dar seguimento a elas, o advogado Mariel Márley Marra ajuizou mandado de segurança no STF pedindo que o tribunal determinasse a constituição da comissão especial da Câmara. A ação foi distribuída para o ministro Marco Aurélio Mello, que, de modo surpreendente, porque inédito, determinou liminarmente que a comissão especial da Câmara fosse constituída e apresentasse seu parecer.[122] O que se viu a partir de então foi um jogo de corpo mole. Ainda sob a presidência de Cunha, a denúncia foi despachada para a comissão especial, que jamais foi constituída: os líderes dos partidos não indicaram os nomes que deveriam integrá-la.[123] Vendo o boicote à sua decisão, Marco Aurélio notificou a PGR para que se investigasse eventual crime de desobediência por parte dos líderes partidários.[124] Mas a tese da imposição ao processamento do impeachment de Temer pela via judiciária não prosperou. Em parecer, Rodrigo Janot defendeu a legalidade da decisão de Cunha em não dar seguimento à denúncia contra Temer.[125] Foi das poucas vezes em que o procurador-geral pôs-se em defesa de prerrogativas do Congresso.

O apoio popular

Além de estimular políticos acuados a procurarem alternativas ao governo de Dilma Rousseff na esperança de se safar, e de decisões cuja oportunidade e singularidade davam margem à interpretação de que o sistema de justiça não deixaria o governo respirar, uma outra peça do quebra-cabeça do impeachment de 2016 teve importante relação com operações da justiça no enfrentamento da corrupção. As sucessivas investidas da polícia, do Ministério Público e do Judiciário contra políticos foram importantes para transformar uma indignação difusa contra a corrupção em mobilizações populares. Para os protagonistas da Lava Jato, esse apoio ajudava tanto na blindagem contra retaliações políticas à operação quanto na impulsão de propostas políticas endossadas por seus membros, como as chamadas "Dez medidas contra a corrupção".

A relação entre manifestações de rua e apoio à luta anticorrupção foi empiricamente comprovada por diversas pesquisas de campo em 2015 e 2016. Nesses anos, houve diversos protestos a favor da Lava Jato e contra o governo. Como mostram as pesquisas disponíveis sobre o tema, apoio popular é um importante determinador social para a remoção de presidentes,[126] por vias legais (como o impeachment) ou extralegais (como golpes de Estado). Porém, há algo de singular no caso de Dilma Rousseff: os protestos não se voltavam contra pedaladas fiscais ou decretos de abertura de crédito suplementar, que foram os fundamentos de sua destituição; os manifestantes bradavam sobretudo contra a corrupção política. Mas, embora a prática fosse muito associada ao PT desde o julgamento do Mensalão, ela nunca foi seriamente imputada a Dilma Rousseff. A não ser por seu vínculo com o PT, não houve relação entre os motivos que encheram as ruas e aqueles que formalmente fundamentaram a condenação da presidente no processo de impeachment.

QUANDO A PRIMEIRA FASE DA OPERAÇÃO Lava Jato foi lançada, em 17 de março de 2014, Dilma Rousseff já havia sido atingida pela queda generalizada da popularidade que assolou políticos de todos os partidos após as manifestações de junho de 2013. Porém, ela ainda não estava em situação de calamidade perante a opinião pública. Se já não gozava mais do índice de 65% de aprovação de que desfrutava em março de 2013, sua aprovação ainda estava em 41%, o dobro da reprovação.[127] Mas à medida que a operação progrediu e passou a atingir cada vez mais políticos e diretores da Petrobras ligados aos partidos da coalizão governamental, e em especial do PT, a curva da aprovação de seu governo embicou para baixo e não parou de cair. Mesmo a crise econômica pela qual o Brasil passava, esta sim atribuível diretamente à administração de Dilma, acabava tragada pelo sentimento anticorrupção no imaginário popular: como apontou Celso Rocha Barros,[128] havia a percepção, decorrente de uma falsa correlação, de que faltavam recursos para investimentos e programas sociais porque o dinheiro havia acabado, e de que ele havia acabado por causa dos políticos corruptos.

O primeiro panelaço contra a presidente ocorreu em 8 de março de 2015, durante manifestação em cadeia nacional de rádio e televisão. Naquele Dia Internacional da Mulher, Dilma procurava explicar as medidas de ajuste fiscal que teria de adotar em seu segundo mandato.[129] A data caiu na semana do aniversário de um ano da primeira fase da Lava Jato. Quando a presidente foi confrontada com as primeiras panelas e buzinas, Curitiba já vinha havia meses produzindo rotineiramente eventos de impacto público: o lavador de dinheiro Alberto Youssef e os ex-diretores da Petrobras Paulo Roberto Costa e Pedro Barusco já haviam fechado seus acordos de colaboração premiada, assim como os primeiros executivos de empreiteiras (Augusto Ribeiro de Mendonça Neto e Júlio Gerin de Almeida Carvalho, representantes da Toyo Setal); o ex-diretor da Petrobras Nestor Cerveró já estava preso e negociava sua delação; a mais impactante de todas as fases da Lava Jato, "Juízo Final", realizada em novembro de 2014, já levara presos os cabeças das grandes construtoras brasileiras; e as instâncias superiores a Curitiba já haviam negado diversos habeas corpus aos investigados, dando robustez à operação. Dois dias antes do protesto, em 6 de março, o ministro Teori Zavascki, do STF, levantara o sigilo de diversos inquéritos e iniciara investigações contra dezenas de parlamentares, inclusive os presidentes da Câmara e do Senado — um fato inédito na história do Brasil e cujo impacto público foi evidentemente relevante.[130]

No STF, manifestações provocativas de ministros também funcionavam como gasolina na fogueira da opinião pública: em setembro de 2015, quando os parlamentares aguardavam a decisão do TCU que reprovaria as contas do governo, conforme já vinha antecipando o ministro Augusto

Nardes, Gilmar Mendes fez uma de suas conhecidas digressões para relacionar a corrupção do governo Dilma a um histórico que remetia a Collor. No julgamento da ação que considerou inconstitucionais doações de empresas para campanhas políticas, Mendes chamou o PT de "sindicato de ladrões", o que lhe rendeu ameaça de processo por parte da legenda. Sem se intimidar, o ministro voltou à carga dias depois, referindo-se aos governos do partido como "cleptocracias". No mês seguinte, ao votar pela abertura de ação de cassação da chapa Dilma-Temer nas eleições de 2014, o ministro manteve o mesmo tom: "A obrigação do TSE é evitar a continuidade desse projeto, por meio do qual ladrões de sindicato transformaram o país num sindicato de ladrões".[131] A expressão "sindicato de ladrões", completamente desprovida de sentido jurídico e estranha ao propósito de motivação de uma decisão judicial, tornou-se bordão corriqueiro dos críticos às administrações petistas.

Pesquisas de opinião feitas durante os protestos contra o governo federal em 2015 e 2016 trazem evidências importantes não apenas de que a queda de popularidade do governo era diretamente influenciada pelo avanço da Lava Jato, mas também de que a operação foi mais importante para o apoio popular ao impeachment do que a reprovação às condutas que fundamentaram a acusação. Nos protestos na avenida Paulista, em São Paulo, realizados em 15 de março de 2015, 47% dos manifestantes entrevistados declararam que a principal razão de seu comparecimento era protestar contra a corrupção; 20%, contra o PT; e 27% a favor do impeachment.[132] Nos protestos do mês seguinte, 12 de abril, realizados no domingo anterior ao julgamento das pedaladas na Caixa Econômica Federal pelo TCU, apenas 13% dos manifestantes na avenida declaravam estar protestando pelo afastamento de Dilma, número quase três vezes menor do que os que diziam ter ido às ruas contra a corrupção. Entre os que protestavam pelo impeachment, 77% diziam que a presidente devia ser removida do cargo em razão das denúncias da Lava Jato; em pesquisas de opinião com os manifestantes, na ocasião, não houve menção a "pedaladas", "decretos", "meta fiscal", "orçamento" ou algo do gênero.[133] Mesmo em agosto de 2015, quando o aprofundamento das investigações do TCU já havia revelado, havia dois meses, a existência de passivos ocultos de quase 40 bilhões de reais em diversos bancos públicos, 15% dos manifestantes na avenida Paulista diziam ser contra a abertura do processo de impeachment pela Câmara dos Deputados: o que levava pessoas à avenida era sobretudo a pauta anticorrupção, deliberadamente alimentada pela estratégia de comunicação pública da Operação Lava Jato.[134] Não por acaso camisetas, cartazes e bonecos infláveis de apoio à operação eram tão frequentes nos protestos.[135] Talvez o dado mais revelador sobre a relação entre opinião pública e o impeachment de Dilma Rousseff seja o seguinte: mesmo em junho de 2016, portanto já após o afastamento da presidente, apenas um terço da população brasileira sabia que sua queda fora motivada por irregularidades fiscais. Em contraposição, 44,1% julgavam que ela havia caído por "corrupção no governo federal" e 37,3% por "tentativa de obstrução à Lava Jato"[136] — justamente aquilo que Romero Jucá sabia que não aconteceria no governo dela.

Essa constatação serve para qualificar a análise do dado segundo o qual dois terços da população brasileira apoiavam o impeachment de Dilma Rousseff à época em que o processo tramitava no Senado.[137] O descompasso entre o apoio popular ao combate à corrupção e um processo por crimes de responsabilidade que nada tinha a ver com corrupção presidencial mostra que a relação entre apoio popular e impeachment não é simples como muitos modelos de análise sugerem. Embora protestos de rua possam surgir espontaneamente e provocar impactos políticos importantes, como aconteceu com as manifestações de junho de 2013, o apoio à queda de Dilma veio a reboque tanto da atuação do sistema de justiça — que produzia incessantemente fatos que geravam indignação contra políticos corruptos, em especial do partido da presidente — quanto da cobertura constante da imprensa sobre essas investigações e processos. Assim como no caso de Collor, a mobilização popular veio depois de diversas instituições mostrarem que as manifestações encontrariam eco nas instâncias formais.

As presidências que seguiram a de Dilma Rousseff permitem qualificações adicionais sobre a relação entre impeachments, protestos populares

O impeachment fiscal

e avaliação negativa do presidente. O governo de Michel Temer mostrou que baixa popularidade é condição necessária mas não suficiente para uma remoção presidencial: mesmo premido pela pior avaliação de desempenho na história do Brasil, ele foi capaz de mobilizar um escudo legislativo que o protegeu contra as ameaças de afastamento — em seu caso, uma denúncia criminal oferecida ao STF, que precisa da mesma autorização de dois terços da Câmara dos Deputados exigida pelo impeachment. Já o governo Bolsonaro mostra o quanto as instituições podem também trabalhar em sentido oposto, para esfriar a opinião pública: as sucessivas indicações vindas de Rodrigo Maia, do DEM, presidente da Câmara até fevereiro de 2021, de sua indisposição em levar adiante denúncias de crimes de responsabilidade contra Jair Bolsonaro possivelmente trabalharam contra mobilizações pelo impeachment, tanto quanto as restrições impostas pela pandemia de covid-19. Quando instituições de relevo deixam claro que quaisquer esforços por um impeachment serão em vão, é esperado que a energia popular se dissipe; quando, ao contrário, há a percepção de que a mobilização será correspondida por ações das instâncias oficiais, o estímulo à participação aumenta. Fernando Limongi e Argelina Figueiredo têm razão quando afirmam que em geral "são as forças políticas engajadas em encurtar o mandato presidencial que mobilizam e levam os cidadãos às ruas".[138]

A denúncia e as "abomináveis cunhadas"

Voltemos até meados de 2015. Uma vez que o PT negou a Eduardo Cunha o apoio no processo por ter mentido sobre as contas na Suíça, o presidente da Câmara decidiu dar sequência ao impeachment — num ato que nem Michel Temer nega ter sido uma "vingança política".[139] Entre os 48 pedidos de impeachment de Dilma Rousseff que a Câmara recebera até o final de novembro de 2015, Cunha escolheu então dar andamento à denúncia por crimes de responsabilidade apresentada por Hélio Bicudo, Miguel Reale Jr. e Janaína Paschoal. Era, na verdade, a terceira versão da denúncia. A primeira, assinada apenas por Bicudo e Paschoal, veio datada de 31 de agosto de 2015. Foi elaborada com a lógica de quem pesca com explosivos: jogar bombas para depois colher o que boiar. Sob o argumento geral de que o governo vivia profunda crise moral, a denúncia passou por todos os escândalos de maior notoriedade, não apenas da gestão de Dilma Rousseff, como também da gestão de Lula. Falava da compra da refinaria de Pasadena, da Lava Jato, da venda de decisões administrativas no Carf, o Conselho Administrativo de Recursos Fiscais, e de empréstimos do BNDES. Também listava diversos políticos do PT presos, denunciados e investigados por crimes, do Mensalão ao Petrolão. Apenas ao final, e muito de passagem, falavam das pedaladas fiscais praticadas desde 2011, e não houve menção aos decretos não numerados de abertura de crédito suplementar. A denúncia argumentava também que atos praticados no primeiro mandato de Dilma eram alcançáveis pelo impeachment — um ponto no qual a Constituição acabou se tornando omissa, pois a emenda da reeleição não alterou a redação original do texto constitucional sobre crimes de responsabilidade presidenciais para prever expressamente se atos do mandato anterior seriam ou não passíveis de responsabilização no mandato subsequente, após o eleitorado ter votado para manter o presidente no cargo. A peça pedia a condenação de Dilma por crimes contra a probidade na administração pública, a lei orçamentária e o cumprimento de decisões judiciais.[140] Se os denunciantes, ambos experientes profissionais do direito, seguiram a praxe argumentativa comezinha de ordenar seus argumentos dos mais fortes para os mais fracos, a ordem dos argumentos sugere que, àquela altura, eles viam as pedaladas como uma acusação de menor potencial: a peça nitidamente apostou suas fichas na comoção social que a Lava Jato, então no seu auge, vinha provocando.

Pouco mais de duas semanas depois, em 16 de setembro de 2015, um aditamento àquela denúncia foi apresentado. Ela alterou, em primeiro lugar, o rol de participantes: a peça ganhou um terceiro denunciante, Miguel Reale Jr. Na primeira peça, Reale Jr. era citado duas vezes como doutrinador, ambas em referência às pedaladas fiscais. Sua elevação à categoria de denunciante sugeria que as pedaladas haviam sido promovidas como argumento acusatório. E, de fato, ao se ler o aditamento, percebe-se que elas

O impeachment fiscal

se tornaram o principal foco da acusação. Não só as 26 páginas da emenda à primeira denúncia foram inteiramente dedicadas às pedaladas, como também Júlio Marcelo de Oliveira, membro do Ministério Público junto ao Tribunal de Contas que cuidava do assunto no tribunal, foi incluído como testemunha da acusação. A mudança de escopo seguramente devia-se à perspectiva de que o TCU em breve recomendaria a reprovação das contas governamentais, conforme trombeteava aos quatro ventos o relator do caso, ministro Augusto Nardes. Ao final da denúncia, constava também o "de acordo" de lideranças da sociedade civil que vinham organizando manifestações contra o governo: Carla Zambelli, pelos Movimentos Contra a Corrupção; Kim Kataguiri, pelo Movimento Brasil Livre; e Adelaide Castro Oliveira, pelo Vem pra Rua.

Em 15 de outubro de 2015, a terceira e última versão da acusação foi apresentada. Além de Bicudo, Reale Jr. e Paschoal, assinaram a peça o advogado Flávio Henrique Costa Pereira e, como apoiadores, os mesmos líderes de movimentos sociais do aditamento de quinze dias antes, com a substituição de Adelaide Castro Oliveira por Rogério Chequer, também do Vem Pra Rua. Essa última versão da denúncia reunia os elementos das duas primeiras e incluía condutas do primeiro e do segundo mandato, procurando destacar as últimas, embora elas fossem menos expressivas em quantidade.

Após ter recebido uma denúncia que se concentrava na desgovernança orçamentária do governo, que sabidamente receberia chancela do TCU em breve, Eduardo Cunha dedicou-se a pensar na tramitação do impeachment. Havia, em tese, o rito de Collor a ser seguido, mas ele não interessava ao presidente da Câmara. Um rito engessado e previsível significava limitação de seus poderes; um rito mais aberto, ao contrário, ampliava suas possibilidades de manobra, pois é prerrogativa da presidência interpretar o regimento interno da casa no encaminhamento dos trabalhos.

A oportunidade para tanto surgiu em 15 de setembro de 2015, quando o líder do DEM, Mendonça Filho, apresentou questão de ordem para que

Cunha explicitasse o rito do impeachment na Câmara.[141] Uma semana depois, Cunha respondeu com um longo texto, detalhando as regras do que ficou conhecido como o "rito Cunha".[142] A base de apoio governista insurgiu-se: se a oposição admitisse que o presidente da Câmara regrasse o procedimento por meras respostas a questões de ordem, Cunha se tornaria, na prática, senhor absoluto do andamento do caso. Para evitar que esse cenário se consumasse, parlamentares da base governista recorreram imediatamente ao STF.

Em mandados de segurança ajuizados pelos deputados Wadih Damous, do PT, e Rubens Pereira Junior, do PCDOB, em meados de outubro de 2015, e que foram sorteados para relatoria dos ministros Teori Zavascki[143] e Rosa Weber,[144] o STF concedeu liminares para sustar o andamento do impeachment na Câmara dos Deputados. Zavascki chamou de "inusitado" o modo de formatação do procedimento, já que o rito do impeachment, nos termos da Constituição, só pode ser disciplinado por lei. As duas decisões mostraram desconfiança quanto à limitação ao direito de recorrer imposta por Eduardo Cunha, que havia recebido recursos dos deputados governistas como meras questões de ordem. A suspensão do procedimento na Câmara duraria até que o Supremo decidisse a questão em definitivo — e, como quase tudo no STF, não havia prazo para que isso acontecesse.

As liminares judiciais tiravam das mãos de Cunha o poder de pressionar o governo. A tramitação do impeachment ficaria suspensa até que os dois ministros preparassem seus relatórios e o presidente do tribunal à época, ministro Ricardo Lewandowski, pautasse o julgamento. Essa variável projetava preocupantes incertezas para os partidários do impeachment. Zavascki dava mostras de não se importar em encurralar o governo, pela forma como conduzia a relatoria dos casos da Lava Jato, mas as posições de Rosa Weber e Ricardo Lewandowski eram incógnitas. Weber fora a primeira escolha pessoal de Dilma Rousseff para o STF, escolha muito atribuída ao apoio do ex-marido da presidente, Carlos Araújo, a seu nome; e Lewandowski mostrara, desde o julgamento do Mensalão, que não tinha receio de assumir posições impopulares que eventualmente favorecessem o partido que o indicou ao tribunal. O futuro revelaria que nenhum dos dois faria qualquer esforço para dificultar o andamento da matéria no Supremo, mas em outubro de 2015, quando foram concedidas as liminares contra o "rito Cunha", isso não estava claro.

O presidente da Câmara pôs os advogados da casa para recorrer das liminares de Teori Zavascki e Rosa Weber, mas não havia perspectiva de julgamento dos recursos no curto prazo. Então, Eduardo Cunha arrumou um jeito de escapar da camisa de força que lhe impôs o Judiciário: duas semanas depois das liminares do STF, em 29 de outubro de 2015, a presidência da Câmara voltou atrás e revogou suas decisões sobre o impeachment.[145] Quase que confessando a usurpação de funções de seu ato anterior, Cunha explicou que a partir de então passaria a valer "o que está na Constituição". Ao desfazer o "rito Cunha", perderam razão de ser as ações que o travavam no STF.[146] O impeachment estava livre para seguir seu curso na Câmara dos Deputados.

EDUARDO CUNHA NÃO APENAS EMPENHOU-SE em fazer avançar o processo contra Dilma como tentou que esse avanço acontecesse sob condições que garantissem as melhores chances de êxito à acusação. Para tanto, havia, de cara, um desafio a ser enfrentado: garantir que a acusação de crimes de responsabilidade não fosse além da condenação da presidente. Como mencionado, a preocupação era sobretudo com governadores, muitos dos quais haviam também realizado manobras fiscais análogas às do governo federal naqueles anos de baixo crescimento econômico e, consequentemente, de baixa arrecadação tributária. Alguns deles haviam, exatamente como ela, conseguido reeleger-se para um novo mandato. Para eles, a condenação arriscava se tornar um tiro no próprio pé. A viabilidade política do impeachment dependia de uma boa solução para essa equação política. Eduardo Cunha tentou uma resposta.

No caso Collor, como em todos os anteriores, a decisão do presidente da Câmara, Ibsen Pinheiro, pelo recebimento da denúncia havia sido um mero encaminhamento da acusação para a leitura em plenário, seguida da votação para formação da comissão especial de impeachment. É o que manda a lei nº 1079/1950. Pinheiro não pretendeu, ele próprio, moldar de que forma fosse o objeto da acusação.[147] Cunha, ao contrário, deu a si próprio o poder de aceitar apenas uma parte da denúncia e recusar o que julgou inoportuno: em seu ato de recebimento da denúncia, o presidente da Câmara decidiu que a acusação deveria prosseguir apenas em relação aos atos praticados a partir de 2015, já no segundo mandato, devendo ser ignoradas as imputações relativas a atos praticados antes de 2014.[148] Para tanto, invocou o §4º do artigo 86 da Constituição: "O presidente da República, na vigência de seu mandato, não pode ser responsabilizado por atos estranhos ao exercício de suas funções".

A exclusão de atos do primeiro mandato minimizava riscos de impugnação jurídica à acusação — vale lembrar que os sinais que o STF havia mandado até ali, com as liminares de Zavascki e Weber, não eram animadores para os partidários do impeachment —, mas não é uma interpretação inquestionável da Constituição. Em minha opinião, atos praticados no primeiro mandato são sim alcançáveis, em princípio, pelo impeachment, especialmente quando a conduta ocorre em época próxima ao final do termo presidencial, como havia sido o caso de Dilma. A Constituição exige apenas que os atos não sejam estranhos "à função" presidencial, e que tenham sido praticados "na vigência de seu mandato". De outra forma, presidentes estariam, na prática, liberados para cometer crimes de responsabilidade nos últimos momentos de seus primeiros mandatos, justamente quando disputam a reeleição: com deputados e senadores em campanha, as condições políticas para o andamento de um impeachment nesses momentos são praticamente nulas.[149] Registro, porém, que essa opinião não é consensual.[150]

Se, por um lado, a estratégia de Cunha protegeu a denúncia contra contestação jurídica (com base no §4º do artigo 86 da Constituição), por outro lado, ela enfraqueceu a acusação contra Dilma. A grande força do argumento das pedaladas, e que respondia inclusive à justificativa do governo de que outros ex-presidentes haviam feito o mesmo, estava no volume dessa prática em 2013 e 2014, justamente o período que Cunha buscou

O impeachment fiscal

excluir do processo. Quando se considerava apenas 2015, seu número era pequeno, ficando dentro dos padrões de ex-presidentes. Isso não apenas configurava um tratamento diferenciado — e piorado — para Dilma como também atestava, pela via reversa, a não necessidade do impeachment para dar cabo àquele suposto crime de responsabilidade. Afinal, o pequeno volume de pedaladas em 2015 sugeria que haviam sido efetivas as várias respostas dadas para o problema pelas instituições envolvidas (mudança nos contratos entre bancos e ministérios, na metodologia de cálculo da dívida pública, e na equipe econômica, além do primeiro julgamento do TCU e do acompanhamento próximo da imprensa especializada). Logo, não haveria necessidade de se adotar um remédio emergencial tão drástico como o afastamento presidencial prematuro. Cunha, Jucá e o restante dessa trupe, porém, estavam menos interessados em proteger o orçamento de pedaladas que já não aconteciam como antes, e mais interessados em proteger a si próprios.

Ainda em relação ao recebimento parcial da denúncia, uma segunda questão jurídica permanece: o presidente da Câmara tem esse poder de limitar o objeto do processo ao receber a denúncia? Se sim, de onde ele vem? Seguramente não vem da Constituição, que atribuiu poderes de autorização da acusação à Câmara dos Deputados como um todo, sem destacar qualquer papel para seu presidente. Tampouco está no regimento interno da casa, que o manda despachar a denúncia à comissão especial se estiverem atendidos os requisitos formais (a saber, assinaturas com firma reconhecida e prova de quitação com a Justiça Eleitoral).[151] Esse poder também não vem dos costumes da Câmara, pois a prerrogativa nunca fora exercida por presidentes anteriores, nem da Lei do Impeachment, que diz a mesma coisa que o regimento interno. Eduardo Cunha tirou esse poder de seu voluntarismo discricionário, mesmo porque o ato de recebimento da denúncia, no rito do impeachment, pertence ao Senado Federal, e não à Câmara dos Deputados.[152]

Como aponta Thomaz Pereira, o poder de autorizar o prosseguimento da denúncia para o Senado compete "privativamente", na exigente expressão da Constituição, à Câmara como um todo. Mesmo considerando a jurisprudência do Supremo,[153] que detalha mais generosamente as prerrogativas do presidente da Câmara, os poderes de Cunha não chegariam a tanto: "O Supremo apenas permitiria ao presidente ir além da forma para rejeitar denúncia 'patentemente inepta', 'despida de justa causa' ou 'abusiva, leviana, inepta, formal ou substancialmente'",[154] diz Pereira. Vale notar que o próprio presidente da Câmara, meses antes, reconhecia não ter esse poder: no "rito Cunha", ele próprio havia definido que não lhe cabia decidir se os atos de 2014 seriam ou não passíveis de julgamento, pois essa questão se confundia com o mérito da acusação e devia, por isso, ser avaliada pelo conjunto dos deputados.[155]

UMA SEGUNDA MANOBRA FOI TENTADA por Eduardo Cunha: a eleição de uma comissão especial de impeachment dominada pela oposição. Isso ocorreu já em dezembro de 2015. Também nessa matéria, Cunha contrariou não apenas o precedente do caso Collor, segundo o qual a comissão deveria ser composta de modo proporcional às representações partidárias e por indicações dos respectivos líderes de partido,[156] mas sua própria decisão anterior, de setembro daquele ano.[157]

Em dezembro de 2015, porém, a estratégia do deputado havia mudado. Cunha sabia que a indicação de líderes não garantiria maioria favorável ao impeachment, pois muitos partidos e blocos estavam rachados quanto ao afastamento de Dilma. Era o caso do próprio PMDB: o líder do partido na Câmara, Leonardo Picciani, deixava claro que não indicaria "nomes radicais" do partido, sendo esses os que já haviam fechado questão em favor do impeachment. Semelhante divisão existia no PSD.[158] Eduardo Cunha percebeu que lhe interessava mais escapar das indicações das lideranças e eleger os membros da comissão de forma avulsa. E assim foi feito: em votação secreta, que teve até quebra de urnas, 39 dos 65 nomes que comporiam a comissão foram eleitos.[159] Os 26 nomes faltantes ficaram para ser escolhidos em votação suplementar, que não chegou a acontecer: no mesmo dia, o ministro do STF Edson Fachin deferiu liminar em ação ajuizada pelo pcdob para suspender o andamento do impeachment na Câmara até que o tribunal detalhasse o rito a ser seguido.[160] O Supremo chamou para si a decisão sobre o procedimento do impeachment.

O desempenho de Eduardo Cunha à frente da Câmara dos Deputados foi caracterizado por uma atuação abusiva, jogando sempre no limite das regras regimentais para fazer avançar seus próprios interesses. Sua linha de conduta manipuladora e antirrepublicana, que não era exclusiva da atuação no impeachment, mas caracterizou de modo perene sua relação com o processo legislativo, foi jocosamente apelidada de "abomináveis cunhadas" por Conrado Hübner Mendes.[161] As "cunhadas" chamam atenção para uma questão relevante no rito do impeachment na Câmara dos Deputados: a governança sobre os poderes exercidos pelo presidente da casa nessa matéria. Trata-se de um tema que suscita interesse ainda hoje, tendo em vista a ação deliberada de Rodrigo Maia e Arthur Lira de engavetar — isto é, nem arquivar, nem aceitar — todas as sucessivas denúncias de crimes de responsabilidade que lhes foram apresentadas contra Jair Bolsonaro.

Em especial no caso de Eduardo Cunha, a questão envolve saber o quanto o exercício desse poder precisa submeter-se a padrões republicanos: pode o presidente da Câmara dos Deputados dar início ao impeachment na Câmara, ou barrar seu prosseguimento, tendo em vista os benefícios políticos pessoais que espera obter com isso? Se não há dúvidas de que Cunha abusou de seu poder e agiu com desvio de finalidade na condução do processo contra Dilma Rousseff, a questão que sobra é saber como ele conseguiu ser bem-sucedido nessa empreitada tão escancaradamente personalista.

Uma primeira parte da resposta vem do stf. Na adpf 378, o tribunal decidiu que o presidente da Câmara dos Deputados não se submete aos mesmos padrões de suspeição e impedimento de juízes ordinários, mas sim àqueles previstos no artigo 36 da lei nº 1079/1950, que se limitam a parentesco próximo ou prévia atuação no processo na qualidade de testemunha.[162] Ao decidir assim, o tribunal acompanhou o entendimento do ministro Sydney Sanches no julgamento de Collor, quando o mesmo artigo da Lei do Impeachment foi interpretado de modo igualmente restritivo. O Supremo também reafirmou a própria natureza do impeachment na Câmara: mais política do que jurídica, o que igualmente recomenda que se atenuem os juízos de suspeição e impedimento contra deputadas e deputados, bem como que se diminua a intervenção judicial sobre a matéria.

Uma segunda parte da resposta está no próprio Congresso Nacional. Embora Cunha personificasse o desejo de fazer avançar o impeachment na esperança de salvar a sua própria pele da Lava Jato, ele não estava sozinho. Nesse sentido, o personalismo de sua atuação representava as ambições antirrepublicanas de muitos outros políticos: tanto no seu partido, o PMDB, quanto nos partidos do Centrão[163] que orbitavam a base de apoio do governo, como o PTB e o PP, e também em partidos da oposição, como o PSDB, a reprovação à Lava Jato — e o medo de ser alcançado pela operação — era palpável. Cunha era caricato na maneira como perseguia sua ambição, mas essa ambição não era apenas dele. Sua disposição em trabalhar por esse objetivo àquela altura inconfessável, pois críticas públicas aos métodos da operação não eram bem digeridas pela maior parte da opinião pública e da imprensa, era o que o tornava tão valioso para seus pares na condução do processo.

Por mais repulsa que a figura de Eduardo Cunha possa suscitar, é difícil sustentar que a decisão de dar encaminhamento a uma denúncia possa ser revista pelo Judiciário, exceto em seus aspectos puramente formais. A Constituição não contava com o fato de que um presidente de motivações tão irreveláveis conseguisse se manter à frente de uma das casas do Parlamento em um momento tão importante como a autorização de um impeachment, e nem que ele teria amplo apoio não apenas de deputadas e deputados, como também de parte da opinião pública, que o tratava, sem constrangimento, como uma espécie de corrupto de estimação na luta contra a corrupção.

O apoio amplo e desavergonhado a Cunha contrastou com o isolamento político que marcou a breve presidência de Waldir Maranhão, do PP, o vice que o sucedeu após seu afastamento pelo STF, em 5 de maio de

O impeachment fiscal

2016. Com quatro dias no cargo, Maranhão tentou exercer sua dose de personalismo ao anular a votação do impeachment na Câmara, ocorrida três semanas antes. Pressionado por todos os lados pelos próprios deputados, voltou atrás horas depois.[164] Por fim, foi convencido a consentir com uma eleição especial para escolher seu substituto, na qual Rodrigo Maia conquistou um mandato-tampão até fevereiro de 2017. A fracassada tentativa aventureira de Waldir Maranhão mostra que, embora a presidência da Câmara tenha competência para tomar decisões vultosas e desempenhe um papel político muito importante na dinâmica do procedimento, ela nem por isso é a única senhora e dona absoluta do processo na casa.[165]

Dito tudo isso, cabe não confundir as condições políticas que um presidente da Câmara de fato tem para manejar um impeachment presidencial por razões personalistas e antirrepublicanas, de um lado, com a legitimidade dessas manobras, de outro. O crime do século pode dar ao ladrão uma vida de riquezas desfrutadas impunemente, mas não deixa de ser um crime. Ajudado pela demora do STF em exercer o poder — que o tribunal julga ter — de afastar um presidente da Câmara dos Deputados que usa o cargo para seu benefício pessoal, Cunha conseguiu levar a cabo seu intento de vingança contra o governo; ao lado dele, aqueles parlamentares que, como Romero Jucá, torciam pela queda de Dilma na esperança de frear a Lava Jato conseguiram a mudança política que almejavam (embora o freio à operação propriamente não tenha vindo com Michel Temer, como imaginavam, mas apenas com Jair Bolsonaro).[166] Todas essas pessoas e instituições foram instrumentais umas às outras e conseguiram, umas mais, outras menos, aquilo que almejavam. Nada disso, porém, garante legitimidade a esse plano de muitas mãos sujas. Independentemente dos méritos ou deméritos jurídicos da acusação, o capítulo "Eduardo Cunha" da história do impeachment de Dilma Rousseff traz uma pecha indelével para a legitimidade de todo o processo. Com razão, ele será sempre lembrado pelos críticos da destituição como ponto alto — ou melhor, baixo — do cinismo de muitos dos detratores da ex-presidente.

O STF e a ADPF 378

Ao chamar para si a tarefa de definir os ritos do impeachment, na ADPF 378, o Supremo impôs algum limite às manipulações regimentais de Cunha e confirmou o papel do Judiciário de zelar pelas formalidades do devido processo legal nesse tipo de ação. Essa vocação do Supremo fora iniciada ainda na Primeira República, no já citado impeachment do governador do Mato Grosso em 1916, e confirmada na vigência da Constituição de 1988, no caso Collor. Nesse particular, como já foi dito, o tribunal de cúpula brasileiro se afasta da postura adotada pela Suprema Corte dos Estados Unidos, que decidiu, em 1993, que o próprio rito do impeachment é uma questão política, insuscetível de revisão por juízes.[167]

Ao longo do processo de impeachment de Dilma Rousseff, o STF também reafirmou sua absoluta indisposição em reavaliar o mérito das acusações por crimes de responsabilidade contra presidentes. Por mais vagos que sejam os termos da lei nº 1079/1950, e por mais polêmicas que fossem as acusações contra a ex-presidente, o Supremo igualmente manteve seu entendimento histórico: dizer se a conduta presidencial configura crime de responsabilidade é atribuição exclusiva do Congresso Nacional, seja pela Câmara, que autoriza a instauração do processo, seja pelo Senado, que recebe a denúncia, conduz a instrução, isto é, a fase de coleta de provas, e realiza o julgamento final.

Essa posição contida, que contrasta com o ímpeto intervencionista sobre questões políticas que o STF tem demonstrado, rendeu críticas e sugestões de alteração legislativa e constitucional por parte de alguns juristas.[168] Em que pese a boa argumentação desses autores, é preciso reconhecer que também há fortes argumentos contrários a um maior papel do Judiciário no controle do impeachment. A possibilidade de qualquer intervenção judicial sobre o mérito das decisões da Câmara e do Senado agregaria incertezas e demora a um processo que precisa ser rápido e previsível em seu rito, mesmo quando seu resultado é jurídica e politicamente contestável.[169] No caso brasileiro, se levarmos em consideração os poderes individuais desmedidos que os ministros do STF progressivamente conferiram a si mesmos, tanto de ação (através de liminares que demoram a ser levadas ao plenário) quanto de bloqueio (paralisando julgamentos com pedidos de vista), esse risco é infinitamente maior. Aumentar os poderes do STF como remédio para diminuir arbítrios do Poder Legislativo no impeachment presidencial expressa uma confiança que o tribunal tem provado não merecer, seja pelo desempenho errático de seus ministros em julgamentos politicamente sensíveis, seja pela falta de preocupação de alguns deles com a mais elementar ética judicial.[170] A pretexto de criar uma via para corrigir abusos, essa alternativa abriria caminho para outros tantos.

Como aponta Paulo Brossard, o risco de abusos existirá qualquer que seja a autoridade encarregada de decidir por último os destinos do processo.[171] E os excessos nem sempre serão para condenar presidentes inocentes: podem ser também para poupar aqueles notoriamente merecedores de impeachment. Nesse caso, havia de se cogitar também uma intervenção judicial? O desenho do impeachment não ignora que investidas ilegítimas sobre mandatos presidenciais podem acontecer, porém o remédio que ele oferece não é a revisão judicial, mas outros. O primeiro remédio é sua atribuição a um corpo político numeroso, o Poder Legislativo. Instituições de poucos membros, como são os tribunais, têm maiores chances de serem capturadas por interferências políticas indevidas, como alertava Alexander Hamilton.[172] O segundo remédio é a exigência de uma elevada maioria, de dois terços, como quórum tanto para a autorização do processo, na Câmara, quanto para a condenação final, no Senado: o quórum é suficiente para barrar quase qualquer investida flagrantemente ilegítima contra um presidente. Fora isso, resta o controle difuso da opinião pública, que deve chamar os parlamentares à responsabilidade de não violar a integridade do mandato presidencial, bem como de não permitir que um líder autoritário atente contra outras instituições. Não são remédios infalíveis, como sabemos, mas a alternativa de empoderar o STF em excesso exponenciaria os problemas que se busca resolver.

O STF JULGOU A ADPF 378, ajuizada pelo PCDOB, em 16 de dezembro de 2015, em uma sessão que invadiu a madrugada. Não é comum que ADPFS sejam julgadas tão rapidamente; é ainda mais incomum que ministras e ministros fiquem reunidos até tão tarde no tribunal. O esforço revela o empenho do Supremo em deixar o rito do impeachment definido e devolver o protagonismo ao Congresso, como deve mesmo acontecer. A decisão final do tribunal passou por três pontos principais: os papéis da Câmara e do Senado; a forma de composição das comissões especiais; e o formato das eleições para essas comissões. As duas últimas haviam sido os gatilhos que motivaram a concessão de medida liminar pelo relator da causa no STF, ministro Edson Fachin, contra o "rito Cunha".

Embora Fachin fosse o relator sorteado para a causa, as posições de seu voto não foram acolhidas pela maioria dos ministros. Prevaleceu o voto do ministro Luís Roberto Barroso, que acabou assumindo o comando da redação do acórdão. A despeito de algumas divergências relevantes, Fachin e Barroso concordaram na maior parte das questões. Em primeiro lugar, concederam que a lei nº 1079/1950 disciplinava de modo exaustivo, e mais restrito do que o Código de Processo Penal, as hipóteses de suspeição e impedimento dos agentes políticos envolvidos no julgamento do impeachment, tanto na Câmara quanto no Senado. Nesse tópico, acompanharam o entendimento já expressado pelo ministro Sydney Sanches no julgamento de Collor, como visto no capítulo 3.

Igualmente seguindo o rito que valeu para Collor, Fachin e Barroso concordaram que a autoridade acusada não tem direito de apresentar uma defesa antes do encaminhamento da denúncia, pelo presidente da Câmara, à comissão especial de impeachment, como pedia a defesa de Dilma Rousseff. Consentiram ainda que a aferição da proporcionalidade partidária para a composição das comissões de impeachment pode ser feita com base nos blocos partidários, e não apenas nas legendas isoladas. Isso porque, embora a lei nº 1079/1950 não mencione os blocos, que não existiam àquela altura, a Constituição de 1988 os previu expressamente.[173] Também não houve dissenso quanto à possibilidade de os senadores que compõem a comissão especial de impeachment, que realiza função análoga a uma investigação, participarem na sequência do julgamento da causa. Isso rompe a regra que deve valer nos julgamentos de crimes

O impeachment fiscal

comuns, nos quais uma mesma autoridade não pode ser investigadora e julgadora simultaneamente. Fachin e Barroso concordaram ainda em: admitir a aplicação dos regimentos internos da Câmara e do Senado para as hipóteses não especificamente disciplinadas pela Lei do Impeachment; assegurar à defesa o direito de sempre falar por último, após a acusação; e passar o interrogatório da pessoa acusada para a última etapa da fase de coleta de provas do processo, ato que se realizaria em 29 de agosto de 2016, dois dias antes da condenação final e destituição definitiva de Dilma Rousseff da presidência da República.

No que houve divergência entre ambos, as posições de Barroso prevaleceram em pontos importantes. Ele estabeleceu que a Câmara exerce um juízo político sobre a denúncia, enquanto apenas o Senado leva a cabo, propriamente, o processo e julgamento da autoridade acusada. Esse papel do Senado inclui, antes mesmo da decisão privativa sobre a culpa ou inocência da autoridade, uma decisão autônoma sobre o recebimento ou não da denúncia, a qual a Câmara meramente autoriza — vale dizer que para Barroso, e para a maioria do tribunal, o Senado não é obrigado a instaurar o processo apenas porque a Câmara o autorizou, embora seja proibido de fazê-lo sem essa autorização. Além de confirmar o prazo de dez sessões para a autoridade apresentar sua defesa na Câmara dos Deputados, como o STF já havia assegurado a Collor, a maioria do tribunal estipulou ainda que o plenário da Câmara deve votar uma única vez, sob exigência de maioria qualificada de dois terços de seus membros, a autorização para que o Senado processe um presidente, com os parlamentares instruídos e informados pelo relatório aprovado na comissão especial de impeachment.[174] Isso é decorrência do papel que a Constituição de 1988 reservou à Câmara no impeachment: a mera autorização, ou não, para a instauração de processo pelo Senado.

Quanto ao rito no Senado, ficou decidido que deveria ser seguido o mesmo observado para Collor: a instauração do processo, mediante a qual se dá a suspensão cautelar do exercício da presidência, deve ocorrer após deliberação do plenário do Senado por maioria simples; a maioria de dois terços se exige apenas para a condenação final. A única diferença seria a mudança da ordem do interrogatório de Dilma, que deveria passar para o fim da instrução — mudança espelhada em uma reforma legislativa de 2008 que transformou o interrogatório do réu no ato final da fase de produção de provas nos processos criminais, com o objetivo de lhe garantir o direito a falar por último. O tribunal ainda rejeitou as duas últimas manobras de Cunha para influir na comissão especial: decidiu que não seria possível a apresentação de candidaturas avulsas, devendo ser obedecidas as indicações dos líderes de partidos e blocos, sendo a eleição meramente ratificadora (como ocorrera no caso Collor);[175] e que não seria possível a realização de qualquer eleição fechada no rito do impeachment, devendo as votações ser sempre abertas.[176] Com isso, o STF mandou anular a eleição da comissão especial conduzida por Cunha: tudo teria de começar do zero na volta do recesso de final de ano, em 2016.

Com exceção desse balizamento inicial, a atuação do STF no impeachment foi modesta. O tribunal não se mostrou disposto a intervir no mérito das acusações e deixou correr sem resposta algumas das ações em que a defesa de Dilma Rousseff impugnava atos de Temer, durante o período em que este substituía a presidente então suspensa.[177] O Supremo também guardou silêncio sobre questionamentos à condenação de Dilma por crimes de responsabilidade,[178] no que fez bem: essa competência é do Legislativo e não do Judiciário.

O impeachment na Câmara

O impeachment voltou a andar na Câmara em 17 de março de 2016, com a eleição da comissão especial, observando as regras determinadas pelo STF. Foram escolhidos para presidente o deputado Rogério Rosso, do PSD, e para relator o deputado Jovair Arantes, do PTB. O relatório de Arantes sobre a denúncia foi aprovado na comissão especial em 11 de abril, com 38 votos favoráveis, 27 contrários e nenhuma abstenção.[179] Após resumir argumentos da acusação e da defesa, Arantes passou a apresentar sua visão sobre o papel do impeachment na Câmara: embora a casa tivesse o dever de evitar

O *impeachment* fiscal

o prosseguimento de acusações "abusivas, levianas, ineptas, formal ou substancialmente", aos deputados cabia realizar um juízo eminentemente político,[180] na linha do que havia decidido o STF na ADPF 378. Na sequência, o relator respondeu às principais objeções da defesa quanto aos trabalhos da comissão. Primeiro, deixou claro que não se via vinculado aos termos da decisão de Cunha sobre o recebimento da denúncia apenas para atos praticados em 2015: "O juízo de admissibilidade realizado pelo presidente da Câmara é meramente precário, sumário e não vinculante, o que autoriza a esta comissão analisar a denúncia por inteiro".[181] De mais a mais, insistiu, a competência para admitir a denúncia é do plenário da Câmara, e não do presidente. No ponto mais polêmico de seu relatório, Arantes defendeu a possibilidade de análise dos fatos relativos ao primeiro mandato:

> A Carta Magna usa, sabiamente, o termo "funções", e não "mandato atual". [...] [A]pós a inserção do instituto da reeleição no texto magno [...], o presidente da República passou a exercer suas funções pelo período de oito anos, caso reeleito, ainda que cada mandato seja de quatro anos.[182]

O relator também defendeu a amplitude dos trabalhos da comissão, que incluíram audiências públicas com especialistas e até mesmo a então recente delação premiada do ex-senador Delcídio do Amaral. Essa atuação ampla também era criticada pela defesa de Dilma Rousseff.

Com o parecer aprovado, o plenário da Câmara pôde deliberar sobre a autorização para a abertura do processo contra a presidente da República. Cunha fez o que pôde para dar a maior publicidade possível ao evento, marcando-o para uma manhã de domingo, 17 de abril. Poucos dias antes, ele havia tentado mais uma de suas "cunhadas": ao estipular a ordem da votação aberta, determinou que a chamada começaria com os parlamentares do Sul do Brasil, e que os do Norte e Nordeste ficariam por último. O rito tinha o propósito de consolidar uma onda pró-impeachment no início da votação, estimulando indecisos a votarem a favor da autorização. O regimento interno da Câmara, porém, mandava que em votações desse tipo houvesse alternância entre deputados das regiões ao norte e ao sul do país, seguindo progressivamente em direção ao centro. No dia seguinte, o presidente voltou atrás e modificou o rito, prevendo a ordem correta de chamada.[183]

Essa última manobra de Cunha deu motivo para uma enxurrada de ações de última hora no STF, na tentativa de impedir a votação. Na noite de 14 de abril, o STF mais uma vez trabalhou em horário estendido a fim de deixar o terreno limpo para a Câmara: em uma sessão extraordinária, que começou às 17h30, o tribunal analisou cinco ações que traziam variados argumentos tanto contra a conduta de Cunha quanto contra os trabalhos da comissão especial. Resumidamente, as ações renovavam as alegações de abuso de poder e desvio de finalidade por parte do presidente da Câmara, pediam impugnação do rito de votação e protestavam contra o que entendiam ser uma ampliação do objeto da acusação no âmbito da comissão.[184] Na sessão, o STF validou a última versão do rito estabelecida por Cunha, assim como rejeitou a alegação de ampliação do objeto da acusação: a função da Câmara é meramente autorizar o eventual recebimento da queixa pelo Senado, de forma que a casa está dispensada de observar maior rigidez quanto à correspondência entre suas discussões e o objeto da denúncia.

No dia 17 de abril, em uma sessão na qual muitos deputados desconhecidos apresentaram-se ao Brasil, a Câmara autorizou a abertura do processo de impeachment contra Dilma Rousseff, por 367 votos a favor, 137 contrários e sete abstenções. Foram 25 votos a mais do que o mínimo necessário para a aprovação da denúncia.

O impeachment no Senado

Dilma Rousseff sempre confiou mais em suas chances de êxito no Senado, em que o governo não tinha de enfrentar a animosidade de Eduardo Cunha. Lá, ao contrário, ela podia contar com uma relação pacífica com Renan Calheiros, o presidente da casa, que seguia se dizendo aliado do governo.[185] A mudança do campo de jogo marcou também o fim da relevância política de Eduardo Cunha para o impeachment. Após isso, sua queda foi veloz: em 5 de maio, o STF atendeu a pedido antigo da PGR e mandou afastá-lo não apenas da presidência da Câmara mas do mandato de deputado federal; em 7 de julho, na esperança de ter o mandato poupado por seus colegas no Conselho de Ética, ele renunciou à presidência; e seu mandato foi finalmente cassado em 12 de setembro, com voto favorável de 450 deputados — 83 a mais do que os votos pela autorização para o processo de impeachment de Dilma Rousseff.[186]

Em 25 de abril, foi eleita a comissão especial de impeachment do Senado. Os nomes foram escolhidos por indicação dos líderes e referendados em votação simbólica pelo plenário, sem nenhum voto divergente.[187] O debate sobre quem ocuparia a presidência e a relatoria foi intenso. Os membros da base governista protestavam contra as posições de comando serem dadas ao PMDB — pela associação da legenda à atuação de Eduardo Cunha na Câmara — e ao PSDB — não apenas porque fora o partido derrotado no segundo turno em 2014 como também porque o próprio candidato perdedor, Aécio Neves, era senador à época.[188] De nada adiantou: no dia 26 de abril, os 21 membros da comissão reunidos elegeram como presidente o peemedebista Raimundo Lira e como relator o tucano Antonio Anastasia.

Como na Câmara, também houve sessões de debates com especialistas na comissão especial, alguns favoráveis à denúncia, outros contrários. No dia 4 de maio, foi apresentado o relatório de Anastasia. Ao contrário do que fizera Jovair Arantes, ele reduziu o escopo de sua análise: focou apenas na "abertura de créditos suplementares por decretos presidenciais, sem autorização do Congresso Nacional" (os decretos não numerados de abertura de crédito suplementar) e na "contratação ilegal de operações de crédito".[189] Acusações como a omissão de Dilma em face da corrupção na Petrobras, que apareciam na denúncia de Bicudo, Reale Jr. e Paschoal, nem sequer foram mencionadas no relatório. Anastasia reforçou a natureza política do impeachment e enfatizou a importância do princípio da responsabilidade para a democracia. O relatório também pegou embalo na resposta mais óbvia à crítica que os opositores do impeachment faziam ao processo, acusando-o de "golpe": impeachments não são golpes justamente porque previnem rupturas institucionais. Anastasia valeu-se da ambiguidade semântica do termo, pois enquanto seus acusados empregavam "golpe" em um sentido mais amplo (destituição ilegal de um governo, mesmo que sem derrubada de regime), ele retrucou usando o conceito de golpe de modo mais restrito (derrubada de regime).

Quanto à questão mais polêmica da acusação — a dúvida quanto a saber se atos do primeiro mandato, quando as pedaladas fiscais realmente atingiram valores descomunais, poderiam ser incluídos —, o relator jogou com a dose de imprecisão que lhe convinha: não deixou de apontar a má gestão fiscal do governo em 2014, nem os julgamentos do TCU que condenaram as pedaladas na Caixa e recomendaram reprovação das contas daquele ano, mas ao mesmo tempo tratou a gestão fiscal de 2015 como uma "continuidade fáctica" da anterior. Em outras palavras, ele considerou as violações à Lei de Responsabilidade Fiscal como um grande monólito que repousava na linha divisória entre o primeiro mandato, terminado em 2014, e o segundo, iniciado em 2015. A maior parte desse monólito, dizia Anastasia, estava em 2014, mas havia uma ponta que havia invadido 2015, e embora ela fosse uma ponta menor, era impossível contemplar o fenômeno sem considerá-lo por inteiro. O relator, que é professor de direito, usou um termo jurídico conhecido para descrever a unidade de condutas que se prolongam e devem ser consideradas em sua inteireza de sentido: "continuidade", conceito de direito penal usado para abarcar condutas que se estendem no tempo em sucessivos atos.

O relatório conjugou, portanto, uma aparente delimitação estreita dos crimes considerados (pedaladas e decretos, que eram menos do que trazia a denúncia original), mas, nesses limites estreitados, um olhar ampliativo que espelhava toda a gestão econômica do governo. Esse olhar ampliativo implicava a consideração de todo o chamado "conjunto da obra" da gestão fiscal de Dilma Rousseff: "Dado todo o contexto e análise dos fatos, identificamos plausibilidade na denúncia, que aponta para a irresponsabilidade do chefe de governo e de Estado na forma como executou a política fiscal", concluiu.[190] Em 6 de maio, o relatório foi aprovado na comissão especial por quinze votos a cinco.[191]

Era questão de tempo até que o plenário do Senado recebesse a denúncia e Dilma Rousseff fosse provisoriamente afastada da presidência

O impeachment fiscal

da República. A votação aconteceu na madrugada de 12 de maio de 2016, sob a presidência de Renan Calheiros. O parecer de Anastasia foi lido em plenário e deliberou-se pela abertura do processo, por 55 votos a 22. O texto do mandado de intimação, para que a presidente se afastasse do cargo e se defendesse das acusações, foi lido às 6h36 da manhã.[192] Vale marcar a diferença em relação ao tempo de cumprimento do rito nos casos Collor e Dilma. Enquanto em 1992 o Senado correu para emitir um parecer de dois parágrafos em horas, essa etapa foi bastante alongada no caso de Dilma: o primeiro ato do processo, a leitura em plenário, aconteceu em 19 de abril, enquanto o afastamento cautelar pelo recebimento da denúncia veio apenas em 12 de maio.[193]

O presidente do STF, ministro Ricardo Lewandowski, foi convocado para conduzir o processo a partir dali. Os trabalhos então voltaram para a comissão especial, que entre maio e agosto de 2016 ouviu testemunhas e especialistas apontados pela acusação e pela defesa. Em 4 de agosto de 2016, o parecer final do colegiado foi aprovado (parecer nº 726),[194] recomendando que a acusação contra Dilma Rousseff prosseguisse, através de sua pronúncia — isto é, uma decisão intermediária, que determina que a pessoa acusada deverá ir a julgamento perante um corpo de juízes, que nesse caso seriam as senadoras e os senadores.[195] Cinco dias depois, o plenário do Senado, por 59 votos a 21, votou pela aprovação do relatório de Anastasia. O placar mandava maus sinais para Dilma, pois projetava que o apoio ao impeachment superava os 54 votos necessários para sua condenação. Vale notar que o desempenho da presidente foi pior nessa segunda votação, de aprovação do relatório, do que na primeira, de aceitação da denúncia: era um sinal de que o apoio a ela diminuía à medida que o processo marchava no Senado.

Com Dilma afastada, o governo Temer tocava sua agenda, buscando apoio para "Uma ponte para o futuro", projeto de reformas que prometia tirar o Brasil da crise. Ao mesmo tempo, o país se entretinha com os Jogos Olímpicos do Rio de Janeiro. A Lava Jato, por sua vez, não dava sinais de que descansaria: em 16 de agosto, o relator da operação no STF, ministro Teori Zavascki, autorizou investigação contra Lula, Dilma, José

Eduardo Cardozo e o ex-ministro da Casa Civil Aloísio Mercadante, para apurar a indicação do ex-presidente para a Casa Civil — o inquérito seria arquivado em 2017, a pedido da PGR.[196] Às vésperas do julgamento de Dilma no Senado, a imprensa noticiava que o ex-diretor de Serviços da Petrobras, Renato Duque, envolveria a então presidente na delação premiada que estava negociando.[197] Já com a condenação dada como certa (alguns poucos senadores fingiam indecisão apenas para barganhar vantagens de última hora no novo governo), apareceram as primeiras fissuras no casco da aliança ecumênica que havia deixado a Lava Jato caminhar desimpedida: um dia antes do início do julgamento de Dilma Rousseff, Gilmar Mendes abriu fogo público contra a operação após o vazamento de depoimentos do empreiteiro Leo Pinheiro, da OAS, que mencionavam o ministro Dias Toffoli.[198]

Condenação sem inabilitação

Embora o julgamento tenha se iniciado no dia 25 de agosto, Dilma Rousseff compareceu ao Senado apenas no dia 29. Nessa data estava prevista sua participação pessoal nos trabalhos: era o dia de seu interrogatório, o último ato do processo antes da votação que selaria seu destino. Vestindo um blazer de fundo escuro com estampas de folhagens bordadas, a presidente chamou Michel Temer de "usurpador" e classificou o impeachment como um "golpe na Constituição". Aproveitou para criticar o duro ajuste fiscal pretendido pelo governo Temer e atacou as motivações espúrias de Eduardo Cunha. Dilma fez menção indireta ao áudio de Romero Jucá, ao repetir um termo usado por ele na conversa: "sangria".

A condenação de Dilma era garantida, mas nem por isso a sessão de julgamento deixou de trazer surpresas. Assim que o processo chegou à fase de votação final, já no dia 31 de agosto, o primeiro-secretário da mesa diretora do Senado, Vicentinho Alves, do PR, leu um requerimento de destaque formulado pelo PT. O destaque é um instituto de processo legislativo, previsto nos artigos 312 e seguintes do regimento interno do

O impeachment fiscal

Senado. Ele permite que parte específica de uma proposição que está sendo discutida seja votada separadamente — ou seja, de modo destacado — da proposição originária que a contém. Com base nesse instituto, o PT requereu o destaque de uma das partes do quesito que seria submetido à votação do plenário:

> Requeiro, nos termos do artigo 312, II e parágrafo único do Regimento Interno do Senado Federal, o destaque da expressão — aspas — "ficando, em consequência, inabilitada para o exercício de qualquer função pública pelo prazo de oito anos" — fecha aspas — do quesito que é objeto de julgamento por parte dos senadores no processo de impeachment da senhora presidente da República Dilma Vana Rousseff, denúncia nº 1, de 2016.[199]

A consequência prática da aprovação do requerimento seria desdobrar a votação contra Dilma em dois quesitos distintos, evitando que sua inabilitação por oito anos decorresse automaticamente da condenação. Foi uma manobra de última hora da bancada do PT com o objetivo de minimizar danos: mesmo que condenada e afastada do cargo, a presidente não perderia seus direitos políticos, a não ser que o Senado assim decidisse em votação separada. A oposição protestou invocando o texto da Constituição que impunha uma única consequência para a condenação: "Perda do cargo, com inabilitação, por oito anos".

O senador Randolfe Rodrigues, aliado de Dilma, retrucou que não se tratava de matéria constitucional, mas regimental, sendo o destaque um "direito parlamentar subjetivo". Randolfe se aproveitou do fato de que o resultado da votação gera um tipo de documento, a resolução, que se aprova mediante votação de um projeto, exatamente como as leis. Fez então um argumento de analogia: se destaques são cabíveis para resoluções em geral, por que não o seriam para a resolução específica da condenação de presidentes por crimes de responsabilidade? A resposta veio do senador Aloysio Nunes: o Senado estava ali para emitir não uma resolução legislativa comum, mas sim uma sentença. Foi a vez de o senador petista Lindbergh Farias retrucar invocando o texto da lei nº 1079/1950, que prevê votação separada para a remoção do cargo e para a inabilitação. Lindbergh lembrou também o precedente do julgamento de Collor, que fora condenado à inabilitação mesmo sem ter sido julgado quanto ao afastamento.

O presidente do STF Ricardo Lewandowski chamou então a decisão para si. Alegando que iria "prestigiar o regimento", e invocando o dispositivo regimental que obrigava a aprovação do destaque quando ele fosse requerido por bancada de partido com mais de três senadores (como era o caso do PT), ele assim o fez. Ironicamente, o ministro que tanto havia criticado o "fatiamento" da votação no julgamento do Mensalão, em 2012, patrocinou medida análoga dessa vez. Como consequência, a votação de Dilma Rousseff foi desmembrada em dois quesitos: por 61 votos a vinte, ela foi condenada à perda do cargo; mas por 42 a 36 acabou poupada quanto à inabilitação, pois não foram atingidos os 54 votos exigidos pela Constituição para se chegar a condenação em matéria de crimes de responsabilidade.

Dois dias depois, o jornalista Leandro Colon revelou que a estratégia do "fatiamento" havia sido concebida duas semanas antes da sessão final de julgamento, por senadores do PT. O plano teria recebido o apoio de parlamentares pró-Dilma de outros partidos, como Kátia Abreu, do PMDB. Até mesmo o presidente do Senado, Renan Calheiros, teria aconselhado Lewandowski a aceitar o requerimento de destaque.[200] Colon também identificou e entrevistou aquele que teria sido o "ideólogo" da decisão: o advogado de carreira do Senado Luiz Fernando Bandeira, que em 2016 era secretário-geral da mesa diretora da casa. Em entrevista, Bandeira explicou que, no seu entendimento, a pena de inabilitação de oito anos, prevista na Constituição, era a "pena máxima", e que poderia haver "dosimetria" quanto a ela em caso de condenação. Disse ainda que, para ele, a votação do impeachment constituía, sim, uma proposição, pois essa era a natureza de quaisquer matérias submetidas à deliberação do plenário, o que autorizaria o deferimento de destaques. O secretário-geral informou ainda que havia tomado conhecimento da estratégia dias antes, e que pedira um parecer da consultoria legislativa da casa, que confirmava seu entendimento, mas deixou claro que o ministro Lewandowski não havia tomado decisão alguma até o momento em que a proposição foi apresentada pela

O impeachment fiscal

bancada do PT. Bandeira também apontou que a Lei do Impeachment, de 1950, igualmente previa votações separadas para a perda do cargo e a inabilitação, e lembrou o precedente de Collor, como fizera Lindbergh Farias na sessão plenária.[201]

Em minha opinião, a posição de Bandeira, de Lewandowski e dos defensores do "fatiamento" está equivocada. Não se pode ignorar que a literalidade da lei nº 1079/1950 baseava-se no texto da Constituição de 1946, que nessa matéria é diferente do atual. Naquela carta, o dispositivo pertinente dizia que a condenação por crime de responsabilidade sujeitava o presidente a inabilitação por "até cinco anos" (art. 62, §3º). Ao deixar claro que a pena prevista registrava um máximo ("até"), evidentemente era necessária uma deliberação apartada para que se decidisse qual o tamanho, dentro desse máximo, da inabilitação em caso de condenação. Porém, o atual texto constitucional mudou: agora fala-se de "perda do cargo, com inabilitação, por oito anos". Não há margem para dosimetria alguma: a condenação obrigatoriamente acarreta a inabilitação, por quantidade de tempo fixa e predeterminada. Desconheço qualquer intérprete desse dispositivo constitucional que tivesse alguma dúvida quanto à obrigatoriedade da pena de oito anos até o "fatiamento" do julgamento de Dilma Rousseff.

Além disso, a decisão do Senado em matéria de impeachment não é uma proposição de natureza legislativa, mas sim uma "sentença", e senadoras e senadores, nesses casos, são "juízes", exatamente como afirmara Aloysio Nunes. As duas expressões constam na Lei do Impeachment (arts. 34 e 35). O rito da votação do impeachment de Dilma consagrou a mais estranha das inversões que se pode ter na interpretação jurídica: a Constituição, de redação bastante clara quanto a isso, foi interpretada a partir da escolha seletiva de trechos de uma lei que lhe é anterior, bem como do regimento interno de uma das casas legislativas, quando o correto seria o exato oposto — a lei e o regimento do Senado é que deveriam ter sido interpretados a partir da Constituição.

É preciso, porém, conceder um ponto ao argumento de Bandeira: ele estava certo em invocar o julgamento de Collor em favor de sua tese, já que lá também houve, de certo modo, uma votação apenas para a inabilitação (pois a perda do cargo havia ficado prejudicada pela renúncia). O problema é que o procedimento daquela votação, ao menos pelos fundamentos com que se deu (a dualidade de penas), também está errado: para submeter Collor a julgamento mesmo diante de sua renúncia, teria havido fundamentos jurídicos melhores do que a alegação de que se tratava de duas penas autônomas, conforme desenvolvi no capítulo 3.

Mas talvez toda essa polêmica de interpretação jurídica esteja errando o alvo: e se os senadores, a despeito do que o direito estabeleça, simplesmente queriam tirar Dilma do cargo, mas não achavam que ela merecia perder seus direitos políticos? Bem, o direito lhes dava opções, mas a remoção do cargo sem inabilitação não é uma delas. Cabe lembrar uma lição de John Labovitz, um dos advogados que integrou o célebre Comitê Judiciário da Câmara dos Deputados dos Estados Unidos durante os trabalhos de investigação contra o ex-presidente Richard Nixon, e que tem lugar nesta discussão: "No sistema [...] do impeachment, o Senado não pode ajustar a sanção ao crime, e sim deve decidir se a única sanção disponível [...] é cabível [à conduta]".[202] Se a inabilitação por oito anos parece imerecida para a autoridade à luz do comportamento do qual ela é acusada, a única opção jurídica é a absolvição.

Foi golpe?

A pergunta "Foi golpe?" dividiu o Brasil durante o impeachment de Dilma Rousseff. "Não vai ter golpe!" tornou-se um chamado para os que se opunham à medida, respondido com o truísmo de que o impeachment não pode ser golpe porque é previsto na Constituição. Se a dicotomia "Foi golpe"/"Não foi golpe" é útil na retórica da mobilização política, porque sintetiza de imediato a opinião de cada um sobre esse impeachment controverso, analiticamente ela é ruim, pois esconde mais do que revela. Convém substituí-la por outra: o impeachment de Dilma Rousseff foi legítimo? Formulada dessa maneira, a questão imediatamente impõe uma nova indagação: de onde vem a legitimidade de um impeachment? Aqui,

O impeachment fiscal

os argumentos que se tornaram mais comuns de um lado e de outro do embate "Foi golpe"/"Não foi golpe" fornecem pistas úteis. Enfrentarei alguns deles, e, ao fazê-lo, deixarei claros os contornos de minhas opiniões pessoais, como acadêmico que estuda o impeachment, sobre a condenação e o afastamento de Dilma Rousseff. Comecemos com as formulações mais amplas e contundentes, de parte a parte.

"FOI GOLPE PORQUE não houve crime de responsabilidade" e seu oposto "Não foi golpe porque o TCU disse que houve violação à Lei de Responsabilidade Fiscal". Ao lado da acusação de parcialidade e desvio de finalidade por parte de Eduardo Cunha, o argumento de que não houve crime de responsabilidade foi central para a defesa de Dilma Rousseff. Se é verdade que um impeachment sem crime de responsabilidade é totalmente desprovido de legitimidade, o uso desse argumento a favor de Dilma impõe um desafio adicional: tendo em vista que a Lei de Responsabilidade Fiscal é taxativa em afirmar que as violações a ela configuram improbidade administrativa, crimes comuns *e crimes de responsabilidade*, por que razão, então, as violações à Lei de Responsabilidade Fiscal cometidas por Dilma não configurariam crime de responsabilidade?

Quando olhamos apenas para o período de 2015, as condutas de Dilma parecem pequenas e não destoam, nem em valor, nem em frequência, das práticas de seus antecessores. Se o fundamento do impeachment for a gestão fiscal do governo em 2015, os opositores do processo têm toda razão para reclamar. Porém, quando consideramos 2014, o volume das pedaladas em seu governo foi sem precedentes. Vale lembrar que a prática foi considerada ilegal pelo TCU — não no julgamento relatado por Augusto Nardes, contra o qual o governo sempre protestou, mas naquele conduzido por José Múcio Monteiro. Além do TCU, também os técnicos do Tesouro Nacional acusavam a ilegalidade daquelas operações, o que gerou inclusive um levante de vários funcionários de carreira contra o secretário Arno Augustin. Na melhor das hipóteses, Augustin encontrou uma brecha na metodologia do cálculo da dívida pública pelo Banco Central (que depois foi alterada, para evitar que tais práticas se repetissem em grande volume) e valeu-se dela para esconder aumentos do passivo público que escapavam ao radar da contabilidade oficial. E, mais importante, isso foi feito no ano anterior ao início da campanha pela reeleição de Dilma Rousseff, o que sugere que essa conduta imprópria visava a evitar prejuízos eleitorais de curto prazo para a presidente, seu partido e seus aliados.

Mas, mesmo concedendo que a gestão fiscal de Dilma apresentou ilegalidades, sobretudo no ano final de seu primeiro mandato, e que essa ilegalidade pode ser considerada uma violação à Lei de Responsabilidade Fiscal, resta ainda responder se violações à Lei de Responsabilidade Fiscal implicam necessariamente a prática de crime de responsabilidade. Parece-me evidente que não é qualquer violação àquela lei que merece a resposta extrema do impeachment. Violações a leis (e, no limite, à Constituição) acontecem com alguma frequência em qualquer governo: todas as vezes que um decreto ou uma MP são considerados ilegais ou inconstitucionais pelo Judiciário, está-se reconhecendo violação à lei ou à Constituição. No caso da Lei de Responsabilidade Fiscal, a aprovação de contas "com ressalvas" igualmente sugere que a gestão fiscal ficou aquém dos rigores da Lei de Responsabilidade Fiscal em alguns pontos. Mas daí a um crime de responsabilidade há certa distância, pois as ofensas que embasam impeachments devem ter características distintivas: além de enquadráveis em um dos crimes previstos na lei nº 1079/1950, essas condutas precisam mostrar-se genuinamente graves a ponto de comprometer a integridade das instituições, além de não poderem ser combatidas de maneira eficaz por mecanismos menos drásticos de enfrentamento de ilegalidades, como ações judiciais. Uma conduta gravemente atentatória às instituições, enquadrável na lei nº 1079/1950, e que não pode ser contida de outra maneira que não através do remédio amargo do afastamento prematuro do presidente resulta no fundamento jurídico para um impeachment. O argumento apressado de que há crime de responsabilidade porque há violação à Lei de Responsabilidade Fiscal é uma conclusão que não decorre necessariamente das premissas.

O impeachment fiscal 231

Por esse olhar, mesmo aceitando que houve violação à Lei de Responsabilidade Fiscal, a acusação contra Dilma se enfraquece: havia formas mais adequadas, mais pontuais e menos traumáticas de reagir às ilegalidades imputadas à gestão fiscal da presidente. A bem da verdade, algumas dessas medidas foram tomadas pelo próprio governo quando a imprensa detectou a prática ilegal e começou a denunciá-la: alterar a metodologia de cálculo da dívida pública, para que atrasos em repasses do Tesouro Nacional deixassem de ser ferramentas de maquiagem de contas; aperfeiçoar a redação de contratos entre órgãos de governo e bancos públicos, impondo balizas mais precisas para o fluxo de recursos; reforçar canais de denúncia à disposição de técnicos da burocracia estatal, para que alguém sempre possa denunciar, com segurança, condutas que pareçam impróprias; não coagir ou desacreditar a imprensa quando ela reportar a existência das condutas e questionar sua legalidade e seus impactos fiscais. Isso tudo, claro, sem prejuízo da responsabilidade jurídica (pela Lei de Responsabilidade Fiscal ou pela Lei de Improbidade Administrativa) ou política (por meio da demissão) dos agentes diretamente responsáveis pela conduta ilegal, que podem ser inclusive inabilitados para o exercício de cargos públicos no futuro. Quanto à acusação dos decretos suplementares, coibir os efeitos danosos do ato era ainda mais simples: há instrumentos processuais corriqueiros que teriam sido capazes de sustar, por simples ordem judicial, os efeitos daquelas normas caso elas se mostrassem ilegais ou inconstitucionais. Mas o ímpeto político não se deixou constranger por qualquer limite jurídico. Nem mesmo o fato de que as mesmas condutas haviam sido praticadas por Michel Temer, em valores ainda maiores do que os imputados a Dilma Rousseff, foi suficiente para desacreditar essa segunda acusação.

Se a remoção de um presidente é ato extremo que só se justifica quando não há outra alternativa eficaz à disposição para enfrentar os crimes de responsabilidade praticados pela autoridade, os fundamentos para a condenação de Dilma, mesmo se considerado o período de 2013 e 2014, e mesmo partindo-se do pressuposto de que o Tesouro Nacional violou a Lei de Responsabilidade Fiscal, parecem problemáticos. Mas isso não impede que se reconheça a ilegalidade de aspectos de sua gestão fiscal e seu impacto negativo para a higidez e a credibilidade das contas públicas. Nada há de contraditório em ser ao mesmo tempo crítico às más práticas contábeis da gestão Dilma Rousseff e desaprovar a contestável fundamentação jurídica de sua condenação.

"FOI GOLPE PORQUE atos do primeiro mandato foram levados em consideração." Esse argumento não procede. Como eu já disse ao longo do capítulo, entendo (em princípio, e com as ressalvas que fiz páginas atrás) que condutas do primeiro mandato podem, sim, ensejar condenações no mandato subsequente.

O maior problema, no caso do processo de impeachment de Dilma, é que nunca houve exata clareza quanto a se os atos do primeiro mandato estavam ou não sendo apreciados por seus acusadores, especialmente após a autorização da denúncia pela Câmara. Embora a petição de denúncia apontasse fatos do primeiro mandato e argumentasse que eles poderiam ser considerados para impeachment no segundo mandato, Eduardo Cunha, ao recebê-la e encaminhá-la à comissão especial da Câmara, entendeu que isso não seria possível e ordenou que fatos relativos ao primeiro mandato fossem desprezados. O relator do impeachment na Câmara, por sua vez, discordou de Cunha e voltou a incluí-los no seu relatório, rejeitando inclusive os poderes do presidente da Câmara para limitar o recebimento da denúncia. No Senado as coisas foram ainda mais nebulosas: Antonio Anastasia, em seu relatório, enfatizou as condutas de 2015, mas deixou claro que as considerava com uma unidade fáctica que englobava também atos de 2014.

Por isso, a defesa de Dilma teve certa razão em reclamar da dificuldade em identificar o objeto preciso da acusação, que parecia mais amplo em algumas situações e mais restrito em outras.

"FOI GOLPE PORQUE as pedaladas foram responsabilidade de Arno Augustin, não de Dilma." Esse foi um argumento legado pelo próprio Augustin para a defesa de seus superiores, especialmente Guido Mantega: ao despedir-se do governo, o ex-secretário do Tesouro Nacional deixou assinado um documento no qual assumia responsabilidade integral e exclusiva pelos atos que praticou no cargo, os quais incluíam as pedaladas fiscais. A acusação relativa aos decretos de abertura de crédito suplementar em 2015, por si só fraca para embasar um impeachment, visava a enfrentar justamente a falta de um ato de próprio punho de Dilma (de preferência no segundo mandato).

Esse argumento é perigoso e não deve ser aceito. Ele convida a uma compreensão excessivamente formal dos crimes de responsabilidade. Impeachments cuidam, em essência, de graves abusos de poder, e presidentes exercem poder de várias maneiras, não apenas através da prática de atos formais de sua autoria direta.[203] A mais perigosa forma de abuso de poder presidencial ocorre justamente quando o espírito de corrosão institucional de uma autoridade descomprometida com a Constituição contamina a cadeia do serviço público, do burocrata da esquina aos ministros de Estado. Quando se chega a esse ponto, nenhum ato pessoal e formal da autoridade máxima torna-se necessário para que a destruição de instituições democráticas seja levada a cabo com sucesso, sob sua liderança.

"NÃO FOI GOLPE PORQUE O Supremo avalizou." Esse argumento foi repetidamente invocado pelos adversários de Dilma Rousseff. Mas ele tem um pressuposto problemático: tomar a posição do STF como medida última de legitimidade de um impeachment.

O pressuposto é falho porque a Constituição dá muito pouco poder ao STF em matéria de crimes de responsabilidade. Pela tradição brasileira, o tribunal só se permite assegurar que os ritos da Constituição e da Lei do Impeachment sejam observados, garantindo oportunidades formais de defesa à autoridade acusada. Mas ele nada diz sobre o mérito da acusação. O Supremo jamais se manifestou sobre a principal objeção de Dilma Rousseff a seu impeachment — a ausência de crime de responsabilidade —, pois ele não tem competência constitucional para fazê-lo. Pela posição histórica que vem adotando, e pela lógica do impeachment de reduzir poderes de juízes nessa matéria, o STF provavelmente nada faria, ainda que seus ministros, individual e subjetivamente, considerassem que a acusação carecia de fundamento jurídico.

Mesmo fora dos casos de impeachment, a noção de que devemos render nossos julgamentos de legitimidade aos veredits de tribunais é problemática. Desde que se tornou corrente a visão de que direito e moralidade não têm relação necessária, a ideia de que as decisões de um órgão jurídico (como um tribunal) podem dar respostas definitivas sobre moralidade política deve ser vista com muitas ressalvas. Longe de recomendar submissão incondicional, a moralidade política exigirá, em muitos casos, que leis e decisões de autoridades, inclusive de tribunais, sejam contestadas, e às vezes até desafiadas.[204] Escravidão, segregação, campos de concentração, perseguição a adversários políticos de ditaduras: o mundo do sistema de justiça está repleto de exemplos de sentenças que chancelaram injustiças notórias, e que não servem para aliviar a consciência de quem se pergunta se fez a coisa certa ao obedecê-las. Não é diferente com o STF, um tribunal que entregou uma mulher judia grávida para ser morta nos campos de concentração nazistas[205] e cansou de fazer vista grossa à prática de tortura em vários momentos da história do Brasil. Leis e decisões judiciais são importantes fontes para se levar em conta em nossas avaliações acerca de legitimidade, mas não são gabaritos infalíveis para nossos grandes conflitos políticos — especialmente em impeachments, pela pequena competência do Poder Judiciário nesse tema.

"Não houve golpe porque o impeachment é político, então a Câmara e o Senado decidem como bem quiserem." Ao lado do argumento do STF como avalista, esse foi outro bordão reiteradamente invocado pelos defensores do impeachment de Dilma Rousseff.

Essa justificativa era a resposta-padrão dos críticos de Dilma à alegação de tibieza jurídica da acusação, pela falta de crimes de responsabilidade convincentes. Ele é improcedente porque confunde duas coisas distintas:

O impeachment fiscal

de um lado, saber se a autoridade acusada terá ou não força política para sobreviver no Congresso, seja ela culpada ou inocente dos crimes que lhe são imputados; de outro, avaliar se a conduta atribuída a essa autoridade constitui ou não crime de responsabilidade. Enquanto a primeira é uma avaliação de força política no tempo presente, que deve ser renovada a cada dia, a segunda é um juízo de interpretação legal.

É facticamente possível que um Congresso em pé de guerra com o presidente da República o ponha para fora usando uma acusação fraca como pretexto, assim como é também possível que a autoridade politicamente forte consiga sobreviver a uma acusação robusta por graves crimes de responsabilidade. Em qualquer desses dois casos, a pergunta "Houve crime de responsabilidade?" não se confunde com a avaliação das condições políticas que possibilitam à autoridade sobreviver ou não ao processo.

No caso de Dilma Rousseff, uma elucubração contrafactual é útil: se o PT tivesse aceitado barganhar com Cunha para salvá-lo no Conselho de Ética, ou se a presidente tivesse conseguido emplacar um procurador-geral da República antilavajatista — como Jair Bolsonaro fez com Augusto Aras —, e tudo isso tivesse sido suficiente para que a denúncia contra ela não prosperasse na Câmara dos Deputados, dificilmente aqueles que usam esse argumento da soberania parlamentar sobre a interpretação dos crimes de responsabilidade aceitariam o desfecho favorável a Dilma. Provavelmente teriam protestado contra arranjos políticos que impedissem a apuração dos crimes a ela imputados.

O argumento de que Câmara e Senado são donos absolutos dos sentidos dos crimes de responsabilidade é também contrário aos fundamentos teóricos e históricos do impeachment presidencial, que nunca pretendeu permitir a destituição de um presidente apenas por más relações com o Parlamento. No sistema parlamentarista, o voto de desconfiança dá esse poder aos congressistas, mas eles estão apenas tirando algo que lhes cabe dar ou tirar, pois, como regra, é o apoio da maioria parlamentar que eleva um deputado a primeiro-ministro. No presidencialismo brasileiro, o chefe do Executivo não chega ao cargo se não tiver mais da metade dos votos válidos em uma eleição nacional. É a única autoridade política da nação diretamente referendada pela maioria absoluta de votos válidos de todos os eleitores do país. E, assim como ninguém se torna presidente da República por mero apoio parlamentar, também não deve perder o posto pela simples perda desse apoio, do qual não dependeu para chegar à presidência.

"Não foi golpe porque Dilma não foi condenada por atos específicos, e sim pelo 'conjunto da obra'." Esse argumento é primo-irmão da alegação de que o Congresso define crimes de responsabilidade como bem quiser. "Conjunto da obra", nesse caso, referia-se à totalidade dos deméritos políticos do governo, sobretudo na área econômica. Novamente, o argumento dá ao Congresso uma licença para remover um presidente por motivos puramente políticos — um poder que a Constituição não lhe atribui. Apenas eleitores, a cada quatro anos, podem fazer esse julgamento de continuidade ou interrupção de um governo pelos méritos ou deméritos de seus resultados.

Por outro lado, é importante apontar que há um sentido em que o "conjunto da obra" pode ser fundamento próprio para um impeachment. No caso que foi se construindo contra Richard Nixon, e que levou a sua renúncia da presidência dos Estados Unidos em 1974, o presidente era acusado por um conjunto de atos que, somados, revelavam um comportamento político que atentava contra a integridade das instituições: Nixon praticava todo abuso de poder ao seu alcance, inclusive lançando mão de órgãos de Estado, como a Receita Federal, para prejudicar adversários. A totalidade de seu comportamento impróprio, do qual a espionagem ao quartel-general do Partido Democrata em Watergate foi apenas um capítulo, serviu para pintar o retrato de um "conjunto da obra" que sugeria que os excessos do poder presidencial eram uma ferramenta perenemente empregada por Nixon. Esse "conjunto da obra", porém, nada tinha a ver com uma avaliação sobre a qualidade de seu governo: era a simples concatenação de atos individuais em um padrão de conduta que revelava o abuso de poder presidencial como estratégia de competição política.

O impeachment fiscal

"NÃO FOI GOLPE PORQUE se garantiu o direito de defesa a Dilma Rousseff." Sim, é verdade. Dilma teve, de fato, até mais oportunidades de defesa do que Collor. Porém, é preciso lembrar que impeachments podem ser abusivos de duas maneiras distintas: no rito ou nos fundamentos. O paraguaio Fernando Lugo e o equatoriano Abdalá "O Louco" Bucaram são exemplos de abuso pelo rito: foram afastados por votações sumárias, sem qualquer garantia de direito de defesa, e até mesmo (no caso de Bucaram) sem observância do quórum constitucional mínimo para a condenação. No caso de Dilma, a alegação de abuso no rito nunca esteve entre suas principais objeções ao processo, exceção feita à dificuldade de definir com precisão o objeto de sua acusação, dadas as mudanças de enfoque entre as comissões especiais na Câmara e no Senado. Sua principal objeção era quanto à falta de fundamentos: ela negava que as condutas das quais era acusada configurassem crimes de responsabilidade.

Cabe apontar que há um toque de cinismo nesse argumento quando ele vem acompanhado daquele segundo o qual o juízo sobre crimes de responsabilidade é puramente político. Porque, se o sucesso ou insucesso da defesa depende de articulação política mais do que de argumentos jurídicos, de nada adianta garantir amplas oportunidades para a defesa jurídica ao mesmo tempo que se bloqueia a possibilidade de defesa política. No caso de Dilma, foi precisamente isso que aconteceu: enquanto nas comissões e na sessão de julgamento sua defesa pôde peticionar, manifestar-se amplamente e questionar testemunhas, na arena política a possibilidade de recomposição de sua base de governo foi severamente prejudicada por intervenções indevidas do Poder Judiciário. O episódio do vazamento do telefonema com Lula e da obstrução à posse do ex-presidente na Casa Civil, por exemplo, deixava claro que o terreno da defesa política não estava à disposição da presidente.

"FOI GOLPE PORQUE Eduardo Cunha agiu com desvio de finalidade." Ao lado da tese da inexistência dos crimes de responsabilidade, essa outra esteve na linha de frente da defesa pública de Dilma contra o impeachment. Esse argumento é procedente, mas é preciso tomar cuidado com suas implicações. Reconhecer a vilania de Cunha não deve exagerar o domínio do presidente da Câmara sobre processos de impeachment. No caso específico do impeachment de 2016, ela tampouco deve obscurecer a responsabilidade de outras forças políticas que se aliaram a Cunha, por motivações semelhantes às suas, e transformaram a derrubada de Dilma num projeto ecumênico de elites acuadas pelos avanços da Lava Jato.

A essa altura, já pertence ao domínio dos fatos incontroversos que Eduardo Cunha deu andamento ao pedido de impeachment por vingança contra a presidente e especialmente contra o PT, por ter sido abandonado à própria sorte no processo disciplinar que culminou com a cassação de seu mandato. Nem mesmo Michel Temer nega isso.[206]

É preciso também reconhecer que o Poder Judiciário tem sua parcela de culpa na mácula que Eduardo Cunha projeta sobre o impeachment de Dilma Rousseff. O STF mal esperou baixar a poeira da votação de 17 de abril de 2016 para afastá-lo da presidência da Câmara dos Deputados, alegando que Cunha abusava de seus poderes em benefício próprio. Se isso era verdade, e se bastava para fundamentar seu afastamento, então ele deveria ter sido impedido de seguir à frente do impeachment na Câmara desde dezembro de 2015, quando sua destituição foi solicitada pela PGR.

Há um evidente contrassenso em permitir-se afastar uma autoridade do cargo para que ela não manipule instituições para escapar da cadeia, mas tolerar que ela faça exatamente isso bem no processo que leva à destituição da presidente da República. É o reconhecimento, pelo próprio STF, de que o impeachment na Câmara dos Deputados foi conduzido por um político que teve de ser afastado de seu cargo porque abusava de seus poderes para beneficiar a si próprio e prejudicar o partido e a presidente acusada. Não sei se há alguém que entenda que essa confissão extemporânea expia a culpa desse pecado político mortal do processo contra Dilma. Evidentemente, não expia.

Porém, é preciso cuidado para não deixar a malvadeza caricata de Eduardo Cunha deturpar nossa análise sobre a força da presidência da Câmara dos Deputados no acionamento das engrenagens do impeachment. É

O impeachment fiscal

correto reconhecer que essa autoridade tem enormes poderes, tanto legais quanto políticos, para colocá-las em movimento — ou mantê-las paradas; é errado, porém, tratar o presidente da Câmara dos Deputados como único dono e senhor absoluto do impeachment apenas em razão dos poderes constitucionais e regimentais de que o cargo dispõe.

No processo de Dilma Rousseff, a curta presidência de Waldir Maranhão, sucessor de Cunha após seu afastamento pelo STF, é um bom exemplo disso. Se Cunha teve suas "cunhadas", Maranhão também praticou uma "maranhada" ao tentar anular a votação que autorizou o impeachment na Câmara — decisão que não foi levada a sério por absolutamente ninguém.

Isso mostra que a força política do presidente da Câmara dos Deputados não decorre exclusivamente de seus poderes legais para a condução no processo. Cunha tinha essa força porque, ao contrário de Maranhão, dispunha de um bancada relativamente grande de deputados leais à sua pessoa, todos gratos pelo seu poder de favorecê-los na distribuição de verbas durante a campanha.[207]

Mas, sobretudo, os enormes poderes de Eduardo Cunha — capazes de fazer tanta gente olhar para o lado e fingir que não enxergava seus desvios de finalidade praticados à luz do dia — vinham do fato de que grande parte da elite política e empresarial naquele momento, em pânico pelo avanço da Lava Jato, via na desfaçatez de Cunha o caminho mais curto para a construção de uma ponte para o futuro fora da prisão no governo de Michel Temer.

Dessa forma, o melhor modelo de análise não despreza, por óbvio, os poderes jurídicos e políticos do presidente da Câmara, mas não se impede de enxergar o quanto outros elementos de força são relevantes para compreender as limitações e possibilidades desse importante ator no processo de impeachment. Cabe aqui um juízo contrafactual: imaginemos que Cunha tivesse sido afastado pelo STF antes da votação do impeachment, como havia requerido a PGR, e que a eleição de Rodrigo Maia tivesse acontecido em janeiro ou fevereiro. Que teria acontecido nessa hipótese? Possivelmente o impeachment teria ido adiante ainda assim: o desejo de colocar Temer no lugar de Dilma ia além de Eduardo

Cunha, e qualquer presidente da Câmara que tentasse se opor a esse desígnio acabaria defenestrado — exatamente como ocorreu com Waldir Maranhão, o Breve. Eduardo Cunha dá rosto a um desvio de finalidade que não foi apenas dele.

Essa lição é útil também para o governo Bolsonaro, como mostrarei no epílogo.

"NÃO FOI GOLPE PORQUE Temer foi eleito tanto quanto Dilma." Esse argumento das urnas foi muitas vezes usado pelos defensores do impeachment em reação às críticas.

É verdade. Mas ela foi eleita para ser presidente, enquanto ele foi eleito para ser vice-presidente. É altamente discutível que eleitores tratem presidentes e vices indistintamente no momento da eleição, como se lhes fosse indiferente qual deles ocupará a chefia do Executivo; ainda mais em regimes presidencialistas, no qual o personalismo político é forte.

Vale destacar que a Constituição de 1988 não equipara a legitimidade de presidentes e vices: o artigo 77, §1º é explícito em afirmar que só o presidente é propriamente eleito, sendo a eleição do vice uma decorrência da eleição do titular da chapa: "A eleição do presidente da República importará a do vice-presidente com ele registrado". Segundo José Afonso da Silva, o vice-presidente "sequer é votado", justamente para evitar que o substituto presidencial funcione como um adversário dentro do governo. "Foi a mecânica que o sistema constitucional engendrou para evitar que o vice-presidente eleito pertença a partido de oposição ao presidente",[208] fato corriqueiro sob as Constituições de 1891 e 1946.

É bom lembrar que o próprio Temer reconheceu sua subordinação política a Dilma quando lhe conveio, para rejeitar responsabilidade por decretos semelhantes aos que levaram à acusação da presidente.

"NÃO FOI GOLPE PORQUE havia apoio popular ao impeachment." Além do argumento das urnas, os defensores da remoção de Dilma sustentavam

O impeachment fiscal 241

a legitimidade política do processo por essa outra via, insistindo em que não pode ser golpe aquilo que esteja de acordo com a vontade popular.

Para reagir a essa alegação, é preciso compreender qual o papel que o apoio popular de fato tem nos processos de impeachment. Se é verdade que muitos estudiosos[209] apontam a queda de popularidade como condição para impeachments, ela é uma determinante factual, e não um fundamento constitucional ou legal, da remoção de um presidente. A impopularidade, como também o apoio ao impeachment, meramente indica maior probabilidade de que o presidente caia, por alguma via (impeachment ou golpe) e algum fundamento (crime de responsabilidade, "impedimento", incapacidade etc.). Nada disso transforma impopularidade em base de legitimação para um impeachment no sistema brasileiro. Impopularidade ou apoio popular ao processo de destituição não constituem crimes de responsabilidade, assim como alta popularidade não impede a caracterização desses crimes.

Uma das virtudes do presidencialismo de mandato fixo é separar o tempo da campanha entre adversários, na época das eleições, do tempo de governar e fazer oposição, que vem na sequência. Essa separação permite a conjugação de momentos de intensa competição eleitoral com outros de trabalho regular da administração pública. Nos momentos de governo, a impopularidade constrange a autoridade eleita (e sua base de apoio político) a perseguir medidas que melhorem sua aprovação, mas não pode servir como estímulo para que a oposição trabalhe pela derrubada precoce de quem venceu as eleições. Confundir os dois momentos levaria à conflagração política permanente: seria um convite à inoperância governamental e à radicalização política da oposição.

Há algo mais a ser relembrado com relação ao argumento da impopularidade como justa causa para o impeachment no caso de Dilma Rousseff. Uma parte importante da impopularidade de seu governo devia-se ao insucesso de sua política econômica, que trouxe consequências realmente danosas para o país, porém o fato determinante para levar a população às ruas, segundo mostram as pesquisas com manifestantes, foi o apoio à Lava Jato e ao combate à corrupção. Dilma, no entanto, ao contrário de muitos dos deputados que trabalhavam por sua queda no Congresso, nem estava seriamente implicada nas investigações da operação, nem usou dos poderes de seu cargo para opor qualquer resistência ao trabalho dos magistrados e procuradores lavajatistas. Como ficou demonstrado nas pesquisas de opinião tratadas em detalhes ao longo do capítulo, o apoio popular que havia ao impeachment de Dilma fundamentava-se em acusações estranhas à denúncia que levou a sua condenação — o que tampouco favorece a legitimidade de seu afastamento.

PELAS MINHAS REAÇÕES AOS ARGUMENTOS dos parágrafos anteriores, somadas às opiniões que emiti ao longo de todo o capítulo, a leitora e o leitor já terão percebido que tenho diversas críticas à legitimidade do impeachment de Dilma Rousseff, embora eu conceda diversos pontos a seus acusadores (por exemplo, quanto ao erro da votação destacada que poupou seus direitos políticos). Mas, embora crítico à legitimidade de sua deposição, eu resisto a tratar como "golpe" o processo movido contra a presidente, inclusive em sua versão adjetivada: "golpe parlamentar".[210]

Em um momento como o que vivemos no Brasil — escrevo em 2020/2021 —, de crescente apoio a ditaduras e ditadores em sentido próprio, ressuscitar a ideia de "golpe" para que ela caiba nos embates políticos cotidianos de 2015 pode ser perigoso, pois favorece a ideia equivocada de que "golpes" são um recurso à disposição em momentos de crise e polarização política.[211] Se a queda de Dilma foi "golpe", por que os apoiadores de seu impeachment, que possivelmente ainda são maioria no Brasil, não tolerariam outros "movimentos" que seus adversários políticos também chamam de "golpe", como o regime militar e seus atos institucionais? Ou o Estado Novo, com o fechamento permanente do Congresso Nacional e a imposição de uma nova Constituição de modo unilateral pelo Poder Executivo?

Embora o impeachment de Dilma Rousseff seja mais explicável por motivações políticas inconfessáveis de seus algozes do que pela robustez de seus fundamentos jurídicos, ainda assim parece-me preferível tratá-

O impeachment fiscal

-lo sob outra rubrica: um impeachment ilegítimo, marcado por evidente desencontro entre motivos alegados por seus perpetradores e objetivos perseguidos pelas elites políticas que o levaram a cabo; pela atuação muitas vezes imprópria de atores do sistema de justiça em favor de um dos lados da disputa; pelo descompasso entre seus fundamentos jurídicos e um desejo social difuso de combate à corrupção que foi burlado, mas jamais contemplado, pela vitória de Temer, Jucá e Cunha, ao lado de líderes de partidos fisiológicos com extensa ficha policial e do baixo clero parlamentar que carreiam consigo.

Reconheço que minha implicância com o uso da palavra "golpe" elimina do vocabulário político dos opositores do impeachment de Dilma um termo forte e mobilizador, que comunica de maneira sintética e inequívoca o sentimento de oposição política ao processo de deposição de que ela foi vítima. Ainda assim, e especialmente na arena do debate público, insisto que uma deposição presidencial pelo Parlamento, baseada em uma tese jurídica sem mérito, não deve ser confundida com a derrubada de um regime constitucional através de atos de força civil-militar, ao qual normalmente se seguem cassações de políticos adversários, aposentadoria compulsória de juízes independentes, prisões arbitrárias amparadas em provas colhidas sob tortura ou exílios autoimpostos para se escapar da perseguição e da morte. Se um dia os apoiadores remanescentes do processo contra Dilma aceitarem de uma vez por todas que seu impeachment foi mesmo um "golpe", e consequentemente assimilarem a ideia de que golpes de vez em quando são um remédio amargo que temos de suportar para curarmos os graves males de nossa democracia, perderemos a capacidade de distinguir um levante orquestrado pelo Centrão para escapar da cadeia de um cerco de tanques e cavalaria ao Congresso ou ao Supremo Tribunal Federal. Se esse dia chegar, o bordão do passado que teremos de ressuscitar será outro: "Ditadura nunca mais!".

Epílogo

Um impeachment para Jair Bolsonaro

JAIR MESSIAS BOLSONARO É UM CRIMINOSO POLÍTICO cuja magnitude impõe desafios ímpares às reflexões sobre o impeachment.

Em geral, e não apenas no Brasil, o grande debate nos processos de impeachment é saber se a conduta do acusado configura ou não crime de responsabilidade. Foi assim nas oportunidades em que a Câmara dos Estados Unidos acusou formalmente presidentes norte-americanos:[1] Andrew Johnson cometeu crime ao demitir o secretário da Guerra, ou estava no legítimo exercício de seu poder constitucional de destituir um membro de seu gabinete? Clinton praticou crime e obstruiu investigações ao falsear a natureza de sua relação com a então estagiária da Casa Branca Monica Lewinsky? Donald Trump incitou insurreição ao estimular que seus apoiadores marchassem contra o Congresso?[2] Essa foi também uma grande polêmica no impeachment de Dilma Rousseff: decretos suplementares de crédito e atrasos no repasse a bancos públicos eram suficientes para caracterizar crime de responsabilidade segundo a lei brasileira?

Em outros casos, as dúvidas envolvem o rito do processo de afastamento do presidente pelo Poder Legislativo. Pode o ocupante da presidência ser afastado por votação sumária do Congresso que reconheça algum "impedimento" ao exercício do cargo, como ocorreu com Carlos Luz e Café Filho em 1955? Atos anteriores à posse no cargo, como a corrupção imputada ao presidente peruano Martín Vizcarra durante seu mandato de governador de província, podem fundamentar uma condenação parlamentar? E atos de mandato presidencial anterior, como as pedaladas do primeiro mandato de Dilma Rousseff? A condução da instrução do processo por um comitê de senadores, e não pelo plenário da casa, fere a disposição da

Constituição dos Estados Unidos, estabelecendo que o poder exclusivo de julgar o presidente pertence "ao Senado" (e não a uma fração dele)?[3] Pode um presidente ser processado e condenado por crime de responsabilidade mesmo após deixar o cargo, por renúncia (como Collor) ou pelo fim do mandato (como Trump)?

Com Bolsonaro a conversa é diferente. Mais do que qualquer dúvida jurídica ou de procedimento, a perplexidade que nos assola é outra: como um presidente que agride a Constituição tão abertamente sobrevive sem que a Câmara tenha nem sequer analisado uma das mais de cem denúncias já apresentadas contra ele?[4] Este enigma nos convida a investigar se há algum vício elementar em nosso desenho institucional do impeachment, ou se estamos diante de um gênio da delinquência constitucional que encontrou a fórmula perfeita para a prática de crimes de responsabilidade.

Juridicamente, o debate sobre a prática de crimes de responsabilidade por Bolsonaro só não é entediante porque lembra um jogo de bingo: a cada tantos dias pode-se marcar um novo crime cometido na cartela da Lei do Impeachment. Não há dúvidas sobre *se* Bolsonaro cometeu crimes de responsabilidade, mas apenas *quantos* e *quais* crimes ele cometeu.

Desde antes da pandemia de covid-19, tenho insistido em que a conduta de Bolsonaro configura inequivocamente o delito de "proceder de modo incompatível com a dignidade, a honra e o decoro do cargo" (lei nº 1079/1950, art. 9º, nº 7).[5] Ao contrário de outros crimes descritos de modo mais palpável na lei, a caracterização da quebra de decoro presidencial exige maior esforço interpretativo. Mas Jair Bolsonaro consegue transformar esse desafio em um caso banal de interpretação legal. Quando a Constituição e a Lei do Impeachment escolheram proibir o comportamento presidencial indecoroso, condutas como as dele eram exatamente o que se tinha em mira. Se nem Bolsonaro pratica o crime de quebra de decoro, é melhor que risquemos de uma vez esse item da lei.

O sentido geral da proibição ao comportamento indigno, desonroso e indecoroso é demarcar limites que devem ser observados por um presi-

Epílogo 247

dente em sua conduta pública e privada, tanto em suas palavras quanto em seus atos. Essas balizas protegem as instituições — a própria presidência da República, outros departamentos do Poder Executivo e os demais Poderes —, e ignorá-las implica risco ao equilíbrio democrático. Os limites ao verbo presidencial são mais rígidos: ao contrário de deputados e senadores, o chefe do Executivo não dispõe de imunidade constitucional para suas palavras. Se o deputado Bolsonaro, embalado pela leniência de seus colegas parlamentares, acostumou-se à falta de freios em seus embates na Câmara, o presidente Bolsonaro não pode contar com a mesma liberdade.

O escrutínio mais rígido do comportamento presidencial existe porque a presidência da República carrega um poder simbólico único. Theodore Windt Jr. batizou-o de "poder retórico".[6] O presidente tem uma plataforma singular para a disseminação de suas ideias: qualquer frase que pronuncie ocupa o centro das atenções da imprensa, dos analistas políticos, dos agentes de mercado, da diplomacia de outras nações e de organismos internacionais.

Em razão dos poderes legais e constitucionais de que dispõe o presidente, qualquer ideia veiculada por ele estimula comportamentos de outros atores sociais que busquem demonstrar adesão, apoio ou aprovação a ele e a seu governo. Dessa forma, as palavras e atos de um chefe de Estado da República têm, objetivamente, maior probabilidade de influenciar atitudes e comportamentos na sociedade, dentro e fora da burocracia estatal. Bastou Jair Bolsonaro pedir a seus seguidores que arranjassem "uma maneira" de filmar leitos vazios de UTIs em junho de 2020,[7] momento inicial da pandemia de covid-19 no Brasil, para que deputados e apoiadores passassem a invadir hospitais com celulares nas mãos.[8] Médicos relatam há tempos demissões, agressões e coerções para que receitem o chamado "tratamento precoce", na linha do que insiste Bolsonaro,[9] a despeito das evidências científicas em contrário.[10] Palavras de um presidente que conta com uma base de apoiadores leais e engajados nas ruas e nas instituições funcionam como um eficaz apito de cão: a matilha ouve o chamado e responde infalivelmente — e o chefe do Executivo sabe disso. Portanto, cabe falar, propriamente, de um *poder* retórico.

Para um chefe de Estado, não há conversa jogada ao vento: falar é fazer. Por essa razão, a Lei do Impeachment é repleta de referências a crimes cometidos apenas com a palavra presidencial: "cometer hostilidade", "constranger", proferir "ameaça", "incitar", "provocar animosidade". Essa compreensão não se limita ao Brasil. Em janeiro de 2021, Donald Trump foi formalmente acusado de "incitar uma insurreição" por meio de condutas como "emitir afirmações falsas", "encorajar desrespeito à lei" e "exortar autoridades" a subverter processos legais.[11] A Câmara dos Deputados dos Estados Unidos concluiu que as palavras do presidente, tendo em vista o cargo que ocupava e os previsíveis desdobramentos de suas provocações, implicaram riscos graves à "segurança nacional, à democracia e à Constituição". A discussão sobre a criminalidade da incitação de Trump contra as instituições democráticas se perdeu no debate sobre a possibilidade de condenação após o final do mandato presidencial, e ele acabou absolvido.[12]

A ÊNFASE NO CRIME DE COMPORTAMENTO INDECOROSO, desonrado e indigno não nos impede de reconhecer outros crimes de responsabilidade que Jair Bolsonaro já praticou. Desde o início de seu mandato, ele cometeu diversas vezes delitos incluídos no artigo 6º da lei nº 1079/1950, que proíbe o presidente de atentar diretamente contra o livre exercício dos demais Poderes, seja por violência física, seja por ameaças ou qualquer meio de intimidação.

Com o avançar do mandato, o STF tornou-se alvo preferido das intimidações presidenciais. Em um regime constitucional no qual os Poderes interagem e exercem fiscalização uns sobre os outros, nenhum presidente está imune à possibilidade de juízes emitirem decisões que contrariem seus interesses políticos. Essas decisões podem ser polêmicas e suscitar divergências. A presidência da República pode reagir àquelas que a contrariem judicialmente, recorrendo, do ponto de vista legal, e expressando discordância quanto a seus méritos, do ponto de vista político. Não pode, porém, atacar juízes e ameaçar tribunais. Esse é o recado simples e claro da Lei do Impeachment, que nosso presidente finge não entender.

Epílogo

Jair Bolsonaro trabalha aberta e insistentemente para minar a autoridade do Judiciário porque ele sabe que essa depreciação diminui a capacidade das instituições de responderem a seus abusos e às suspeitas que cercam as histórias de sua família e de seus aliados. Basta lembrar sua reação à liminar do ministro Luís Roberto Barroso determinando a instalação da "CPI da Covid", uma decisão conforme ao texto literal da Constituição e alinhada à jurisprudência pacífica do STF: ele acusou o ministro de fazer "politicalha" ao combinar uma "jogadinha casada" com a "bancada de esquerda no Senado", e associou a indicação do ministro ao STF ao fato de ele ter defendido, quando advogado, o italiano Cesare Battisti.[13] Trocando em miúdos, Bolsonaro usou a visibilidade de seu cargo para propagandear a seus apoiadores que o ministro Barroso não aplicou o direito mas se aliou à oposição no Congresso e fez política partidária a pretexto de julgar. A conclusão sugerida, embora não dita, é clara: para que respeitar as decisões de um tribunal com integrantes desse tipo?

Essa não foi a primeira acusação dessa sorte,[14] e seguramente não será a última. Enquanto o STF apresentar qualquer contrariedade aos interesses políticos de Jair Bolsonaro, ou aos interesses criminais de seus filhos e aliados, as investidas contra o tribunal e seus ministros não cessarão. Elas não são arroubo de temperamento, mas uso estratégico do poder presidencial para atentar contra o Judiciário. O presidente trabalha para transformar decisões corriqueiras do STF em faíscas de crises constitucionais que, se detonadas, terão consequências imprevisíveis, inclusive para os membros do tribunal. É evidente que isso objetiva aumentar o custo político para que o tribunal as profira, obrigando os ministros a calcular cenários de risco que não deveriam figurar no horizonte de magistrados em uma democracia.

Tudo isso faz com que o Supremo e seus membros tenham de investir tempo, trabalho e capital político (que queimam quando se veem obrigados a recorrer a expedientes juridicamente bambos, como o famigerado "Inquérito das Fake News") para defender tanto sua integridade pessoal quanto a reputação do tribunal a cada decisão que contrarie Bolsonaro. É justamente isso que a Lei do Impeachment quer evitar nos crimes elencados no artigo 6º.

ALÉM DA QUEBRA DE DECORO — um delito que é transversal a todo o comportamento de Jair Bolsonaro — e das investidas ilegais contra outros poderes constituídos, há um terceiro crime de responsabilidade que se destaca em seu plantel: o atentado contra a saúde dos brasileiros, previsto no artigo 7º, nº 9, da Lei do Impeachment.[15] Pelo conjunto de sua obra desde março de 2020, a maioria dos mais de cem pedidos de impeachment contra ele incluem ações e omissões de Bolsonaro no combate à pandemia de covid-19.[16]

O crime está configurado porque a gestão desastrosa de Bolsonaro não cometeu apenas erros iniciais desculpáveis pelo ineditismo da doença: o governo federal perseguiu intencionalmente um caminho que o afastou de medidas médicas e sanitárias cada vez mais consensuais, e fez isso com a finalidade de atender às conveniências políticas de curto prazo do presidente. Ao usar a visibilidade da presidência da República como palanque para disseminar notícias falsas sobre vacinas, máscaras e tratamentos que supostamente evitariam quadros graves de covid-19, Bolsonaro contribuiu direta e pessoalmente para o alastramento do vírus. Ao mesmo tempo, ele minou a eficácia da cooperação federativa ao antagonizar de modo virulento com governadores e prefeitos, além de ter intencionalmente retardado a compra de vacinas para abastecer um plano nacional de imunização.[17]

Bolsonaro perseguiu essa ambição nefasta por três caminhos identificáveis a partir de uma análise sistemática da atuação comunicacional, política e normativa de seu governo, análise conduzida pelos professores Deisy Ventura, Fernando Aith e Rossana Reis.[18] O primeiro caminho, o da atuação comunicacional, inclui o incentivo a comportamentos antissanitários e desprovidos de respaldo médico, tanto por parte dele próprio quanto de seus ministros da Saúde, com destaque para o general Eduardo Pazuello. Mesmo em um mundo acostumado à mentira em larga escala para fins políticos, o Brasil da pandemia, sob Bolsonaro, destacou-se negativamente: em novembro de 2020, uma pesquisa sobre o padrão de fake news identificou que nós éramos o único lugar do mundo onde o termo "cloroquina" — remédio que se tornou símbolo da desinformação pessoalmente disseminada pelo próprio presidente da República — ainda se

Epílogo

destacava no fluxo de notícias falsas sobre a doença.[19] O impulso para tanto vinha, claro, do presidente e do Ministério da Saúde.

A mesma pesquisa apontou que outro termo a destoar no fluxo informacional brasileiro era "governador". O achado aponta o segundo caminho dos crimes de responsabilidade de Jair Bolsonaro na pandemia, o da atuação política. Ele consiste na "guerra" — expressão do próprio presidente —[20] contra prefeitos e governadores em torno de políticas para impedir a disseminação da doença e o colapso do sistema de saúde. Além da incitação à quebra das restrições sanitárias locais e à invasão de hospitais, bem como das investidas jurídicas frustradas contra medidas protetivas de estados e municípios, o governo federal retardou o quanto conseguiu os repasses devidos aos entes federados.[21] Em 2021, São Paulo, Maranhão e Rio Grande do Sul, administrados por adversários políticos de Bolsonaro, tiveram de ir ao STF para conseguir receber valores devidos pelo governo federal.[22]

O terceiro caminho dos crimes de Bolsonaro na pandemia é o da produção normativa: o uso do poder constitucional da presidência para produzir decretos e medidas provisórias ou vetar iniciativas do Congresso que pudessem impedir a disseminação do vírus.[23] Sua conduta mais ilustrativa nesse sentido foi o veto, depois derrubado pelos parlamentares, à lei que disciplinava o uso de máscaras em todo o território nacional. Bolsonaro tentou impedir a obrigação do uso desse equipamento de proteção barato e eficaz em casas comerciais, igrejas e até em escolas.[24]

Mesmo sabendo que esses caminhos levariam a um agravamento sério da pandemia — pois foram muitos os alertas de especialistas e os exemplos de outros países —, o presidente manteve-se irredutível em sua estratégia de tornar a disseminação do vírus um fato consumado e irreversível, fosse porque acreditasse que isso o beneficiaria politicamente (imaginando que suas ações protegeriam a economia), fosse porque confiasse que todos os reveses poderiam ser jogados sobre os ombros de prefeitos e governadores. Fez isso inclusive por meio de campanhas de desinformação que sua base política tem bastante experiência em promover. O excesso de mortos e sequelados, os falidos e miseráveis resultantes de seu plano desastroso foram danos colaterais desse delito em larga escala contra a saúde pública.

Se os crimes de Jair Bolsonaro já estão configurados para além de qualquer dúvida jurídica razoável, a questão que resta é: por que nenhum dos muitos pedidos de impeachment contra ele prospera? É possível especular sobre algumas respostas.

Uma primeira explicação: o padrão dos crimes de responsabilidade cometidos por Bolsonaro é inédito em nossa história. Até aqui, os presidentes preocupavam-se ao menos em dissimular a intenção de agredir a Constituição. Ele, ao contrário, comete crimes de responsabilidade em série, abertamente e de modo ostensivo.

Surge daí um problema. Tanto no Brasil quanto em outros países, a definição jurídica de crimes de responsabilidade é feita em leis e constituições com redação vaga. Nossa lei fala, por exemplo, em "violar patentemente [...] direitos sociais", ou "proceder de modo incompatível com a dignidade, a honra e o decoro do cargo", ou ainda "opor-se diretamente e por fatos ao livre exercício do Poder Judiciário". Isso é proposital, pois a variedade de maneiras pelas quais um presidente descomprometido com a Constituição pode abusar de seus poderes para atacar direitos e instituições é muito grande. Mas, por outro lado, qualquer acusação imporá um debate público extenso sobre a configuração ou não do delito.

Denúncias por crimes de responsabilidade envelhecem em barris de carvalho antes de estarem prontas para consumo do Congresso e do público em geral. Mesmo em um caso veloz, como o de Fernando Collor, isso leva meses: foram dias sucessivos de escrutínio detido sobre documentos e testemunhos acerca da relação entre o presidente e PC Farias — a CPI foi uma incubadora perfeita para acelerar o processo. No caso de Dilma, a acusação fundada nas pedaladas maturou durante todo o segundo semestre de 2015. Em suma, e como lamentava Paulo Brossard, o impeachment é um processo lento, que nem sempre funciona "a tempo e a hora",[25] e isso se deve em parte à morosidade para se construírem consensos políticos e jurídicos capazes de impulsionar uma denúncia com chances de prosperar.

O rito das transgressões de Jair Bolsonaro, porém, é acelerado. Genuíno criminoso serial segundo a Lei do Impeachment, cada comportamento ultrajante e indecente seu tira o foco da infração anterior. Ele e

Epílogo

seus apoiadores são mestres da arte de usar o crime de hoje como diversionismo para o delito de ontem. Para superar essa artimanha, é preciso que as instituições consigam manter-se focadas em meio ao ruído incessante maliciosamente gerado pelo próprio infrator.

Uma forma de fazê-lo é conceber categorias mais abstratas que sirvam para organizar a profusão de atos e condutas transgressoras do presidente, catalogando cada crime subsequente com seus congêneres. No caso dos delitos cometidos na gestão da pandemia de covid-19, a pesquisa conjunta da Conectas Direitos Humanos e do Centro de Estudos e Pesquisa em Direito Sanitário (Cepedisa) da Faculdade de Saúde Pública da USP fez isso exemplarmente bem.[26] O relatório que elaboraram organiza a atuação do governo em relação à pandemia em "eixos" que podem abarcar ações subsequentes, permitindo que cada novo ato seja relacionado com outros que vieram antes. Além de evitar que nos percamos no varejo miúdo da quebra diuturna de decoro por parte de Bolsonaro, essa organização revela o quanto os atos agrupados indicam padrões de conduta criminosa que dão substância às acusações.

Uma segunda explicação possível para a dificuldade de o impeachment prosperar é a falta do elemento "rua", isto é, de demonstrações públicas de apoio ao impeachment. Essa explicação, porém, apenas sugere outra questão: se Bolsonaro é um presidente consistentemente mal avaliado[27] e comete crimes de responsabilidade à luz do dia, por que razão o potencial apoio popular ao impeachment não se efetiva?

A resposta rápida para essa pergunta aponta a pandemia de covid-19 como grande culpada, pois as restrições a aglomerações obviamente inviabilizam protestos como os que ajudaram a impulsionar as condenações de Collor e Dilma. Mas essa objeção surge de uma ilação imprópria: ela pressupõe que a forma específica de demonstração de descontentamento popular que emergiu antes da pandemia — grandes manifestações de rua — tenha de ser repetida hoje, no contexto pandêmico, o que equivale a exigir uma condição sabidamente impossível de se atingir agora.

Se considerarmos que protestos de rua são apenas uma das formas possíveis para expressar um sentimento compartilhado de repulsa ao presidente e seu governo, nada obsta que encontremos outros canais, mais bem ajustados à realidade pandêmica, para externá-los. Há muitas possibilidades: carreatas, disseminação de outdoors, vídeos para compartilhamento viral, eventos virtuais, publicação de manifestos na imprensa, panelaços e campanhas em redes sociais são todas maneiras válidas de exteriorizar sentimentos de reprovação a um governo e seu líder, estimulando aliados políticos de ocasião a deixarem-no isolado. A tecnologia atual permite quantificar o impacto de algumas dessas formas de manifestação de modo ao menos tão preciso quanto a contabilização de manifestantes em uma passeata.

Devemos também ponderar se o argumento da falta de apoio popular ao impeachment não esconde uma inversão na ordem dos fatores. Afinal, ele supõe que o Congresso fica inerte até que o povo expresse reprovação ao governo e conclame a destituição do presidente, mas a verdade é que nem sempre é assim que as coisas acontecem. Se não é impossível que grandes protestos surjam espontaneamente e tirem os políticos da inércia, como ocorreu em junho de 2013, muitas vezes o que ocorre é o exato oposto: instituições estimulam a população a se engajar por uma causa que interessa a seus líderes.[28] Se a CPI do esquema PC tivesse sido dominada por aliados de Collor e produzido um relatório inócuo, talvez as ruas não tivessem se enchido com tanto fervor a partir de agosto de 1992. Se Dilma Rousseff tivesse contado com uma PGR ou um TCU mansos, acalmando o pânico do Congresso e esvaziando a tese do impeachment fiscal, talvez a população não se animasse a sair de casa para protestar.[29] Diante da certeza de que os objetivos almejados são impossíveis, ou quase impossíveis, o impulso para tomar as ruas diminui muito.

Nesse quesito, devemos apontar o quanto o ex-presidente da Câmara dos Deputados, Rodrigo Maia, ativamente trabalhou para desestimular iniciativas de impeachment contra Jair Bolsonaro ao longo de 2020: em abril, ele ponderou que o impeachment precisaria ser "pensado e refletido com muito cuidado";[30] em junho, quando as linhas mestras da gestão criminosa da pandemia já estavam traçadas e Bolsonaro acabara de passar o mês aglomerando-se com grupelhos que pediam golpe, Maia veio a público dizer

Epílogo

que era hora da "união do Brasil", e não de impeachment;[31] em agosto, após Bolsonaro proferir a enésima violência contra a imprensa ao ameaçar "encher a boca" de um jornalista de "porrada",[32] o presidente da Câmara achou que não era "momento de avaliar" qualquer denúncia; em dezembro, tampouco lhe pareceu o momento de pensar em impeachment porque a pandemia havia voltado a crescer;[33] em janeiro de 2021, já às vésperas de deixar a presidência da Câmara e no auge da catástrofe de Manaus,[34] ele limitou-se a dizer que em algum momento futuro talvez a discussão do impeachment fosse cabível.[35] É pedir demais que multidões desafiem um vírus perigoso e tomem as ruas para exigir um impeachment que a própria autoridade competente passou o ano jurando que não tiraria da gaveta.

Rodrigo Maia despediu-se da presidência da Câmara dos Deputados no final de janeiro de 2021. Durante seu mandato, o país acumulou quase sessenta denúncias por crimes de responsabilidade contra Jair Bolsonaro, além de aproximadamente 230 mil mortos por covid-19.[36] O único momento em que ele acenou concretamente com a ameaça de fazer o processo marchar foi como retaliação à articulação do Palácio do Planalto em favor da eleição de Arthur Lira (PP), que acabou escolhido para sucedê-lo na presidência da Câmara.[37] Àquela altura, a derrota de Baleia Rossi (MDB), candidato apoiado por Maia, já era dada como certa, e todos sabiam que a ameaça não passava de bravata desesperada.

AINDA EM RELAÇÃO AO REQUISITO DO APOIO POPULAR, vale lembrar que ele é condição necessária para mover as engrenagens políticas do impeachment, mas não é suficiente para garantir sua aprovação. Neste tópico, é pertinente resgatar a presidência de Michel Temer, que oferece um bom exemplo, por analogia. Em agosto de 2017, a Câmara dos Deputados negou autorização para que o então presidente fosse processado por crime comum perante o STF. Temer fora denunciado por Rodrigo Janot a partir da colaboração premiada do empresário Joesley Batista, do grupo J&F, que teria pagado ao presidente da República 500 mil reais por intermédio de Rodrigo Rocha Loures, então assessor especial da presidência.[38]

Embora não se tratasse de denúncia por crime de responsabilidade, e sim por crime comum cometido durante o mandato e relacionado ao cargo, a Constituição exige quórum de dois terços — como no impeachment — para autorizar a instauração do processo. Também de modo semelhante ao impeachment, o simples recebimento da denúncia já implicaria o afastamento preventivo do cargo. Se isso acontecesse, o governo Temer dificilmente resistiria. Como houve apenas 263 votos favoráveis ao requerimento,[39] 79 a menos que o necessário, o então presidente escapou.

Àquela altura, a reprovação de Michel Temer rumava para os píncaros: em junho do mesmo ano, seu governo era considerado ruim ou péssimo por 69% dos brasileiros; em setembro, portanto, logo na sequência de sua vitória na Câmara, o índice chegou a 73%;[40] e antes do final de seu governo bateu constrangedores 82% — a pior marca já atingida por um presidente da República no Brasil.[41] Se descontentamento popular fosse suficiente para mover o Congresso a fim de apear o presidente de sua cadeira, Michel Temer não teria sobrevivido à votação de 2017, nem aos 31 pedidos de impeachment apresentados contra ele.[42] Descontentamento popular é importante, tanto mais se expresso por grandes manifestações de rua; contudo, mesmo um líder muito impopular pode sobreviver às investidas de seus acusadores se contar com uma base sólida de apoio no Congresso. É para lá que devemos olhar se quisermos entender por que as denúncias contra Jair Bolsonaro não prosperam.

Já argumentei que Rodrigo Maia foi instrumental para esfriar os ímpetos que poderiam levar ao impeachment de Bolsonaro, mas, na linha do que foi dito sobre Eduardo Cunha, seria errado atribuir a ele — como também a Arthur Lira — a responsabilidade total pela falta de sucesso das acusações contra o presidente. Sobretudo se considerarmos que Maia não foi o típico presidente da Câmara colaboracionista, que engaveta denúncias por genuína lealdade ou subserviência ao Executivo. Ao contrário, vez por outra ele impôs reveses ao governo; em outras tantas oportunidades, reclamou publicamente do comportamento de Bolsonaro. Durante o período

Epílogo

em que esteve à frente da Câmara dos Deputados, Maia foi constantemente atacado pelas falanges bolsonaristas.

Nesse caso, é ainda mais importante observar as forças e os interesses que se movem em segundo plano no Congresso, por trás das presidências de cada uma das casas. A hipótese aqui é a de que, ao menos neste momento, não há genuíno interesse político pelo impeachment — inclusive por parcelas importantes da oposição.

Em 2018, o bolsonarismo colheu uma vitória expressiva nas urnas. Como disse Jairo Nicolau,[43] aquele foi o ano em que o Brasil dobrou à direita. Além da vitória de um extremista para a presidência da República, os partidos à direita fizeram maiorias surpreendentes mesmo para quem já esperava que eles tivessem um bom desempenho.

Quando Lula venceu as eleições de 2002, o PSDB, principal adversário de seu partido até então, demorou três ciclos eleitorais para voltar a produzir um candidato competitivo à presidência (Aécio Neves, em 2014). Em 2018, além da dificuldade natural de se tornar oposição, o campo da esquerda ainda lidava com o fato de que o ex-presidente Lula estava então impedido de disputar eleições. Nenhum outro nome possuía capacidade comparável de reunir uma frente ampla de oposição em torno de si — Fernando Haddad, primeiro substituto de Lula no PT, não parecia ser consenso nem sequer dentro do próprio partido.

Batendo cabeça entre si e enfrentando o fenômeno eleitoral da nova direita, a esquerda tinha um cenário político desenhado a fogo e enxofre, ao menos por alguns anos — a não ser que o governo de Bolsonaro fosse uma catástrofe monumental, como tem sido; e que um candidato com a força de Lula pudesse unificar forças expressivas da oposição, tornando-a competitiva para reassumir nas próximas eleições. Esse panorama, que, parecia improvável em 2018, tornou-se um sonho bastante plausível a partir das revelações da Vaza Jato, no primeiro semestre de 2019, e finalmente confirmou-se com a anulação das condenações de Lula pelo STF em 2021.

Por seu desempenho político desastroso, Jair Bolsonaro é o melhor cabo eleitoral para a oposição: o projeto de derrotá-lo e a seus aliados energiza os militantes e dá um discurso pronto para candidatos em todos os níveis da federação. Especialmente para candidatos à presidência competitivos. Disputar um segundo turno contra ele parece uma aposta promissora, em vista de seus índices muito altos de reprovação.[44]

Como o impeachment implica perda de direitos políticos por oito anos,[45] condenar Bolsonaro por crime de responsabilidade tornaria o cenário eleitoral muito mais incerto do que aquele que se desenha hoje, e em provável prejuízo do maior nome eleitoral da oposição: Lula. Por isso, não espanta o fato de o ex-presidente não se empenhar pessoalmente em promover, com o mínimo de dedicação, a agenda do impeachment de Bolsonaro.[46] Quando nem a maior força política da oposição coloca o impeachment como prioridade, é mais difícil que as engrenagens do Congresso se movam para fazê-lo acontecer. Pelo lado dos adversários de Bolsonaro, um movimento para superar esse relativo desinteresse exigiria protagonismo e sintonia fina de partidos médios da oposição, como PSB e PDT. Mas isso invariavelmente incluiria o mesmo tipo de cálculo eleitoral para 2022, inclusive no plano dos estados. Eleições próximas não são bons ambientes para articulações de impeachments, pois os cenários tornam-se muito mais complexos, e a preocupação dos congressistas volta-se inteiramente para seus redutos eleitorais.[47]

É preciso também considerar os interesses dos membros dos partidos que, por falta de nome melhor, convencionou-se chamar Centro, ou Centrão. Para eles, o cálculo é outro. Importa-lhes saber se estarão em melhor posição — especialmente para a disputa das eleições de 2022 — no governo Bolsonaro, com seus vícios e mais vícios, ou em um futuro governo do general Hamilton Mourão (PRTB), que o sucederia em caso de impeachment.

O vice deve ser capaz de dar segurança aos parlamentares do Centrão, que cumpre cooptar para o projeto do impeachment. Ele precisa mostrar que existe um pote de ouro no fim do arco-íris que leva ao seu futuro governo, cheio de espaço na Esplanada e de apoio a projetos — isto é, cargos e verbas. Isso significa que caberia a Mourão articular, embora discretamente, ao menos o esqueleto de sua administração, ou mostrar-se à

Epílogo

vontade para que alguém o fizesse em seu lugar; ao menos deveria permitir que o procurassem para tanto — e alimentar minimamente a conversa.

Para ser bem-sucedido nessa empreitada, Mourão deveria convencer esses parlamentares de que ele seria um presidente leal nos momentos de aperto. Em uma futura disputa entre o Centrão e lideranças militares, como a que levou Bolsonaro a trocar o ministro da Defesa e todo o comando militar,[48] para que lado penderia o eventual presidente Mourão? Enquanto esses parlamentares não confiarem em uma resposta que lhes favoreça, não se espera que descartem Bolsonaro para abraçar uma aventura incerta com o general.

A verdade é que nos dois casos de impeachments bem-sucedidos em nossa história recente os vices que sucederam os presidentes depostos, Itamar Franco e Michel Temer, eram raposas velhas do Congresso, com trânsito e relações antigas entre lideranças e partidos. Mourão, ao contrário, é um militar de carreira que apenas recentemente se aproximou da política, ainda por cima surfando uma onda de aberta hostilidade aos políticos tradicionais — esses mesmos de cujo apoio o impeachment necessita. Embora ele tenha se descolado de Bolsonaro com um ou outro sinal de contrariedade, o descolamento não foi seguido por uma aproximação com quem quer que seja. Mourão hoje parece um zumbi político andando sem rumo por Brasília. Talvez em breve as coisas mudem de maneira surpreendente, mas no momento em que este texto é escrito, em abril de 2021, é mais provável que o vice esteja preocupado em manter-se minimamente relevante após 2022, e não se preparando para se tornar presidente em 2021.

O isolamento de Mourão vai no sentido oposto dos movimentos que têm sido feitos por Jair Bolsonaro. Para fortalecer sua base política, o governo perdeu o pudor de se mostrar à vontade com o Centrão, bem como de se valer das ferramentas da chamada "velha política" que ele prometeu combater. Bolsonaro tem garantido generosas liberações de emendas para aliados no Congresso[49] e nos estados,[50] permitindo que parlamentares e governadores realizem benfeitorias em suas bases eleitorais. Até mesmo o Censo Demográfico foi sacrificado para acomodar esses compromissos.[51]

O falso verniz de antipolítica de Bolsonaro também contribui para que esses parlamentares do Centrão se mantenham ao lado do governo por ora. Caso a maré mude em um futuro próximo, não será difícil para eles construírem um discurso de relativo descolamento, argumentando que a proximidade era apenas pragmática e circunstancial. Essa desculpa poderá ser alimentada por um sem-número de pronunciamentos do presidente hostilizando esses partidos, desde a época da campanha de 2018.

Olhando a partir de abril de 2021, parece que apenas a ameaça de convulsão social grave, com possibilidade de crise institucional paralisante, poderá tirar esses parlamentares da posição de relativo conforto em que se encontram. Nessa hipótese, eles poderão ao menos considerar a atratividade do impeachment em comparação com outras alternativas que se mostrem plausíveis, inclusive de ruptura democrática severa.

No grupo dos partidos e parlamentares que orbitam em torno de Bolsonaro, uns mais próximos, outros mais distantes, a exceção, dentro desse cenário mais geral de comodismo conveniente, fica por conta das deputadas e deputados que se elegeram na esteira da antipolítica bolsonarista, em 2018, mas romperam com o presidente na sequência. Para esses parlamentares, um impeachment, de preferência protagonizado por eles próprios, é a melhor estratégia: no panorama atual, eles não se beneficiam nem de uma possível recuperação eleitoral da centro-esquerda, nem da proximidade com o governo.

Incluem-se nesse grupo deputados como Alexandre Frota (PSDB) e Kim Kataguiri (DEM). Podemos observar que o empenho desses nomes pelo impeachment tem sido significativo. Até abril de 2021, Frota lançou-se candidato à presidência da Câmara tendo como única bandeira pautar o impeachment de Bolsonaro, e até se concluir este livro já havia apresentado sozinho cinco denúncias contra o presidente.[52] O Movimento Brasil Livre, do qual Kataguiri é líder, apresentou um outro,[53] e o deputado tentou junto ao STF, sem sucesso, obrigar a presidência da Câmara a analisar os mais de cem pedidos até então protocolados.[54] No final de abril de 2021, Frota e Kataguiri juntaram-se a Joice Hasselmann (PSL), também deserdada por

Bolsonaro e autora de uma denúncia contra o presidente,[55] bem como a outros parlamentares de oposição, visando a construir uma estratégia comum para superar os obstáculos políticos ao processo. Só o tempo dirá se a iniciativa tem chances de prosperar.

O impeachment pode ser estratégico também para partidos mais bem aceitos pelos eleitores de direita, pois eles se beneficiariam da desarticulação do campo bolsonarista e da perda de direitos políticos do presidente. Do PSDB podem vir candidatos fortes para um pleito reconfigurado nesses termos: na esteira de um impeachment, é de esperar que o governador de São Paulo, João Doria, dispute cada palmo do espólio bolsonarista, retomando o discurso violento e sectário que marcou sua campanha "Bolsodoria" de 2018. Nos momentos em que o governo esteve mais premido pelo seu terrível desempenho na gestão da pandemia, Doria repetidas vezes falou publicamente pelo impeachment.[56] Mas o governador de São Paulo não é figura hegemônica em seu partido.[57]

PARA QUEM, COMO É O MEU CASO, enxerga razões jurídicas de sobra para o impeachment de Jair Bolsonaro e acredita que seu afastamento é o melhor para o Brasil, o cenário presente é desalentador. No momento, parece muito provável que Bolsonaro dispute o segundo turno em 2022, e nada provável que ele seja defenestrado do Planalto por seus crimes de responsabilidade. Talvez a CPI da Covid, instalada no Senado a partir de abril de 2021, colete provas importantes e rebaixe a avaliação do governo ainda mais, estimulando maior apoio ao impeachment por parte de parlamentares e da opinião pública. Talvez os setores do PIB que ainda insistem em apoiá-lo enfim se cansem de um país politicamente ensandecido e economicamente arrasado, e passem então a pressionar por sua queda. Uma pequena amostra dessa possibilidade foi dada tanto pela carta aberta de março de 2021, que contou com adesões de vulto[58] de economistas e empresários cobrando mudança de postura do governo no combate à pandemia, quanto pela reação de uma parcela dessa elite a um "jantar com empresários" em apoio ao presidente, em abril do mesmo ano,[59] escancarando o cisma nesse seleto grupo. Talvez perca força o discurso fatalista de que uma eventual tentativa de impeachment se arriscaria à derrota e isso fortaleceria Bolsonaro, um escapismo sem respaldo empírico para o qual é possível pensar diversos contraexemplos.[60] Mas hoje esses cenários não são prognósticos, apenas mero pensamento desejoso.

Esta é uma boa hora para lembrar que o impeachment não é panaceia contra um presidente criminoso, e que, justo por isso, escapar de um impeachment não é um passaporte para a impunidade. Especialmente se for derrotado nas eleições de 2022, perdendo a proteção que lhe conferem tanto sua base na Câmara dos Deputados quanto a docilidade de uma Procuradoria-Geral da República colaboracionista, o cidadão Jair Messias Bolsonaro estará muito mais facilmente ao alcance da Justiça.

Nesse cenário, ele poderá responder por crimes comuns, como suas incontáveis infrações às medidas sanitárias que visavam a conter o vírus, por cuja disseminação ele ativamente trabalhou. Poderá também ser fartamente investigado em primeira instância por suas relações com o crime organizado do Rio de Janeiro, cujos próceres foram muitas vezes acolhidos e homenageados por seu clã familiar. Uma condenação criminal, se confirmada por um tribunal de segunda instância, talvez o barre da vida pública por anos. Na esfera civil, Bolsonaro poderá seguir respondendo por danos de qualquer natureza experimentados pelas pessoas a quem ele enganou ou agrediu, a exemplo de tantos jornalistas. No campo internacional, ele corre o risco de responder por crime contra a humanidade, por atos intencionais que atentam contra a saúde mental e física da população ou mesmo por genocídio em relação a populações específicas, como os indígenas, embora as condições para que tais processos caminhem sejam muito particulares e difíceis.

Para Bolsonaro, esse é o dilema que deveria ocupá-lo nas noites de insônia. E assim também a fração do Parlamento que, embora sendo oposição a Bolsonaro, não tem no impeachment seu primeiro cavalo de batalha, por apostar na vitória nas eleições de 2022. Se Bolsonaro enxergar o horizonte de uma derrota eleitoral, e sabendo que isso pode significar um resto de vida repleto de acusações e ameaças da Justiça, que razão terá para aceitar

Epílogo

o resultado das urnas? Ou para não tentar interferir no processo eleitoral de qualquer modo que o beneficie? O plano de vencer Bolsonaro nas urnas subestima a quantidade de incentivos e possibilidades que ele tem para jogar sujo no pleito. Se no imaginário bolsonarista bastam um cabo e um soldado para dar conta do STF,[61] é possível imaginar a deferência que eles terão por um TSE que conduza eleições nas quais eles se antevejam perdedores: nenhuma.

Em qualquer caso, é fundamental que as gerações presentes e futuras tenham clareza de que a prática de crimes de responsabilidade perpassa toda a gestão de Jair Bolsonaro, especialmente no contexto da pandemia. Não é por falta de crimes, nem por falta de denúncias que corretamente apontam suas condutas criminosas, que o impeachment não prospera, mas sim pela dificuldade do elemento político. O atual presidente é um criminoso habitual que viola o direito e os padrões elementares de moralidade política, e o faz não apenas por estratégia, mas também por convicção e ideologia. Ele nutre genuína e indisfarçável ojeriza por todos os valores que a Constituição de 1988 escolheu abrigar, como a prevalência dos direitos humanos, a proteção ao meio ambiente, a proibição a toda e qualquer forma de discriminação e a existência de instituições de controle independentes e capacitadas para fiscalizar todos os campos em que ele e seus filhos florescem como agentes políticos e se realizam como seres humanos: o militarismo golpista, o crime organizado das milícias, a delinquência ambiental, a violência estatal arbitrária, a corrupção política das "rachadinhas", os funcionários fantasmas e as transações milionárias em dinheiro vivo.

Anexo I

Ritos do impeachment presidencial na Câmara dos Deputados e no Senado Federal

A. Rito na Câmara dos Deputados

I. Papel da Câmara dos Deputados
- Autorizar instauração do processo contra o presidente da República (CRFB,* art. 51, I e art. 86, 1ª parte).
- Julgar "admissibilidade da denúncia para fins de processamento" (STF, ADPF 378, p. 67).

II. Procedimento do impeachment presidencial na Câmara dos Deputados
1. Apresentação de denúncia por "qualquer cidadão" (lei nº 1079, art. 14; RICD, art. 218 e §§). A denúncia deve ser "assinada pelo denunciante e com a firma reconhecida", e "acompanhada dos documentos que a comprovem, ou da declaração de impossibilidade de apresentá-los, com a indicação do local onde possam ser encontrados". Havendo prova testemunhal, a peça deve trazer o "rol das testemunhas, em número de cinco no mínimo".

2. Realização, pelo presidente da Câmara dos Deputados, de juízo "liminar da idoneidade" da denúncia, não apenas em seus aspectos formais, podendo rejeitá-la imediatamente caso se trate de acusação "patentemente

---

* Siglas usadas nesta seção: ADPF: Arguição de Descumprimento de Preceito Fundamental; CD: Câmara dos Deputados; CPC: Código de Processo Civil; CPP: Código de Processo Penal; CRFB: Constituição da República Federativa do Brasil; DEN: denúncia; MC: medida cautelar; MS: mandado de segurança; RICD: Regimento Interno da Câmara dos Deputados; RISF: Regimento Interno do Senado Federal; STF: Supremo Tribunal Federal.

inepta ou despida de justa causa" (STF, MS 20 941). Atendidos os requisitos, a denúncia "será lida no expediente da sessão seguinte e despachada à comissão especial" (lei nº 1079/1950, art. 19; RICD, art. 218, §2º). Após leitura da denúncia, a renúncia do acusado, para impedir seu julgamento pelo Senado, não impedirá o prosseguimento do processo e sua eventual condenação à inelegibilidade (lei complementar nº 64/1990, com redação dada pela lei complementar nº 135/2010, art. 1º, i, k). Não cabe defesa prévia à decisão do presidente da Câmara quanto ao recebimento da denúncia e seu encaminhamento à comissão especial (STF, ADPF 378).

2.1. Se o presidente da Câmara indeferir de plano a denúncia, caberá recurso para o plenário da casa, apresentado por alguma deputada ou deputado, a ser decidido por maioria simples (RICD, art. 218, §3º; STF, MS 23 885).

3. Indicação dos membros da comissão especial, observada a regra da proporcionalidade de partidos e blocos representados na Câmara dos Deputados (CRFB, art. 58, §1º; RICD, art. 218 §2º), submetida a votação aberta de natureza confirmatória ("simbólica") pelo plenário.

3.1. É vedada a eleição de nomes não indicados pelos líderes de partidos e blocos, isto é, "candidaturas avulsas" (STF, ADPF 378).

4. Reunião da comissão especial no prazo de 48 horas, para eleição da presidência e relatoria (lei nº 1079/1950, art. 45; RICD art. 218, §5º), para apresentar parecer sobre admissibilidade da denúncia popular.

4.1. Prazo de dez sessões para que a comissão especial realize oitivas e diligências para esclarecimento da denúncia, garantindo-se ampla oportunidade de defesa à autoridade acusada (STF, MS 21 564, p. 55; e RICD, art. 218, §4º, cf. interpretação dada na ADPF 378). À defesa é garantido o direito de falar por último, em observância ao princípio da ampla defesa (STF, ADPF 378).

4.2. Apresentação do parecer, pelo relator, aos demais membros da comissão especial, em até cinco sessões (RICD, art. 218, §5º).

4.3. Votação aberta (STF, ADPF 378) do relatório, "instrutório e opinativo" sobre admissibilidade da denúncia, no âmbito da comissão especial.

Anexo I

5. Parecer aprovado na comissão especial é lido no expediente da Câmara dos Deputados e publicado no Diário Oficial, juntamente com a denúncia (RICD, art. 218, §6º).

6. Publicação do parecer da comissão especial no Diário Oficial. Após 48 horas da publicação, a denúncia, juntamente com o parecer, entrará na pauta de votações da Câmara, como primeiro item a ser discutido e votado (RICD, art. 218, §§6º e 7º; lei nº 1079/1950, art. 20, §2º).

7. Na sessão em que o plenário da Câmara dos Deputados votar a admissibilidade da denúncia, o relator da matéria na comissão especial terá a palavra para expor o parecer da comissão. Na sequência, líderes de partidos, blocos e do governo poderão usar a palavra, pelo tempo proporcional à bancada (CD, sessão nº 091.2.55.O).

8. Realização de votação nominal, aberta e por chamada (RICD, art 218, §8º), pelo plenário da Câmara dos Deputados, sobre a admissibilidade da denúncia para fins de seu processamento pelo Senado.

8.1. A votação será por chamada de deputados e deverá alternar representantes dos estados do Norte e do Sul.* Dentro de cada Estado, a ordem de chamada será alfabética, pelo prenome da deputada ou deputado (CD, sessão nº 091.2.55.O).

8.2. O quesito votado é único e indaga sobre a admissibilidade da denúncia popular apresentada. Os votos podem ser "Sim" (pela admissibilidade da denúncia), "Não" (por sua rejeição) ou "Abstenção" (CD, sessão nº 091.2.55.O).

9. Se dois terços ou mais das deputadas e deputados (ou seja, no mínimo 342, na atual configuração da Câmara dos Deputados) votarem "Sim", a denúncia é considerada admitida e o processo é remetido ao Senado Federal, sendo a decisão comunicada ao presidente dessa casa dentro de duas sessões (CRFB, art. 51, I; RICD, art. 218, §9º). Caso contrário, a denúncia é arquivada.

---

* No caso de Dilma Rousseff, a ordem foi a seguinte: RR, RS, SC, AP, PA, PR, MS, AM, RO, GO, DF, AC, TO, MT, SP, MA, CE, RJ, ES, PI, RN, MG, BA, PB, PE, SE e AL.

B. Rito do processo de impeachment no Senado Federal

I. Papel do Senado Federal

- Deliberar sobre a instauração, ou não, do processo contra o presidente da República, desde que concedida a prévia autorização da Câmara dos Deputados, afastando-o preventivamente para que responda às acusações longe do cargo ("Senado como órgão judiciário",[212] p. 14 246; STF, MS 21564; ADPF 378);
- Instaurado o processo e afastado preventivamente o presidente da República, realizar instrução processual (STF, ADPF 378, p. 159), garantindo direito à ampla defesa e deliberando pela pronúncia, ou não, do presidente da República, para que seja levado a julgamento pelo plenário do Senado Federal ("Senado como órgão judiciário", p. 14247; STF, ADPF 378);
- Julgar o presidente da República pelos crimes de responsabilidade apontados na denúncia, à luz dos documentos que a acompanham e das provas colhidas na instrução (CRFB, art. 52, I e p.u.; lei nº 1079, art. 31; "Senado como órgão judiciário", p. 14247; STF, ADPF 378)

II. Rito do impeachment no Senado Federal

II.1. Juízo de acusação[213]

1. Recebimento da resolução da Câmara dos Deputados que autoriza a abertura do processo de impeachment contra o presidente da República (CRFB, art. 86, caput, e art. 51, I; "Senado como órgão judiciário", p. 14246);

2. Leitura da denúncia popular e da autorização dada pela Câmara dos Deputados no expediente da sessão seguinte (lei nº 1079/1950, art. 44; "Senado como órgão judiciário", p. 14246; RISF, art. 380, I).

3. Encaminhamento desses atos a uma comissão especial, composta por um quarto do Senado (RISF, art. 380, II), para emissão de parecer sobre a denúncia (lei nº 1079/1950, art. 44). A composição dessa comissão observará a proporcionalidade de partidos e blocos representados no Senado

Anexo I

(CRFB, art. 58, §1º; "Senado como órgão judiciário", p. 14 246; ADPF 378;[214] RISF, art. 380, II).

4. Reunião da comissão especial no prazo de 48 horas, para eleição da presidência e da relatoria (lei nº 1079/1950, art. 45; "Senado como órgão judiciário", p. 14 246).

5. Realização de diligências eventualmente necessárias para esclarecer os termos da acusação, garantindo o direito de defesa à autoridade acusada, e subsequente apresentação de parecer, pelo relator, para aprovação da comissão especial, no prazo de dez dias (lei nº 1079/1950, art. 45; "Senado como órgão judiciário", p. 14 246; ADPF 378). O parecer, de natureza opinativa quanto ao recebimento da denúncia, será considerado aprovado mediante aceitação da maioria simples dos membros da comissão. Caso o parecer seja pela aceitação da denúncia, ele concluirá com o libelo acusatório contra a autoridade acusada (RISF, art. 380, III).

6. Leitura do parecer aprovado pela comissão no expediente de sessão do Senado. Publicação do parecer no Diário Oficial e em avulsos distribuídos às senadoras e senadores (lei nº 1079/1950, art. 46; "Senado como órgão judiciário", p. 14 246).

7. Inclusão do parecer na ordem do dia da sessão seguinte, para deliberação do plenário do Senado Federal (lei nº 1079, art. 46; "Senado como órgão judiciário", p. 14 246).

8. Discussão e votação nominal do parecer, pelo plenário do Senado, em turno único. Se aprovado por maioria simples (ADPF 378), o Senado poderá receber a denúncia popular. Se não houver maioria simples de votos pela aprovação, o parecer será considerado rejeitado e o processo será extinto (lei nº 1079, arts. 47 e 48; "Senado como órgão judiciário", p. 14 247).

9. Aprovado o parecer acusatório da comissão especial pela admissibilidade da denúncia popular, a presidência do Senado será transmitida ao presidente do Supremo Tribunal Federal, para realização dos atos ligados ao processo e julgamento do presidente da República (CRFB, art. 52, p.u.; "Senado como órgão judiciário", p. 14 247; RISF, art. 380, III)

270   *Como remover um presidente*

10. A autoridade denunciada será notificada para, no prazo de vinte dias, responder à acusação ("Senado como órgão judiciário", p. 14 247; lei nº 1079/1950, art. 49). A notificação conclui a instauração formal do processo de impeachment contra o presidente da República (CF, art. 86, §12, II; "Senado como órgão judiciário", p. 14 247), acarretando o afastamento preventivo do acusado de suas funções, pelo prazo de 180 dias (CRFB, art. 86, §1º, II e §2º).

11. Instrução probatória ampla perante a comissão especial, para oitiva de testemunhas, juntada de documentos e produção de outros meios de prova. É assegurada a possibilidade de intervenção das partes, com respeito ao contraditório e garantindo à autoridade acusada o direito a ampla defesa (CRFB, art. 5º, LV; CPP, arts. 3º e 155; CPC, art. 369;[215] lei nº 1079, arts. 38, 52 e 73; "Senado como órgão judiciário", p. 14 247; ADPF 378).

12. Interrogatório da autoridade denunciada perante a comissão especial, reservado seu direito de não comparecer, ou de comparecer e não responder às perguntas formuladas (CRFB, art. 5º, inc. LIV e LXII; lei nº 1079, arts. 38 e 73; CPP, arts. 185 a 196; "Senado como órgão judiciário", STF, ADPF 378).

13. Possibilidade de oferecimento de alegações finais escritas, primeiro pela acusação e depois pela defesa, pelo prazo sucessivo de quinze dias (lei nº 8038/1990, art. 11); ("Senado como órgão judiciário", p. 14 247).

14. Novo parecer opinativo da comissão especial sobre a pronúncia ou não da autoridade acusada, isto é, sobre a procedência ou improcedência da acusação. O prazo para emissão do parecer é de dez dias, e ele deve ser aprovado por maioria simples, após o que é publicado e distribuído, com todas as peças que o instruíram, às senadoras e senadores. Inclusão do parecer na ordem do dia dentro de 48 horas, no mínimo, a contar de sua distribuição (lei nº 1079/1950, arts. 51 e 53; "Senado como órgão judiciário", p. 14 247).

15. Discussão e votação nominal do parecer, em turno único, pelo plenário do Senado Federal. Se a maioria simples aprovar o parecer, a acusação será considerada procedente, a decisão equivalendo a um juízo de pronúncia. Se a maioria simples entender que não procede a acusação, o processo será arquivado e o presidente da República reassumirá imediatamente

Anexo I

os poderes do cargo (lei nº 1079/1950, arts. 554 e 55; "Senado como órgão judiciário", p. 14247).

16. Notificação, dos denunciantes e da autoridade acusada, quanto à decisão de aprovação ou reprovação do parecer de pronúncia (lei nº 1079/1950, art. 55; "Senado como órgão judiciário", p. 14247).

Observação geral: cabe recurso, diretamente para o presidente do Supremo Tribunal Federal, contra quaisquer deliberações da comissão especial, em qualquer fase do procedimento (CRFB, art. 52, p.u.; lei nº 1079/1950, arts. 38 e 73; RISF, art. 48, inc. 8 e 13). O prazo de interposição do recurso, juntamente com suas razões, é de cinco dias (CPP, art. 593, II, e lei nº 1079/1950, arts. 38 e 73; "Senado como órgão judiciário", p. 14247).

II.2. Juízo de julgamento

18. Intimação dos denunciantes sobre a deliberação plenária do Senado Federal que pronunciou a autoridade acusada, bem como para oferecimento, em 48 horas, do libelo acusatório. A peça deverá indicar as testemunhas a serem ouvidas na sessão de julgamento (lei nº 1079/1950, art. 58; "Senado como órgão judiciário", p. 14247).

19. Abertura de vista ao denunciado, ou ao seu defensor, para oferecer, em 48 horas, a sua resposta ("contrariedade") ao libelo acusatório, juntamente com seu rol de testemunhas (lei nº 1079/1950, art. 58; "Senado como órgão judiciário", p. 14247).

20. Encaminhamento dos autos ao presidente do Supremo Tribunal Federal, que imediatamente designará data para julgamento do denunciado (lei nº 1079/1950, art. 59). Os denunciantes, a autoridade denunciada e as testemunhas serão notificados da data e do horário do julgamento. Deve-se observar intervalo mínimo de dez dias entre as notificações e o julgamento (lei nº 1079/1950, art. 60 e p.u.; "Senado como órgão judiciário", p. 14247).

21. Abertura da sessão de julgamento, sendo apregoadas as partes, que poderão comparecer pessoalmente ou por intermédio de seus procurado-

res (lei nº 1079/1950, art. 61). Se nem o denunciado nem seus procuradores comparecerem ao julgamento, será decretada sua revelia. O presidente do Supremo Tribunal Federal redesignará o julgamento para outra data e nomeará advogado dativo para fazer a defesa da autoridade acusada na nova sessão de julgamento (lei nº 1079/1950, art. 62, §1º; "Senado como órgão judiciário", p. 14 247).

22. Poderão participar da sessão de julgamento, como juízes, todas as senadoras e os senadores presentes, com exceção dos que incidirem nas causas de impedimento estritamente definidas na lei nº 1079/1950, isto é, quem tiver "parentesco consanguíneo ou afim, com o acusado, em linha reta"; os cunhados e os "primos coirmãos", em linha colateral; e quem tiver deposto como testemunha no processo (lei nº 1079/1950, art. 36 e art. 63).

23. Leitura dos autos do processo e inquirição das testemunhas, primeiro as da acusação e depois as da defesa, fora da presença umas das outras, com possibilidade de contradita, reinquirição e acareação, por iniciativa de qualquer das partes. As senadoras e os senadores poderão formular novas perguntas às testemunhas (lei nº 1079/1950, arts. 64 e 65; DEN 1/2016, v. 70, p. 26 244).[216]

24. Manifestação pessoal da autoridade acusada, se ela estiver presente e desejar fazer uso da palavra, por trinta minutos, prorrogáveis a critério do presidente do Supremo Tribunal Federal. Na sequência, interrogatório da autoridade acusada pelo presidente do Supremo Tribunal Federal, pelas senadoras e pelos senadores, seguindo a ordem de inscrição, e finalmente pela acusação e pela defesa. Cada membro do Senado disporá de até cinco minutos para fazer suas perguntas (DEN 1/2016, v. 70, p. 26 245).

25. Debates orais, sendo facultadas a réplica e a tréplica entre os denunciantes e a autoridade denunciada, pelo prazo que o presidente do Supremo Tribunal Federal estipular (lei nº 1079/1950, art. 66).*

---

* No julgamento de Dilma Rousseff, o prazo de manifestação foi de uma hora e meia para cada uma das partes, incluso o tempo dos apartes, e o prazo de réplica e tréplica, de uma hora para cada (DEN 1/2016, v. 70, p. 26 245).

Anexo I 273

26. Discussão única entre os senadores sobre o objeto da acusação (lei nº 1079/1950, art. 66, p.u.).*

27. Ao final da discussão, o presidente do Supremo Tribunal Federal relata o processo, expondo resumidamente os fundamentos da acusação e da defesa e indicando os respectivos elementos de prova (lei nº 1079/1950, art. 67).

28. Na fase de encaminhamento, que precede a votação, serão admitidos, no máximo, dois oradores favoráveis e dois contrários ao libelo acusatório, com até cinco minutos para exposição cada (DEN 1/2016, v. 70, p. 26246).

29. Realização do julgamento em votação nominal. É vedada a orientação de lideranças partidárias para instruir a votação, que deverá exprimir julgamento de foro íntimo das senadoras e dos senadores. Cada um deles responderá "Sim" ou "Não" à seguinte pergunta: "Cometeu o/a acusado/a [nome da autoridade acusada] os crimes de responsabilidade correspondentes a [descrição dos crimes imputados], e deve ser ele/ela condenado/a à perda do seu cargo e à inabilitação temporária, por oito anos, para o desempenho de qualquer outra função pública, eletiva ou de nomeação?" (CRFB, art. 52, p. u.; lei nº 1079/1950, art. 68; DEN 1/2016, v. 70, p. 26246).**

30. Se houver votos pela condenação em quantidade igual ou superior a dois terços do total de membros do Senado Federal (ou seja, no mínimo 54, na atual configuração da casa), a denúncia será considerada procedente e a autoridade, condenada; caso contrário, será absolvida e imediatamente reabilitada no cargo. A sentença, com o resultado do julgamento, será lavrada pelo presidente do Supremo Tribunal Federal e assinada por ele e pelas senadoras e senadores que participaram do julgamento, e será transcrita em ata e publicada no Diário Oficial (lei nº 1079/1950, art. 69; DEN 1/2016, v. 70, p. 26247).

---

* No julgamento de Dilma Rousseff, o prazo para manifestação de cada senador inscrito foi de dez minutos (DEN 1/2016, v. 70, p. 26 246).

** No julgamento de Dilma Rousseff, admitiu-se a formulação de pedido de destaques, para votação autônoma de parte do quesito, inclusive quanto à inabilitação por oito anos no caso de condenação.

31. Intimação das partes sobre o resultado do julgamento, com ciência imediata ao vice-presidente da República (lei nº 1079/1950, art. 71; DEN 1/2016, v. 70, p. 26 247).

32. Encerramento do processo.

Anexo II

Lista de partidos citados

Arena	Aliança Renovadora Nacional
DEM	Democratas
MDB	Movimento Democrático Brasileiro
PCB	Partido Comunista Brasileiro
PCdoB	Partido Comunista do Brasil
PDC	Partido Democrata Cristão
PDS	Partido Democrático Social
PDT	Partido Democrático Trabalhista
PFL	Partido da Frente Liberal
PL	Partido Liberal
PMDB	Partido do Movimento Democrático Brasileiro
PMN	Partido da Mobilização Nacional
PP	Progressistas
PPB	Partido Progressista Brasileiro
PPS	Partido Popular Socialista
PR	Partido Republicano
PRN	Partido da Reconstrução Nacional
PRT	Partido Republicano Trabalhista
PRTB	Partido Renovador Trabalhista Brasileiro
PSB	Partido Socialista Brasileiro
PSC	Partido Social Cristão
PSD	Partido Social Democrático
PSDB	Partido da Social Democracia Brasileira
PSL	Partido Social Liberal
Psol	Partido Socialismo e Liberdade

PSP	Partido Social Progressista
PST	Partido Social Trabalhista
PT	Partido dos Trabalhadores
PTB	Partido Trabalhista Brasileiro
PV	Partido Verde
Rede	Rede Sustentabilidade
UDN	União Democrática Nacional

Anexo III

Indicações de leituras sobre impeachment

A bibliografia sobre impeachment presidencial tem bons livros, que valem ser lidos por quem quer se aprofundar no assunto. A lista de referências ao final deste volume contém muitos artigos, dissertações, teses, livros e documentos proveitosos, entre os quais destaco os que vêm a seguir.

Para as origens inglesas do impeachment, meu livro preferido é *Impeachment: The Constitutional Problems*, de Raoul Berger, especialmente os capítulos I e II. Há também um estudo aprofundado de John Smith Roskell sobre o primeiro impeachment inglês, do conde de Suffolk, em 1386 (*The Impeachment of Michael de la Pole, Earl of Suffolk, in 1386*). Muitos bons trabalhos de história política passam por temas relevantes para um estudo dos impeachments ingleses, como o clássico livro de John G. Bellamy (*The Law of Treason in England in the Later Middle Ages*) e um influente artigo de Theodor Frank Thomas Plucknett publicado na década de 1940 ("The origin of impeachment", no periódico *Transactions of the Royal Historical Society*). As atas dos impeachments medievais na Inglaterra estão disponíveis (e traduzidas para o inglês moderno) nos arquivos do projeto British History Online, do Institute for Historical Research da Universidade de Londres.[1] Trabalhos de juristas da época de ouro dos impeachments ingleses, como Edward Coke e William Blackstone, são acessíveis em bibliotecas digitais. Lê-los, assim como aos rolos dos parlamentos medievais, é uma viagem ao passado que amplamente recompensa os desafios da linguagem e os estranhamentos causados pela distância temporal.

A bibliografia dos Estados Unidos é decerto a mais numerosa sobre o impeachment presidencial. Para sorte de quem o estuda, ela ganhou recente impulso com a presidência de Donald Trump. Os livros norte-americanos sobre o impeachment normalmente têm um capítulo dedicado à história da recepção do instituto na Constituição de 1787, mas nenhum se compara ao já citado livro de Berger. Ainda entre os trabalhos históricos, o livro de Michael Les Benedict sobre o caso Andrew Johnson (*The Impeachment and Trial of Andrew Johnson*) é particularmente bom, por sua capacidade de apresentar o contexto histórico e político em que o caso ocorreu, na saída da Guerra Civil entre os estados do Norte e do Sul, sem descuidar de uma análise jurídica cuidadosa dos argumentos de acusação e de defesa. Para os textos mais dedicados aos pormenores da disciplina jurídica do impeachment, mas que têm excelentes reflexões sobre questões de fundo que interessam a nós (como a possibilidade de revisão judicial ou o equilíbrio entre responsabilização e independência do Executivo em face do Legislativo), recomendo os livros de Michael Gerhardt (*The Federal Impeachment Process*) e John Labovitz (*Presidential Impeachment*). Gerhardt segue na ativa e publicou bons textos na imprensa relativos aos impeachments de Donald Trump. Labovitz integrou o célebre comitê judiciário da Câmara dos Deputados que redigiu um impactante documento sobre os fundamentos para impeachment do presidente da República na época de Richard Nixon (*Constitutional Grounds for Presidential Impeachment*), cuja leitura vivamente recomendo. Vale também assistir às entrevistas do projeto de história oral do Arquivo Nacional dos Estados Unidos, em que os membros ainda vivos desse comitê deram detalhados depoimentos sobre suas atividades.[2] Alguns deles, à época jovens advogadas e advogados sob o comando do lendário John Doar, tornaram-se personagens de destaque no direito e na política, como Owen Fiss e Hillary Clinton. Entre os livros mais recentes sobre impeachment presidencial, destaco os de Cass Sunstein (*Impeachment: A Citizen's Guide*), e Laurence Tribe e Joshua Matz (*To End a Presidency: The Power of Impeachment*).

No caso brasileiro, houve também lançamentos recentes motivados pelo caso de Dilma Rousseff que merecem ser consultados. Para uma leitura jurídica organizada e abrangente do instituto do impeachment, recomendo o livro de Marcelo Campos Galuppo (*Impeachment: O que é, como se processa e por que se faz*). A coletânea organizada por Joaquim Falcão, Diego

Anexo III 279

Werneck Arguelhes e Thomaz Pereira (*Impeachment de Dilma Rousseff: Entre o Congresso e o Supremo*) traz um bom conjunto de textos de explicação, crítica e análise de conjuntura escritos durante aquele processo. O livro de Paulo Brossard segue sendo um clássico, e deveria ser a primeira leitura nacional de quem quiser estudar o impeachment a fundo. E há, claro, os julgamentos relevantes do STF, elencados na lista de referências no final deste livro.

Muita coisa boa sobre o tema foi escrita por não juristas. Os trabalhos de Brasilio Sallum Jr. (*O impeachment de Fernando Collor*) e João Villaverde (*Perigosas pedaladas*) são excelentes para se entender o contexto, os atores e as circunstâncias dos casos Collor e Dilma. O livro de Villaverde é particularmente útil para quem deseja entender o que foram as tais "pedaladas", a mais importante das acusações contra Dilma Rousseff. Entre as obras de cientistas políticos brasileiros, destaco as de Guilherme Casarões, sobre o caso Collor (*A economia política do governo Collor: Discutindo a viabilidade de governos minoritários sob o presidencialismo de coalizão*), e o recente texto comparativo de Arthur Augusto Rotta (*Como depor um presidente*). Alguns cientistas políticos estrangeiros também têm escritos de muito proveito para o entendimento do impeachment, inclusive com boas análises do Brasil. Tudo que Aníbal Pérez-Liñán produziu (e segue produzindo) deve ser lido com atenção. As listas de referências em seus trabalhos dão excelentes pistas sobre o estado da arte da bibliografia internacional de ciência política a respeito do impeachment presidencial.

Quem preferir descansar da leitura após concluir este livro ainda assim pode seguir aprendendo sobre o impeachment presidencial no Brasil: a edição de 1992 do programa jornalístico *Roda Viva*, da TV Cultura, com noventa minutos inteiramente dedicados ao impeachment de Collor está integralmente disponível em repositórios abertos de vídeos na internet.[3]

Agradecimentos

Nas listas de agradecimentos, a lembrança à família costuma vir por último. No meu caso, ela deve vir antes de qualquer outra. Este livro foi inteiramente escrito durante a pandemia de covid-19, ao longo de 2020 e 2021. Como todos os grandes projetos pegos no contrapé pela nova rotina do isolamento social, ele impôs ajustes e sacrifícios não apenas a mim, mas a todas as pessoas da casa. Minha esposa, Tathiane, que tem uma vida profissional tão movimentada quanto a minha, fez tudo que estava a seu alcance para garantir que eu pudesse desfrutar de condições adequadas a uma tarefa de alta concentração e de longo prazo, como é escrever um livro. Nossos filhos, Miguel e Gustavo, que inicialmente ficaram animados com a ideia de ter o papai e a mamãe sempre por perto em casa, aos poucos acostumaram-se com a ideia de que o papai estava fechado no quarto escrevendo um livro e a mamãe estava fechada no outro quarto dando aulas ou escrevendo também, e portanto encontravam-se bem menos disponíveis do que eles gostariam. Mesmo assim, ambos (quase sempre) respeitaram as nossas necessidades de tempo para o trabalho. Chegaram até a aprender alguma coisa sobre história do Brasil, pois torceram pela conclusão do livro capítulo a capítulo, presidente a presidente ("Já passou o Collor?" "Já chegou na Dilma?"). Tathiane é além de tudo uma jurista de primeira grandeza, com profundos conhecimentos de direito financeiro, e ajudou-me muito (não apenas na fase de escrita, mas desde sempre) na depuração de muitas das ideias deste livro, especialmente quanto às acusações fiscais contra Dilma Rousseff. Enfim, nada disto aqui existiria não fosse por eles, e especialmente por ela. Cada letra no papel tem a compreensão, a paciência e o estímulo dos três. Que este meu agradecimento lhes valha como uma nota promissória de amor e gratidão, imprescritível e impagável.

Ricardo Teperman, publisher da Zahar, deu-me a oportunidade de publicar pelo selo que é referência para as humanidades no Brasil. Estar no catálogo da editora cujos lançamentos eu sempre acompanhei é uma honraria inimaginável. Agradeço a ele e à Companhia das Letras pela confiança e pela oportunidade. Mauro Gaspar, editor do selo, foi, junto com Ricardo, um leitor cuidadoso dos manuscritos. Plínio Lopes, na checagem, e Clarice Zahar, no fechamento, foram fundamentais para que o manuscrito resultasse em um livro mais preciso e bem escrito.

O grupo Companhia das Letras me permitiu contar com o auxílio de um jovem e notável pesquisador, André Parente Houang, egresso do PET Sociologia Jurídica da Faculdade de Direito da USP. André auxiliou na localização de fontes, checou informações duvidosas e fez observações sobre o manuscrito que só ocorreriam a um leitor inteligente e atento como ele.

Na pesquisa específica para a escrita do livro, algumas pessoas me deram informações importantes e compartilharam documentos necessários para a conferência de dados e datas. Agradeço à jornalista Carolina Linhares pela troca de informações sobre o impeachment do governador alagoano Muniz Falcão. Agradeço também ao cientista político Fabrício Amorim, do Núcleo de Estudos em Arte, Mídia e Política da puc-sp, pelo gentil envio de documentos relativos a um dos pedidos de impeachment contra Itamar Franco. O jornalista Leo Arcoverde, do projeto Fiquem Sabendo, forneceu-me esclarecimentos adicionais sobre a lista de pedidos de impeachment apresentados contra todos os presidentes desde 1990, publicada pela newsletter Don't lai to me, sobre Lei de Acesso à Informação, da qual ele é um dos fundadores.

Tenho a sorte de ter brilhantes acadêmicos como amigos fraternos, que aceitaram separar tempo em suas disputadas agendas para ler versões do manuscrito. Pelos erros apontados, pelas muitas sugestões de aperfeiçoamento no texto e pelos valorosos insights, agradeço a André de Albuquerque Cavalcanti Abbud e Luiz Guilherme Mendes de Paiva. Agradeço também a Murilo de Robbio pelo empenho na leitura de um trecho dos originais.

Minha história com o impeachment começou em 2015 e envolveu muitas pessoas e instituições. No curso de graduação da Faculdade de Direito da usp, entre 2016 e 2018, ministrei disciplinas eletivas dedicadas ao estudo tanto da história desse instituto no Brasil quanto da teoria do impeachment presidencial nos Estados Unidos. Como sempre ocorre no Largo de São Francisco, as aulas me deram oportunidade de interagir com alunas e alunos inteligentes e interessados, e renderam debates que sem dúvida moldaram minha compreensão sobre o tema. Espero que eles tenham aprendido comigo tanto quanto eu pude aprender com eles. Em 2016 e 2017, apresentei resultados de pesquisas sobre o impeachment nos encontros anuais da Law and Society Association, em painéis organizados pelo professor Joshua Tate (Southern Methodist University, Texas). Ainda na São Francisco, três bons amigos foram interlocutores frequentes em almoços numa época em que o impeachment dominava as conversas de professores de direito. Agradeço à turma do Alcachofra — Diogo Coutinho, Virgílio Afonso da Silva e Conrado Hübner Mendes — pela companhia, pelos bons papos e pelo aprendizado, assim como a todos os alunos e colegas da universidade pelas críticas e sugestões nas muitas oportunidades de discussão de trabalhos meus.

Em 2016, uma bolsa da Fundação de Amparo à Pesquisa do Estado de São Paulo (Fapesp) me permitiu passar um período estendido no Center for Latin American and Latino Studies da American University em Washington. Fui recebido pelo professor Matthew Taylor e pelo diretor do centro, Eric Hershberg, com o acolhimento

Agradecimentos 283

necessário para que aquela estada, além de academicamente proveitosa, fosse também memorável do ponto de vista pessoal. Ela me rendeu ainda bons amigos, com quem refinei outras tantas ideias sobre o tema deste livro. Cumprimento-os todos através de Fábio Kerche, pesquisador da Fundação Casa de Rui Barbosa. Agradeço à Fapesp, sem a qual essa experiência, que me rendeu além de tudo incontáveis fontes de pesquisa sobre o tema, não teria existido.

Como tudo que faço na minha profissão, este livro tem as marcas das pessoas que foram determinantes na minha formação humana e intelectual. Minha mãe, Isaura, e meu pai, Sebastião, jamais pouparam sacrifícios para dar aos filhos as oportunidades educacionais que eles próprios nunca tiveram. Minha irmã, Laura — uma atleta de nível internacional que sempre brigou com os limites do próprio corpo e passou mais tempo em mesas de cirurgia e salas de fisioterapia do que nas quadras de basquete —, é meu exemplo maior de superação e força de vontade. José Reinaldo de Lima Lopes, hoje meu colega na Faculdade de Direito da usp, é o orientador de quem jamais deixarei de ser aluno.

Notas

Introdução: A era das presidências interrompidas (pp. 11-25)

1. Alexander Hamilton, James Madison e John Jay, *The Federalist Papers*, n. 65, pp. 177-8.
2. Para uma análise do argumento da inaptidão mental como fundamento para o impeachment, cf. Rafael Mafei Rabelo Queiroz, "E se ele for louco?".
3. Sylvia Colombo, "Ex-presidente do Equador é preso em investigação de corrupção".
4. Aníbal Pérez-Liñán, *Presidential Impeachment and the New Political Instability in Latin America*.
5. Leiv Marsteintredet, Mariana Llanos e Detlef Nolte, "Paraguay and the Politics of Impeachment".
6. Há que se destacar que o número de denúncias no Brasil será sempre elevado porque, além de um país populoso, nosso modelo admite que denúncias sejam feitas por qualquer pessoa do povo. Em sua origem inglesa, como ainda hoje em países como os Estados Unidos, o papel de acusador é limitado à casa parlamentar baixa (House of Commons, House of Representatives). com o que o número de acusações é compreensivelmente diminuto.
7. Os números de denúncias contra cada um dos presidentes são os seguintes: Fernando Collor de Mello (29), Itamar Franco (4), Fernando Henrique Cardoso (275) Luiz Inácio Lula da Silva (37), Dilma Rousseff (68), Michel Temer (31) e Jair Bolsonaro (mais de 100 até meados de abril de 2021). Há notícias de um pedido de impeachment contra José Sarney, que motivou inclusive um dos primeiros julgamentos do STF sobre o tema na vigência da Constituição de 1988 (MS 20941, rel. min. Sepúlveda Pertence, j. 9 fev. 1990), mas que não consta nos arquivos da Câmara dos Deputados. Para um breve relato da denúncia contra Sarney, cf. Amanda Prado, "Além de Collor e Dilma, Sarney, Itamar, FHC e Lula sofreram pedidos de impeachment"; para os pedidos de impeachments desde Collor até Dilma Rousseff, cf. Fiquem Sabendo, "Os pedidos de impeachment contra presidentes brasileiros desde 1990"; para Jair Bolsonaro, cf. Agência Pública, "Os pedidos de impeachment de Bolsonaro".
8. Rui Barbosa, "As ruínas da Constituição", p. 80.
9. Paulo Brossard, *O impeachment*, pp. 191 ss.
10. Aníbal Pérez-Liñán, "Impeachment or backsliding? Threats to democracy in the twenty-first century", p. 1.
11. *Valor Econômico*, "Peru: Congresso aprova impeachment do presidente Martín Vizcarra".

Notas 285

12. Cf., entre outros, Aníbal Pérez-Liñán, *Presidential Impeachment and the New Political Instability in Latin America*; Kathryn Hochstetler, "The Fates of Presidents in Post-Transition Latin America: From Democratic Breakdown to Impeachment to Presidential Breakdown", Young Hun Kim, "Impeachment and Presidential Politics in New Democracies", e vários artigos em Jody C. Baumgartner e Naoko Kada, *Checking Executive Power: Presidential Impeachment*.

13. Arturo Valenzuela, "Latin American Presidencies Interrupted", *Journal of Democracy*; Aníbal Pérez-Liñán e John Polga-Hecimovich, "Explaining Military Coups and Impeachments in Latin America"; Arthur Augusto Rotta, *Como depor um presidente*.

14. Guilherme Stolle Paixão e Casarões, *A economia política do governo Collor: Discutindo a viabilidade de governos minoritários sob o presidencialismo de coalizão*; Marcus Vinícius Comenale Pujol, *O impeachment de Fernando Collor: Aspectos econômicos, políticos e jurídicos que levaram à queda do presidente*; Sérgio Abranches, *Presidencialismo de coalizão: Raízes e evolução do modelo político brasileiro*.

15. Cf. Sérgio Abranches, *Presidencialismo de coalizão: Raízes e evolução do modelo político brasileiro*; especificamente sobre a queda de Collor, cf. Brasilio Sallum Jr., *O impeachment de Fernando Collor: Sociologia de uma crise*.

16. Marcelo Campos Galuppo, *Impeachment: O que é, como se processa e por que se faz*; Bruno Galindo, *Impeachment: À luz do constitucionalismo contemporâneo, incluindo análises dos casos Collor e Dilma*; Alexandre Gustavo Melo Franco Bahia, Diogo Bacha e Silva e Marcelo Andrade Cattoni de Oliveira, *O impeachment e o Supremo Tribunal Federal*; Helder Felipe Oliveira Correia, *A lei 1079/50 e o impeachment no direito brasileiro*; João Villaverde, *Controle do soberano*; Bonifácio José Suppes de Andrada, *Mecanismos internos do impeachment*.

17. Cass R. Sunstein, *Impeachment: A Citizen's Guide*, Laurence Tribe e Joshua Matz, *To End a Presidency*.

18. Michael J. Gerhardt, *The Federal Impeachment Process*; John R. Labovitz, *Presidential Impeachment*.

19. Raoul Berger, *Impeachment*; Michael Les Benedict, *The Impeachment and Trial of Andrew Johnson*; William H. Rehnquist, *Grand Inquests*.

1. "Os maiores violadores das leis" [pp. 27-50]

1. Chris Given-Wilson et al. (Orgs.), *Parliament Rolls of Medieval England*, "Introduction".

2. Anne Curry, *The Hundred Years War: 1337-1453*, p. 26.

3. Chris Given-Wilson et al. (Org.), *Parliament Rolls of Medieval England*, n. 24.

4. John G. Bellamy, *The Law of Treason in England in the Later Middle Ages*, p. 168. Latimer recebeu perdão real pouco tempo depois.

5. Theodor Frank Thomas Plucknett, "The Origin of Impeachment".

6. John Smith Roskell, *The Impeachment of Michael de la Pole, Earl of Suffolk, in 1386*, pp. 17-8.

7. John G. Bellamy, *The Law of Treason in England in the Later Middle Ages*, p. 168.

8. "Richard Lyons, mercador de Londres, foi *impeached* e acusado pelos ditos comuns de muitas fraudes, extorsões e outros feitos malignos executados por ele contra nosso lorde o Rei e seu povo"; "Ainda, William Lord Latimer foi *impeached* e acusado por inciativa dos ditos comuns de várias fraudes, extorsões, agravos e outros feitos malignos executados por ele e por outros de seu povo e facção". (Chris Given-Wilson et al. [Orgs.], *Parliament Rolls of Medieval England*, abr.-jul. 1376, n. 17 e n. 20, grifos meus).

9. John G. A. Pocock, *The Ancient Constitution and the Feudal Law: A Study of English Historical Thought in the Seventeenth Century*, p. 34.

10. John H. Baker, *Manual of Law French*, p. 65.

11. Edward Coke, *Institutions of the Laws of England*, v. II, p. 145.

12. Martin Loughlin, *The British Constitution: A Very Short Introduction*, p. 25.

13. Corinne Comstock Weston, *English Constitutional Theory and the House of Lords*, pp. 9-42.

14. William Blackstone, *Commentaries on the Laws of England*, p. 12.

15. Ibid., pp. 60ss.

16. George Crabb, *History of English Law*, pp. 221-2.

17. Ibid., pp. 221-4.

18. Martin Loughlin, *The British Constitution: A Very Short Introduction*, p. 56.

19. George Crabb, *History of English Law*, p. 292.

20. Chris Given-Wilson et al. (Orgs.), *Parliament Rolls of Medieval England*. Maio 1368, n.75.

21. House of Representatives, Committee on the Judiciary, *Impeachment of the President*, 1867, p. 69.

22. John Smith Roskell, *The Impeachment of Michael de la Pole, Earl of Suffolk, in 1386*.

23. Bellamy atribui ao jurista Edward Coke (1552-1634) a responsabilidade pela popularização de uma compreensão equivocada que se difundiu na cultura jurídica inglesa, segundo a qual o *misprision* equivaleria a traição (*misprision of treason*). Bellamy registra, porém, que os primeiros usos documentados do termo não tinham o qualificativo "de traição" e designavam apenas uma ação equivocada (*mistaken*) ou errada (*wrongful*). John G. Bellamy, *The Law of Treason in England in the Later Middle Ages*, p. 216.

24. William Blackstone, *Commentaries on the Laws of England*, p. 623.

25. John G. Bellamy, *The Law of Treason in England in the Later Middle Ages*, p. 216.

26. "The King", "Our Lady his Queen", "their Eldest Son and Heir". Cf. Thomas Bayly Howell, *A Complete Collection of State Trials*, v. v, p. 974.

27. Chris Given-Wilson et al. (Orgs.), *Parliament Rolls of Medieval England*, Out. 1386, n. 5.

28. John G. Bellamy é da opinião de que a conduta de Suffolk, embora configurasse um grave delito político (*misprision*), não se amoldava propriamente à lei da traição de 1352. Cf. John G. Bellamy, *The Law of Treason in England in the Later Middle Ages*, p. 98.

Notas

29. Chris Given-Wilson et al. (Orgs.), *Parliament Rolls of Medieval England*, jan. 1395, "Introduction".
30. John G. Bellamy, *Complete Collection of State Trials*, p. 113.
31. Raoul Berger, *Impeachment: The Constitutional Problems*, pp. 10-2.
32. Ibid., p. 28.
33. Gerald J. Meyer, *The Tudors: The Complete Story of England's Most Notorious Dynasty*, pp. 420-1. As duas esposas de Henrique VIII decapitadas foram Ana Bolena, que motivou o rompimento do rei com o catolicismo, e Catherine Howard, prima de Ana.
34. Gerald J. Meyer, *The Tudors: The Complete Story of England's Most Notorious Dynasty*, p. 595.
35. Martin Loughlin, *The British Constitution: A Very Short Introduction*, p. 47.
36. Peter Ackroyd, *History of England*, v. 2: Tudors, p. 184.
37. Raoul Berger, *Impeachment: The Constitutional Problems*, p. 27; Stephen Sedley, *Lions Under the Throne: Essays on the History of English Public Law*, p. 178.
38. Para o conceito de *misprisions*, ver nota 23 deste capítulo.
39. Unites States of America, Constitution of the United States, art. 1, sec. 9.
40. Geoffrey Robertson, *The Tyrannicide Brief: The Story of the Man Who Sent Charles I to the Scaffold*, p. 83.
41. Berger aponta que Josiah Quincy II, porta-voz do grupo revolucionário Sons of Liberty, lembrou o caso de Strafford em um jornal de Boston, celebrando o impeachment como instituto protetivo das leis fundamentais e preventivo contra abusos de poder. Cf. Raoul Berger, *Impeachment: The Constitutional Problems*, p. 30, n. 107.
42. Perez Zagorin, *Rebels & Rulers 1500-1660*, v. II, p. 140.
43. Raoul Berger, *Impeachment: The Constitutional Problems*, p. 31.
44. A principal medida nesse sentido foi a tentativa de ampliar a cobrança do Ship-Money Tax — imposto originalmente devido apenas em condados litorâneos — para outros condados do reino (cf. Geoffrey Robertson, *The Tyrannicide Brief: The Story of the Man Who Sent Charles I to the Scaffold*, p. 89).
45. Ronald G. Asch, "Thomas, First Earl of Strafford (1593-1641)".
46. Ibid.; Raoul Berger, *Impeachment: The Constitutional Problems*, p. 31.
47. Para o conhecimento e uso do precedente por John Pym na acusação contra o conde de Strafford, cf. Conrad Russell, "The Theory of Treason in the Trial of Strafford", p. 31.
48. Apud Raoul Berger, *Impeachment: The Constitutional Problems*, pp. 32-3.
49. Perez Zagorin, *A History of Political Thought in the English Revolution*, p. 191.
50. Samuel Gardiner, *History of England from the Accession of James I to the Outbreak of the Civil War, 1603-1642*, p. 322.
51. Ronald G. Asch, "Wentworth, Thomas, First Earl of Strafford". Carlos I ainda tentou preservar a vida de seu fiel oficial, propondo à Câmara dos Lordes que a pena capital aplicada a Strafford fosse comutada em prisão perpétua, mas não foi atendido. Embora o processo contra Strafford tenha começado como impeachment, ele tornou-se um *attainder* em meio ao procedimento. A razão da mudança

é ainda hoje profundamente controvertida na historiografia, já que o *attainder* exigia participação do rei, enquanto o impeachment não. Para interpretações nesse debate, cf. Raoul Berger, *Impeachment: The Constitutional Problems*, pp. 35-40.

52. Fábio Konder Comparato, *A afirmação histórica dos direitos humanos*, pp. 87-92.

53. Martin Loughlin, *The British Constitution: A Very Short Introduction*, p. 50.

54. Benjamin Constant identificou nesse distanciamento do rei em relação à administração do governo, que passou às mãos do partido de maioria parlamentar, a chave da monarquia constitucional inglesa (cf. Benjamin Constant, *Ouvres politiques*, p. 19).

55. Já na primeira metade do século xviii, Robert Walpole, membro do Parlamento pela Câmara dos Comuns, ganhou proeminência política sobre todos os ministérios e tornou-se de fato o primeiro "primeiro-ministro" — termo de conotação pejorativa à época. Walpole renunciou às funções de governo após as eleições de 1741, quando seus opositores conquistaram maioria parlamentar (cf. Stephen Taylor, "Walpole, Robert, First Earl of Oxford").

56. Martin Loughlin, *The British Constitution: A Very Short Introduction*, p. 51. O último ministro da história inglesa a sofrer acusação através de impeachment foi Henry Dundas, em 1806 (cf. Michael Fry, "Dundas, Henry, First Viscount Melville").

57. Frank Bowman iii, *High Crimes and Misdemeanors: A History of Impeachment for the Age of Trump*, p. 40.

58. Raoul Berger, *Impeachment: The Constitutional Problems*, p. 123 n. 9.

59. As acusações contra Hastings cobriam uma ampla gama de malfeitos, como desobediência aos diretores da Companhia das Índias Orientais, má administração das regiões sob seu domínio, fraudes contra políticos locais em negócios variados e corrupção em benefício próprio e de outros diretores da companhia (cf. Frank Bowman iii, *High Crimes and Misdemeanors: A History of Impeachment for the Age of Trump*, p. 41).

60. Andrew Rudd, *Sympathy and India in British Literature, 1770-1830*, p. 29.

61. Edmund Burke, *Speeches in the Impeachment of Warren Hastings, Esquire, Late Governor-General of Bengal*.

62. Patrick Turnbull, *Warren Hastings*, pp. 214-5.

63. Apud James Madison, *The Debates on the Adoption of the Federal Constitution in the Convention Held at Philadelphia in 1787, with a Diary of the Debates of the Congress of the Confederation*. Nos debates estaduais para ratificação da Carta redigida na Filadélfia, seu caso foi novamente lembrado para defender a ideia de que um oficial condenado deveria ser imediatamente removido do cargo.

64. Bruce Ackerman, *The Failure of the Founding Fathers: Jefferson, Marshall and the Rise of Presidential Democracy*, p. 24.

65. Bruce Ackerman, *We the People: Foundations*, pp. 28ss.

66. Thomas Paine, *Rights of Man, Common Sense and Other Political Writings*, p. 34.

67. Alexander Hamilton, James Madison e John Jay, *The Federalist Papers*, n. 70, p. 200.

68. "Muitas vezes torna-se impossível, em meio a acusações mútuas, determinar de quem é a culpa por uma medida perniciosa. A responsabilidade é deslocada de

Notas

uma pessoa para outra com tanta destreza, e sob aparências tão plausíveis, que a opinião pública é deixada em suspense quanto ao verdadeiro autor da medida" (Alexander Hamilton, James Madison e John Jay, *The Federalist Papers*, n. 70, p. 202).

69. Max Farrand, *The Records of the Federal Convention of 1787*, v. 2, 20 jul. 1787.

70. Cass Sunstein, *Impeachment: A Citizen's Guide*, p. 42.

71. Alexander Keyssar, *The Right to Vote*, v. XVI.

72. Unites States of America, *Constitution of the United States*, art. II, sec. I.

73. Bruce Ackerman, *The Failure of the Founding Fathers*, p. 24. Vale lembrar que não havia, à época, partidos nacionais, canais para comunicação política em massa ou primárias partidárias para escolha de candidatos pelo voto direto dos filiados.

74. Max Farrand, *The Records of the Federal Convention of 1787*, v. 2, 24 jul. 1787.

75. Ibid., v. 1, 1º jun. 1787.

76. Ibid., v. 2, 8 set. 1787.

77. Jack N. Rakove, "Statement on the Background and History of Impeachment", p. 690. "Nas colônias, o impeachment era um mecanismo pelo qual instituições representativas podiam dar início a um processo para afastar oficiais executivos e judiciais por más condutas intoleráveis" (Cass Sunstein, *Impeachment: A Citizen's Guide*, p. 38).

78. Peter C. Hoffer e Natalie E. H. Hull, "Power and Precedent in the Creation of an American Impeachment Tradition: The Eighteenth-Century Colonial Record", p. 52.

79. Max Farrand, *The Records of the Federal Convention of 1787*, v. 1, 18 jun. 1787.

80. Cf. ibid., v. 1, 2 jun. 1787. Cass Sunstein ironiza essa sugestão como absurda: "Sherman tinha quinze filhos. Talvez ele estivesse cansado". Vale notar, porém, que essa "doutrina Sherman" permanece viva na imaginação de muitos sobre o impeachment. Ela é sugerida quando se diz que o julgamento de um crime de responsabilidade é "político", e que isso daria ao Legislativo o poder de defini-lo como bem quisesse (*Impeachment: A Citizen's Guide*, p. 42).

81. Max Farrand, *The Records of the Federal Convention of 1787*, v. 2, 20 jul. 1787.

82. Ibid., v. 2, 8 set. 1787.

83. Raoul Berger, *Impeachment: The Constitutional Problems*, pp. 70-1.

84. "O Senado terá poder exclusivo de julgar todos os impeachments. Quando se reunirem para esse fim, [os senadores] estarão sob juramento ou afirmação" (Unites States of America, *Constitution of the United States*, art. I, sec. III). Também para isso havia antecedentes em algumas das antigas colônias: em Nova York, a Constituição do estado mandava que julgamentos de impeachments, de competência da Assembleia estadual, fossem conduzidos de forma "imparcial" e "de acordo com as provas" (cf. United States of America (New York), *The Constitution of New York*, 20 abr. 1777, art. XXXIII. Disponível em: <https://avalon.law.yale.edu/18th_century/ny01.asp>. Acesso em: 27 jun. 2020).

85. Unites States of America, *Constitution of the United States*, art. I., sec. III.

86. Alexander Hamilton, James Madison e John Jay, *The Federalist Papers*, n. 65, pp. 177-8.

87. Ibid., n. 65, p. 180.

88. Pierce Butler, representante da Carolina do Sul na Convenção da Filadélfia, em uma carta de 1788, explicava que presidente, Câmara dos Deputados e Senado estavam para os Estados Unidos como rei, Câmara dos Comuns e Câmara dos Lordes para os ingleses. A explicação foi dada para Weedon Butler, um inglês que dirigia a escola onde estudava o filho de Pierce. Cf. Max Farrand, "Pierce Butler to Weedon Butler", *The Records of the Federal Convention of 1787*, v. 3. No mesmo sentido, diz Alexander Hamilton, no ensaio n. 65 de *O Federalista*: "Foi o modelo do qual a ideia dessa instituição foi emprestado que apontou esse rumo à convenção. Na Grã-Bretanha, é competência da Câmara dos Comuns levar a cabo o impeachment, e da Câmara dos Lordes decidi-lo" (p. 178).

89. Segundo o historiador de política medieval Antonio Marongiu, "essas assembleias agiam como conselhos de governo, cortes de justiça, corpos administrativos e financeiros e até mesmo órgãos de justiça administrativa: pois essa visão alargada da Corte real exercia controle sobre atividades de oficiais e agentes públicos" (Antonio Marongiu, *Medieval Parliaments*, p. 29).

90. Apenas em 1912 a eleição para o Senado tornou-se direta, por meio da 17ª emenda constitucional.

91. Alexander Hamilton, James Madison e John Jay, *The Federalist Papers*, n. 65, p. 180.

92. Frank Bowman III, *High Crimes and Misdemeanors: A History of Impeachment for the Age of Trump*, p. 26.

93. Michael Gerhardt, *The Federal Impeachment Process*, pp. 7-8.

94. Unites States of America, *First Virginia Constitution*, 29 jun. 1776 (disponível em: <https://www.law.gmu.edu/assets/files/academics/founders/VA-Constitution.pdf>); John R. Labovitz, *Presidential Impeachment*, p. 7.

95. Era o caso da Constituição de Nova York, de 1777, cujo artigo XXXIII estabelecia que a condenação em um impeachment não fosse além da perda do cargo e da inabilitação para o exercício de futuras funções públicas (cf. Unites States of America (New York), *The Constitution of New York*, 20 abr. 1777, art. XXXIII. Disponível em: <https://avalon.law.yale.edu/18th_century/ny01.asp>. Acesso em: 27 jun. 2020).

96. Cf. Max Farrand, *The Records of the Federal Convention of 1787*, v. 3: "Appendix F: The Hamilton Plan", art. IV, § 13.

97. Max Farrand, *The Records of the Federal Convention of 1787*, v. 2, 14 set. 1787.

98. "Essa suspensão intermediária o colocará no poder de apenas um dos ramos do governo. Eles poderão, a qualquer momento, para dar lugar a outro que será mais favorável aos seus pontos de vista, votar uma destituição temporária do presidente" (cf. Max Farrand, *The Records of the Federal Convention of 1787*, v. 2, 14 set. 1787).

99. No segundo impeachment de Trump, o processo chegou ao Senado apenas após ele ter deixado o cargo pelo final de seu mandato.

100. William Blount, acusado de conspirar contra o governo dos Estados Unidos para permitir a invasão estrangeira no antigo território da Louisiana (cf. Laurence Tribe e Joshua Matz, *To End a Presidency*, p. 11).

Notas 291

101. O mais conhecido caso de impeachment contra um juiz foi o de John Pickering, em 1803 (cf. Lynn W. Turner, "The Impeachment of John Pickering"). Pickering, que se tornou incapaz para a magistratura pelo agravamento do alcoolismo, foi a primeira vítima da ira jeffersoniana contra juízes nomeados no apagar das luzes do mandato presidencial anterior. A bibliografia sobre o seu caso é rica para o estudo do impeachment por incapacidade mental nos Estados Unidos, sobretudo antes da 25ª emenda constitucional. Para uma leitura sobre a animosidade de Thomas Jefferson contra juízes federais, cf. Lawrence W. Dixon, "The Attitude of Thomas Jefferson Toward the Judiciary"; e William H. Rehnquist, *Grand Inquests*, pp. 50-1.

102. William H. Rehnquist, *Grand Inquests*, pp. 58-113.

103. Lincoln escolheu Andrew Johnson como vice não apenas para acenar com um projeto de união entre nortistas e sulistas, mas também para recompensar a lealdade que ele demonstrara como senador: foi o único sulista a ficar do lado da União quando os estados do Sul tentaram dissolver a federação, o que levou à Guerra Civil de 1865.

104. Apud Gary L. Donhardt, *In the Shadow of the Great Rebellion*, p. 62.

105. William H. Rehnquist, *Grand Inquests*, p. 199.

106. Hans L. Trefousse, *Impeachment of a President*, p. 4.

107. Laurence Tribe e Joshua Matz, *To End a Presidency*, p. 54.

108. Michael Les Benedict, *The Impeachment and Trial of Andrew Johnson*, pp. 3-5.

109. C-Span, "Presidential Historians Survey". A pesquisa é citada por Cass Sunstein, *Impeachment: A Citizen's Guide*, p. 81.

110. Garry W. Gallagher et al., *The American Civil War: The Mighty Scourge of War*, p. 223.

111. Joseph T. Glatthaar, *The American Civil War: The War in the West, 1863-1865*, p. 90.

112. Hans L. Trefousse, *Impeachment of a President*, p. 3.

113. Ibid., p. 133.

114. Congress of the United States, *Annals of 39th Congress*, sec. ii., cap. 154, p. 431, 1867 (Disponível em: <https://www.senate.gov/artandhistory/history/resources/pdf/Johnson_TenureofOfficeAct.pdf>). Paulo Brossard traduz *misdemeanors* como "faltas" (ref.). Optei por "delitos" porque esse vocábulo faz alusão à natureza criminal do ilícito. Importante lembrar que, na tradição brasileira, não houve diferenciação entre "crimes" e "delitos", ambos sendo sinônimos de "ilícitos criminais", conforme estabelecia o art. 1º do Código Criminal do Império (1830). Na tradição europeia, porém, "crimes" e "delitos" eram diferentes. No código francês de 1810, "crimes" eram os ilícitos punidos com penas "aflitivas ou infamantes", enquanto delitos eram punidos com penas "correcionais" (art. 1º). Em inglês, no mesmo sentido, *misdemeanor* designa, na compreensão jurídica do século xviii, "um crime menor" (William Blackstone, *Commentaries on the Laws of England*, p. 768), razão pela qual entendo que "delito" é preferível a "falta", já que esta última não tem substância essencialmente criminal.

115. Cass Sunstein, *Impeachment: A Citizen's Guide*, p. 105.

116. Michael Les Benedict, *The Impeachment and Trial of Andrew Johnson*, p. 112.

117. John R. Labovitz, *Presidential Impeachment*, pp. 62-9.

118. Supreme Court of the United States. Myers vs. United States, 272 U.S. 52, 1926. Cass Sunstein (*Impeachment: A Citizen's Guide*, p. 106) aponta esse caso como prova de que a acusação contra Johson foi uma vendeta política abusiva, sem fundamento constitucional aceitável.

119. Laurence Tribe e Joshua Matz, *To End a Presidency*, p. 55.

120. No mesmo sentido, John Labovitz argumenta que a acusação democrata iludiu--se em prender-se ao Tenure of Office Act, seduzida pelo canto da sereia do "alto delito" preconizado no texto da lei. A pouca ambição acusatória acabou servindo à defesa de Johnson, pois retirou do julgamento todo o debate sobre a extensão do mal que sua presidência, infiel às leis e ao Congresso, causava a um país dilacerado pela guerra e carente de uma liderança unificadora para seu processo de reconstrução (cf. John R. Labovitz, *Presidential Impeachment*, p. 89.)

121. United States of America, *Constitution of the United States*, art. II, sec. 3.

122. A imagem do mosaico para se referir à conduta da Johnson é de Laurence Tribe e Joshua Matz, *To End a Presidency*, p. 56. Opinião semelhante, sobre a má estratégia acusatória, está no estudo seminal sobre o impeachment de Andrew Johnson feito por Michael Les Benedict, *The Impeachment and Trial of Andrew Johnson*, p. 36. No mesmo sentido, cf. ainda John R. Labovitz, *Presidential Impeachment*, pp. 88-9.

123. Laurence Tribe e Joshua Matz, *To End a Presidency*, pp. 54-6.

124. O escolhido foi John Schofield, da Virgínia, um conservador fiel ao plano aprovado pelo Congresso.

125. Michael Les Benedict, *The Impeachment and Trial of Andrew Johnson*, pp. 137-8.

2. "Façam justiça e salvem a República!" (pp. 51-83)

1. Constituição Política do Império do Brasil, 1824, art. 99.

2. Constituição Política do Império do Brasil, 1824, arts. 102, 133-5 e 143.

3. Constituição Política do Império do Brasil, 1824, art. 133: "Art. 133. Os ministros de Estado serão responsáveis: I. Por traição; II. Por peita, suborno, ou concussão; III. Por abuso do poder; IV. Pela falta de observância da lei; V. Pelo que obrarem contra a liberdade, segurança, ou propriedade dos cidadãos; VI. Por qualquer dissipação dos bens públicos". Em comparação, diz a Constituição política da monarquia portuguesa, de 1822, em seu art. 159: "Os secretários de Estado serão responsáveis às Cortes: I. Pela falta de observância das leis; II. Pelo abuso do poder que lhes foi confiado; III. Pelo que obrarem contra a liberdade, segurança, ou propriedade dos cidadãos; IV. Por qualquer dissipação ou mau uso dos bens públicos".

4. Julio Cesar de Oliveira Vellozo, *Constituição e responsabilidade no Império do Brasil*.

5. José Antonio Pimenta Bueno, *Direito público brazileiro e analyse da Constituição do Império*, p. 116. Pimenta Bueno também empregava o termo para designar condutas ilegais de magistrados (pp. 40ss). Magistrados, embora integrassem, nos termos da

Notas

Constituição de 1824, um poder independente, eram não apenas profundamente imiscuídos nas questões políticas do reino por seus vínculos familiares e sociais (cf. José Murilo de Carvalho, *A construção da ordem: A elite política imperial*, pp. 93ss), mas também acumulavam funções na esfera local que iam muito além daquilo que hoje se atribui ao Poder Judiciário (cf. Victor Nunes Leal, *Coronelismo, enxada e voto*, pp. 213ss.), a despeito das especificidades de formação de juízes e de suas carreiras dentro do aparato estatal do Império (cf. José Reinaldo de Lima Lopes, "O Supremo Tribunal de Justiça no apogeu do Império", pp. 63ss.)

6. Essa linha autonomista foi proposta pelos deputados Manoel Caetano de Almeida e Albuquerque (PE) e Lino Coutinho (BA), em detrimento da proposta de uma só lei que abrangesse todos os agentes públicos, defendida por Nicolau de Campos Pereira Vergueiro (SP) e Bernardo Pereira de Vasconcelos (MG). Cf. Congresso Nacional, *Anais da Câmara dos Deputados*, 20 jun. 1826, p. 216.

7. Congresso Nacional, *Anais da Câmara dos Deputados*, 20 jun. 1826, p. 216.

8. A lei de 15 de outubro de 1827 criminalizava a "peita", o "suborno" e a "concussão", que eram institutos jurídicos bem definidos no direito criminal da época, como também "abusos de poder", "falta de observância da lei", ou ainda atentados indefinidos "contra a forma estabelecida de governo" ou "os poderes estabelecidos".

9. Em seu art. 38, a Constituição de 1824 estabelecia como privativo o poder da Câmara para "decretar que tem lugar a acusação dos ministros de Estado, e conselheiros de Estado"; e no art. 47, a competência do Senado para "conhecer a responsabilidade" dessas autoridades. Além das acusações decretadas pela Câmara, ao Senado cabia também julgar outras autoridades em crimes comuns (isto é, que não fossem crimes de responsabilidade), entre os quais os mesmos ministros de Estado, além de membros da família imperial, e deputados e senadores durante a legislatura. À diferença dos crimes de responsabilidade, porém, a acusação, nesses últimos casos, ficava a cargo do procurador da Coroa, e não da Câmara.

10. Lei de 15 de outubro de 1827, art. 8º.

11. Constituição Política do Império do Brasil, 1824, art. 179, xxx: "Todo cidadão poderá apresentar por escrito ao Poder Legislativo, e ao Executivo, reclamações, queixas, ou petições, e até expôr qualquer infracção da Constituição, requerendo, perante a competente autoridade a efetiva responsabilidade dos infractores". Embora o dispositivo não contemplasse explicitamente as denúncias por crimes de responsabilidade contra ministros e conselheiros, era bem aceito o entendimento de que o direito de petição abrangia essas situações. Para um exemplo da tentativa de aplicação do instituto dos crimes de responsabilidade a uma alta autoridade imperial, ver a denúncia formulada contra o tenente-general Joaquim de Oliveira Álvares e o ministro da Justiça, Teixeira de Gouveia, ainda durante o Primeiro Reinado. Os fatos que a motivaram e o desenrolar na Câmara dos Deputados são descritos com bons detalhes na biografia que Otávio Tarquínio de Sousa escreveu sobre o deputado Bernardo Pereira de Vasconcelos (*História dos fundadores do Império do Brasil*, v. III, pp. 96ss.). O caso do ministro da Guerra é apresentado em

riquíssimo detalhe na tese de doutorado de Luís Henrique Junqueira de Almeida Rechdan, *Constituição e responsabilidade: A articulação de mecanismos para controlar os atos ministeriais pela Assembleia Geral Legislativa do Império do Brasil (1826-1829)*, pp. 328ss. Para a discussão do relatório da comissão de constituição sobre a denúncia contra Joaquim de Oliveira Álvares, cf. Congresso Nacional, *Anais da Câmara dos Deputados*, 10 jun. 1829, pp. 66-72.

12. Constituição da Federal da República dos Estados Unidos do Brasil, 1891, art. 54.
13. Congresso Nacional, *Anais da Câmara dos Deputados*, 2 out. 1891, p. 36.
14. Cf., por exemplo, Galdino Siqueira, *O impeachment no regime constitucional brasileiro*; e Lauro Nogueira, *O impeachment, especialmente no direito brasileiro*. Para minha visão sobre a natureza jurídica dos crimes de responsabilidade, cf. Rafael Mafei Rabelo Queiroz, "A natureza jurídica dos crimes de responsabilidade presidencial no direito brasileiro: Lições a partir do impeachment de Dilma Rousseff".
15. Paulo Brossard, *O impeachment*, pp. 65ss.
16. Congresso Nacional, *Anais da Câmara dos Deputados*, 2 out. 1891, pp. 33-5.
17. Congresso Nacional, *Anais da Câmara dos Deputados*, 2 out. 1891, p. 33.
18. Congresso Nacional, *Anais da Câmara dos Deputados*, 2 out. 1891, p. 35.
19. Para as posições de Epitácio Pessoa e Felisbelo Freire, cf. Congresso Nacional, *Anais da Câmara dos Deputados*, 2 out. 1891, pp. 35-6.
20. Constituição da República dos Estados Unidos do Brasil, 1891, art. 53.
21. José Afonso da Silva, *Curso de direito constitucional positivo*, p. 545.
22. José Murilo de Carvalho, *Forças Armadas e política no Brasil*, p. 160.
23. Lilia M. Schwarcz e Heloisa M. Starling, *Brasil: Uma biografia*, pp. 320-1.
24. José Murilho de Carvalho, *Forças Armadas e política no Brasil*, pp. 25-6.
25. Edgard Carone, *A República Velha*, p. 28; CPDOC-FGV, "Encilhamento".
26. CPDOC-FGV, "Deodoro da Fonseca".
27. Edgard Carone, *A República Velha*, pp. 60-1.
28. Para o manifesto de Deodoro da Fonseca e a minuta do decreto, cf. *O Paiz*, "Congresso Nacional", p. 1.
29. Edgard Carone, *A República Velha*, p. 63.
30. Edgard Carone, *A República Velha*, pp. 64-8.
31. Constituição da República dos Estados Unidos do Brasil, 1891, art. 29, parte final.
32. Constituição da República dos Estados Unidos do Brasil, 1891, art. 52.
33. Antonio Herculano Lopes, "Do monarquismo ao 'populismo': O *Jornal do Brasil* na virada para o século xx".
34. *Jornal do Brasil*, "A república presidencial", p. 1.
35. *Novidades*, "República presidencial", p. 1.
36. João Barbalho Uchoa Cavalcanti, *Constituição Federal Brasileira [1891]*, p. 286.
37. Congresso Nacional, *Anais da Câmara dos Deputados*, 23 maio 1893, p. 128.
38. A Constituição de 1891, em seu artigo 42, previa a obrigatoriedade de novas eleições caso a presidência se tornasse vaga antes de decorridos dois anos do mandato. Após o regime provisório principiado em 1889, Deodoro da Fonseca iniciou seu

Notas

mandato constitucional propriamente apenas em fevereiro de 1891. Como sua renúncia ocorreu em novembro do mesmo ano, haveria obrigação de Floriano, seu sucessor, convocar eleições, o que ele nunca fez. Cf. Paulo Bonavides e Paes de Andrade, *História constitucional do Brasil*, p. 254.

39. José Murilo de Carvalho, *Forças Armadas e política no Brasil*, p. 45.

40. Lilia M. Schwarcz e Heloisa M. Starling, *Brasil: Uma biografia*, pp. 320-1.

41. Boris Fausto, *História do Brasil*, p. 252.

42. A maior parte dos textos de Rui Barbosa sobre Floriano Peixoto está no tomo II do volume XX de suas *Obras completas*, sugestivamente intitulado "A ditadura de 1893".

43. Boris Fausto, *História do Brasil*, p. 254.

44. Marina Ribeiro da Silva, "A primeira recusa de nomeação para o Supremo Tribunal Federal pelo Senado: O dr. Barata Ribeiro", pp. 3668-9.

45. Antonio Gasparetto Junior, *Recursos extremos da administração estatal*, p. 31. A lei inglesa chamava-se Riot Act.

46. Constituição da República dos Estados Unidos do Brasil, 1891, art. 80 e §§.

47. Leda Maria Cardoso Naud, "Estado de Sítio", p. 139. Como mostra a tese de Priscila Pivatto, as discussões sobre suas limitações e competências para o estado de sítio foram um dos importantes debates constitucionais da Primeira República (cf. Priscila Maddalozzo Pivatto, *Ideias impressas*, pp. 207ss.)

48. Congresso Nacional, *Anais da Câmara dos Deputados*, 23 maio 1893, pp. 141ss.

49. A lei que regia a carreira de lentes do ensino superior à época limitava a demissão aos casos de crime comprovado (Constituição da República dos Estados Unidos do Brasil, 1891, art. 74: "As patentes, os postos e os cargos inamovíveis são garantidos em toda a sua plenitude").

50. Congresso Nacional, *Anais da Câmara dos Deputados*, 23 maio 1893, p. 142.

51. João Barbalho Uchoa Cavalcanti, *Constituição Federal Brasileira [1891]*, p. 164. O grande debate sobre limitação ao estado de sítio na Primeira República referia-se à possibilidade de afastamento, ou não, das imunidades de deputados e senadores. Seu momento seminal foram os habeas corpus impetrados por Rui Barbosa em favor de parlamentares presos por ordem de Floriano Peixoto, em 1892, novamente sob estado de sítio (ibid., pp. 165-6; Priscila Maddalozzo Pivatto, *Ideias impressas*, pp. 235ss; para a atuação de Rui Barbosa, ver suas *Obras completas*, v. XIX, t. III).

52. Constituição da República dos Estados Unidos do Brasil, 1891, art. 87, §3º: "Fica abolido o recrutamento militar forçado".

53. Congresso Nacional, *Anais da Câmara dos Deputados*, 5 jun. 1893, pp. 93-122. Para um relato do parecer da comissão, cf. *Gazeta de Notícias*, "Denúncia", 31 mai. 1893, p. 1.

54. *Jornal do Brasil*, "O vice-presidente denunciado", p. 1.

55. Como vimos, essa posição não era unânime. João Barbalho, por exemplo, achava que a decisão da Câmara dos Deputados era vinculada, não havendo margem para discricionariedade política (ver nota 36 deste capítulo).

56. Na sequência do arquivamento da denúncia contra Floriano Peixoto, o *Jornal do Brasil*, pela pena de Rui Barbosa, criticou a comparação impertinente com o caso de Andrew Johnson (cf. *Jornal do Brasil*, "Lincoln, Johnson e Jackson", p. 1.)

57. *Gazeta de Notícias*, "Denúncia", p. 1.

58. Fabio Luis Tavares, *A oligarquia paulista e sua articulação com o governo de Floriano Peixoto durante a Revolta da Armada (1893-1894)*, p. 134.

59. José Murilo de Carvalho, *Forças Armadas e política no Brasil*, p. 45; Hélio Silva, *Floriano Peixoto: A consolidação*, pp. 121ss.

60. Emilia Viotti da Costa, *O Supremo Tribunal Federal e a construção da cidadania*, pp. 27-33.

61. Lêda Boechat Rodrigues, *História do Supremo Tribunal Federal*, t. 1, pp. 145-6.

62. José Reinaldo de Lima Lopes, *O direito na história: Lições introdutórias*, pp. 350ss. Para uma lista de habeas corpus interpostos contra as medidas sanitaristas, ver José Reinaldo de Lima Lopes, Rafael Mafei Rabelo Queiroz e Thiago dos Santos Acca, *Curso de história do direito*, pp. 462ss. Alguns desses julgamentos estão disponíveis no portal de internet do STF, na aba "Julgamentos históricos".

63. "É vedado ao Judiciário intervir para o fim de diretamente as atenuar, revogar ou anular, mandando na última hipótese, que a Assembleia Legislativa reconsidere e renove sua decisão contra o vencido, ou mantenha certa e determinada pessoa no cargo de governador ou vice-governador", decidiu o tribunal em 1895 (apud José de Castro Nunes, *Teoria e prática do Poder Judiciário*, p. 272). A mesma decisão é citada por Paulo Brossard, *O impeachment*, p. 155. No mesmo sentido, ver STF, acórdão 343, 22 jul. 1899.

64. Cf. Paulo Brossard, *O impeachment*, p. 156. Trata-se do habeas corpus 3018, de 1911. Na nota 423, Paulo Brossard informa que a tese foi reafirmada pelo tribunal em 1937, no julgamento do habeas corpus 26544.

65. Confira-se a posição de Pedro Lessa na matéria do habeas corpus 2793; cf. Carlos Bastide Horbach, *Memória jurisprudencial: Ministro Pedro Lessa*, p. 88.

66. José de Castro Nunes, *Teoria e prática do Poder Judiciário*, p. 271.

67. CPDOC-FGV, "Albuquerque, Caetano de".

68. "HC 4091", disponível na *Revista do Supremo Tribunal Federal*, v. XLV, out. 1922, pp. 11ss.

69. STF, acórdão 4116, 1916.

70. *O Matto Grosso*, "Telegramas", pp. 1-4.

71. O principal contraponto à tese do relator veio do ministro Oliveira Ribeiro, "com grande excitação", segundo reportagem do jornal *O Matto Grosso*, alegando que o tribunal não podia tomar conhecimento de nulidade em processos de impeachment (*O Matto Grosso*, "Telegramas", pp. 1-4.)

72. Paulo Brossard, *O impeachment*, p. 157.

73. CPDOC-FGV, "Albuquerque, Caetano de".

74. STF, MS 21564, rel. min. Carlos Velloso, j. 23 set. 1992.

75. STF, ADPF 378, rel. acórdão min. Luís Roberto Barroso, j. 17 dez. 2015.

76. Para uma narrativa das acusações e investigações contra Ademar de Barros, cf. Luiza Cristina Villaméa Cotta, *Adhemar de Barros (1901-1969): A origem do Rouba mas faz*.

77. *Correio Paulistano*, "A Lei do Impeachment", p. 2.

Notas

78. O presidente Eurico Gaspar Dutra chegou a considerar a hipótese de uma intervenção federal para sanar as contas do Estado (cf. *O Jornal*, "Intervenção federal em São Paulo", 1º jun. 1948).

79. Uma amostra da disposição do senador Olavo de Oliveira em combater o "apressar da marcha" do projeto da Lei do Impeachment, que ele próprio enxergava como um risco para governadores, está nos debates parlamentares que se seguiram à apresentação do projeto de lei nº 22 de 1948, da Comissão Mista de Leis Complementares do Congresso (Congresso Nacional, *Anais do Senado*, v. XVIII, sessões de junho de 1948, pp. 297ss).

80. O dispositivo estabelece que a procedência da acusação — isto é, a votação na Câmara dos Deputados, para o caso de presidentes — só será decretada "pela maioria absoluta [isto é, o primeiro número inteiro superior à metade do total de membros] da Câmara que a proferir". Era o que dizia o texto enviado pela Câmara ao Senado e devolvido pelo Senado à Câmara em 24 de maio de 1949. Porém, nessa volta à Câmara, o artigo ganhou um parágrafo único que dizia que a maioria absoluta para a condenação pelo Senado seria calculada "sobre o número de representantes que efetivamente estiverem em atividade no exercício de suas funções". Ao diminuir o número sobre o qual a fração seria calculada, o novo texto consequentemente diminuía também o número de votos necessários à condenação. À época, suspeitava-se que o autor da alteração clandestina do texto havia sido o deputado paulista Plínio Barreto, da UDN. Segundo a fórmula por ele proposta, o número de deputados estaduais necessários ao impeachment de Ademar cairia de 38 para 33, sendo que a coalizão oposicionista PSD-UDN contava com 36 membros.

81. *O Jornal*, "Aprovada a redação da 'Lei do Impeachment' apesar de considerada inconstitucional"; *Correio Paulistano*, "Sancionada a lei de responsabilidades", p. 3.

82. *Diário de Notícias*, "Notas parlamentares". O deputado federal Luís de Toledo Piza Sobrinho, da UDN de São Paulo: "Vamos fazer um processo contra o governador de São Paulo logo que a Lei do Impeachment seja aprovada e sancionada" (cf. *Diário de Pernambuco*, "Dividido em três alas o PSD em São Paulo").

83. Edmundo Barreto Pinto, petebista do Distrito Federal que foi autor de quase todas as 21 propostas de emenda na comissão, e que havia se deixado fotografar de paletó de smoking e ceroulas pela revista *O Cruzeiro*, em 1946, e acabou cassado por quebra de decoro parlamentar. Segundo Élio Gaspari, o deputado dizia ter sido enganado pelos fotógrafos, que lhe haviam prometido não publicar a foto de corpo inteiro. Na data de sua cassação, os autos do processo legislativo da Lei do Impeachment estavam com ele em casa, e Pinto nunca se importou em voltar à Câmara para devolvê-los. A CCJ teve de restaurar toda a documentação a partir de cópias, e só então a matéria pôde ser debatida e aprovada pela Comissão. Cf. pronunciamento de Agamenon Magalhães nos autos de tramitação legislativa da lei nº 1079/1950 e Elio Gaspari, "A filantropia de Ibaneis Rocha".

84. O ofício do deputado Caiado de Godói está disponível na documentação de tramitação legislativa da lei nº 1079/1950 (cf. Câmara dos Deputados, projeto nº 1384-E, 1949).

85. Douglas Apratto Tenório, *A tragédia do populismo: O impeachment de Muniz Falcão*, p. 80. A regra que impõe maioria de dois terços mesmo para o tribunal misto está no art. 78, §2º da lei nº 1079/1950.
86. Douglas Apratto Tenório, *A tragédia do populismo: O impeachment de Muniz Falcão*, pp. 52-3; *Jornal do Brasil*, "Metralha e morte adiam 'impeachment' em Alagoas".
87. Para a competência da Câmara dos Deputados, cf. Constituição dos Estados Unidos do Brasil, 1946, art. 59, 1; lei nº 1079/1950, arts. 19-23; para a competência do Senado Federal, cf., respectivamente, art. 62, 1 e arts. 24-34.
88. Constituição da República Federativa do Brasil, 1988, art. 51: "Compete privativamente à Câmara dos Deputados: 1. autorizar, por dois terços de seus membros, a instauração de processo contra o presidente e o vice-presidente da República e os ministros de Estado".
89. Em comparação à lei de 1892, os crimes contra a existência política da União da lei nº 1079/1950 são descritos de modo mais sucinto e mais abrangente, pois ela (art. 5º, nº 5) emprega uma cláusula genérica para proibir auxílio "por qualquer modo" a nação estrangeira no contexto de guerras ou hostilidades ao Brasil. As condutas que a lei anterior definia como crimes contra a Constituição e a forma do governo federal foram absorvidas, na lei nº 1079, pelos crimes contra a segurança interna do país, que compreendem qualquer forma de tentativa de subversão, "por violência", da federação ou das constituições estaduais (art. 8º, nº 2).
90. Congresso Nacional, *Anais da Câmara dos Deputados*, 20 jun. 1826, p. 216.
91. Segundo a lei nº 1079/1950, art. 36, senadores não podem participar do julgamento se tiverem parentesco próximo ao acusado, ou se tiverem atuado como testemunha em fase anterior do processo. Vale observar como esse impedimento não existe para outras atuações do ofício parlamentar: um agente político é livre para fazer campanha pedindo voto para familiares e amigos, e pode até indicar um filho para uma embaixada; do mesmo modo, deputados e senadores não precisam se declarar impedidos para votar projetos de lei apresentados por esposas e maridos, filhos e filhas, irmãos ou irmãs.
92. STF, RMS 4928, rel. min. Vilas Boas, j. 20 nov. 1957. Esse entendimento foi referendado sob a Constituição de 1988 no MS 21623, rel. min. Carlos Velloso, j. 17 dez. 1992.
93. Claudia Paiva Carvalho, *Presidencialismo e democracia no Brasil (1946-1956)*, pp. 109-10. Dentre os objetos das CPIs contra Vargas estavam financiamentos concedidos pelo Banco do Brasil, as relações do presidente com Samuel Wainer e o jornal *Última Hora*, que apoiavam as medidas de sua administração, e ainda a criação do chamado "Bloco ABC", O deputado Olavo Bilac Pinto, que chegaria a ministro do STF na década de 1970, lutou pela instauração de uma CPI para investigar as relações entre Vargas e Perón e seus interesses pessoais na criação da aliança. Cf. João de Lira Neto, *Getúlio*, v. 3, p. 279. As investidas jurídicas contra Getúlio eram frequentemente planejadas pela chamada "Banda de Música" da UDN (cf. Maria Victoria Mesquita Benevides, *A UDN e o udenismo*, pp. 84ss.) e alimentadas por Carlos Lacerda (cf. João de Lira Neto, *Getúlio*, v. 3, pp. 244-5).

Notas

94. Adelina Alves Novaes e Cruz et al., *Impasse na democracia brasileira, 1951-1955*: *Coletânea de documentos*, p. 273.

95. *Tribuna da Imprensa*, "'Impeachment' contra Vargas, processo contra Aranha".

96. Luís Barrucho, "Anticomunista e pró-ditadura, autor de impeachment de Vargas vive 'esquecido' e recluso".

97. Adelina Alves Novaes e Cruz et al., *Impasse na democracia brasileira 1951/1955*: *Coletânea de documentos*, p. 273.

98. Congresso Nacional, *Diário do Congresso Nacional*, 6 maio 1954, pp. 2286-7. O documento foi republicado com os anexos que o instruíram e o parecer da comissão especial em Congresso Nacional, *Diário do Congresso Nacional*, 2 jun. 1954, pp. 1-120.

99. *Tribuna da Imprensa*, "'Impeachment' contra Vargas, processo contra Aranha".

100. O PSD, contribuiu com nove deputados; a UDN, com seis; o PTB, com quatro; e, com um deputado cada, PSP, PR, PDC, PL, PSB, PST, PRP, PTN e PRT (cf. *Tribuna da Imprensa*, "Comissão para estudar o 'impeachment' de Vargas").

101. "Antes da deliberação das instâncias competentes para julgar as contas do presidente, não é lícito a quem quer que seja pretender que sobre elas se emita parecer, juízo ou sentença", disse o relatório. Vencidos, os deputados Herbert Levy, Mauricio Joppert, Bilac Pinto e João Dantas Júnior manifestaram-se em sentido contrário, dizendo que a Câmara era livre para avaliar crimes de responsabilidade do presidente mesmo sem manifestação do Tribunal de Contas (*Diário do Congresso Nacional*, sec. I, suplemento n. 87, 2 jun. 1954, pp. 119-20).

102. João Lira Neto, *Getulio*, v. 3, pp. 283-4.

103. Thomas Skidmore, *Brasil: De Getúlio a Castelo*, p. 186.

104. Além da insistência do PSD na candidatura de Juscelino, as lideranças dos grupos que se opunham a ele tinham grandes dificuldades a chegar em um consenso entre as muitas candidaturas possíveis, dentre as quais havia o mineiro Milton Campos e o militar Juarez Távora, ambos da UDN; o prefeito de São Paulo, Jânio Quadros, do PTN; Etelvino Lins, pessedista dissidente de Pernambuco; e Ademar de Barros, do PRP paulista (Cf. CPDOC-FGV, "Café Filho").

105. Thomas Skidmore, *Brasil: De Getúlio a Castelo*, p. 188.

106. Edgard Carone, *A República liberal*, p. 103.

107. CPDOC-FGV, "Café Filho".

108. Edgard Carone, *A República liberal*, p. 105.

109. Thomas Skidmore, *Brasil: De Getúlio a Castelo*, p. 191.

110. Edgard Carone, *A República liberal*, p. 107.

111. No dia 9 de novembro, o líder do PSD na Câmara dos Deputados, José Maria Alkmin, visitou-o no hospital e relatou tê-lo encontrado barbeado, penteado e bem-disposto na cama, reunido com Afonso Arinos (cf. Edgard Carone, *A República liberal*, p. 109).

112. Thomas Skidmore, *Brasil: De Getúlio a Castelo*, p. 194.

113. Aníbal Pérez-Liñán, *Presidential Impeachment and the New Political Instability in Latin America*, pp. 48ss e 60.

114. Edgard Carone, *A República liberal*, p. 103.

115. *Última Hora*, "Reunida a Câmara para destituir Carlos Luz", p. 4.

116. Congresso Nacional, *Diário do Congresso Nacional*, seção I, 12 nov. 1955, p. 8373.

117. Congresso Nacional, *Diário do Congresso Nacional*, seção I, 12 nov. 1955, p. 8373.

118. Congresso Nacional, *Diário do Congresso Nacional*, seção I, 12 nov. 1955, p. 8372.

119. Congresso Nacional, *Diário do Congresso Nacional*, seção I, 12 nov. 1955, p. 8373.

120. Congresso Nacional, *Diário do Congresso Nacional*, seção I, 12 nov. 1955, p. 8374.

121. Congresso Nacional, *Diário do Congresso Nacional*, seção I, 12 nov. 1955, pp. 8381-2. Como aponta Skidmore (*Brasil: De Getúlio a Castelo*, p. 195), o voto sobre o "impedimento" de Luz "seguiu estritamente a linha dos partidos", o que enfatiza "o caráter partidário do conflito".

122. Congresso Nacional, *Diário do Congresso Nacional*, seção II, 12 nov. 1955, pp. 2795-6.

123. Fundação Banco do Brasil, Projeto Memória, "O 11 de novembro".

124. O impedimento para o exercício do cargo importa em substituição ("substitui o presidente, em caso de impedimento"), enquanto a vacância do cargo importa em sucessão ("sucede [o presidente], no [caso] de vaga"). O impedimento é fenômeno temporário, enquanto a vacância é permanente (cf. José Afonso da Silva, *Curso de direito constitucional positivo*, p. 545).

125. Em inglês, o *impeachment* é a acusação, ao passo que "impedimento" refere-se ao efeito de essa acusação ser julgada procedente pelo Senado — o presidente é "impedido" de seguir no cargo, é "impedido" de ocupar outros cargos pelo prazo de oito anos. Como *impeachment*, em inglês, é a acusação, é possível dizer que houve três presidentes dos Estados Unidos que sofreram impeachment: Andrew Johnson (1868), Bill Clinton (1998) e Donald Trump, duas vezes (2019 e 2021), embora todos tenham sido absolvidos no Senado.

126. "[T]endo cessado os motivos de impedimento que me levaram a afastar-me do exercício da presidência da República, tenho a honra de comunicar a Vossa Excelência que nesta data, e a partir do momento em que lhe faço esta comunicação, reassumo, para os devidos efeitos, o exercício daquelas funções" (Congresso Nacional, *Diário do Congresso Nacional*, seção I, 22 nov. 1955, p. 8575).

127. CPDOC-FGV, "Café Filho".

128. Congresso Nacional, *Diário do Congresso Nacional*, seção I, 22 nov. 1955, p. 8576.

129. Congresso Nacional, *Diário do Congresso Nacional*, seção I, suplemento, 22 nov. 1955, pp. 9ss (Câmara dos Deputados); e seção II, suplemento, 22 nov. 1955, pp. 28ss. (Senado Federal).

130. Congresso Nacional, *Diário do Congresso Nacional*, seção I, 22 nov. 1955, p. 8575.

131. Supremo Tribunal Federal, "Hahnemann Guimarães".

132. Em 1964, quando presidia o STF, Ribeiro da Costa manifestou apoio ao golpe militar contra João Goulart, mas pouco tempo depois protagonizou uma disputa pública virulenta com o general Artur da Costa e Silva, então ministro da Guerra de Castelo Branco, em torno da autonomia do Poder Judiciário em face do Executivo em um alegado contexto de "revolução". Para um relato do confronto, cf. Rafael

Notas   301

Mafei Rabelo Queiroz, "Cinquenta anos de um conflito: O embate entre o ministro Ribeiro da Costa e o general Costa e Silva sobre a reforma do STF (1965)", pp. 323-42.

133. Para uma crítica no mesmo sentido, cf. Paulo Brossard, *O impeachment*, p. 203.

134. Senado Federal, *Anais do Senado*, v. XVIII, sessões de jun. 1948, p. 288.

135. Rafael Mafei Rabelo Queiroz, "Impeachment e Lei de Crimes de Responsabilidade: O cavalo de Troia parlamentarista".

136. Diego Nunes e Murilo De Robbio, "Impeachment: Apontamentos para uma pesquisa histórico-jurídica sobre a lei nº 1079/1950"; Helder Felipe Oliveira Correia, *A lei nº 1079/50 e o impeachment no direito brasileiro*, pp. 74ss; Guilherme Lemos de Castro, *O julgamento do presidente da República por crime de responsabilidade*, pp. 51-2.

137. Claudia Paiva Carvalho, *Presidencialismo e democracia no Brasil (1946-1956)*, p. 115.

138. José Murilo de Carvalho, *A construção da ordem: A elite política imperial* e *Teatro de sombras: A política imperial*, pp. 400ss.

139. José Antônio Cheibub descreve o voto de desconfiança, que permite ao Parlamento remover um primeiro-ministro que perdeu apoio político como a "diferença crucial entre sistemas parlamentaristas e presidencialistas". Com isso, é possível retirar a causa de paralisia do governo quando ela decorra de impasses políticos entre situação e oposição. "Nos sistemas presidenciais", prossegue Cheibub, "a única forma de lidar com a paralisia seria esperar pela próxima eleição", ou então valer-se de atores que se disponham a empregar "meios extraconstitucionais para ajudar a resolver o conflito" (*Presidentialism, Parliamentarism, and Democracy*, p. 87). Cheibub rejeita o argumento usual — empregado no Brasil, entre muitos outros, por Paulo Brossard — de que o regime presidencialista é essencialmente menos instável do que o regime parlamentar: para ele, nos países onde houve ruptura democrática a quebra de regime se explica menos pelo sistema de governo e mais pelas condições sob as quais esses regimes existiam (cf. pp. 136ss).

140. Na acusação por abuso de poder, Trump recebeu um voto de um senador republicano (Mitt Romney, de Utah) a favor da condenação. Cf. Peter Baker, "Impeachment Trial Updates: Senate Acquits Trump, Ending Historic Trial".

141. "Escudo legislativo" (*legislative shield*) é expressão empregada por Pérez-Liñán para salientar o papel de veto que o Poder Legislativo tem no processo do impeachment. Cf. Aníbal Pérez-Liñán, *Presidential Impeachments and the New Political Instability in Latin America*, pp. 132ss.

142. Ibid., p. 206.

3. "Não me deixem só, eu preciso de vocês!" (pp. 84-132)

1. Fernando Collor de Mello, em pronunciamento em cadeia nacional de rádio e televisão transmitido em 21 jun. 1992.

2. Para a Revolta da Chibata e sua importância no imaginário político brasileiro do século XX, cf. Silvia Capanema P. de Almeida, "Do marinheiro João Cândido ao

Almirante Negro: Conflitos memoriais na construção do herói de uma revolta centenária".

3. Lilia M. Schwarcz e Heloisa M. Starling, *Brasil: Uma biografia*, pp. 328-37; Cláudio Batalha, *O movimento operário na Primeira República*.

4. Rui Barbosa, "As ruínas da Constituição", p. 80.

5. Paulo Brossard, *O impeachment*, pp. 191-204.

6. A leitura de impeachments como novos padrões de instabilidade política é de Aníbal Pérez-Liñán, *Presidential Impeachment and the New Political Instability in Latin America*.

7. Ceres Aires Cerqueira, *Dívida externa brasileira*, pp. 25ss.

8. Alejandro Kuajara Arandia, "O mercado de trabalho frente à crise dos anos 1980 e aos planos de estabilização", *Indicadores Econômicos* FEE, p. 148-9.

9. Miriam Leitão, *Saga brasileira*, pp. 89ss.

10. José Eduardo Faria, *O direito na economia globalizada*, pp. 111ss.

11. Datafolha, "Avaliação do governo Collor: 1992".

12. Em suas palavras: "O propósito imediato de meu governo, senhores, a meta número um de meu primeiro ano de gestão, não é conter a inflação: é liquidá-la". Cf. Fernando Collor de Mello, discurso "O projeto de reconstrução nacional", 15 mar. 1990, p. 13. Biblioteca da Presidência da República.

13. Ibid., p. 11.

14. Brasilio Sallum Jr., *O impeachment de Fernando Collor*, p. 45.

15. Segundo Sallum Jr. e Casarões, o uso de MPS após a chegada da nova legislatura foi drasticamente reduzido por Collor, inclusive como mecanismo para tentar melhorar sua relação com o novo Congresso ("O impeachment do presidente Collor: A literatura e o processo", p. 181).

16. O número é apresentado por Brasilio Sallum Jr. (*O impeachment de Fernando Collor*, p. 118). Ele destoa do número apresentado por Guilherme Stolle Paixão e Casarões (*A economia política do governo Collor*, p. 79) e replicado por Sérgio Abranches (*Presidencialismo de coalizão: Raízes e evolução do modelo político brasileiro*), que é bem menor: 89 em todo o governo, média de 2,9 mensal. Em pesquisa na Câmara dos Deputados, os resultados falam a favor dos dados de Sallum Jr.: a primeira MP de Collor, de 15 mar. 1990, foi a nº 148, dispondo sobre a alienação de bens da União em Brasília; a última do mesmo ano foi a MP 290 de 17 dez. 1990, totalizando 143 MPS em um ano, o exato número apresentado por Sallum Jr.

17. Pedro Abramovay, *Separação de poderes e medidas provisórias*, pp. 68-9.

18. José Afonso da Silva, *Curso de direito constitucional positivo*, p. 533.

19. Brasilio Sallum Jr., *O impeachment de Fernando Collor*, p. 95.

20. Ibid., p. 89.

21. Miriam Leitão, *Saga brasileira*, pp. 156-8.

22. Datafolha, "Avaliação do governo Collor: 1992"; Sérgio Abranches, *Presidencialismo de coalizão: Raízes e evolução do modelo político brasileiro*, p. 98.

23. Miriam Leitão, *Saga brasileira*, p. 157.

Notas

24. Sérgio Abranches, *Presidencialismo de coalizão: Raízes e evolução do modelo político brasileiro*, p. 97.
25. Clovis Rossi, "De indignados e perplexos".
26. Brasilio Sallum Jr., *O impeachment de Fernando Collor*, p. 96.
27. Ibid., pp. 96-7.
28. Trata-se da ADI 223, cujo acórdão foi relatado pelo ministro Sepúlveda Pertence e julgada em 5 abr. 1990. Cf. Bruna Romano Pretzel, *O interesse público no Supremo Tribunal Federal*, p. 26.
29. Guilherme Stolle Paixão e Casarões, *A economia política do governo Collor*, p. 48.
30. Brasilio Sallum Jr., *O impeachment de Fernando Collor*, pp. 111-5.
31. Cf. pesquisa efetuada em 10 ago. 2020 no portal da Câmara dos Deputados (Pesquisa avançada de legislação, medidas provisórias entre 1º fev. 1991 e 31 jan. 1992).
32. Luiz Carlos Bresser-Pereira, "O décimo primeiro plano de estabilização", p. 132-6.
33. Brasilio Sallum Jr., *O impeachment de Fernando Collor*, pp. 121-2.
34. Isabel Dias de Aguiar, "Empresários são contra unificação".
35. *O Estado de S. Paulo*, "Proposta da Fiesp é irreal, diz Zélia".
36. Brasilio Sallum Jr., *O impeachment de Fernando Collor*, p. 125.
37. Francine de Lorenzo Andozia, *Passaram a mão na minha poupança*, p. 193.
38. Brasilio Sallum Jr., *O impeachment de Fernando Collor*, p. 122.
39. Os eleitos foram Ibsen Pinheiro (RS), para a Câmara, e Mauro Benevides (CE), para o Senado. Cf. Brasilio Sallum Jr., *O impeachment de Fernando Collor*, p. 123.
40. Datafolha, "Avaliação do governo Collor: 1992".
41. Nelson Jobim havia proposto dois PLP para limitar a reedição de MPS pelo Executivo, em março e abril de 1990: o PLP 216 e o PLP 223.
42. Goffredo Telles Jr., José Afonso da Silva e Ives Gandra Martins faziam, nesse sentido, crítica a Collor, sugerindo apoio à iniciativa de Nelson Jobim. Cf. *O Estado de S. Paulo*, "Juristas divergem sobre projeto de Jobim".
43. *O Estado de S. Paulo*, "Collor admite negociar uso de medida provisória", .
44. Para Brasilio Sallum Jr., "a proposta de 'entendimento' era, obviamente, resultado do enfraquecimento político do governo perante o Congresso" (*O impeachment de Fernando Collor*, p. 126).
45. Brasilio Sallum Jr., *O impeachment de Fernando Collor*, p. 128.
46. CPDOC-FGV, "Moreira, Marcilio Marques".
47. Ary Ribeiro, "Congresso derruba MP do funcionalismo". Jarbas Passarinho, ministro da Justiça que assumira a tarefa de negociar sua aprovação, pediu demissão em penitência, mas foi demovido por Collor (cf. Brasilio Sallum Jr., *O impeachment de Fernando Collor*, p. 137).
48. Íntegra da nota disponível em *O Estado de S. Paulo*, "Os militares desejam um país feliz".
49. Marta Salomon, "Maciel anuncia nova MP sobre salários".
50. Lei nº 8222, de 5 set. 1991. O governo propunha indexação apenas do salário mínimo, ficando os demais salários reajustáveis por livre negociação, mas os par-

lamentares aprovaram reajustes para salários no valor de até três mínimos, além de terem fixado um valor para o salário mínimo que era maior do que o defendido pela equipe econômica.

51. *Folha de S.Paulo*, "Projeto foi redigido prevendo os vetos".
52. *O Estado de S. Paulo*, "Veto de Collor reduz salários e cria polêmica".
53. Sueli Campo, "Salário com abono não deverá superar Cr$ 52 mil".
54. *O Estado de S. Paulo*, "Governadores aceitam debater Emendão"; Brasilio Sallum Jr., *O impeachment de Fernando Collor*, p. 144.
55. *O Estado de S. Paulo*, "Collor envia Emendão ao Congresso".
56. Sérgio Abranches, *Presidencialismo de coalizão: Raízes e evolução do modelo político brasileiro*, p. 105.
57. Brasilio Sallum Jr., *O impeachment de Fernando Collor*, p. 143.
58. Sérgio Abranches, *Presidencialismo de coalizão: Raízes e evolução do modelo político brasileiro*, p. 105.
59. Datafolha, "Avaliação do governo Collor: 1992".
60. Sérgio Abranches, *Presidencialismo de coalizão: Raízes e evolução do modelo político brasileiro*, p. 106.
61. Luiz Antônio Fleury Filho, "Presidencialismo democrático".
62. José Sarney, "Entrevista" in Luiz Maklouf Carvalho, *1988: Segredos da Constituinte*, p. 53. Mário Covas de fato saiu candidato em 1989. Com 11,51% dos votos válidos, ficou em quarto lugar no primeiro turno, atrás de Collor, Lula e Leonel Brizola (cf. Paulo Beraldo e Vinicius Passarelli, "Eleição presidencial de 1989"). O relato de Sarney deve ser visto com cautela, pois fontes da imprensa da época informam que também ele trabalhou contra o parlamentarismo, ou ao menos contra a possibilidade de que ele fosse aplicado para seu mandato (cf. *O Estado de S. Paulo*, "Sarney não aceita um regime misto", p. 4).
63. Por fim, Collor passou a rejeitar até a alternativa da mudança para o parlamentarismo nos próximos governos. Orientado pelo líder do governo na casa, senador Marco Maciel, do PFL, percebeu que a simples aprovação do parlamentarismo em seu governo, ainda que valesse apenas para o próximo presidente, já o deixaria completamente desautorizado (Gilberto Dimenstein, "Maciel levou governo a combater emenda", pp. 1-6).
64. *O Estado de S. Paulo*, "O destino do regime", p. 3.
65. *Folha de S.Paulo*, "Presidente critica parlamentarismo-já".
66. Ailton de Freitas, "Antecipação do plebiscito é derrotada no Senado".
67. Sérgio Abranches, *Presidencialismo de coalizão: Raízes e evolução do modelo político brasileiro*, p. 109.
68. Para um exemplo, cf. Gilberto Dimenstein, "Quem tem medo do Itamar?".
69. Nirlando Beirão, "Galeria".
70. CPDOC-FGV, "Collor, Fernando".
71. CPDOC-FGV, "Franco, Itamar".
72. O qualificativo é empregado pelo ministro do STF Carlos Velloso para se referir a Itamar Franco (cf. Carlos Mario da Silva Velloso, "Depoimento ao CPDOC", p. 87).

Para o atrativo da imagem pública de Itamar à campanha de Collor, cf. CPDOC-FGV, "Franco, Itamar".

73. Rosa Costa e Eduardo Kattah, "Com Collor, uma relação conturbada; com FHC, a mágoa".

74. *O Estado de S. Paulo*, "Manifestantes tentam impedir leilão".

75. *O Estado de S. Paulo*, "Itamar diz ser contra venda da Usiminas".

76. Ibid.

77. *Folha de S.Paulo*, "Presidente critica parlamentarismo já".

78. "Repercutindo as pressões que o governo vinha sofrendo por conta das seguidas denúncias de corrupção, no dia 30 de março [de 1992], o Ministério apresentou ao presidente um pedido de renúncia coletiva. Alguns nomes foram mantidos, mas Collor aproveitou a oportunidade para promover uma reforma ministerial que ajudasse a recompor a imagem do governo. Para isso, convidou nomes que, a seu ver, acrescentariam credibilidade moral à equipe, como Eliezer Batista, ex-presidente da Companhia Vale do Rio Doce, que assumiu a Secretaria de Assuntos Estratégicos em substituição a Pedro Paulo Leoni Ramos; e os cientistas políticos Hélio Jaguaribe e Celso Lafer, ligados ao PSDB, nomeados respectivamente para a Secretaria de Ciência e Tecnologia e para a pasta das Relações Exteriores. Com eles, integraram-se ao governo dois ex-ministros do regime militar, o banqueiro Ângelo Calmon de Sá, indicado para a Secretaria de Desenvolvimento Regional, e o empresário Marcos Pratini de Morais, que assumiu o Ministério de Minas e Energia" (CPDOC-FGV, "Collor, Fernando).

79. *O Estado de S. Paulo*, "Itamar reclama falta de consulta para mudanças".

80. Gilberto Dimenstein, "Reforma ministerial favorece PFL e ACM".

81. *O Estado de S. Paulo*, "Itamar volta a criticar novos ministros de Collor".

82. *O Estado de S. Paulo*, "Irritado por não ter poder, Itamar decide deixar o PRN".

83. Luis Costa Pinto, "Pedro Collor conta tudo".

84. *O Estado de S. Paulo*, "Itamar não se solidariza com o presidente".

85. Nirlando Beirão, "Galeria".

86. CPDOC-FGV, "Collor, Fernando".

87. *O Estado de S. Paulo*, "Requião pede renúncia imediata do presidente".

88. CPDOC-FGV, "Franco, Itamar".

89. José Murilo de Carvalho, *Forças Armadas e política no Brasil*, p. 166.

90. Foram consultados nomes como André Lara Resende e outros da Fundação Getulio Vargas (FGV) e do Centro Brasileiro de Análise e Planejamento (Cebrap).

91. Aníbal Pérez-Liñán, *Presidential Impeachments and the New Political Instability in Latin America*, p. 68.

92. Marcos Emílio Gomes, "Histórias de primeiras-damas".

93. Michele Tupich Barbosa, *Legião Brasileira de Assistência: O protagonismo feminino nas políticas de assistência em tempos de guerra (1942-1946)*, p. 59.

94. Ibid., p. 19.

95. Ibid.

96. Decreto nº 99 244 de 1990, art. 252.

97. Raymundo Costa, "Problemas na LBA atingem Rosane".

98. Agentes políticos não podem utilizar, no marketing de políticas públicas, nomes, slogans ou cores que façam alusão a si próprios ou a seus partidos, pois o art. 37 da Constituição exige que toda ação da administração pública seja balizada, entre outros, pelo princípio da impessoalidade.

99. Além da compra de leite em pó superfaturado, outras denúncias atingiram a administração da LBA, como o desvio de verbas pela falsa contratação de caminhões-pipa para abastecimento da população atingida pela seca em Alagoas (Mario Sérgio Conti, *Notícias do Planalto*, p.474), ou a aquisição de toneladas de alimentos que apodreceram antes de serem distribuídos (TCU, TC 001 317/93-8, decisão nº 310/93, rel. min. Fernando Gonçalves, j. 11 ago. 1993), entre outros.

100. As fontes constultadas trazem informações contraditórias sobre os processos enfrentados por Rosane Collor e seu resultado. Não localizei, na Justiça Federal do DF, nem em tribunais superiores, referência (nem por seu nome de casada, nem por seu nome de solteira, Rosane Brandão Malta) ao processo criminal movido contra ela pelos alegados desvios na LBA. A menção à sua absolvição nesse processo criminal é feita por ela própria em uma entrevista ao jornal mineiro *O Tempo*: "Tive problemas, mas, graças a Deus, fui inocentada" (*O Tempo*, "Rosane diz que ficou sem nada"). Em primeira instância, Rosane foi condenada pela Justiça Federal a mais de onze anos de prisão, o que sugere que sua absolvição se deu em grau de recurso (Sônia Filgueiras, "Justiça Federal condena Rosane Collor"). O caso teve repercussões além da esfera penal: em 2001, o TCU também condenou a ex-primeira-dama ao pagamento de uma multa (*O Estado de S. Paulo*, "Tribunal condena Rosane Collor a pagar R$ 1,8 mil").

101. Abnor Gondim, "Rosane Collor depõe hoje em Brasília".

102. Wilson Silveira, "Collor evita Rosane durante solenidade".

103. *O Estado de S. Paulo*, "Rosane sai sem explicar denúncias".

104. *Folha de S.Paulo*, "Crise conjugal abala imagem de Collor".

105. Mario Sergio Conti, *Notícias do Planalto*, p. 282.

106. Mara Bergamaschi, "Irmão de 'PC' perde cargo no governo".

107. Mario Sergio Conti, *Notícias do Planalto*, p. 282.

108. Ibid., pp. 527ss.

109. *Veja*, "'O PC é o testa de ferro do Fernando'".

110. *Folha de S.Paulo*, "Fernando é sócio informal de PC, diz Pedro".

111. *O Globo*, "Linha do tempo: Do escândalo ao afastamento da Presidência".

112. *O Estado de S. Paulo*, "PF vai apurar denúncias de Pedro Collor".

113. Datafolha, "Avaliação do governo Collor: 1992".

114. *O Estado de S. Paulo*, "Collor se desculpa na TV pela crise familiar".

115. "A psiquiatria aponta muitos casos em que um irmão se incomoda com a ascensão de outro. Existe até quem mata uma pessoa só para sair numa manchete de jornal", disse ACM (*Folha de S.Paulo*, "Governadores defendem Collor contra o irmão").

Notas

116. Ricardo Osman, "Brizola aconselhou pronunciamento".

117. *O Estado de S. Paulo*, "Congresso decide apurar 'Caso PC'".

118. Esse entendimento ficou claro apenas na presidência de Michel Temer (STF, inq. 4483, rel. min. Edson Fachin, 19 maio 2017). A despeito da falta de clareza sobre a possibilidade de investigacão de um presidente por crimes sem licença da Câmara dos Deputados, o procurador-geral da República, Aristides Junqueira, esclareceu que a investigação poderia esbarrar em indícios de crimes, comuns ou de responsabilidade, cometidos por Collor. Nessa hipótese, a investigação seria enviada à autoridade competente, a depender dos delitos de que o presidente eventualmente fosse suspeito: o STF, no caso de crimes comuns, ou o Congresso Nacional, no caso de crimes de responsabilidade (cf. *O Globo*, "Polícia Federal não tem poder para instaurar um inquérito".)

119. "O Congresso não pode fazer CPI para investigar o presidente. Se vocês fizerem isso, vou ao Supremo", disse Nelson Jobim na reunião de líderes que debateu o tema (cf. *O Globo*, "Congresso decide criar uma CPI mista").

120. Rui Nogueira, "PF não pode apurar, diz OAB".

121. *Folha de S.Paulo*, "Governadores defendem Collor contra o irmão" e "Líderes decidem amanhã se instalam CPI".

122. *O Estado de S. Paulo*, "Benevides descarta soluções casuísticas".

123. Gilberto Dimenstein, "Quem tem medo do Itamar?".

124. *O Estado de S. Paulo*, "ACM e Ulysses buscam saída para crise"; "Requião pede renúncia imediata do presidente" e "Lula quer afastamento até fim da investigação".

125. Senado Federal, Autos do processo de "impeachment" contra o presidente da República (Diversos nº 12, 1992), v. I, pp. 113-4. A paginação dos autos do processo de impeachment de Collor refere-se à versão digitalizada (PDF) de cada um dos quatro volumes do documento.

126. Senado Federal, Autos do processo de "impeachment" contra o presidente da República (Diversos nº 12, 1992), v. I, p. 118.

127. Até abril de 2021, quando este livro foi concluído, Turner respondia a processos criminais por condutas praticadas em conjunto com Dario Messer, o chamado "doleiro dos doleiros" (cf. Fausto Macedo, "Noronha mantém na prisão uruguaio amigo do 'doleiro dos doleiros'").

128. As revelações e declarações de deputados e senadores estão nos depoimentos de Cláudio Vieira e Najun Turner na CPMI (Cf. Senado Federal, Autos do processo de "impeachment" contra o presidente da República (Diversos nº 12, 1992), v. I, passim). Confirmação da operação feita pelo próprio Najun Turner está em seu depoimento como testemunha no processo de impeachment perante o Senado, em novembro de 1992 (idem, v. II, pp. 1157ss.). Na ocasião, o depoente detalhou o fechamento do negócio com Cláudio Vieira, a quem Turner fora apresentado por PC Farias (idem, pp. 160-1). Relata-se também que a mesma informação fora dada por ele à Polícia Federal, em depoimento prestado em 1º out. 1992.

129. Para a análise do contrato no relatório final da CPMI, cf. Senado Federal, Autos do processo de "impeachment" contra o presidente da República (Diversos n⁰ 12, 1992), v. I, pp. 305ss.

130. Crimes de responsabilidade, como abuso inconstitucional dos poderes da função presidencial, logicamente só podem ser cometidos por um presidente enquanto ele estiver no cargo. Da mesma forma, o crime de corrupção passiva (do qual Collor era suspeito) exige nexo entre vantagens ilegalmente recebidas por um agente público e atos próprios da função pública que sejam praticados, retardados ou omitidos pelo agente em troca dessas vantagens ilegais. Por essa razão, deslocar a relação ilícita entre Fernando Collor de Mello e PC Farias para o momento da campanha, anterior ao mandato, poderia ser juridicamente proveitoso para a defesa de Collor.

131. Cf. síntese do depoimento de Sandra Fernandes de Oliveira à CPMI in Senado Federal, Autos do processo de "impeachment" contra o presidente da República (Diversos n⁰ 12, 1992), v. I, p. 333; e Gutemberg de Souza, "Contrato pode ser sido feito em SP, diz Sandra".

132. Lei n⁰ 1079/1950, art. 9⁰, n⁰ 7.

133. O Fiat Elba foi comprado para Collor, e em seu nome. O cheque administrativo n⁰ 2800 do Banco Rural, no valor de Cr$ 2.580.967,02, foi trocado pelo próprio banco pelo cheque n⁰ 443.414, de valor rigorosamente idêntico, emitido pelo "fantasma" José Carlos Bonfim, em 5 abr. 1991. O cheque foi entregue à concessionária de automóveis pelo motorista Eriberto França, por ordem da secretária pessoal de Collor, Ana Acioli. Cf. Senado Federal, Autos do processo de "impeachment" contra o presidente da República (Diversos n⁰ 12, 1992), v. I, p. 294.

134. Os habeas corpus tentados, sem sucesso, pela defesa de Fernando Collor de Mello contra a CPMI foram: HC 69 608, HC 69 616, HC 69 647, HC 69 709, HC 69 674, HC 69 720 e HC 69 721.

135. A jurisprudência do STF não é consistente nesse sentido, pois em casos relativos a crimes de responsabilidade de governadores o tribunal alega que só a União pode legislar sobre crimes de responsabilidade por tratar-se de matéria penal (cf. STF, ADI 2220, rel. min Cármen Lúcia, j. 16 nov. 2011). O entendimento levou à edição da súmula vinculante 46: "A definição dos crimes de responsabilidade e o estabelecimento das respectivas normas de processo e julgamento são de competência legislativa privativa da União".

136. O Globo, "Multidões vestem luto nas capitais".

137. Senado Federal, Autos do processo de "impeachment" contra o presidente da República (Diversos n⁰ 12, 1992), v. I, p. 403.

138. O Globo, "OAB tenta fundamentar crime contra a honra".

139. Por ocasião do impeachment de Dilma Rousseff, assim ele se manifestou: "Se [a comissão] não dispunha de poderes para investigar o presidente da República, como poderia imputar-me crimes que não cometi, que não se investigou, [que] não indicou, nem sequer tipificou?" (cf. Fernando Collor de Mello, "Réplica para a história: Uma catarse", p. 15).

Notas 309

140. Evandro Lins e Silva, *O salão dos passos perdidos*, p. 441.

141. Regina Barreiros, "Documento do impeachment pede urgência".

142. Evandro Lins e Silva, *O salão dos passos perdidos*, p. 441.

143. Segundo a imprensa, essa escolha havia sido tomada aproximadamente duas semanas antes da apresentação da denúncia (cf. *O Estado de S. Paulo*, "Ibsen vê aprovação do impeachment"; sobre a estratégia das assinaturas, cf. *O Globo*, "Pedido terá apenas duas assinaturas").

144. Evandro Lins e Silva, *O salão dos passos perdidos*, p. 442.

145. *Folha de S.Paulo*, "Câmara recebe pedido de impeachment de Collor".

146. Edna Dantas, "Ibsen afirma que votação vai ser 'transparente'".

147. *Folha de S.Paulo*, "ACM não vai defender nem atacar Collor".

148. Raquel Ulhôa, "Borja diz que renúncia não é ato de covardia".

149. Edna Dantas e Eumano Silva, "Ibsen dá prazo para Collor se defender".

150. A orientação pacificava uma celeuma que ficara aberta por falta de maioria clara na decisão do MS 20 941, de 1990, impetrado por adversários de José Sarney que queriam fazer andar uma acusação por crime de responsabilidade contra ele. Na ocasião, alguns ministros que votaram com a maioria haviam se manifestado pela não recepção da parte processual da lei nº 1079/1950, enquanto outros, igualmente vencedores, haviam opinado pela recepção da lei (cf. STF, MS 20 941, rel. min. Sepúlveda Pertence, j. 9 fev. 1990).

151. Brasilio Sallum Jr., *O impeachment de Fernando Collor*, p. 350.

152. Ibid., p. 354.

153. Senado Federal, Autos do processo de "impeachment" contra o presidente da República (Diversos nº 12, 1992), v. I, p. 459.

154. Fernando de Castro Fontainha et al. (Orgs.). *História oral do Supremo*, v. 9, pp. 132-3.

155. É importante destacar que uma denúncia mais abrangente não se mostraria incompatível com o rito do processo de impeachment apresentado pelo presidente do STF, ministro Sydney Sanches, quando ele assumiu a presidência das sessões de julgamento do Senado. Segundo aquele roteiro, que no fim foi seguido no caso, o escopo final da acusação seria definido apenas no libelo acusatório apresentado ao Senado. No caso de Collor, isso foi feito pelos advogados Evandro Lins e Silva e Sérgio Sérvulo da Cunha. Há que se considerar também que a lei nº 1079/1950 não pressupõe que a denúncia inicial à Câmara seja feita por advogados: essa acusação inicial pode ser feita por "qualquer cidadão" (art. 14), que no mais das vezes não dispõe dos instrumentos de investigação e das fontes documentais suficientes para provar cabalmente suas suspeitas. Na petição apresentada contra Collor à Câmara dos Deputados, por exemplo, os denunciantes requereram cópias dos autos da CPMI, que obviamente continham provas que se mostraram determinantes à condenação do presidente. A lei trabalha com a lógica de que a denúncia apresentada à Câmara condiciona os limites do processo, mas o escopo da acusação vai se especificando com o andamento dos trabalhos, à medida que a acusação escolhe priorizar alguma das acusações na denúncia, enquanto outras acabam deixadas a segundo plano.

156. Senado Federal, Autos do processo de "impeachment" contra o presidente da República (Diversos nº 12, 1992), v. 1, p. 690.

157. Entre 30 de março e 4 de abril de 2016, foram ouvidos os autores da denúncia e, como "convidados" da defesa, o economista Nelson Barbosa e o jurista Ricardo Lodi Ribeiro.

158. Constituição da República Federativa do Brasil 1988, art. 86, §1º, inc. II.

159. Lei nº 1079, art. 23, §5º: "São efeitos imediatos ao decreto da acusação do presidente da República, ou de ministro de Estado, a suspensão do exercício das funções do acusado e da metade do subsídio ou do vencimento, até sentença final".

160. *O Globo*, "Collor está fora do poder".

161. *Folha de S.Paulo*, "Impeachment!".

162. Fernando de Castro Fontainha, Marco Aurélio Vannucchi Leme de Mattos e Leonardo Seiichi Sasada Sato (Orgs.). *História oral do Supremo*, v. 5., p. 121.

163. Senado Federal, Autos do processo de "impeachment" contra o presidente da República (Diversos nº 12, 1992), v. 1, p. 702.

164. Senado Federal, Resolução nº 93, de 1970, arts. 380 e 381.

165. Senado Federal, Autos do processo de "impeachment" contra o presidente da República (Diversos nº 12, 1992), v. 1, p. 703.

166. Senado Federal, Autos do processo de "impeachment" contra o presidente da República (Diversos nº 12, 1992), v. 1, p. 714.

167. Para os debates, cf. Senado Federal, Autos do processo de "impeachment" contra o presidente da República (Diversos nº 12, 1992), v. 1, pp. 714-20.

168. Segundo Evandro Lins e Silva, a atuação técnica do senador Mariz, fruto de sua experiência como promotor de justiça, foi decisiva para dar substância às acusações contra Collor (cf. Evandro Lins e Silva, *O salão dos passos perdidos*, p. 459).

169. Essa etapa proveio de uma adaptação da lei nº 1079, pois equivaleu à aplicação de seu art. 45, que prevê um parecer prévio sobre a regularidade formal da denúncia, antes de seu debate aprofundado na comissão especial. Essa parte da lei refere-se aos processos contra ministros do STF, em que a acusação e o julgamento são feitos no Senado (como a Constituição de 1988 determinou que ocorresse também em relação ao presidente, e distanciando-se da lógica original da lei nº 1079, segundo a qual a acusação era feita na Câmara).

170. Senado Federal, Autos do processo de "impeachment" contra o presidente da República (Diversos nº 12, 1992), v. 1, pp. 738-9.

171. Na mesma data, 1º de outubro de 1992, foram obtidas 55 assinaturas requerendo a tramitação do parecer da comissão especial de impeachment em regime de urgência no Senado. Essa providência era necessária para que ele fosse imediatamente apreciado, passando na frente de outras matérias em tramitação na casa.

172. Senado Federal, Autos do processo de "impeachment" contra o presidente da República (Diversos nº 12, 1992), v. 1, p. 745.

173. Senado Federal, Autos do processo de "impeachment" contra o presidente da República (Diversos nº 12, 1992), v. 1, p. 766.

Notas

174. Senado Federal, Autos do processo de "impeachment" contra o presidente da República (Diversos nº 12, 1992), v. I, p. 768.

175. Fernando Henrique Cardoso, então senador, contou que foi até a casa de Itamar Franco e o encontrou deitado na cama, reclamando de estar se sentido um oportunista. "Itamar, isso agora não depende mais da sua vontade, mas de uma obrigação constitucional. Você, uma pessoa tão correta, tão legalista, não vai querer agora desrespeitar a Constituição", teria retrucado FHC (cf. Jorge Bastos Moreno, "Lições de um vice-presidente").

176. Fernando de Castro Fontainha, Marco Aurélio Vannucchi Leme de Mattos e Leonardo Seiichi Sasada Sato (Orgs.). *História oral do Supremo,* v. 5., p. 119.

177. Senado Federal, Autos do processo de "impeachment" contra o presidente da República (Diversos nº 12, 1992), v. I, pp. 792-800. Para uma descrição detalhada do rito do impeachment, ver Anexo I, que engloba os dispositivos da Constituição, da lei nº 1079/1950 e os julgamentos do STF por ocasião dos processos contra Fernando Collor de Mello e Dilma Rousseff.

178. Lei nº 1079, art. 36: "Não pode interferir, em nenhuma fase do processo de responsabilidade do presidente da República ou dos ministros de Estado, o deputado ou senador: a) que tiver parentesco consangüíneo ou afim, com o acusado, em linha reta; em linha colateral, os irmãos cunhados, enquanto durar o cunhado, e os primos co-irmãos; b) que, como testemunha do processo, tiver deposto de ciência própria".

179. STF, MS 21 623, rel. min. Carlos Velloso, j. 17 dez. 1992.

180. Fernando de Castro Fontainha, Marco Aurélio Vannucchi Leme de Mattos e Leonardo Seiichi Sasada Sato (Orgs.). *História oral do Supremo,* v. 5., p. 120.

181. Senado Federal, Autos do processo de "impeachment" contra o presidente da República (Diversos nº 12, 1992), v. II, p. 27.

182. Para uma discussão sobre a diferença entre crimes comuns e "crimes de responsabilidade" (*high crimes and misdemeanors*) nos Estados Unidos, por exemplo, veja-se o relatório sobre fundamentos de impeachment elaborado pela comissão especial da Câmara dos Deputados no caso de Richard Nixon (cf. House of Representatives, Committee on the Judiciary, *Constitutional Grounds for Presidential Impeachment. Report by the Staff of the Impeachment Inquiry,* fev. 1974).

183. STF, AP 307, rel. min. Ilmar Galvão, j. 13 dez. 1994; e AP 465, rel. min. Cármen Lúcia, j. 24 abr. 2014.

184. Senado Federal, Autos do processo de "impeachment" contra o presidente da República (Diversos nº 12, 1992), v. III, pp.131-40.

185. Evandro Lins e Silva, *O salão dos passos perdidos,* p. 450-1.

186. Senado Federal, Autos do processo de "impeachment" contra o presidente da República (Diversos nº 12, 1992), v. II, pp. 730ss.

187. Evandro Lins e Silva, *O salão dos passos perdidos,* p. 448.

188. *O Globo*, "Confronto entre mestre e aluno".

189. Senado Federal, Autos do processo de "impeachment" contra o presidente da República (Diversos nº 12, 1992), v. IV, p. 80.

190. *O Estado de S. Paulo*. "Collor denunciado por corrupção e quadrilha".

191. Senado Federal, Autos do processo de "impeachment" contra o presidente da República (Diversos nº 12, 1992), v. III, pp. 350-484.

192. Senado Federal, Autos do processo de "impeachment" contra o presidente da República (Diversos nº 12, 1992), v. IV, p. 79.

193. Lei nº 1079, art. 9º, nº 7.

194. Senado Federal, Autos do processo de "impeachment" contra o presidente da República (Diversos nº 12, 1992), v. IV, p. 203.

195. Senado Federal, Autos do processo de "impeachment" contra o presidente da República (Diversos nº 12, 1992), v. IV, p. 275.

196. CPDOC-FGV, "Coelho, Inocêncio Mártires".

197. Senado Federal, Autos do processo de "impeachment" contra o presidente da República (Diversos nº 12, 1992), v. IV, pp. 532-3.

198. Paulo Brossard, *O impeachment*, p. 131.

199. Michael Gerhardt, *The Federal Impeachment Process*, pp. 23-4.

200. Senado Federal, Autos do processo de "impeachment" contra o presidente da República (Diversos nº 12, 1992), v. IV, p. 535.

201. Senado Federal, Autos do processo de "impeachment" contra o presidente da República (Diversos nº 12, 1992), v. IV, p. 538.

202. Senado Federal, Autos do processo de "impeachment" contra o presidente da República (Diversos nº 12, 1992), v. IV, p. 86.

203. STF, MS 21 689, rel. min. Carlos Velloso, j. 16 dez. 1993. Em 1997, Fernando Collor de Mello tentou reaver seus direitos políticos (Pet. 1365, rel. min. Néri da Silveira, j. 3 dez. 1997), mas o pedido não foi reconhecido pelo tribunal por impedimentos processuais.

204. Senado Federal, Autos do processo de "impeachment" contra o presidente da República (Diversos nº 12, 1992), v. IV, p. 556.

205. Evandro Lins e Silva, *O salão dos passos perdidos*, p. 457.

206. STF, AP 396-QO, rel. min Cármen Lúcia, j. 28 out. 2010.

207. Lei nº 1079/1950, art. 15: "A denúncia só poderá ser recebida enquanto o denunciado não tiver, por qualquer motivo, deixado definitivamente o cargo".

208. Lei complementar nº 64, art. 1º, I, k. Para a interpretação de que o "oferecimento de petição" equivale, no impeachment, à leitura da denúncia na Câmara dos Deputados, cf. Marcelo Campos Galuppo, *Impeachment: O que é, como se processa e por que se faz*, p. 163.

4. Escândalos e escudos (pp. 133-55)

1. *Jornal do Brasil*, "Itamar se nega a comentar escândalo".

2. *Folha de S.Paulo*, "Unidos do Viradouro troca Lílian Ramos por homem".

3. Aydano André Motta, "O fotógrafo e a vaporosa".

Notas

4. José Nêumanne Pinto, "Política sem pudor".
5. *Folha de S.Paulo*, "Unidos do Viradouro troca Lílian Ramos por homem".
6. Para a repercussão internacional do fato, cf. *O Estado de S. Paulo*, "Carnaval de Itamar diverte o mundo".
7. *O Estado de S. Paulo*, "Presidente rejeita versão de escândalo".
8. Aníbal Pérez-Líñan, *Presidential Impeachment and the New Political Instability in Latin America*, pp. 87ss.
9. Orlando Machado Sobrinho, "Denúncia contra Itamar Franco à Câmara dos Deputados". Arquivo pessoal do autor.
10. Naoko Kada, "Impeachments as a Punishment for Corruption? The Cases of Brazil and Venezuela". Como será visto no capítulo seguinte, até mesmo o caso de Dilma Rousseff, que não foi formalmente condenada por qualquer crime ligado a corrupção, confirma a força dessa determinante social. Grande parte da opinião pública tinha Dilma como politicamente associada às práticas de corrupção do PT, expostas pela Lava Jato: se o PT era inequivocamente corrupto, então Dilma era corrupta porque era do PT. Mesmo após seu afastamento temporário pela aceitação da denúncia pelo Senado, grande parte da população achava que ela estava afastada por corrupção, e não por ilícitos orçamentários.
11. Naoko Kada, "Comparative Presidential Impeachment: Conclusions", p. 149.
12. Datafolha, "Avaliação do governo Itamar Franco: 1994".
13. Fiquem Sabendo, "Os pedidos de impeachment contra presidentes brasileiros desde 1990".
14. "A análise [da evidência disponível] sugere [que] é improvável que qualquer escândalo, isoladamente, resulte em uma crise de opinião pública. Na maioria dos casos [...], pessoas reiteradamente expostas pela mídia ao longo do tempo têm sua reputação erodida, fazendo com que cada nova denúncia pareça mais crível do que a anterior." Os escândalos que derrubam presidentes costumam ocorrer apenas na confluência de outros fatores, como crises de desemprego e reformas econômicas fracassadas ou impopulares (cf. Aníbal Pérez-Líñan, *Presidential Impeachment and the New Political Instability in Latin America*, p. 123).
15. Ibid., p. 64.
16. José Roberto de Toledo, "FHC venceu em 87% dos municípios".
17. *Folha de S.Paulo*, "Brasil perde US$ 2,9 bi desde o anúncio da desvalorização".
18. Valdo Cruz, Marta Salomon e Vivaldo De Sousa, "FHC anuncia ajuste só após o 2º turno".
19. Datafolha, "Avaliação do governo FHC: 15 dez. 2002".
20. Pedro Canário, "Operação do Banco Central para resgatar banco Marka foi legal, decide TRF-1".
21. Implementado durante o primeiro mandato de FHC, o Proer resgatou ao menos sete bancos: o Nacional, com custo de R$ 5,9 bilhões; o Econômico, com custo R$ 5,2 bilhões; o Bamerindus, a R$ 3,3 bilhões; e com menos de R$ 1 bilhão cada, os bancos Mercantil (R$ 530 milhões), Banorte (R$ 476 milhões), Pontual (R$ 325 milhões) e Crefisul (R$ 296 milhões) (cf. Lilian Venturini, "O que foi o Proer, caso dos anos 90 agora desarquivado pelo Supremo").

22. Trata-se da MP 1179, à qual se somou a resolução Bacen nº 2208, ambas de novembro de 1995 (cf. Banco Central do Brasil, "Proer: Programa de Estímulo à Reestruturação e ao Fortalecimento do Sistema Financeiro Nacional").

23. *IstoÉ Dinheiro*, "O desabafo de Chico Lopes".

24. *O Estado de S. Paulo*, "Planalto tenta abafar CPI do Sistema Financeiro".

25. Na CPI dos Bancos, Francisco Lopes foi pivô de um episódio que ficou marcado na história da disciplina jurídica das investigações parlamentares. No dia de seu depoimento, 16 de abril de 1999, a comissão pediu-lhe que assinasse um termo com o compromisso de responder às perguntas e dizer a verdade, como se ele fosse testemunha. A defesa de Lopes interveio e argumentou que ele estava ali não na qualidade de testemunha, mas sim de investigado. De fato, não bastasse a CPI, a essa altura já corria na Justiça Federal do Rio de Janeiro uma investigação que apurava as condutas da diretoria do Banco Central no resgate a bancos. Forçar Lopes a depor como testemunha era uma evidente manobra da CPI para constrangê-lo a abandonar seu direito ao silêncio, ao qual ele só faria jus na qualidade de investigado. Por não assinar o termo, Lopes saiu preso em flagrante da sala de sessões da comissão. Sua defesa então recorreu ao STF, que corretamente fez valer seu direito constitucional ao silêncio, por meio de uma liminar em HC concedida pelo ministro Sepúlveda Pertence (STF, HC 79 244-8, rel. min Sepúlveda Pertence, j. 26 abr. 1999).

26. *O Estado de S. Paulo*, "PF apreende documentos na casa de Lopes".

27. Chico Santos e Mônica Ciarelli, "Procurador diz ter nota de Cacciola a Lopes".

28. Hugo Marques, "Renan avisa CPI que considera iniciativa da Procuradoria ilegal". Renan Calheiros defendia que membros do MPF não podiam ter atuado em diligências de investigação, e dizia-se amparado pelo STF. Havia de fato uma decisão recente do tribunal afirmando que membros do MPF não podiam tomar parte em investigações, e que autoridades poderiam se recusar a atender requisições nesse sentido. Contudo, os efeitos da decisão não eram gerais, mas limitados ao caso concreto no qual havia sido tomada (cf. STF, RE 205 473, rel. min. Carlos Velloso, j. 15 dez. 1998). O STF demorou para amadurecer sua interpretação sobre este tema, e concluiu, ao final, que o MPF tem poderes de investigação.

29. *O Estado de S. Paulo*, "FHC acusa justiça de ter sido arbitrária".

30. *Folha de S.Paulo*, "Superintendente da PF do Rio é afastado". Dias antes das buscas na casa dos banqueiros e ex-diretores do Banco Central, FHC e Renan já haviam concordado em trocar a diretoria-geral da corporação, reclamando de atuação corporativista do antigo ocupante da função (*O Estado de S. Paulo*, "FHC abre caminho para demissão de Chelotti").

31. Carlos Heitor Cony, "Operação Abafa".

32. Senado Federal, "Relatório Final. Comissão Parlamentar de Inquérito criada através do Requerimento nº 127, de 1999". Disponível em: <https://www2.senado.leg. br/bdsf/item/id/82020>. Acesso em: 23 jul. 2020.

33. TRF-2, autos nºˢ 1999.51.01.046.981-8 e 2000.51.01.509.046-0.

34. A denúncia imputava ao presidente a autoria do delito previsto no art. 9º, nº 3, da lei nº 1079/1950: "Não tornar efetiva a responsabilidade dos seus subordina-

Notas   315

dos, quando manifesta em delitos funcionais ou na prática de atos contrários à Constituição" (cf. *Diário da Câmara dos Deputados*, 22 jun. 1999, p. 29 098).

35. Adicionalmente, vale destacar que a Lei do Impeachment também se aplica a ministros de Estado, embora, por entendimento do STF, a denúncia caiba ao procurador-geral da República, e o julgamento, ao próprio tribunal (STF, Pet. 1656, rel. min. Maurício Corrêa, j. 11 set. 2002).

36. Michel Temer valeu-se de linguagem idêntica àquela do Código do Processo Penal, cujo art. 43, na redação da época, dizia que o "juiz criminal" deveria rejeitar a denúncia quando "o fato narrado evidentemente não constituir crime".

37. Votaram contra o recurso os líderes do PPS, PL, PTB, PMDB, PFL, do bloco PL-PST-PSL--PMN-PSD e, claro, do PSDB, partido do presidente da República.

38. Segundo uma das teorias do delito à época populares no Brasil, tipicidade e antijuridicidade eram os elementos constitutivos do delito criminal. (cf. Diário da Câmara dos Deputados, 22. jun. 1999, pp. 29 095ss.)

39. STF, ADPF 378-MC, rel. acórdão min. Luís Roberto Barroso, j. 17 dez. 2015, p. 3.

40. Dos 27 pedidos de impeachment contra Fernando Henrique Cardoso, o primeiro foi apresentado em junho de 1995, e o último em dezembro de 2002 (cf. Fiquem Sabendo, "Os pedidos de impeachment contra presidentes brasileiros desde 1990").

41. Representação do deputado José Genoíno em 26 maio 1999. Cf. *Diário da Câmara dos Deputados*, 27 maio 1999, p. 24 094.

42. Diário da Câmara dos Deputados, 2 jun. 1999, p. 25 949.

43. *O Estado de S. Paulo*, Temer rejeita pedido de processo de impeachment contra presidente, 2 jun. 1999, p. A4.

44. Diário da Câmara dos Deputados, 11 jun. 1999, p. 27 319.

45. Celso Antônio Bandeira de Mello, Dalmo de Abreu Dallari, Fábio Konder Comparato, Goffredo da Silva Telles Júnior e Paulo Bonavides, "Denúncia contra Fernando Henrique Cardoso por crimes de responsabilidade", 16 maio 2020. A corrupção de que fala a lei nº 1079/1950 (art. 6º, nº 2, "outras formas de corrupção") não se resume aos crimes de corrupção, ativa e passiva, estritamente definidos no Código Penal.

46. *O Estado de S. Paulo*, "Veja quais são os alvos da CPI da Corrupção".

47. Eduardo Jorge Caldas Pereira foi absolvido das acusações que sofreu. Os procuradores Luiz Francisco de Souza e Guilherme Schelb sofreram penas disciplinares pelo Conselho Nacional do Ministério Público, que reconheceu perseguição dos dois a Eduardo Jorge (cf. Fausto Macedo, "Conselho admite que Eduardo Jorge foi perseguido"). Jorge ainda ganhou processos cíveis contra diversos veículos de imprensa (cf. Conjur, "Revista *Veja* é condenada a pagar indenização a Eduardo Jorge").

48. CPDOC-FGV, "Cardoso, Fernando Henrique".

49. *Folha de S.Paulo*, "Acareação reforça pressão para punir ACM e Arruda".

50. No começo de 2001, ACM havia sido batido pelo peemedebista Jader Barbalho, do Pará, na eleição para a presidência do Senado. Barbalho, por sua vez, também era

alvo de denúncias por quebra de decoro, acusado de corrupção no Banco do Pará durante sua gestão como governador do estado, além das denúncias de inconsistência em sua declaração patrimonial à Justiça Eleitoral (cf. Vera Chaia e Marco Antonio Teixeira, "Democracia e escândalos políticos"; *Folha de S.Paulo*, "Jader omitiu patrimônio para auditoria"). Para escapar da cassação, que o deixaria inelegível, o senador baiano renunciou em 30 de maio de 2001, quando ainda tinha vinte meses de mandato pela frente (Senado Federal, "ACM renuncia ao mandato com críticas ao governo").

51. Denise Madueño e Luiza Damé, "Oposição protocola CPI com 60 nomes governistas".

52. *Folha de S.Paulo,* "FHC convoca ministros e declara guerra contra CPI".

53. Os dois valores aparecem nos relatos da operação governamental (cf. Lucio Vaz, "Liberação de verbas atinge R$ 47 milhões na semana"; *O Estado de S. Paulo*, "Operação custa aos cofres públicos R$ 60,1 milhões").

54. Fiquem Sabendo, "Os pedidos de impeachment contra presidentes brasileiros desde 1990".

55. Fernando Rodrigues, "Avaliação do governo Fernando Henrique Cardoso".

56. Fernanda Krakovics e Ranier Bragon, "Lula e Collor têm maior número de CPIS abertas".

57. Fernando Rodrigues, "Deputado diz que vendeu seu voto a favor da eleição por R$ 200 mil".

58. Houve duas denúncias contra FHC com fundamento na acusação de compra de votos pela reeleição: a primeira foi apresentada em 17 de junho de 1997 por Domingos de Freitas Diniz Neto, e ficou na gaveta da presidência da Câmara por quase dez anos: foi arquivada apenas em outubro de 2006, sob fundamento de perda de objeto. A segunda foi apresentada por Célio Evangelista Ferreira em 15 ago. 2000, arquivada em novembro do mesmo ano por descumprimento de requisitos formais.

59. Aníbal Pérez-Liñán, *Presidential Impeachment and the New Political Instability in Latin America*, pp. 142-3.

60. Naoko Kada, "Impeachment as Punishment for Corruption? The Cases of Brazil and Venezuela".

61. Sérgio Abranches, "Presidencialismo de coalizão: O dilema institucional brasileiro". Publicado quando a Constituição de 1988 tinha meses de vigência, esse artigo apontava para os dilemas que nosso desenho constitucional imporia aos futuros presidentes. Abranches previa que, no Brasil da redemocratização, a capacidade de governar seria condicionada por alguns fatores institucionais desafiadores. Primeiro, pela adoção do presidencialismo, que atribui a chefia de governo a uma autoridade diretamente eleita, e não escolhida pelo Parlamento. Segundo, pela forma de escolha de parlamentares: em um país grande e heterogêneo como o Brasil, o multipartidarismo e a eleição proporcional para o Legislativo levariam à fragmentação do Congresso, dificultando a formação da maioria imprescindível ao presidente para tocar sua agenda de governo. A essas características somavam-se a continuidade do federalismo, que criava forças políticas centrífugas ao empoderar governadores, e o grande detalhamento do texto da Constituição,

Notas 317

que exigiria frequentes emendas constitucionais, as quais dependem de maiorias ainda mais difíceis de se construir. Essa soma única de heterogeneidades sociais e econômicas, forças institucionais centrífugas, fragmentação partidária e perene exigência de maiorias parlamentares elevadas faria com que as chances de êxito de um presidente dependessem do "sucesso das negociações" que ele fosse capaz de conduzir com "o maior número de parceiros" de "maior diversidade ideológica", de modo a "capacitar o sistema político a atender ou conter legitimamente demandas políticas, sociais e econômicas competitivas e a formular um programa coerente e efetivo" (pp. 27-8).

62. Argelina Cheibub Figueiredo e Fernando Limongi, *Executivo e Legislativo na nova ordem constitucional*.

63. Ibid., p. 69.

64. Barry Ames argumenta que o poder de agenda do Executivo é contraposto ao poder de bloqueio dos parlamentares, que, sem poderem eles próprios impor agendas legislativas relevantes, acabam cobrando caro, em termos de liberação de verbas (*Os entraves da democracia no Brasil*, p. 200).

65. Fernando Limongi e Argelina Cheibub Figueiredo, "A crise atual e o debate institucional".

66. Durante a era presidencialista, o parlamentarismo só prosperou em 1961, como reação de emergência à presidência de João Goulart. Dois plebiscitos, em 1963 e 1993, derrotaram o parlamentarismo e marcaram a preferência do eleitorado pelo presidencialismo. O parlamentarismo esteve em cogitação na época dos trabalhos preliminares à Assembleia Nacional Constituinte de 1988. Era o regime de preferência da Comissão Provisória de Estudos Constitucionais, a chamada "Comissão Afonso Arinos", mas acabou preterido, com decisivo apoio do presidente José Sarney ao presidencialismo (cf. *Folha de S.Paulo*, "Sarney joga tudo para vencer parlamentarismo de Ulysses").

67. José Antonio Cheibub, *Presidentialism, Parliamentarism, and Democracy*, pp. 55ss.

68. Evidências do uso de dinheiro ilegal na cooptação de apoio político para formar coalizões governistas estão disponíveis em ações judiciais como o chamado processo do Mensalão (STF, AP 470) e operações de combate à corrupção, como a Lava Jato, além de trabalhos acadêmicos, como os de Bruno Carazza (*Dinheiro, eleições e poder*, pp. 121ss.) e o mais recente livro de Sérgio Abranches (*Presidencialismo de coalizão: Raízes e evolução do modelo político brasileiro*, p. 248ss.). Todos revelam como a cooptação de apoio político pode ir além dos mecanismos constitucionais e legais à disposição do Poder Executivo.

69. A acusação de compra de votos pela emenda da reeleição que beneficiou Fernando Henrique Cardoso constou da colaboração premiada de Pedro Corrêa, à época deputado pelo PP, na Lava Jato: segundo ele, a aprovação da emenda foi obtida mediante pagamento de propina a mais de cinquenta parlamentares, no que chamou de "um dos episódios mais espúrios que presenciei como deputado federal". Corrêa confirmou a compra de votos de deputados do Acre, conforme a denúncia

anterior, mas revelou que havia também um movimento de compra de votos em sentido contrário, isto é, pela rejeição da emenda. Segundo ele, essa rede de propinas de oposição era abastecida com recursos de seu colega de partido Paulo Maluf, deputado paulista, que ambicionava disputar a presidência nas eleições de 1998. A cópia do depoimento de Corrêa, no anexo 39 de sua colaboração, está disponível em Mateus Coutinho et al. ("Delator da Lava Jato 'desenterra' emenda da reeleição no governo FHC").

70. Renata Lo Prete, "Contei a Lula do 'Mensalão', diz deputado".

71. O IRB oferece cobertura de risco para grandes projetos e celebra grandes contratos em dólar. Na época, sua diretoria, considerada pequena, dispunha de ampla autonomia para autorizar contratos de valor relativamente elevado, de até US$ 500 mil. O IRB detinha o monopólio de resseguros no país, o que obrigava empresas com grandes projetos no exterior, como a Petrobras, não apenas a contratar com ele, como também a se valer dos corretores por ele autorizados (*O Estado de S. Paulo*, "IRB pode ser novo alvo da oposição"). O desenho criava incentivos para o pagamento de propina a quem controlasse a operação da empresa e tivesse poder sobre essas indicações rentáveis de corretagem. Jefferson havia indicado o presidente da instituição, Luiz Appolonio Neto, menos de dois meses antes de o escândalo estourar (*O Estado de S. Paulo*, "Presidente admite ligação com o PTB").

72. Congresso Nacional, Relatório Final da CPMI dos Correios, abr. 2006, 3 v. Disponível em: <https://www2.senado.leg.br/bdsf/handle/id/84897>. Acesso em: 2 ago. 2020.

73. O segundo volume do relatório da CPMI dos Correios é inteiramente dedicado a descrever a engenharia financeira e administrativa do chamado "Mensalão".

74. Datafolha, "Avaliação de governo, Lula: 17/19 nov. 2010", p. 6.

75. Armando Pereira, "Economia em alta salva governo em 2005".

76. B3. *Índice Bovespa: Estatísticas históricas, 2005.*

77. Fiquem Sabendo, "Os pedidos de impeachment contra presidentes brasileiros desde 1990".

78. Deputado do PP de Pernambuco e representante caricato do baixo clero da casa, Cavalcanti acabou eleito em fevereiro de 2005 depois de um racha dentro do PT, que disputou a eleição com dois candidatos (Luiz Eduardo Greenhalgh e Virgílio Guimarães). Com uma campanha de promessas corporativistas, venceu o pleito em segundo turno contra Greenhalgh (Rose Ane Silveira, "Independente, Severino Cavalcanti é eleito presidente da Câmara"). Sua gestão começou a ruir em setembro do mesmo ano, quando o empresário Sebastião Augusto Buani, concessionário do restaurante da Câmara dos Deputados, denunciou que Cavalcanti, quando era primeiro-secretário da Câmara, havia lhe exigido R$ 40 mil para não dificultar a renovação da concessão a sua empresa. Após efetivada a renovação, Buani alegou que Cavalcanti seguiu exigindo um pagamento mensal de R$ 10 mil do empresário — o valor foi jocosamente chamado pela imprensa de "mensalinho" (Ana Paula Ribeiro, "Empresário confirma 'mensalinho' a Severino Cavalcanti").

Notas 319

79. Senado Federal, "Aldo Rebelo é o novo presidente da Câmara".

80. Disse FHC em depoimento em 2007: "O Senado votou [a reeleição] em junho [de 1997] e 80% aprovaram. Que compra de voto? [...] Houve compra de votos? Provavelmente. Foi feita pelo governo federal? Não foi. Pelo PSDB? Não foi. Por mim, muito menos" (cf. Fernando Rodrigues, "Conheça a história da compra de votos a favor da emenda da reeleição").

81. Lei nº 1079/1950, art. 6º: "São crimes de responsabilidade contra o livre exercício dos poderes Legislativo e Judiciário e dos poderes constitucionais dos Estados: [...] 2) usar de violência ou ameaça contra algum representante da Nação para afastá-lo da Câmara a que pertença ou para coagi-lo no modo de exercer o seu mandato bem como conseguir ou tentar conseguir o mesmo objetivo mediante suborno ou outras formas de corrupção".

82. Como visto no capítulo 1, uma das razões da escolha do Poder Executivo unipessoal pelos constituintes dos Estados Unidos em 1787 foi precisamente facilitar a atribuição de responsabilidade política.

83. É possível especular que a proximidade de eleições presidenciais, que ocorreriam em dezembro de 1804, oferecia uma via política menos traumática para o afastamento de Burr. Embora Thomas Jefferson tenha concorrido à reeleição naquele ano, seu companheiro de chapa na busca por um segundo mandato não foi Burr, mas sim George Clinton.

84. Laurence Tribe e Joshua Matz, *To End a Presidency*, pp. 43-4.

5. O impeachment fiscal (pp. 156-243)

1. Especulou-se que o acidenteque matou Eduardo Campos tenha sido ocasionado por perda de orientação espacial do piloto, por falha mecânica ou mesmo pelo choque com algum objeto no ar (cf. Fausto Macedo, "Procuradoria arquiva inquérito sobre morte de Eduardo Campos por 'impossibilidade' de descobrir causa da queda do avião").

2. *Folha de S.Paulo*, "Eduardo Campos é enterrado no Recife; despedida ganha ares de ato político".

3. Julio Wiziack e Mariana Carneiro, "Governo 'sangra' a Caixa e poupa o Tesouro para pagar benefício social".

4. Murilo Rodrigues Alves e João Villaverde, "Atraso no repasse de verba do Tesouro à Caixa cria impasse no governo".

5. Murilo Rodrigues Alves e João Villaverde, "Governo atrasa pagamentos do 'Minha Casa'".

6. Além das "pedaladas", Dilma Rousseff foi condenada também pela edição de seis decretos de abertura de crédito suplementar baseados em uma projeção irreal de resultado fiscal para o ano de 2015.

7. Gustavo Uribe, "Seis dias após 2º turno, protesto em São Paulo pede saída de Dilma".

8. Ricardo Galhardo, "FHC pede PSDB nas ruas, mas 'dentro das regras'"; Pedro Venceslau, "Aécio volta e tenta manter protagonismo"; Mateus Coutinho, "Tucano é hostilizado depois de criticar radicais".

9. Datafolha, "Avaliação do governo de Lula: 17/19 nov. 2010", 20 dez. 2010.

10. Câmara dos Deputados, "PT e PMDB elegem novamente as maiores bancadas".

11. Senado Federal, "Confira como ficarão as bancadas no Senado a partir de 2015".

12. A aliança governista reunia, além de partidos menores à esquerda, partidos médios e grandes de centro. Entre os partidos de centro à esquerda, o PSB elegeu uma bancada considerável em 2014, com 34 deputados; o PDT, dezenove; o PCdoB, dez; e o Psol, cinco. Além do PMDB (66 deputados e dezoito senadores), a coligação do PT nas eleições de 2014 ainda incluía o PSD (37 deputados e três senadores), o PP (36 deputados e cinco senadores) o PR (34 deputados e quatro senadores), o PRB (21 deputados) e o Pros (onze deputados e um senador). No Senado, PCdoB, Psol e PDT tinham, juntos, oito senadores (cf. G1, "Nova composição da Câmara dos Deputados"; G1, "Dos 27 senadores eleitos, apenas 5 são mulheres"; UOL, "Eleições 2014: Raio-x Congresso").

13. Laura Carvalho, *Valsa brasileira*, pp. 58-9.

14. Aníbal Pérez Líñán aponta que a popularidade de presidentes latino-americanos que sofreram impeachments foi sensivelmente afetada pela tentativa de reformas neoliberais que diminuíam a proteção estatal aos mais pobres, altos índices de desemprego e, possivelmente, altas taxas de inflação. Cf. Aníbal Pérez-Liñán, *Presidential Impeachment and the New Political Instability in Latin America*, pp. 117-9).

15. Ibid., p. 91.

16. Datafolha, "Avaliação da presidente Dilma Rousseff: PO813812, 17/18 jun. 2015", p. 19.

17. Datafolha, Avaliação da presidente Dilma Rousseff: PO813843, 24 e 25/02/2016, p. 58.

18. Lula foi denunciado quatro vezes pela força-tarefa da Operação Lava Jato e condenado em primeira e segunda instâncias por duas dessas denúncias. Em abril de 2021, o Pleno do STF reconheceu em caráter definitivo a incompetência absoluta da 13ª Vara Federal de Curitiba em relação às acusações contra Lula, por falta de conexão das condutas a ele imputadas com os desvios na Petrobras que são o objeto de investigação da Operação Lava Jato. No mesmo mês, o órgão plenário do tribunal formou maioria para reconhecer a suspeição do juiz Sergio Moro contra Lula na ação penal referente ao apartamento triplex na cidade do Guarujá (SP).

19. Embora a denúncia de Roberto Jefferson sobre o pagamento regular de uma "mesada" a deputados da base aliada tenha sido feita em 2005, o julgamento da AP 470, iniciado em agosto de 2012, foi o grande responsável pela enorme visibilidade pública do Mensalão, elevando-o à categoria de grande escândalo nacional, seja pelo duro tom das falas dos ministros do STF, seja pela maciça cobertura da imprensa acerca do dia a dia do julgamento.

Notas

20. "Petrolão", neologismo criado a partir de outro, "Mensalão, é o apelido empregado para descrever os esquemas de corrupção identificados pela Operação Lava Jato, a partir de 2014, em diretorias da Petrobras cujas nomeações eram controladas por partidos políticos aliados ao governo federal.

21. Rayanderson Guerra, "Temer é chefe de organização criminosa há 40 anos, diz Lava Jato no Rio".

22. João Villaverde, *Perigosas pedaladas*, p. 105.

23. Ibid., esp. cap. 4.

24. Sérgio Spagnuolo e Tai Nalon, "Dilma 'pedalou' 35 vezes mais que Lula e FHC juntos". Considerando, como exemplo, apenas os atrasos de repasses à Caixa Econômica Federal para pagamento do seguro-desemprego, FHC havia pedalado seis vezes em oito anos de governo, nunca de forma consecutiva; Lula, sete vezes em oito anos; já Dilma, com apenas quatro anos e quatro meses de governo, havia atrasado repasses por 21 meses, catorze dos quais consecutivos.

25. João Villaverde e Adriana Fernandes, "Tesouro paga mais para vender títulos e técnicos pressionam Arno Augustin"; Sheila D'Amorim e Natuza Nery, "Indefinição leva Tesouro a 'lavar roupa suja'".

26. José Fucs, "Arno Augustin: 'Não sei o que é contabilidade criativa'".

27. *O Globo*, "'Pedaladas fiscais' dispararam no governo Dilma".

28. Apenas como exemplo, destaco, entre os defensores da tese de que as pedaladas e os decretos de abertura de crédito suplementar configuravam tanto violação à Lei de Responsabilidade Fiscal quanto crime de responsabilidade, a opinião de José Maurício Conti, professor da Faculdade de Direito da USP ("Desrespeito ao direito financeiro afastou Dilma do cargo de presidente"). Entre os opositores do impeachment, destaco Ricardo Lodi Ribeiro, professor da Faculdade de Direito da Uerj ("Parecer sobre pedido de impeachment da presidente Dilma Rousseff", 7 dez. 2015. Disponível em: <https://www.conjur.com.br/dl/parecer-ricardo-lodi-impeachment-dilma.pdf>). Tanto Conti quando Ribeiro foram ouvidos na comissão especial do Senado Federal para explicitar suas visões sobre os fundamentos jurídicos do pedido.

29. Para uma descrição em maiores detalhes sobre o procedimento conciliatório na AGU, cf. João Villaverde, *Perigosas pedaladas*, pp. 130-9.

30. Ribamar Oliveira, "Governo já desistiu da meta fiscal de 1,9% do PIB no ano".

31. Adriana Fernandes et al., "Sem caixa, governo propõe lei para descumprir meta das contas públicas".

32. Nathalia Passarinho, "PSDB pede a TSE cassação de Dilma e posse de Aécio como presidente".

33. CPDOC-FGV, "Plano Cruzado".

34. Sobre o desempenho do PMDB nas eleições de 1986, cf. Sérgio Abranches, *Presidencialismo de coalizão: Raízes e evolução do modelo político brasileiro*, p. 81.

35. Francine de Lorenzo Andozia, *Passaram a mão na minha poupança*, p. 66.

36. Para os rumores de alteração da política cambial e a ambiguidade de FHC durante a campanha, cf. Miriam Leitão, *Saga brasileira*, pp. 363-5.

37. Thomas Skidmore, *Brasil: De Getúlio a Castelo*, p. 192; Maria Victoria Benevides, *A UDN e o udenismo: Ambiguidades do liberalismo brasileiro*, pp. 82ss.

38. G1, "PSDB pede ao TSE auditoria para verificar 'lisura' da eleição".

39. Aníbal Pérez-Liñán, "Impeachment or Backsliding? Threats to Democracy in the 21st Century", p. 4.

40. Conjur, "Juiz recebe denúncia e Aécio Neves se torna réu por corrupção passiva".

41. Para um olhar sobre múltiplas formas de governança, cf. Jerry L. Mashaw, "Accountability and Institutional Design: Some Thoughts on the Grammar of Governance", pp. 115-56.

42. João Villaverde, *Perigosas pedaladas*, p. 119.

43. Lucas Marchesini e Edna Simão, "Rombo da Previdência deve ficar em R$ 50 bi em 2014, diz ministro".

44. Adriana Fernandes, "Pressionado, Garibaldi volta atrás sobre déficit".

45. João Villaverde, *Perigosas pedaladas*, p. 112.

46. Edna Simão e Lorenna Rodrigues, "Déficit da Previdência fica R$ 7,5 bilhões acima do previsto em 2014".

47. José Roberto R. Afonso, "Uma história da Lei Brasileira de Responsabilidade Fiscal", pp. 126-54.

48. Ana Clara Costa, "O governo fez bancos do Estado pagarem as suas despesas — e isso não é pedalada".

49. Após tornar-se ele próprio secretário do Tesouro Nacional no governo de Michel Temer, Almeida aparentemente fechou seu blog. Algumas das postagens estão ainda disponíveis, porque replicadas em outras páginas. Na página de internet do economista da FGV José Roberto Afonso, um artigo de 2012, da autoria de Almeida, critica a realização de operações entre BNDES e Tesouro com o objetivo de melhorar artificialmente o resultado primário das contas públicas (Cf. Mansueto Almeida, "Custo dos empréstimos do Tesouro Nacional ao BNDES: R$ 22,8 bilhões em 2011").

50. José Fucs, "Arno Augustin: 'Não sei o que é contabilidade criativa'".

51. Contas Abertas, Ofício 17/2014, 17 jan. 2014. Disponível em: <http://www.agencia-contasabertas.com.br/noticia/contas-abertas-descobriu-pedaladas-fiscais>. Acesso em: 17 set. 2020.

52. Como já foi dito antes, Augustin recorria ao álibi das convenções contábeis do Banco Central para negar a acusação de "contabilidade criativa": "Se alguém quer fazer uma nova metodologia, é um direito que tem. Mas a metodologia usada pelo Brasil é uma metodologia internacional. [...] [Nossa] metodologia é conhecida, respeitada. O órgão que faz a conta do resultado primário para efeitos da Lei de Diretrizes Orçamentárias (LDO) é o Banco Central. Se acham que a estatística que o Banco Central produz não é adequada, eu respeito. Mas é a estatística que temos, e ela é muito boa" (José Fucs, "Arno Augustin: 'Não sei o que é contabilidade criativa'").

53. João Villaverde, *Perigosas pedaladas*, p. 150.

54. Ibid. A mudança não alcançava os atrasos nos repasses ao Banco do Brasil e ao BNDES, cuja natureza era outra.

Notas 323

55. Ibid., p. 127.

56. *Estado de Minas*, "Governo vai mudar contratos com a Caixa para descaracterizar pedaladas fiscais".

57. Jerry L. Mashaw, "Accountability and Institutional Design: Some Thoughts on the Grammar of Governance", p. 121.

58. A escolha de Levy levaria Dilma a enfrentar dificuldades políticas com o flanco mais à esquerda de sua base de apoio. "Não faltam líderes de movimentos sociais ameaçando o governo com protestos e outras manifestações contra a política econômica neoliberal de Levy", como lembram Limongi e Figueiredo ("A crise atual e o debate institucional", p. 93).

59. TCU, TC 021.643/2014-8, acórdão 825/2015, rel. min. José Múcio Monteiro, j. 15 abr. 2015.

60. André Borges e Fábio Fabrini, "Para TCU, 'pedalada' foi crime de responsabilidade", p. B5; Dimmi Amora, "Para TCU, pedaladas foram crime de responsabilidade".

61. Dimmi Amora, "Para TCU, pedaladas foram crime de responsabilidade".

62. Pedro Vencelsau e Isadora Peron, "Oposição reforça tese do impeachment".

63. Para uma breve descrição das funções do TCU, cf. Tathiane Piscitelli, *Direito financeiro*, pp. 233ss.

64. Nos termos do art. 73, §2, da Constituição de 1988, o TCU é composto de nove ministros, dos quais seis são escolhidos diretamente pelo Congresso. Mesmo as três vagas indicadas pelo presidente da República normalmente têm origem em acordos firmados com parlamentares.

65. Fernanda Guimarães e Francisco Carlos de Assis, "TCU não tem 'estatura institucional' para desencadear impeachment, diz Joaquim Barbosa". A implicância de Barbosa com o TCU vinha desde o processo do Mensalão, em cujo acórdão há duras críticas do ministro quanto à credibilidade do tribunal (STF, AP 470, 22 abr. 2013, p. 1483).

66. Gaúcho de Santo Ângelo, Augusto Nardes filiou-se à Arena durante a ditadura militar. Passou por diversos partidos menores após a redemocratização, até chegar ao PP, legenda com maior número de condenados no Mensalão e com outros tantos a perigo da Lava Jato. Em 2005, ele abandonou seu mandato na Câmara dos Deputados para assumir o cargo de ministro do TCU, por eleição da Câmara dos Deputados (cf. Câmara dos Deputados, "Augusto Nardes"; Câmara dos Deputados, "Câmara elege Augusto Nardes para ministro do TCU").

67. João Villaverde, *Perigosas pedaladas*, p. 217.

68. *Correio Braziliense*, "Presidente é responsável".

69. *Jornal de Brasília*, "Relator descarta 'aprovação com ressalvas' das contas do governo".

70. Márcio Falcão, "Governo ataca relator para tentar adiar decisão do TCU".

71. Clarissa Lemgruber, "Oposição visita TCU em desagravo à pressão do governo na véspera da análise das contas".

72. Fábio Fabrini, João Villaverde e Bernardo Caram, "Em decisão unânime, TCU rejeita contas do governo Dilma em 2014".

73. TCU, TC 027.170/2015-2, acórdão nº 2460/2015, rel. min. Raimundo Carreiro, j. 7 out. 2015.

74. TCU, ata 40, anexo III, 7 out. 2015, p. 63. Disponível em: <http://www.tcu.gov.br/ Consultas/Juris/Docs/CONSES/tcu_ATA_0_N_2015_40.pdf>. Acesso em: 20 set. 2020.

75. TCU, ata 40, anexo III, 7 out. 2015, p. 64. Disponível em: <http://www.tcu.gov.br/ Consultas/Juris/Docs/CONSES/tcu_ATA_0_N_2015_40.pdf>. Acesso em: 20 set. 2020.

76. Étore Medeiros, "Pelo menos 17 governadores pedalaram impunemente".

77. Fernando Limongi e Argelina Cheibub Figueiredo, "Por seu intervencionismo imoderado, STF não terá como evitar confronto com Bolsonaro".

78. Fabiana Alves Rodrigues, *Lava Jato: Aprendizado institucional e ação estratégica na Justiça*, p. 260. O livro é um abrangente e detalhado relato do uso estratégico de ferramentas processuais pela matriz curitibana da Lava Jato, com destaque para as espetaculosas ações de busca e apreensão, conduções coercitivas e prisões cautelares. Rodrigues enfatiza também o aspecto do cálculo temporal no uso dessas ferramentas, embora o objeto de seu estudo não envolva o impacto estimado desses atos sobre o processo de impeachment de Dilma Rousseff.

79. *El País*, "'A solução mais fácil era botar o Michel': Os principais trechos do áudio de Romero Jucá"; Rubens Valente, "Em diálogo, Jucá fala em pacto para deter avanço da Lava Jato".

80. Tal acusação seria obviamente imprópria, pois indicar o procurador-geral da República é prerrogativa presidencial e não demanda sequer a deferência à lista tríplice, uma boa prática que só existiu nos governos de Lula, Dilma e Temer. Não obstante, a baixíssima popularidade da presidente, somada ao enorme prestígio social da Operação Lava Jato àquela altura, talvez a levasse a apuros se uma acusação nesse sentido fosse feita contra ela.

81. Como visto no capítulo anterior, FHC e seu ministro da Justiça, Renan Calheiros, interferiram diretamente na PF em retaliação às operações contra ex-diretores do Banco Central após o escândalo do apoio aos bancos Marka e FonteCindam; e Michel Temer enfrentou protestos de alguns procuradores da República ao escolher Raquel Dodge, que não encabeçava a lista tríplice, como procuradora-geral da República. Mais recentemente, Jair Bolsonaro não apenas mexeu na estrutura da PF — sob protestos de seu então ministro da Justiça, Sergio Moro, que o acusou de ingerência política no órgão —, como também indicou para procurador-geral um nome estranho à lista tríplice do MPF e abertamente crítico do que chamou de "lavajatismo" (cf. Poder 360, "'É hora de corrigir os rumos para que o lavajatismo não perdure', diz Aras").

82. "Rubens Valente, "Em diálogo, Jucá fala em pacto para deter avanço da Lava Jato".

83. Cf. voto de Paulo Brossard no MS 20 941, rel. min. Sepúlveda Pertence, j. 9 fev. 1990, pp.85-97.

Notas

84. Supreme Court of the United States. Nixon vs. United States, 506 U.S. 224, 1993.
85. *O Estado de S. Paulo*, "Grampo sugere que Dilma nomeou Lula ministro para evitar a Lava Jato".
86. Para a íntegra da decisão, cf anexo à seguinte reportagem: Sérgio Rodas, "Moro reconhece erro em grampo de Dilma e Lula, mas mantém divulgação". A decisão foi tomada nos autos do Pedido de Quebra de Sigilo Telefônico nº 5006205-98.2016.4.04.7000, da 13ª Vara Federal de Curitiba.
87. Ricardo Balthazar et al., "Conversas de Lula mantidas em sigilo pela Lava Jato enfraquecem tese de Moro".
88. Ricardo Balthazar et al., "Conversas de Lula mantidas em sigilo pela Lava Jato enfraquecem tese de Moro" e "Leia os diálogos sobre escutas de Lula feitas pela PF", *Folha de S.Paulo*, 8 set. 2019, pp. A4-A8.
89. STF, RE 196184, rel. min. Ellen Gracie, j. 27 out. 2004.
90. STF, MS 34071 MC, rel. min. Gilmar Mendes, j. 18 mar. 2016.
91. *Estado de Minas*, "Gilmar Mendes defende posse de deputada Cristiane Brasil no Ministério do Trabalho".
92. Carolina Brigido, "STF anula nomeação de Wellington César no Ministério da Justiça".
93. STF, ADPF 388, rel. min. Gilmar Mendes, j. 9 mar. 2016. A ação havia sido ajuizada em 3 de março de 2016 pelo PPS, através de uma singela petição de nove páginas.
94. STJ, HC 137349, j. 5 abr. 2011, e STJ, HC 159159, j. 8 jun. 2010, ambos relatados pela ministra Maria Thereza Rocha de Assis Moura.
95. Rubens Valente, "Em diálogo, Jucá fala em pacto para deter avanço da Lava Jato",
96. *O Estado de S. Paulo*, "Supremo derruba sigilos e autoriza inquéritos contra 37 parlamentares".
97. STF, AC 4070, rel. min. Teori Zavascki, j. 5 maio 2016.
98. Ministério Público Federal, "PGR pede ao STF que Eduardo Cunha seja afastado do mandato de deputado".
99. Ministério Público Federal, "Operação Lava Jato: PGR denuncia Eduardo Cunha e Solange Almeida".
100. *Folha de S.Paulo*, "Câmara elege Cunha e impõe derrota histórica ao Planalto".
101. Andréia Sadi, "PMDB vai questionar na justiça a criação de partidos".
102. Julia Duailibi, "O plano Temer"; no mesmo sentido, cf. Bruno Boghossian, "Ação de Cunha como arrecadador informal do PMDB em 2014 pode afetar Temer".
103. Malu Gaspar, *A Organização*, p. 360.
104. *Folha de S.Paulo*, "Cunha é aplaudido por deputados na CPI da Petrobras".
105. Jamil Chade, "Suíça diz que Cunha abriu firmas de fachada".
106. Hélio Pereira Bicudo, Miguel Reale Jr. e Janaína Conceição Paschoal. "Aditamento à denúncia apresentada em 1º de setembro de 2015", 16 set. 2015, pp. 16ss. Disponível em: https://www.migalhas.com.br/arquivos/2015/9/art20150917-06.pdf. Acesso em: 22 abr. 2021.

107. Fiquem Sabendo, "Os pedidos de impeachment contra presidentes brasileiros desde 1990".

108. Um possível enfrentamento desse limbo é a aplicação subsidiária do Código de Processo Penal, como previsto na lei nº 1079/1950, para impor ao presidente da Câmara um prazo para apreciar a denúncia, optando pelo seu indeferimento ou pelo despacho à Comissão Especial. O poder de ignorar a denúncia impede o direito de recurso e, na prática, torna totalmente inócuo o direito de petição em matéria de denúncia por crimes de responsabilidade.

109. *Folha de S.Paulo*, "PT se opõe a Cunha, que revida e aceita pedido de impeachment de Dilma".

110. *O Estado de S. Paulo*, "Itamar reclama falta de consulta para mudanças".

111. Para uma detalhada discussão sobre o "peemedebismo" e seu papel no bloqueio de uma cultura política democrática no Brasil, cf. Marcos Nobre, *Imobilismo em movimento*.

112. Marina Dias e Gustavo Uribe, "Temer diz a Dilma que governo precisa 'ouvir mais' e 'ser mais servo'". Para a acusação de Michel Temer de que a carta fora vazada pelo Planalto, cf. Reinaldo Azevedo, "Planalto vaza carta de Temer a Dilma, dá tiro no próprio pé e esquenta clima pró-impeachment".

113. Fernando de Castro Fontainha, Christiane Jalles de Paula e Izabel Saenger Nuñez (Orgs.). *História oral do Supremo*, v. 7, p. 87.

114. *Folha de S.Paulo*, "Deputado teria sido filmado pela PF com mala de R$ 500 mil".

115. Pedro Canário e Emerson Voltare, "MPF adulterou diálogos de Joesley e Temer, diz juiz federal".

116. *Veja*, "Lava Jato: Michel Temer foi preso por crimes cometidos a 'vida inteira'".

117. Em março de 2021, a 12ª Vara Federal do Distrito Federal absolveu Temer em uma de suas acusações penais, relativa a supostos crimes praticados no setor de portos (Aguirre Talento, "Juiz absolve ex-presidente Michel Temer e mais cinco em acusação de corrupção no setor dos portos").

118. Cf. lei nº 13 199 de 3 dez. 2015.

119. Lilian Venturini, "Temer assinou decretos iguais aos de Dilma. Por que ele não é alvo de impeachment".

120. *Folha de S.Paulo*, "Temer assinou decretos das pedaladas como presidente em exercício".

121. Fernanda Calgaro, "Senador induz Janaína a dar argumentos para afastar Temer".

122. STF, MS 34 087 MC, rel. min. Marco Aurélio, j. 5 abr. 2016.

123. Bernardo Caram, "Maia diz que é atribuição de líderes fazer indicação para comissão de impeachment".

124. Anna Virginia Balloussier, "STF aceita ação para destravar pedido de impeachment contra Temer".

125. Mariana Oliveira, "Janot opina contra liminar para abertura de impeachment de Temer".

Notas   327

126. Aníbal Pérez-Liñán, *Presidential Impeachment and the New Political Instability in Latin America*, pp. 87ss; Naoko Kada, "Comparative Presidential Impeachments: Conclusions", p. 148.

127. Datafolha, "Avaliação da presidente Dilma Rousseff: PO813843, 24/25 fev. 2016".

128. Celso Rocha Barros, "Uma história de dois azares e um impeachment", p. 71.

129. *Folha de S.Paulo*, "Dilma vai à TV defender ajuste e é alvo de panelaço".

130. Supremo Tribunal Federal, "Ministro Teori Zavascki autoriza abertura de inquérito e revoga sigilo em investigação sobre Petrobras"; *O Estado de S. Paulo*, "Supremo derruba sigilos e autoriza inquéritos contra 37 parlamentares".

131. Reinaldo Azevedo, "Gilmar Mendes: 'TSE tem de evitar a continuidade de um projeto no qual ladrões de sindicato transformaram o país num sindicato de ladrões'".

132. Datafolha, "Manifestações na avenida Paulista: 15/03/2015".

133. Datafolha, "Manifestações na avenida Paulista: 12/04/2015".

134. Sergio Fernando Moro, "Considerações sobre a operação Mani Pulite", pp. 56-62.

135. Em pesquisas realizadas em todas as manifestações antigoverno em 2015, Pablo Ortellado e Esther Solano identificaram que a "indignação com a corrupção" era o motivo mais evidente para as mobilizações, e que a corrupção desvelada pela Lava Jato era percebida pelos participantes como o mais grave escândalo político da história do Brasil ("Nova direita nas ruas? Uma análise do descompasso entre manifestantes e os convocantes dos protestos antigoverno de 2015", pp. 174-6).

136. Pesquisa CNT/MDA, Relatório síntese, rodada 131, 2/5 jun. 2016, p. 22. Disponível em: <http://cms.cnt.org.br/Imagens%20CNT/PDFs%20CNT/Pesquisa%20CNT%20_MDA/relatorio%20_sintese%20cntmda131.pdf>. Acesso em: 28 set. 2020.

137. Pesquisa CNT/MDA de junho de 2016 registrava 62,4% de apoio à opinião de que o afastamento de Dilma Rousseff fora correto (cf. CTN/MDA, Relatório síntese, rodada 131, 2/5 jun. 2016, p. 22. Disponível em: <http://cms.cnt.org.br/Imagens%20CNT/PDFs%20CNT/Pesquisa%20CNT%20_ MDA/relatorio%20_sintese%20cntmda131.pdf>). O índice é semelhante ao apoio do impeachment registrado pelo Datafolha em abril de 2016: 61% (cf. Datafolha, "Avaliação do presidente Michel Temer: PO813867, 14/15 jul 2016").

138. Fernando Limongi e Argelina Cheibub Figueiredo. "Por seu intervencionismo imoderado, STF não terá como evitar confronto com Bolsonaro".

139. Andrea Jubé, "Temer admite que Cunha aprovou pedido de impeachment por vingança".

140. Hélio Pereira Bicudo e Janaína Conceição Paschoal, "Denúncia por crimes de responsabilidade contra Dilma Vana Rousseff", 31 ago. 2015. Disponível em: <https://www.migalhas.com.br/arquivos/2015/9/art20150901-04.pdf>. Acesso em: 22 abr. 2021.

141. Câmara dos Deputados, "Oposição cobra definição da Câmara sobre regras para processo de impeachment".

142. Câmara dos Deputados. Sessão Ordinária 378.1.55, 3 dez. 2015, p. 132. Disponível em: <https://www2.camara.leg.br/atividade-legislativa/plenario/discursos/escrevendohistoria/destaque-de-materias/impeachment-da-presidente-dilma/sessao-378-de-031215>. Acesso em: 22 abr. 2021.

143. STF, MS 33 837-MC, rel. min. Teori Zavascki, j. 13 out. 2015.

144. STF, MS 33 838-MC, rel. min. Rosa Weber, j. 13 out. 2015.

145. Câmara dos Deputados, "Cunha revoga decisão sobre tramitação de pedido de impeachment".

146. Chico de Gois, "Cunha revoga decisão sobre rito de impeachment".

147. Senado Federal, Autos do processo de "impeachment" contra o presidente da República (Diversos nº 12, 1992), v. 1, pp. 404-5.

148. Câmara dos Deputados. Sessão Ordinária 378.1.55, 3 dez. 2015, p. 132. Disponível em: <https://www2.camara.leg.br/atividade-legislativa/plenario/discursos/escrevendohistoria/destaque-de-materias/impeachment-da-presidente-dilma/sessao-378-de-031215>. Acesso em: 22 abr. 2021.

149. Para o argumento de que impeachments não encontram condições de prosperar perto do fim dos mandatos presidenciais, cf. Naoko Kada, "Comparative Presidential Impeachment: Conclusions", pp. 149-50; João Villaverde e Lucas Paulino, "História mostra que período do mandato importa para impeachment afastar presidente". Uma ressalva: atos praticados no início ou no meio do mandato, já conhecidos e digeridos pela opinião pública no momento das eleições, não devem embasar impeachments no mandato seguinte. Quanto maior for o conhecimento público dos eventuais crimes de responsabilidade praticados no primeiro mandato à época da eleição, mais se deve presumir que eles foram avaliados pelos eleitores, que ainda sim preferiram reconduzir o incumbente para o segundo mandato. Essa linha nem sempre será clara, devendo ser traçada caso a caso. Com Dilma, a dimensão das pedaladas só veio a ser propriamente conhecida no segundo semestre de 2014, portanto já muito perto das eleições, o que fala em favor de que elas possam ser consideradas em uma acusação no segundo mandato.

150. Ver, por exemplo, Marcelo Campos Galuppo, *Impeachment: O que é, como se processa e por que se faz*, p. 59.

151. Câmara dos Deputados, Regimento Interno da Câmara dos Deputados, art. 218, §2º.

152. Aparentemente, Eduardo Cunha tomou-se como figura análoga a um juiz penal na acusação de crimes comuns, em que o recebimento parcial da denúncia é possível. No direito processual penal, entende-se que o recebimento da denúncia é um ato propriamente jurisdicional, adotado pelo magistrado competente para julgamento da causa, que fixa o objeto do processo mediante avaliação das condições de justa causa para a ação. Há uma notável diferença entre essa figura e o presidente da Câmara, porém, já que este último não é autoridade competente para o recebimento da denúncia.

153. STF, MS 20 941, rel. min. Sepúlveda Pertence, j. 9 fev. 1990; no MS 23 885, (rel. min. Carlos Velloso, j. 28 ago. 2002), o tribunal decidiu que o poder do presidente da

Câmara dos Deputados na análise da denúncia "não se reduz à verificação das formalidades extrínsecas e da legitimidade de denunciantes e denunciados, mas se pode estender [...] à rejeição imediata da acusação patentemente inepta ou despida de justa causa, sujeitando-se ao controle do plenário da casa, mediante recurso".

154. Thomaz Pereira, "Quais os poderes de Eduardo Cunha no impeachment?".

155. Câmara dos Deputados. "Resposta da presidência da Câmara dos Deputados à questão de ordem nº 105/2015", 23 set. 2015, pp. 9-10. Em sentido semelhante, Marcelo Galuppo (*Impeachment: O que é, como se processa e por que se faz*, pp. 111-2) observa que o juízo do presidente da Câmara deve limitar-se "aos requisitos processuais da acusação", pois o juízo de autorização do processamento da denúncia compete apenas à Câmara como um todo.

156. Câmara dos Deputados, PC 5/1992, 3 set 1992: "Instituída a comissão especial, destinada a proferir parecer sobre a denúncia. A comissão é integrada por 49 deputados, *indicados pelos partidos, na proporção de suas bancadas*" (grifos meus); Senado Federal, Autos do processo de "impeachment" contra o presidente da República (Diversos nº 12, 1992), v. I, p. 412.

157. Na ocasião, Eduardo Cunha havia decidido que a comissão especial de impeachment seria composta da seguinte maneira: "Fixado o número de vagas por partidos e blocos parlamentares, os líderes indicarão a esta presidência, no prazo de 24 horas, os candidatos a titular e suplente de cada bancada, de acordo com o número de vagas que lhes caiba pela proporcionalidade partidária, ponderada com a exigência de participação de todos os partidos e blocos parlamentares da casa" (Câmara dos Deputados. "Resposta da presidência da Câmara dos Deputados à questão de ordem nº 105/2015", 23 set. 2015, p. 12).

158. Paulo Gama, Gustavo Uribe e Ranier Bragon, "Oposição e PMDB articulam chapa avulsa para comissão do impeachment".

159. Congresso em Foco, "Confusão e quebra de urna marcam escolha da comissão do impeachment".

160. STF, ADPF 378-MC, rel. acórdão min. Luís Roberto Barroso, j. 17 dez. 2015.

161. Conrado Hübner Mendes, "Abomináveis cunhadas".

162. STF, ADPF 378-MC, rel. acórdão min. Luís Roberto Barroso, j. 17 dez. 2015, p. 38.

163. "Centrão" é o nome que se costuma dar ao bloco suprapartidário de legendas que garantem governabilidade a presidentes eleitos em troca de cargos e liberação de verbas. O MDB é comumente apontado como o típico representante do Centrão em suas origens (cf. Marcos Nobre, *Imobilismo em movimento*, pp. 11-2), embora outros partidos, como o atual Progressistas (antigo PP), destaquem-se atualmente nesse bloco.

164. Daniela Lima et al., "Criticado, Maranhão recua e remarca sessão na Câmara para as 17h30".

165. Por esse motivo, o argumento de que presidentes da Câmara têm poder de controle total sobre o impeachment deve ser considerado com cautela. Para um exemplo, cf. Luiz Fernando Gomes Esteves, "Rodrigo Maia: O senhor do impeachment".

330   *Como remover um presidente*

166. Ricardo Della Coletta, Daniel Carvalho e Gustavo Uribe, "Eu acabei com a Lava Jato porque não tem mais corrupção no governo, diz Bolsonaro". O mais eloquente e simbólico fim da operação ocorreu na primeira semana de fevereiro de 2021, quando o deputado Arthur Lira, um dos primeiros delatados por Alberto Yousseff em 2014, tornou-se presidente da Câmara dos Deputados, eleito em primeiro turno com o decisivo apoio do governo federal através de liberação de emendas parlamentares.

167. Supreme Court of the United States. Nixon vs. United States, 506 U.S. 224, 1993. Para uma visão detalhada sobre o papel do judiciário na revisão de impeachments nos Estados Unidos, cf. Michael J. Gerhardt, *The Federal Impeachment Process*, pp. 118ss.

168. Ver por exemplo, Alexandre Gustavo Melo Franco Bahia et al., *O impeachment e o Supremo Tribunal Federal*. Thomas da Rosa Bustamante ("Parecer jurídico"), sem deixar de reconhecer ilegitimidade nas condutas de Cunha e no processo de impeachment contra Dilma Rousseff, defendia uma reforma constitucional que ou bem instituísse de vez o *recall* parlamentar do mandato presidencial, ou então alterasse a Constituição para deixar mais rígidos os controles de admissibilidade de acusações por crime de responsabilidade, o que implicaria dar maiores poderes ao STF sobre o mérito da acusação.

169. Opinião nesse sentido foi emitida por Charles Black Jr. por ocasião dos debates entre juristas em meio às investigações contra Richard Nixon em 1974 (cf. Charles L. Black Jr., *Impeachment: A Handbook*, pp. 61ss).

170. Conrado Hübner Mendes, "STF, vanguarda ilusionista".

171. Paulo Brossard, *O impeachment*, pp. 177ss.

172. Alexander Hamilton e James Madison, *The Federalist Papers*, n. 65.

173. Constituição da República Federativa do Brasil, 1988, art. 58, §1º.

174. É a mesma interpretação de Marcelo Campos Galuppo: "O parecer [da comissão especial de impeachment da Câmara], que antes era votado em duas oportunidades pelo plenário da Câmara (a primeira, para sua aprovação, por maioria simples, e a segunda, para concessão ou denegação da autorização para processamento e julgamento pelo Senado Federal, por maioria qualificada de dois terços), passou a ser votado apenas uma vez pelo plenário" (*Impeachment: O que é, como se processa e por que se faz*, p. 123).

175. Senado Federal, Autos do processo de "impeachment" contra o presidente da República (Diversos nº 12, 1992), v. I, p. 426.

176. STF, ADPF 378-MC, rel. acórdão min. Luís Roberto Barroso, j. 17 dez. 2015.

177. STF, MS 34196, rel. min. Luís Roberto Barroso, j. 12 maio 2016.

178. STF, MS 34441, rel. min. Alexandre de Moraes, j. 29 set. 2016; STF, MS 34371, rel. min. Alexandre de Moraes, j. 31 ago. 2016.

179. Câmara dos Deputados. Reunião nº 0249/2016, 11 abr. 2016, p. 244. Disponível em: <https://www2.camara.leg.br/atividade-legislativa/plenario/discursos/escrevendohistoria/destaque-de-materias/impeachment-da-presidente-dilma/reuniao-249-16-de-110416>. Acesso em: 7 out. 2020.

Notas

331

180. Câmara dos Deputados. "Relatório sobre denúncia por crime de responsabilidade 1/2015, rel. dep. Jovair Arantes", 6 abr. 2016, p.37. Disponível em: <https://www. camara.leg.br/internet/comissoes/comissoes-especiais/parecer-ocr.pdf>. Acesso em: 7 out. 2020.

181. Câmara dos Deputados. "Relatório sobre denúncia por crime de responsabilidade 1/2015, rel. dep. Jovair Arantes, 6 abr. 2016, pp. 37 e 64. Disponível em: <https:// www.camara.leg.br/internet/comissoes/comissoes-especiais/parecer-ocr.pdf>. Acesso em: 7 out. 2020.

182. Câmara dos Deputados. "Relatório sobre denúncia por crime de responsabilidade 1/2015, rel. dep. Jovair Arantes, 6 abr. 2016, pp. 37 e 57. Disponível em: <https:// www.camara.leg.br/internet/comissoes/comissoes-especiais/parecer-ocr.pdf>. Acesso em: 7 out. 2020.

183. A ordem ao final estipulada foi a seguinte: RR, RS, SC, AP, PA, PR, MS, AM, RO, GO, DF, AC, TO, MT, SP, MA, CE, RJ, ES, PI, RN, MG, BA, PB, PE, SE e AL. Dentro de cada estado, a chamada de deputados foi feita por ordem alfabética (cf. Câmara dos Deputados, "Câmara adota nova regra para chamada dos deputados na votação do impeachment").

184. Cf. STF, ADI 5498, rel. min. Marco Aurélio; STF, MS 34 127, rel. min. Luís Roberto Barroso; STF, MS 34 128, rel. min. Luís Roberto Barroso; STF, MS 34 130, rel. min. Edson Fachin; e STF, MS 34 131, rel. min. Edson Fachin.

185. *Veja*, "Após operação da PF, governo aposta no Senado para barrar impeachment".

186. Câmara dos Deputados, "Câmara cassa mandato de Eduardo Cunha".

187. Eduardo Bresciani e Cristiane Jungblut, "Senado elege os 21 membros da comissão especial de impeachment".

188. Senado Federal, 2ª Sessão Legislativa Ordinária da 55ª Legislatura (56ª Sessão), 22 abr. 2016. Disponível em: <https://www25.senado.leg.br/web/atividade/notas--taquigraficas/-/notas/s/3759>. Acesso em: 8 out. 2020.

189. Senado Federal. "Comissão Especial destinada a proferir parecer sobre a denúncia nº 1, de 2016, relativa à autorização para o processo e o julgamento da presidente da República por suposto crime de responsabilidade. Parecer do senador Antonio Anastasia", 4 maio 2016, p. 1. Disponível em: <https://www12.senado.leg.br/noticias/arquivos/2016/05/04/veja-aqui-a-integra-do-parecer-do-senador-antonio-anastasia>. Acesso em: 8 out. 2020.

190. Senado Federal. "Comissão especial destinada a proferir parecer sobre a denúncia nº 1, de 2016, relativa à autorização para o processo e o julgamento da presidente da República por suposto crime de responsabilidade. Parecer do senador Antonio Anastasia", 4 maio 2016, p. 124. Disponível em: <https://www12.senado.leg.br/noticias/arquivos/2016/05/04/veja-aqui-a-integra-do-parecer-do-senador-antonio--anastasia>. Acesso em: 8 out. 2020.

191. Senado Federal. "Comissão especial destinada a proferir parecer sobre a denúncia nº 1, de 2016, relativa à autorização para o processo e o julgamento da presidente da República por suposto crime de responsabilidade. Ata da 9ª reunião", 6 maio

2016. Disponível em: <https://www2.camara.leg.br/atividade-legislativa/plenario/discursos/escrevendohistoria/destaque-de-materias/impeachment-da-presidente-dilma/reuniao-9-em-060516>. Acesso em: 8 out. 2020.

192. Teresa Cardoso, "Senado abre processo de impeachment contra Dilma Rousseff".

193. Neste tópico, tenho interpretação O parcialmente divergente de João Villaverde (*Controle do soberano*, pp. 43-4), segundo quem Collor teria sido afastado logo após a votação na Câmara. Embora os jornais assim tenham reportado, o afastamento de Collor, naquela ocasião, não dispensou o relatório preliminar da comissão especial, nem a votação do Senado: a questão é que essas etapas foram cumpridas de modo muito célere, em questão de horas, justamente para que o Senado pudesse afastar o presidente o mais rapidamente possível. Mais detalhes estão disponíveis no capítulo 3.

194. Senado Federal, *Diário do Senado Federal*, Suplemento, 5 ago. 2016.

195. Senado Federal. "Comissão especial destinada a proferir parecer sobre a denúncia nº 1, de 2016, relativa à autorização para o processo e o julgamento da presidente da República por suposto crime de responsabilidade, ata da 31ª reunião", 4 ago. 2016. Disponível em: <https://www2.camara.leg.br/atividade-legislativa/plenario/discursos/escrevendohistoria/destaque-de-materias/impeachment-da-presidente-dilma/reuniao-31-em-040816>. Acesso em: 8 out. 2020.

196. STF, Inq 4243, rel. min. Edson Fachin (antes, Teori Zavascki).

197. Ricardo Brandt, Fausto Macedo e Julia Affonso, "Duque negocia delação e vai citar Dilma, Lula e o PT".

198. Beatriz Bulla e Fausto Macedo, "Ministro do STF defende pôr 'freio' na Lava Jato".

199. Senado Federal, 2ª Sessão Legislativa Ordinária da 55ª Legislatura (133ª sessão), 25 ago. 2016. Disponível em: <https://www25.senado.leg.br/web/atividade/notas-taquigraficas/-/notas/s/3885#fim>. Acesso em: 8 out. 2020.

200. Leandro Colon, "Ideia do PT, 'fatiar' votação foi concebida há duas semanas" .

201. Leandro Colon, "Constituição foi respeitada, diz ideólogo da decisão".

202. John Labovitz, *Presidential Impeachment*, p. 112.

203. Rafael Mafei Rabelo Queiroz, "Indignidade, desonra e quebra de decoro presidencial na era Jair Bolsonaro".

204. A filosofia jurídica tem uma longa tradição de discussão sobre autoridade do direito e desobediência aos poderes constituídos do Estado. Para um exemplo recente, cf. Kimberley Brownlee, *Conscience and Conviction: The Case for Civil Disobedience*.

205. STF, HC 26 155, rel. min. Bento de Faria, j. 17 jun. 1936.

206. Andrea Jube, "Temer admite que Cunha aprovou pedido de impeachment por vingança".

207. Cf., novamente, Julia Duailibi, "O plano Temer". No mesmo sentido, cfr. Bruno Boghossian, "Ação de Cunha como arrecadador informal do PMDB em 2014 pode afetar Temer".

208. José Afonso da Silva, *Curso de direito constitucional positivo*, p. 545.

Notas   333

209. Aníbal Pérez-Liñán, *Presidential Impeachment and the New Political Instability in Latin America*, pp. 64ss; Jody C. Baumgartner, "Introduction: Comparative Presidential Impeachment", p. 14.
210. Para um mapeamento das múltiplas subespécies de "golpe" na literatura, cf. Leiv Marsteintredet e Andrés Malamud, "Coup with Adjectives: Conceptual Stretching or Innovation in Comparative Research?".
211. Aníbal Pérez-Liñán, "Impeachment or Backsliding? Threats to Democracy in the 21st Century", p. 4.

Epílogo (pp. 245-63)

1. Embora Richard Nixon seja o ex-presidente mais lembrado quando se fala em impeachment presidencial nos Estados Unidos, ele renunciou ao cargo antes de sofrer acusação formal da Câmara dos Deputados.
2. A denúncia de incitamento à insurreição foi a segunda enfrentada por Trump. A primeira dizia respeito ao uso de seus poderes para obstruir investigações parlamentares sobre suas relações com o governo da Ucrânia; ele era suspeito de haver pressionado o governo ucraniano para desfavorecer o filho de Joe Biden, seu adversário na disputa presidencial. Trump não foi condenado em nenhuma das vezes.
3. United States of America, *Constitution of the United States*, art. 1, sec. 3.
4. Até 13 de abril de 2021, a Câmara dos Deputados havia recebido 112 denúncias contra Jair Bolsonaro, sendo 63 pedidos originais, seis aditamentos e 43 pedidos duplicados. De todos eles, apenas seis haviam sido arquivados pela presidência da Câmara. Os demais aguardavam a providência legal, determinada na lei nº 1079/1950, de que as acusações sejam "lida[s] no expediente da sessão seguinte e despachada[s] a uma comissão especial" de impeachment. Para uma base atualizada das denúncias contra Bolsonaro, cf. Agência Pública, "Os pedidos de impeachment de Bolsonaro".
5. Quanto a esse tópico, desenvolvo e atualizo o argumento que formulei no artigo "Falta de decoro sem impeachment é crime sem castigo".
6. Theodore Windt Jr., "Introduction", p. xxi.
7. Poder 360, "Bolsonaro pede aos seguidores para arranjarem 1 jeito de filmar leitos vazios".
8. *Estado de Minas*, "Após sugestão de Bolsonaro, deputados do Espírito Santo invadem hospital".
9. Roberta Jansen, "Metade dos médicos relata pressão para dar remédio sem comprovação científica".
10. Suzana Correa, "Médicos relatam demissões, agressões e coerção para receitar 'tratamento precoce'".
11. House of Representatives of the United States. *House Resolution 24*, 13 jan. 2021. Disponível em: <https://www.congress.gov/bill/117th-congress/house-resolution/24/text>. Acesso em: 7 maio 2021.

12. Para uma análise sobre o segundo impeachment de Trump, cf. meu artigo "O dilema do impeachment".

13. Agência Reuters, "Bolsonaro ataca Barroso por cpi da Covid e diz que falta coragem moral ao ministro do stf". O italiano Cesare Battisti foi condenado em seu país natal por crimes cometidos enquanto integrava o grupo Proletários Armados pelo Comunismo, na década de 1970. Em 2007, foragido da justiça italiana, foi preso no Brasil. O governo brasileiro concedeu asilo político a Battisti em 2009, gerando longa disputa judicial. Em ato derradeiro de seu governo, Lula decidiu não extraditar Battisti. A situação do italiano sofreu reviravoltas e ele fugiu do Brasil, provavelmente no final de 2018. Foi preso na Bolívia e enviado à Itália, onde cumpre pena por suas condenações.

14. Houve outros episódios que ensejaram ameaças ou mentiras de Bolsonaro em relação ao stf. Os mais conhecidos são: o "Inquérito das Fake News", que investiga ataques contra o stf e seus ministros, principalmente por parte de apoiadores de Bolsonaro; as decisões sobre competência de governadores e prefeitos para combater a pandemia de covid-19; e as decisões do ex-ministro Celso de Mello quanto aos pedidos de partidos de oposição para a apreensão do celular do presidente (o qual foi indeferido) e à exibição da gravação da reunião ministerial de abril de 2020 (o qual foi deferido).

15. Art. 7º: "São crimes de responsabilidade contra o livre exercício dos direitos políticos, individuais e sociais: [...] 9. violar patentemente qualquer direito ou garantia individual constante do art. 141 e bem assim os direitos sociais assegurados no art. 157 da Constituição". Os artigos em questão referem-se à Constituição de 1946, vigente à época da aprovação da lei nº 1079/1950. Na Constituição de 1988, os direitos sociais, um dos quais é o direito à saúde, estão previstos no artigo 6º.

16. Para uma base de dados atualizada das denúncias contra Jair Bolsonaro, ver Agência Pública, "Os pedidos de impeachment contra Jair Bolsonaro". Participei da elaboração de uma das denúncias apresentadas contra Bolsonaro por sua atuação na pandemia, juntamente com Eloísa Machado e Juliana Vieira dos Santos (cf. Conjur, "Ex-ministro da Saúde assina pedido de impeachment de Bolsonaro").

17. Daniel Carvalho e Natália Cancian, "Brasil negou 3 vezes ofertas da Pfizer e perdeu ao menos 3 milhões de doses". Bolsonaro também ordenou pessoalmente o cancelamento de opção de compra de 46 milhões de doses da Coronavac (cf. Guilherme Mazui, "'É simples assim: um manda e o outro obedece', diz Pazuello ao lado de Bolsonaro").

18. Deisy Ventura, Fernando Aith e Rossana Reis, "Propagação da Covid-19 no Brasil foi intencional". Para uma análise sistemática de maior fôlego, cf. Conectas e Cepedisa, "Direitos na pandemia".

19. Caio C. Vieira Machado et al., *Scientific [Self-]Isolation: International Trends in Misinformation and the Departure from the Scientific Debate*.

20. Ricardo Della Coletta e Bernardo Caram, "É guerra, tem que jogar pesado com governadores, diz Bolsonaro à Fiesp".

Notas

21. Em maio de 2020, o Conselho Nacional de Saúde divulgou o manifesto "Repassa Já", assinado por 25 dos conselhos estaduais, protestando por verbas para equipamentos de proteção, testes, leitos de UTI e outras formas de apoio aos profissionais de saúde nos estados (cf. Conselho Nacional de Saúde, "Manifesto Repassa Já!").
22. João Prata, "STF cobra governo federal por descumprir custeio de leitos em São Paulo; MA e RS não receberam verba".
23. Para uma exposição visualmente ordenada das normas pró-disseminação do vírus produzidas pelo governo federal, cf. Conectas e Cepedisa, "Direitos na pandemia", p. 8ss.
24. Senado Notícias, "Bolsonaro veta uso obrigatório de máscara no comércio, em escolas e em igrejas".
25. Paulo Brossard, *O impeachment*, p. 197.
26. Conectas e Cepedisa, "Direitos na pandemia".
27. Em abril de 2021, quando este texto foi concluído, a pesquisa PoderData de 15 de abril de 2021 registrava 56% de reprovação ao governo de Bolsonaro contra apenas 34% de aprovação (cf. Sabrina Freire, "56% rejeitam governo Bolsonaro; taxa parece ter atingido o pico". Em março de 2021, uma pesquisa da consultoria Atlas registrou resultado semelhante: 57% de avaliação negativa e 25% de avaliação positiva (cf. Ricardo Mendonça, "Avaliação negativa de Bolsonaro sobe para 57%, mostra pesquisa Atlas").
28. Cf. Fernando Limongi e Argelina Cheibub Figueiredo, "Por seu intervencionismo imoderado, STF não terá como evitar confronto com Bolsonaro".
29. Um campo de pesquisa mais recente sobre a relação entre protesto político e impeachments contempla o fenômeno a partir de suas dimensões de gênero. Nessa linha, a deposição de Dilma Rousseff rende um profícuo estudo de caso, tendo-se em vista diversos atos de protesto especificamente direcionados a sua condição feminina. Confira-se, principalmente, Pedro A. G. dos Santos e Farida Jalalzai, *Women's Empowerment and Disempowerment in Brazil*, pp. 36 ss.
30. Fernanda Calgaro, Luiz Felipe Barbiéri e Paloma Rodrigues, "Questionado sobre impeachment, Maia diz que prioridade no momento é crise do coronavírus".
31. Luiz Calcagno, "Rodrigo Maia volta a descartar impeachment de Bolsonaro".
32. *O Globo*, "'Reação desproporcional', diz Maia sobre ameaça de Bolsonaro a repórter do Globo".
33. UOL, "Maia nega omissão e diz que impeachment de Bolsonaro tiraria foco da covid".
34. Ao longo de janeiro de 2021, Manaus viveu um colapso completo de seu sistema de saúde, com falta de leitos e de cilindros de oxigênio, em decorrência da covid-19. A cidade saltou de 263 mortos em dezembro de 2020 para mais de 2195 mortos no mês seguinte. Houve ainda recorde de internações pela covid na cidade naquele mês, levando à falta de oxigênio e acarretando mortes de dezenas de pacientes hospitalizados por asfixia (cf. Ivana Cristina de Holanda Cunha Barreto et al., "Colapso na saúde em Manaus: O fardo de não aderir às medidas não farmacológicas de redução da transmissão da Covid-19").

35. Kelli Kadanus, "Maia deixa 57 pedidos de impeachment na gaveta e diz que CPI é inevitável".

36. Ministério da Saúde, "Óbitos acumulados de Covid-19 por Semana Epidemiológica de notificação".

37. Andréia Sadi, "'Não vou deferir impeachment', diz Rodrigo Maia".

38. Agência Câmara de Notícias, "Câmara nega autorização para processo contra Temer no Supremo".

39. Câmara dos Deputados. Sessão Extraordinária nº 199, 2 ago. 2017. Disponível em: <https://www.camara.leg.br/internet/votacao/Resultado_Votacao_SIP_1-2017_UF.pdf>. Acesso em: 18 abr. 2021.

40. Datafolha, "Avaliação do presidente Michel Temer, PO813939, 27 e 28 set. 2017".

41. Datafolha, "Avaliação do presidente Michel Temer, PO813983, 18 e 19 dez. 2018".

42. Fiquem Sabendo, "Os pedidos de impeachment contra presidentes brasileiros desde 1990".

43. Jairo Nicolau, *O Brasil dobrou à direita: Uma radiografia da eleição de Bolsonaro em 2018*.

44. Datafolha, "Avaliação dos governantes na pandemia".

45. Como apontei no capítulo 5, o destaque na votação, ocorrido na condenação de Dilma em 2016, responsável por não se suspenderem os direitos políticos da presidente, não tem amparo constitucional e representou um desvio do procedimento juridicamente correto.

46. Lula fez poucas falas de apoio ao impeachment. A mais contundente foi em outubro de 2020, quando usou o Twitter para dizer que partidos e parlamentares ganharam "um motivo para discutir" o impeachment a partir do veto de Bolsonaro à compra de vacinas do Instituto Butantan (cf. UOL, "Lula defende impeachment de Bolsonaro por vetar compra de CoronaVac").

47. Naoko Kada, "Comparative Presidential Impeachment: Conclusions", p. 149.

48. *Folha de S.Paulo*, "Bolsonaro cede à pressão do Centrão e promove trocas em 6 ministérios".

49. Gabriella Soares, "Bolsonaro liberou R$ 511,5 milhões em emendas para o Congresso em janeiro".

50. Thiago Resende e Fábio Pupo, "Emendas do Orçamento privilegiam estados de aliados de Bolsonaro".

51. Fernanda Trisotto e Bruno Rosa, "Ministério da Economia diz que Censo de 2021 está cancelado".

52. Na base da Agência Pública ("Os pedidos de impeachment contra Jair Bolsonaro"), são os pedidos de números 14, 39, 61, 70 e 106.

53. Agência Pública, "Os pedidos de impeachment contra Jair Bolsonaro", pedido número 34.

54. STF, MI 7362, rel. min. Cármen Lúcia, j. 22 abr. 2021. A ministra relatora negou seguimento ao mandado de injunção, argumentando que "não há dispositivo constitucional a impor [ao presidente da Câmara dos Deputados] o dever de estabelecer prazo para se apreciar requerimento de afastamento do presidente da República".

Notas 337

55. Agência Pública, "Os pedidos de impeachment contra Jair Bolsonaro", pedido número 32.

56. Em 15 de janeiro de 2021, o governador de São Paulo aproveitou o auge da crise em Manaus para cobrar "reação" do Congresso contra Bolsonaro (cf. Bruno Ribeiro, "Doria sobe o tom e cobra 'reação' do Congresso contra Bolsonaro"). No final do mesmo mês, Doria comparou Bolsonaro a um "vírus" que precisava ser combatido (cf. Monica Bergamo, "Doria fala em 'vírus Bolsonaro' ao comentar impeachment em entrevista a TV internacional"). Em fevereiro, ele voltou à carga e explicitamente defendeu que o Congresso Nacional avaliasse as denúncias por crimes de responsabilidade já apresentadas contra Bolsonaro (Eduardo Simões, "Doria defende que Congresso avalie pedidos de impeachment de Bolsonaro").

57. O senador Tasso Jereissati, figura histórica de destaque no PSDB, tem se mostrado pouco entusiasta do impeachment, por exemplo (cf. Thiago Resende e Renato Machado, "Não há dúvida da culpa do governo no desastre da pandemia, diz Tasso, membro da CPI da Covid").

58. O manifesto, lançado em março de 2021, foi assinado por ex-ministros da Fazenda, ex-presidentes do Banco Central e do BNDES e presidentes de importantes instituições financeiras (cf. Merval Pereira, "Lockdown emergencial").

59. Ingrid Soares e Israel Medeiros, "Jantar de Bolsonaro com empresários causa controvérsia no meio econômico".

60. Em 1954, Getúlio Vargas sobreviveu ao impeachment examinado no capítulo 3, mas nem por isso viu diminuir a pressão incessante contra seu governo. Michel Temer, em 2017, resistiu ao pedido de licença para processo criminal perante o STF e não teve por isso um governo mais fácil: conviveu com impopularidade crescente e com cercos constantes a seus principais aliados políticos. Nos Estados Unidos, Andrew Johnson não sucumbiu ante uma primeira tentativa de impeachment em 1867, mas em 1868 seus opositores voltaram à carga, e ele escapou por apenas um voto no Senado; e em 2019 Donald Trump foi absolvido em um primeiro processo de impeachment, mas foi novamente acusado no final do mandato, além de ter sido derrotado nas eleições.

61. Agência Brasil, "Eduardo Bolsonaro diz que basta 'um soldado e um cabo' para fechar STF", 21 out. 2018. Disponível em: <https://agenciabrasil.ebc.com.br/politica/noticia/2018-10/eduardo-bolsonaro-diz-que-basta-um-soldado-e-um-cabo-para-fechar-stf>. Acesso em: 25 maio 2021.

Anexo I: Ritos do impeachment na Câmara dos Deputados e no Senado Federal (pp. 265-74)

1. Senado Federal, Atos do Senado Federal, "Senado Federal como órgão judiciário — Processo e julgamento do presidente da República — Rito procedimental", *Diário Oficial da União*, 8 out. 1992, pp. 14 246-7. Doravante mencionado como "Senado como órgão judiciário".

2. Na sistemática original da lei nº 1079/1950, o juízo de acusação cabia à Câmara dos Deputados. Com a Constituição de 1988, nos termos das decisões do STF no MS 21564 e na ADPF 378, os juízos de acusação e julgamento ficaram concentrados no Senado Federal.

3. Embora a ADPF 378 mencione a regra da proporcionalidade, considerados tanto partidos quanto blocos, apenas para a eleição da comissão especial na Câmara, a regra deve valer também para a comissão especial do Senado. Não apenas porque essa é a regra geral de composição das comissões no Senado, conforme determinação do próprio regimento interno da casa (art. 380, II), mas também porque diversos dos papéis da Câmara na lei nº 1079/1950 foram atribuídos ao Senado na Constituição de 1988, já que essa casa condensou os juízos de acusação e julgamento, nos termos das ações apreciadas pelo STF nas épocas dos processos de Fernando Collor e Dilma Rousseff, e dos ritos observados pela Câmara e pelo Senado nas mesmas ocasiões.

4. No documento que estabeleceu o rito do impeachment no Senado à época do julgamento de Collor, que foi reafirmado, com pequenos ajustes, na ADPF 378, faz-se menção ao art. 332 do Código de Processo Civil de 1973, que corresponde ao art. 369 da lei atual.

5. Senado Federal, Autos do processo de "impeachment" contra a presidente da República (Den. 1/2016), v. 70, pp. 26241-7.

Anexo III: Indicações de leitura sobre impeachment (pp. 277-79)

1. Ver <https://www.british-history.ac.uk/no-series/parliament-rolls-medieval>.

2. National Archives, Richard Nixon Presidential Libraries & Museum, Oral Histories. Disponível em: <https://www.nixonlibrary.gov/oral-histories/>. Acesso em: 28 out. 2020.

3. TV Cultura, *Roda Viva: Impeachment de Collor*, 1992. Disponível em: <https://www.youtube.com/watch?v=nVNNgp4EovQ&t=945s>.

Bibliografia

ABRAMOVAY, Pedro. *Separação de poderes e medidas provisórias*. Rio de Janeiro: Campus Elsevier; FGV Direito Rio, 2012.

ABRANCHES, Sérgio. "Presidencialismo de coalizão: O dilema institucional brasileiro". *Revista de Ciências Sociais*, v. 31, n. 1, pp. 5-34, 1988.

_____. *Presidencialismo de coalizão: Raízes e evolução do modelo político brasileiro*. São Paulo: Companhia das Letras, 2018.

ACKERMAN, Bruce. *The Failure of the Founding Fathers: Jefferson, Marshall and the Rise of Presidential Democracy*. Cambridge, MA: Harvard; Belknap, 2005.

_____. *We the People: Foundations*. Cambridge, MA: Harvard; Belknap, 1991.

ACKROYD, Peter. *History of England*. Londres: Macmillan, 2011. v. II: Tudor.

AFONSO, José Roberto R. "Uma história da lei brasileira de responsabilidade fiscal". *RDU*, Edição Especial, pp. 126-54, 2016.

AGÊNCIA CÂMARA DE NOTÍCIAS. "Câmara nega autorização para processo contra Temer no Supremo". 2 ago. 2017. Disponível em: <https://www.camara.leg.br/noticias/519587-camara-nega-autorizacao-para-processo-contra-temer-no-supremo/>. Acesso em: 18 abr. 2021.

AGÊNCIA PÚBLICA. "Os pedidos de impeachment contra Jair Bolsonaro". Disponível em: <https://apublica.org/impeachment-bolsonaro/>. Acesso em: 17 abr. 2021.

_____. "Os pedidos de impeachment de Bolsonaro". Disponível em <https://apublica.org/impeachment-bolsonaro/>. Acesso em: 22 abr. 2021.

AGÊNCIA REUTERS. "Bolsonaro ataca Barroso por CPI da Covid e diz que falta coragem moral ao ministro do STF". 9 abr. 2021. Disponível em: <https://www.reuters.com/article/politica-bolsonaro-barroso-moral-idLTAKBN2BW1T7>. Acesso em: 17 abr. 2021.

AGUIAR, Isabel Dias. "Empresários são contra unificação". *O Estado de S. Paulo*, 10 fev. 1991, p. 45.

ALMEIDA, Mansueto. "Custo dos empréstimos do Tesouro Nacional ao BNDES: R$ 22,8 bilhões em 2011". Blog do Mansueto Almeida, 7 jun. 2012. Disponível em: <https://www.joserobertoafonso.com.br/attachment/15686>. Acesso em: 18 set. 2020.

ALMEIDA, Silvia Capanema P. "Do marinheiro João Cândido ao Almirante Negro: Conflitos memoriais na construção do herói de uma revolta centenária". *Revista Brasileira de História*, v. 31, n. 61, pp. 61-84, 2011.

ALVES, Murilo Rodrigues; VILLAVERDE, João. "Atrase no repasse de verba do Tesouro à Caixa cria impasse no governo". *O Estado de S. Paulo*, 13 ago. 2014, p. B1.

_____. "Governo atrasa pagamentos do 'Minha Casa'". *O Estado de S. Paulo*, 13 mar. 2014, p. B5.

AMES, Barry. *Os entraves da democracia no Brasil*. Trad. de Vera Pereira. Rio de Janeiro: FGV Editora, 2003.

AMORA, Dimmi. "Para TCU, pedaladas foram crime de responsabilidade". *Folha de S.Paulo*, 16 abr. 2015, p. B1.

_____. "Pedaladas bancaram grandes empresas e produtores rurais". *Folha de S.Paulo*, 26 out. 2015, p. A3.

ANDOZIA, Francine de Lorenzo. *Passaram a mão na minha poupança: Um estudo sobre o impacto do Plano Collor no cotidiano da população brasileira urbana em 1990*. São Paulo: FFLCH-USP, 2019. Dissertação (Mestrado em História Econômica).

ANDRADA, Bonifácio José Suppes de. *Mecanismos internos do impeachment*. São Paulo: Faculdade de Direito, USP, 2020. Tese (Doutorado em Direito).

ARANDIA, Alejandro Kuajara. "O mercado de trabalho frente à crise dos anos 1980 e aos planos de estabilização". *Indicadores Econômicos FEE*, v. 18, n. 4, pp. 148-64, 1991.

ARGUELHES, Diego Werneck; PEREIRA, Thomaz. "Fachin tem razão: É preciso mudar o rito do caso Collor". In: FALCÃO, Joaquim; ARGUELHES, Diego W.; PEREIRA, Thomaz (Orgs.). *Impeachment de Dilma Rousseff: Entre o Congresso e o Supremo*. Belo Horizonte: Rio de Janeiro: Letramento; Casa do Direito; FGV Direito Rio, pp. 67-8, 2017.

ASCH, Ronald G. "Wentworth, Thomas, First Earl of Strafford (1593-1641)". In: *Oxford Dictionary of National Biography*, online. Disponível em: <https://doi.org/10.1093/ref:odnb/29056>. Acesso em: 16 jun. 2020.

AZEVEDO, Reinaldo. "Gilmar Mendes: 'TSE tem de evitar a continuidade de um projeto no qual ladrões de sindicato transformaram o país num sindicato de ladrões'". *Veja*, 31 jul. 2020. Disponível em: <https://veja.abril.com.br/blog/reinaldo/gilmar-mendes-tse-tem-de-evitar-a-continuidade-de-um-projeto-no-qual-ladroes-de-sindicato-transformaram-o-pais-num-sindicato-de-ladroes-8221/>. Acesso em: 7 set. 2020.

_____. "Planalto vaza carta de Temer a Dilma, dá tiro no próprio pé e esquenta clima pró-impeachment". *Veja*, 8 dez. 2015. Disponível em: <https://veja.abril.com.br/blog/reinaldo/planalto-vaza-carta-de-temer-a-dilma-da-tiro-no-proprio-pe-e-esquenta-clima-pro-impeachment/>.

B3 - BRASIL BOLSA BALCÃO. *Índice Bovespa: Estatísticas históricas, 2005*. Disponível em: <http://www.b3.com.br/pt_br/market-data-e-indices/indices/indices-amplos/indice-ibovespa-ibovespa-estatisticas-historicas.htm>. Acesso em: 2 ago. 2020.

BAHIA, Alexandre Gustavo Melo Franco et al. *O impeachment e o Supremo Tribunal Federal: História e teoria constitucional brasileira*. 2. ed. Florianópolis: Empório do Direito, 2017.

BAKER, John H. *Manual of Law French*. 2. ed. Aldershot; Brookfield: Scholar Press, 1990.

BAKER, Peter. "Impeachment Trial Updates: Senate Acquits Trump, Ending Historic Trial". *The New York Times*, 6 fev. 2020. Disponível em: <https://www.nytimes.com/2020/02/05/us/politics/impeachment-vote.html>. Acesso em: 21 jul. 2020.

BALLOUSSIER, Anna Virginia. "STF aceita ação para destravar pedido de impeachment contra Temer". *Folha de S.Paulo*, 20 abr. 2017.

BALTHAZAR Ricardo et al. "Conversas de Lula mantidas em sigilo pela Lava Jato enfraquecem tese de Moro". *Folha de S.Paulo*, 8 set. 2019, p. A4.

Bibliografia

BALTHAZAR Ricardo et al. "Leia os diálogos sobre escutas de Lula feitas pela PF". *Folha de S.Paulo*, 8 set. 2019, pp. A4-A8.

BANCO CENTRAL DO BRASIL. *Proer: Programa de Estímulo à Reestruturação e ao Fortalecimento do Sistema Financeiro Nacional*. Brasília, [s.d.]. Disponível em: <bcb.gov.br/htms/proer.asp?frame=1>. Acesso em: 27 jul. 2020.

BARBOSA, Michele Tupich. *Legião Brasileira de Assistência (LBA): o protagonismo feminino nas políticas de assistência em tempos de guerra (1942-1946)*. Curitiba: Setor de Ciências Humanas, UFPR, 2017. Tese (Doutorado em História).

BARBOSA, Rui. *Obras completas*, v. XIX, t. III (*Estado de sítio*), v. XX, t. II (*A Ditadura de 1893*), v. XL, t. IV ("As ruínas da Constituição", In: *Trabalhos diversos*), v. XLI, t. II (*Discursos parlamentares*). Rio de Janeiro: Ministério da Educação e Ciência, 1949.

_____. "Lincoln, Johnson e Jackson". *Jornal do Brasil*, 5 jun. 1893, p. 1.

BARREIROS, Regina. "Documento do impeachment pede urgência". *O Estado de S. Paulo*, 28 ago. 1992, p. 4.

BARRETO, Ivana Cristina de Holanda Cunha et al. "Colapso na saúde em Manaus: O fardo de não aderir às medidas não farmacológicas de redução da transmissão da Covid-19". Scielo Pre-Prints, 18 fev. 2021. Disponível em: <https://doi.org/10.1590/SciELOPreprints.1862>. Acesso em: 27 abr. 2021.

BARROS, Celso Rocha. "Uma história de dois azares e um impeachment". In: VÁRIOS autores. *Democracia em risco? 22 ensaios sobre o Brasil hoje*. São Paulo: Companhia das Letras, 2019.

BARRUCHO, Luís. "Anticomunista e pró-ditadura, autor de impeachment de Vargas vive 'esquecido' e recluso". BBC Brasil, 15 abr. 2016. Disponível em: <https://www.bbc.com/portuguese/noticias/2016/04/160414_autor_impeachment_getulio_vargas_perfil_lgb>. Acesso em: 16 jul. 2020.

BATALHA, Cláudio. *O movimento operário na Primeira República*. Rio de Janeiro: Zahar, 2000.

BAUMGARTNER, Jody C. "Introduction: Comparative Presidential Impeachment". In: BAUMGARTNER, Jody C.; KADA, Naoko. *Checking Executive Power: Impeachment in Comparative Perspective*. Westport-CT: Praeger.

BEIRÃO, Nirlando. "Galeria". *O Estado de S. Paulo*, 22 jun. 1992, Caderno 2, p. 3.

BELLAMY, John G. *The Law of Treason in England in the Later Middle Ages*. Cambridge: Cambridge University Press, 1970.

BENEDICT, Michael Les. *The Impeachment and Trial of Andrew Johnson*. Nova York: W. W. Norton, 1973.

BENEVIDES, Maria Victoria Mesquita. *A UDN e o udenismo: Ambiguidades do liberalismo brasileiro (1945-1965)*. Rio de Janeiro: Paz e Terra, 1981.

BERALDO, Paulo; PASSARELLI, Vinicius. "Eleição presidencial de 1989". *O Estado de S. Paulo*, 16 dez. 2019. Disponível em: <https://www.estadao.com.br/infograficos/politica,eleicao-presidencial-de-1989,1060759>. Acesso em: 13 ago. 2020.

BERGAMASCHI, Mara. "Irmão de 'PC' perde cargo no governo". *O Estado de S. Paulo*, 28 set. 1991, p. 5.

BERGAMO, Monica. "Doria fala em 'vírus Bolsonaro' ao comentar impeachment em entrevista a TV internacional". *Folha de S.Paulo*, 28 jan. 2021. Disponível em: <https://www1.folha.uol.com.br/colunas/monicabergamo/2021/01/doria-fala-em-virus-bolsonaro-ao-comentar-impeachment-em-entrevista-a-tv-internacional.shtml?origin=folha>. Acesso em: 29 abr. 2021.

BERGER, Raoul. *Impeachment: The Constitutional Problems*. Cambridge, MA: Harvard University Press, 1972.

BLACK JR., Charles L. *Impeachment: A Handbook*. Londres: Yale University Press, 2010.

BLACKSTONE, William. In: BROWNE, W. Hardcastle (Org.). *Commentaries on the Laws of England (in one Volume)*. St. Paul: West Publishing Co., 1897.

BOGHOSSIAN, Bruno. "Ação de Cunha como arrecadador informal do PMDB em 2014 pode afetar Temer". *Época*, 19 out. 2016.

BONAVIDES Paulo; ANDRADE, Paes de. *História constitucional do Brasil*. 3. ed. São Paulo: Paes e Terra, 1991.

BORGES, André; FABRINI, Fábio, "Para TCU, 'pedalada' foi crime de responsabilidade". *O Estado de S. Paulo*, 16 abr. 2015, p. B5.

BOWMAN III, Frank. *High Crimes and Misdemeanors: A History of Impeachment for the Age of Trump*. Cambridge: Cambridge University Press, 2019.

BRANDT, Ricardo; MACEDO, Fausto; AFFONSO, Julia. "Duque negocia delação e vai citar Dilma, Lula e o PT". *O Estado de S. Paulo*, 20 ago. 2016, p. A4.

BRESCIANI, Eduardo; JUNGBLUT, Cristiane. "Senado elege os 21 membros da comissão especial de impeachment". *O Globo*, 25 abr. 2016. Disponível em: <https://oglobo.globo.com/brasil/senado-elege-os-21-membros-da-comissao-especial-de-impeachment-19161501>. Acesso em: 2 nov. 2020.

BRESSER-PEREIRA, Luiz Carlos. "O décimo primeiro plano de estabilização". In: REIS VELLOSO, João Paulo dos (Coord.). *Combate à inflação e reforma fiscal*. Rio de Janeiro: José Olympio, pp. 132-50, 1992.

BRIGIDO, Carolina. "STF anula nomeação de Wellington César no Ministério da Justiça". *O Globo*, 9 mar. 2016. Disponível em: <https://oglobo.globo.com/brasil/stf-anula-nomeacao-de-wellington-cesar-no-ministerio-da-justica-18838623>. Acesso em: 4 fev. 2021.

BROSSARD, Paulo. *O impeachment*. Porto Alegre: Globo, 1965.

BROWNLEE, Kimberley. *Conscience and Conviction: The Case for Civil Disobedience*. Oxford: Oxford University Press, 2012.

BUENO, José Antonio. *Direito Público Brazileiro e analyse da Constituição do Império*. Rio de Janeiro: Typ. J. Villeneuve, 1857.

BULLA, Beatriz; MACEDO, Fausto. "Ministro do STF defende pôr 'freio' na Lava Jato". *O Estado de S. Paulo*, 24 ago. 2016, p. A4.

BURKE, Edmund. *Speeches in The Impeachment of Warren Hastings, Esquire, Late Governor-General of Bengal*. In: _____. *The Works of The Right Honourable Edmund Burke*. Londres: J. C. Nimmo, 1887. v. 10. Disponível em: <https://www.gutenberg.org/files/18192/18192-h/18192-h.htm#SPEECHES_IN_THE_IMPEACHMENT>. Acesso em: 16 jun. 2020.

BUSTAMANTE, Thomas da Rosa. "Parecer jurídico: O processo de impeachment e as esferas de autorização pela Câmara dos Deputados, limites e possibilidades de controle judicial". Empório do Direito, 12 abr. 2016.

CALCAGNO, Luiz. "Rodrigo Maia volta a descartar impeachment de Bolsonaro". *Correio Braziliense*, 10 jun. 2020. Disponível em: <https://www.correiobraziliense.com.br/app/noticia/politica/2020/06/10/interna_politica,862852/rodrigo-maia-volta-a--descartar-impeachment-de-bolsonaro.shtml>. Acesso em: 18 abr. 2021.

CALGARO, Fernanda. "Senador induz Janaína a dar argumentos para afastar Temer". G1, 29 abr. 2016. Disponível em: <http://g1.globo.com/politica/processo-de-impeachment-de-dilma/noticia/2016/04/senador-induz-janaina-dar-argumentos-para-afastar-temer.html>. Acesso em: 8 out. 2020.

CALGARO, Fernanda; BARBIÉRI, Luiz Felipe; RODRIGUES, Paloma. "Questionado sobre impeachment, Maia diz que prioridade no momento é crise do coronavírus". G1, 27 abr. 2020. Disponível em: <https://g1.globo.com/politica/noticia/2020/04/27/papel-da-camara-e-cobater-crise-do-coronavirus-diz-maia-sobre-impeachment-de--bolsonaro.ghtml>. Acesso em: 18 abr. 2021.

CÂMARA DOS DEPUTADOS. *Diário da Câmara dos Deputados*.

_____. *Regimento Interno da Câmara dos Deputados*. Atualizado até a Resolução nº 12, de 2019.

_____. "Câmara cassa mandato de Eduardo Cunha". 13 set. 2016. Disponível em: <https://www.camara.leg.br/noticias/497951-camara-cassa-mandato-de-eduardo--cunha/>. Acesso em: 8 out. 2020.

_____. "Câmara adota nova regra para chamada dos deputados na votação do impeachment", 14 abr. 2016. Disponível em: <https://www.camara.leg.br/noticias/485537-camara-adota-nova-regra-para-chamada-dos-deputados-na-votacao-do-impeachment/>. Acesso em: 7 out. 2020.

_____. "Augusto Nardes". Disponível em: <https://www.camara.leg.br/deputados/73889/biografia>. Acesso em: 22 abr. 2021.

_____. "Câmara elege Augusto Nardes para ministro do TCU", 17 maio 2005. Disponível em: https://www.camara.leg.br/noticias/64246-camara-elege-augusto-nardes-para-ministro-do-tcu/. Acesso em: 22 abr. 2021.

_____. "Cunha revoga decisão sobre tramitação de pedido de impeachment". 29 out. 2015. Disponível em: <https://www.camara.leg.br/noticias/474408-CUNHA-REVOGA-DECISAO-SOBRE-TRAMITACAO-DE-PEDIDO-DE-IMPEACHMENT>. Acesso em: 5 out. 2020.

_____. "Oposição cobra definição da Câmara sobre regras para processo de impeachment". 15 set. 2015. Disponível em: <https://www.camara.leg.br/noticias/470240-oposicao-cobra-definicao-da-camara-sobre-regras-para-processo-de-impeachment/>. Acesso em: 22 abr. 2021.

_____. "PT e PMDB elegem novamente as maiores bancadas", 6 out. 2014. Disponível em: <https://www.camara.leg.br/noticias/442415-pt-e-pmdb-elegem-novamente--as-maiores-bancadas/>. Acesso em: 1 fev. 2021.

CAMPO, Sueli. "Salário com abono não deverá superar Cr$ 52 mil". *O Estado de S. Paulo*, 2 dez. 1991, p. 5.

CANÁRIO, Pedro. "Operação do Banco Central para resgatar banco Marka foi legal, decide TRF-1". Conjur, 27 jun. 2017.

CANÁRIO, Pedro; VOLTARE, Emerson. "MPF adulterou diálogos de Joesley e Temer, diz juiz federal". Conjur, 16 out. 2019. Disponível em: <https://www.conjur.com.br/2019-out-16/juiz-chama-denuncia-temer-ilacao-absolve-sumariamente>. Acesso em: 26 out. 2020.

CARAM, Bernardo. "Maia diz que é atribuição de líderes fazer indicação para comissão de impeachment". G1, 7 dez. 2016. Disponível em: <https://g1.globo.com/politica/noticia/maia-diz-que-e-atribuicao-de-lideres-fazer-indicacao-para-comissao-de-impeachment.ghtml>. Acesso em: 8 out. 2020.

CARAZZA, Bruno. *Dinheiro, eleições e poder: As engrenagens do sistema político brasileiro*. São Paulo: Companhia das Letras, 2018.

CARDOSO, Teresa. "Senado abre processo de impeachment contra Dilma Rousseff". *Agência Senado*, 12 maio 2016. Disponível em: <https://www12.senado.leg.br/noticias/materias/2016/05/12/senado-abre-processo-de-impeachment-contra-dilma--rousseff>. Acesso em: 8 out. 2020.

CARONE, Edgard. *A República liberal*, v. II: *Evolução política (1945-1964)*. São Paulo: Difel, 1985.

_____. *A Republica Velha*, v. II: *Evolução política (1889-1930)*. 3. ed. São Paulo: Difel, 1977.

CARVALHO, Claudia Paiva. *Presidencialismo e democracia no Brasil (1946-1956): Sistema de governo, legalidade e crise política*. Brasília: Faculdade de Direito, UNB, 2019. Tese (Doutorado em Direito).

CARVALHO, Daniel; CACIAN, Natália. "Brasil negou 3 vezes ofertas da Pfizer e perdeu ao menos 3 milhões de doses". *Folha de S.Paulo*, 7 mar. 2021, p. B1.

CARVALHO, José Murilo de. *A construção da ordem: A elite política imperial e Teatro de sombras: A política imperial*. Rio de Janeiro: Civilização Brasileira, 2008.

_____. *Forças Armadas e política no Brasil*. 2. ed. Rio de Janeiro: Zahar, 2006.

CARVALHO, Laura. *Valsa brasileira: Do boom ao caos econômico*. São Paulo: Todavia, 2018.

CARVALHO, Luiz Maklouf. *1988: Segredos da Constituinte*. Rio de Janeiro: Record, 2017.

CASARÕES, Guilherme Stolle Paixão e. *A economia política do governo Collor: Discutindo a viabilidade de governos minoritários sob o presidencialismo de coalizão*. São Paulo: FFLCH-USP, 2008. Dissertação (Mestrado em Ciência Política).

CASTRO, Guilherme Lemos. *O julgamento do presidente da República por crime de responsabilidade: Um estudo dos aspectos jurídicos e políticos*. Fortaleza: Faculdade de Direito, Universidade Federal do Ceará, 2016.

CAVALCANTI, João Barbalho Uchôa. *Constituição Federal Brasileira [1891]: Comentários*. Rio de Janeiro: F. Briguiet e Cia., 1924.

CERQUEIRA, Ceres Aires. *Dívida externa brasileira*. 2. ed. Brasília: Banco Central do Brasil, 2003. Disponível em: <https://www.bcb.gov.br/content/publicacoes/Documents/outras_pub_alfa/D%C3%ADvida_Externa_Brasileira_-_Segunda_Edi%C3%A7%C3%A3o_Revisada_Ampliada.pdf>. Acesso em: 10 ago. 2020.

Bibliografia

CHADE, Jamil. "Suíça diz que Cunha abriu firmas de fachada". *O Estado de S. Paulo*, 2 out. 2015, p. A6.

CHAIA, Vera; TEIXEIRA, Marco Antonio. "Democracia e escândalos políticos". *São Paulo em Perspectiva*. São Paulo, v. 15, n. 4, pp. 62-75, dez. 2001. Disponível em: <https://doi.org/10.1590/S0102-88392001000400008>. Acesso em: 29 jul. 2020.

CHEIBUB, José Antonio. *Presidentialism, Parliamentarism, and Democracy*. Cambridge: Cambridge University Press, 2007.

COKE, Edward. *Institutions of the Laws of England*. Londres: E. & R. Brooke, 1797. v. II e III.

COLLOR DE MELLO, Fernando. "Réplica para a história: Uma catarse". Brasília: Senado Federal, 2016. Disponível em: <https://www2.senado.leg.br/bdsf/bitstream/handle/id/526360/Replica_Impeachment.pdf>. Acesso em: 21 ago. 2020.

COLOMBO, Sylvia. "Ex-presidente do Equador é preso em investigação de corrupção". *Folha de S.Paulo*, 12 ago. 2020. Disponível em: <https://www1.folha.uol.com.br/mundo/2020/08/ex-presidente-do-equador-e-preso-em-investigacao-de-corrupcao.shtml>. Acesso em: 1 fev. 2021.

COLON, Leandro. "Constituição foi respeitada, diz ideólogo da decisão". *Folha de S.Paulo*, 2 set. 2016.

_____. "Ideia do PT, 'fatiar' votação foi concebida há duas semanas". *Folha de S.Paulo*, 2 set. 2016, p. A6.

COMPARATO, Fábio Konder. *A afirmação histórica dos direitos humanos*. 2a. ed. São Paulo: Saraiva, 2001.

CONECTAS; CEPEDISA. "Direitos na pandemia". *Boletim n. 10: Mapeamento e análise das normas jurídicas de resposta à Covid-19 no Brasil*. São Paulo, 20 jan. 2021. Disponível em: <https://www.conectas.org/wp/wp-content/uploads/2021/01/Boletim_Direitos-na-Pandemia_ed_10.pdf>. Acesso em: 17 abr. 2021.

CONGRESSO EM FOCO. "Confusão e quebra de urna marcam escolha da comissão do impeachment". 8 dez. 2015. Disponível em: <https://congressoemfoco.uol.com.br/especial/noticias/confusao-e-quebra-de-urna-marcam-escolha-da-comissao-do-impeachment/>. Acesso em: 18 nov. 2020.

CONGRESSO NACIONAL. *Anais da Câmara dos Deputados*.

_____. *Diário do Congresso Nacional*.

CONJUR. "Ex-ministro da Saúde assina pedido de impeachment de Bolsonaro". 5 fev. 2021. Disponível em: <https://www.conjur.com.br/2021-fev-05/ex-ministro-saude-assina-pedido-impeachment-bolsonaro>. Acesso em: 17 abr. 2021.

_____. "Juiz recebe denúncia e Aécio Neves se torna réu por corrupção passiva", 5 jul. 2019. Disponível em: <https://www.conjur.com.br/2019-jul-05/juiz-recebe-denuncia-aecio-neves-torna-reu-corrupcao>. Acesso em: 18 set. 2020.

_____. "Revista *Veja* é condenada a pagar indenização a Eduardo Jorge", 18 mar. 2008. Disponível em: <https://www.conjur.com.br/2008-mar-18/veja_condenada_pagar_indenizacao_eduardo_jorge>. Acesso em: 3 ago. 2020.

CONSELHO NACIONAL DE SAÚDE. "Manifesto Repassa Já!". 21 maio 2020. Disponível em: <https://conselho.saude.gov.br/images/manifesto/MANIFESTO_CNS_CES_REPASSA_JA.pdf>. Acesso em: 18 abr. 2021.

CONSTANT, Benjamin. In: LOUANDRE, Charles (Org.). *Oeuvres politiques*. Paris: Charpentier & Cie., 1874.

CONSTITUIÇÃO DA REPÚBLICA FEDERAL DOS ESTADOS UNIDOS DO BRASIL, 1891. Disponível em: <http://www.planalto.gov.br/ccivil_03/constituicao/constituicao91.htm>.

CONSTITUIÇÃO DA REPÚBLICA FEDERATIVA DO BRASIL, 1988. Disponível em: <http://www.planalto.gov.br/ccivil_03/constituicao/constituicao.htm>.

CONSTITUIÇÃO DOS ESTADOS UNIDOS DO BRASIL, 1946. Disponível em: <http://www.planalto.gov.br/ccivil_03/constituicao/constituicao46.htm>.

CONSTITUIÇÃO POLÍTICA DO IMPÉRIO DO BRASIL, 1824. Disponível em: <http://www.planalto.gov.br/ccivil_03/constituicao/constituicao24.htm>.

CONTI, José Maurício. "Desrespeito ao direito financeiro afastou Dilma do cargo de presidente". Conjur, 12 maio 2016. Disponível em: <https://www.conjur.com.br/2016-mai-12/mauricio-conti-desrespeito-direito-financeiro-afastou-dilma>. Acesso em: 14 out. 2020.

CONTI, Mario Sergio. *Notícias do Planalto: A imprensa e Fernando Collor*. São Paulo: Companhia das Letras, 1999.

CONY, Carlos Heitor. "Operação Abafa". *Folha de S.Paulo*, 5 maio 1999, p.2.

CORREA, Suzana. "Médicos relatam demissões, agressões e coerção para receitar 'tratamento precoce'". *O Globo*, 18 abr. 2021. Disponível em: <https://oglobo.globo.com/sociedade/coronavirus/medicos-relatam-demissoes-agressoes-coercao-para-receitar-tratamento-precoce-24976092>. Acesso em: 23 abr. 2021.

CORREIA, Helder Felipe Oliveira. *A lei nº 1079/50 e o impeachment no direito brasileiro: Análise da sua (in)compatibilidade com o presidencialismo*. Recife: Faculdade de Direito, Unicap, 2018. Dissertação (Mestrado em Direito).

CORREIO Braziliense. "Presidente é responsável". 26 jun. 2015. Disponível em: <https://www.correiobraziliense.com.br/impresso/2015/06/2655803-presidente-e-responsavel.html>. Acesso em: 24 set. 2020.

CORREIO Paulistano. "A Lei do Impeachment", 14 abr. 1950, p. 2.

_____. "Sancionada a lei de responsabilidades", 13 abr. 1950, p. 3.

COSTA, Ana Clara. "O governo fez bancos do Estado pagarem as suas despesas – e isso não é pedalada". *Veja*, 22 abr. 2015. Disponível em: <https://veja.abril.com.br/economia/o-governo-fez-bancos-do-estado-pagarem-as-suas-despesas-e-isso-nao-e-pedalada/>. Acesso em: 18 set. 2020.

COSTA, Emilia Viotti da. *O Supremo Tribunal Federal e a construção da cidadania*. 2. ed. São Paulo: Unesp, 2006.

COSTA, Raymundo. "Problemas na LBA atingem Rosane". *O Estado de S. Paulo*, 18 ago. 1991, p. 4.

COSTA, Rosa; KATTAH, Eduardo. "Com Collor, uma relação conturbada; com FHC, a mágoa". *O Estado de S. Paulo*, 3 jul. 2011. Disponível em: <https://brasil.estadao.com.br/noticias/geral,com-collor-uma-relacao-conturbada-com-fhc-a-magoa-imp-,740049>. Acesso em: 14 ago. 2020.

Cotta, Luiza Cristina Villaméa. *Adhemar de Barros (1901-1969): A origem do Rouba mas faz*. São Paulo: Departamento de História, USP, 2008. Dissertação (Mestrado em História).

Coutinho, Mateus. "PT pede à militância que se 'arme' nas redes contra críticos". *O Estado de S. Paulo*, 5 nov. 2014, p. 6.

_____. "Tucano é hostilizado depois de criticar radicais". *O Estado de S. Paulo*, 5 nov. 2014.

Coutinho, Mateus; Affonso, Julia; Brandt, Ricardo; Macedo, Fausto "Delator da Lava Jato 'desenterra' emenda da reeleição no governo FHC". Blog do Fausto Macedo, Estadão, 1º jun. 2016. Disponível em: <https://politica.estadao.com.br/blogs/fausto-macedo/delator-da-lava-jato-desenterra-emenda-da-reeleicao-no-governo-fhc/>. Acesso em: 4 fev. 2021.

CPDOC-FGV. "Deodoro da Fonseca". In: Abreu, Alzira Alves de (Coord.). *Dicionário histórico e biográfico da Primeira República (1889-1930)*. Rio de Janeiro: FGV Editora, 2015. Disponível em: <http://cpdoc.fgv.br/sites/default/files/verbetes/primeira-republica/FONSECA,%20Deodoro%20da.pdf>. Acesso em: 22 abr. 2021.

_____. "Café Filho". In: *Dicionário histórico e biográfico brasileiro*. Disponível em: <https://cpdoc.fgv.br/sites/default/files/verbetes/primeira-republica/CAF%C3%89%20FILHO.pdf>. Acesso em: 16 jul. 2020.

_____. "Pilla, Raul". In: *Dicionário histórico e biográfico brasileiro*. Disponível em: <http://www.fgv.br/cpdoc/acervo/dicionarios/verbete-biografico/pilla-raul>. Acesso em: 19 jul. 2020.

_____. "Albuquerque, Caetano de". In: *Dicionário histórico e biográfico brasileiro*. Disponível em: <http://cpdoc.fgv.br/sites/default/files/verbetes/primeira-republica/ALBUQUERQUE,%20Caetano%20de.pdf>. Acesso em: 13 jul. 2020.

_____. "Coelho, Inocêncio Mártires". *Dicionário histórico e biográfico brasileiro*. Disponível em: <http://www.fgv.br/cpdoc/acervo/dicionarios/verbete-biografico/coelho-inocencio-martires>.

_____. "Encilhamento". In: *Dicionário histórico e biográfico brasileiro*. Disponível em: <http://cpdoc.fgv.br/sites/default/files/verbetes/primeira-republica/ENCILHAMENTO.pdf>. Acesso em: 22 abr. 2021.

_____. "Plano Cruzado". In: *Dicionário histórico e biográfico brasileiro*. Disponível em: <http://www.fgv.br/cpdoc/acervo/dicionarios/verbete-tematico/plano-cruzado>. Acesso em: 18 set. 2020.

Crabb, George. *History of English Law: Or an Attempt to Trace the Rise, Progress and Successive Changes of the Common Law; From the Earliest Period to the Present Time*. Londres: Baldwin & Cradock, 1829.

Cruz, Adelina Maria Alves Novaes et al. *Impasse na democracia brasileira, 1951-1955: Coletânea de documentos*. Rio de Janeiro: FGV Editora, 1983.

Cruz, Valdo; Solomon, Marta; Souza, Vivaldo de. "FHC anuncia ajuste só após o 2º turno". *Folha de S.Paulo*, 6 out. 1998.

C-SPAN. Presidential Historians' Survey, 2017.

CURRY, Anne. *The Hundred Years War: 1337-1453*. Oxford: Osprey, 2002.

D'AMORIM, Sheila; NERY, Natuza. "Indefinição leva Tesouro a 'lavar roupa suja'". *Folha de S.Paulo*, 5 dez. 2013, p. B1.

DANTAS, Edna. "Ibsen afirma que votação vai ser 'transparente'". *Folha de S.Paulo*, 2 set. 1992, cad. 1, p. 5.

DANTAS, Edna; SILVA, Eumano. "Ibsen dá prazo para Collor se defender". *Folha de S.Paulo*, 9 set. 1992, cad. 1, p. 6.

DATAFOLHA. "Avaliação dos governantes na pandemia". 15/16 mar. 2021. Disponível em: <http://media.folha.uol.com.br/datafolha/2021/03/17/avbondmei6879812ac6be2a-83138f6379ef5711cd.pdf>. Acesso em: 18 abr. 2021.

_____. "Avaliação do presidente Michel Temer: PO813867", 14/15 jul. 2016". 18 jul. 2016. Disponível em: <http://media.folha.uol.com.br/datafolha/2016/07/20/av-presidente-michel-temer-completa.pdf>. Acesso em: 25 out. 2020.

_____. "Avaliação do presidente Michel Temer, PO813939, 27 e 28 set. 2017". Disponível em: <http://media.folha.uol.com.br/datafolha/2017/10/03/0fd1b3a0cedd68ba4745 6fb25bc91299.pdf>. Acesso em: 18 abr. 2021.

_____. "Avaliação do presidente Michel Temer, PO813983, 18 e 19 dez. 2018". Disponível em: <http://media.folha.uol.com.br/datafolha/2019/01/03/4ad661bf31d588019587 7403e2f4769at.pdf>. Acesso em: 18 abr. 2021.

_____. "Avaliação da presidente Dilma Rousseff: PO813843, 24/25 fev. 2016". 29 fev. 2016. Disponível em: <http://datafolha.folha.uol.com.br/opiniaopublica/2016/02/ 1744564-64-reprovam-governo-dilma.shtml>. Acesso em: 25 out. 2020.

_____. "Avaliação da presidente Dilma Rousseff: PO813812, 17/18 jun. 2015". Disponível em: <http://media.folha.uol.com.br/datafolha/2015/06/22/avaliacao-dilma-intencao-de-voto-v2.pdf>. Acesso em: 25 out. 2020.

_____. "Manifestações na avenida Paulista: 12 abr. 2015". 13 abr. 2015. Disponível em: <http://media.folha.uol.com.br/datafolha/2015/04/13/manifestacao_12_04.pdf>. Acesso em: 7 set. 2015.

_____. "Manifestações na avenida Paulista: 15 mar. 2015". 17 mar. 2015. Disponível em: <http://media.folha.uol.com.br/datafolha/2015/03/17/manifestacao-15-03. pdf>. Acesso em: 7 set. 2015.

_____. "Avaliação de governo, Lula: 17/19 nov. 2010". Disponível em: <http://media.folha. uol.com.br/datafolha/2013/05/02/aval_pres_20122010.pdf>. Acesso em: 2 ago. 2020.

_____. "Avaliação do governo FHC: 15 dez. 2002". Disponível em: <http://media.folha. uol.com.br/datafolha/2013/05/02/aval_pres_15122002.pdf>. Acesso em: 27 jul. 2020.

_____. "Avaliação do governo Itamar Franco: 1º dez. 1994". Disponível em: <http:// media.folha.uol.com.br/datafolha/2013/05/02/aval_pres_01121994.pdf>. Acesso em: 5 jan. 2021.

_____. "Avaliação do governo Collor: 1992". Disponível em: <http://media.folha.uol. com.br/datafolha/2013/05/02/aval_pres_01061992.pdf>. Acesso em: 10 ago. 2020.

DELLA COLETTA, Ricardo; CARAM, Bernardo. "É guerra, tem que jogar pesado com governadores, diz Bolsonaro a empresários". *Folha de S.Paulo*, 15 maio 2020, p. A7.

DELLA COLETTA, Ricardo; CARVALHO, Daniel; URIBE, Gustavo. "Eu acabei com a Lava Jato porque não tem mais corrupção no governo, diz Bolsonaro". *Folha de S.Paulo*, 7 out. 2020. Disponível em: <https://www1.folha.uol.com.br/poder/2020/10/bolsonaro-diz-que-lava-jato-acabou-porque-governo-nao-tem-mais-corrupcao.shtml>. Acesso em: 16 out. 2020.

DIÁRIO de Notícias. "Notas parlamentares", 15 fev. 1950.

DIÁRIO de Pernambuco. "Dividido em três alas o PSD em São Paulo", 30 mar. 1949.

DIAS, Marina; URIBE, Gustavo. "Temer diz a Dilma que governo precisa 'ouvir mais' e 'ser mais servo'". *Folha de S.Paulo*, 20 jan. 2016. Disponível em <https://www1.folha.uol.com.br/poder/2016/01/1731493-temer-diz-a-dilma-que-governo-precisa-ouvir-mais-e-ser-mais-servo.shtml>. Acesso em: 22 abr. 2021.

DIMENSTEIN, Gilberto. "Quem tem medo do Itamar?". *Folha de S.Paulo*, 26 maio 1992, p. 2.

DIMENSTEIN, Gilberto. "Reforma ministerial favorece PFL e ACM". *Folha de S.Paulo*, 12 abr. 1992, cad. 1, p. 7.

_____. "Maciel levou governo a combater emenda". *Folha de S.Paulo*, 7 nov. 1991, cad. 1, p. 6.

DIXON, Lawrence W. "The Attitude of Thomas Jefferson Toward the Judiciary". *The Southwestern Social Science Quarterly*, v. 28, n. 1, pp. 13-9, 1947.

DONHARDT, Gary L. *In the Shadow of the Great Rebellion: The Life of Andrew Johnson, Seventeenth President of the United States (1808-1875)*. Londres: Nova Science, 2009.

DUAILIBI, Julia. "O plano Temer". *piauí*, v. 10, n. 113, fev. 2016, pp. 19-25.

EL PAÍS. "'A solução mais fácil era botar o Michel': Os principais trechos do áudio de Romero Jucá". 24 maio 2016. Disponível em: <https://brasil.elpais.com/brasil/2016/05/24/politica/1464058275_603687.html>. Acesso em: 27 set. 2020.

ELLIOT, Jonathan. *The Debates in the Several State Conventions of the Adoption of the Federal Constitution*. Richmond: James River Writers, 1991 [1827]. v. 4: Nth. and Sth. Carolina, Resolutions, Tariffs, Banks. Disponível em: <https://oll.libertyfund.org/titles/elliot-the-debates-in-the-several-state-conventions-vol-4?q=hastings#Elliot_1314-04_1037>. Acesso em: 17 jun. 2020.

ESTADO de Minas. "Após sugestão de Bolsonaro, deputados do Espírito Santo invadem hospital". 14 jun. 2020. Disponível em: <https://www.em.com.br/app/noticia/politica/2020/06/14/interna_politica,1156457/apos-sugestao-de-bolsonaro-deputados--do-es-invadem-hospital.shtml>. Acesso em: 13 abr. 2020.

_____. "Gilmar Mendes defende posse de deputada Cristiane Brasil no Ministério do Trabalho". 6 fev. 2018.

_____. "Governo vai mudar contratos com a Caixa para descaracterizar pedaladas fiscais", 11 fev. 2015. Disponível em: <https://www.em.com.br/app/noticia/economia/2015/02/11/internas_economia,617397/governo-vai-mudar-contratos-com--a-caixa-para-descaracterizar-pedaladas.shtml>. Acesso em: 21 set. 2020.

ESTEVES, Luiz Fernando Gomes. "Rodrigo Maia: O senhor do impeachment". *JOTA*, 21 jun. 2017.

FABRINI, Fábio; VILLAVERDE, João; CARAM, Bernardo. "Em decisão unânime, TCU rejeita contas do governo Dilma em 2014". *O Estado de S. Paulo*, 8 out. 2015, p. A4.

FALCÃO, Joaquim; ARGUELHES, Diego W.; PEREIRA, Thomaz (Orgs.). *Impeachment de Dilma Rousseff: Entre o Congresso e o Supremo*. Belo Horizonte: Rio de Janeiro: Letramento; Casa do Direito; FGV Direito Rio, 2017.

FALCÃO Márcio. "Governo ataca relator para tentar adiar decisão do TCU". *Folha de S.Paulo*, 5 out. 2015, p. A4.

FALCÃO, Márcio; URIBE, Gustavo; BRAGON, Ranier. "Oposição pede afastamento de Cunha da presidência". *Folha de S.Paulo*, 11 out. 2015, p. A4.

FARIA, José Eduardo. *O direito na economia globalizada*. São Paulo: Malheiros, 2007.

FARRAND, Max. *The Records of the Federal Convention of 1787*. New Haven, CT: Yale University Press. 3 v. Disponível em: <https://oll.libertyfund.org/titles/farrand--the-records-of-the-federal-convention-of-1787-3vols>. Acesso em: 25 jun. 2020.

FAUSTO, Boris. *História do Brasil*. 2. ed. São Paulo: Edusp, 1995.

FERNANDES, Adriana et al. "Sem caixa, governo propõe lei para descumprir meta das contas públicas". *O Estado de S. Paulo*, 12 nov. 2014, p. B1.

FERNANDES, Adriana. "Pressionado, Garibaldi volta atrás sobre déficit". *O Estado de S. Paulo*, 17 mar. 2014. Disponível em: <https://economia.estadao.com.br/noticias/geral,pressionado-garibaldi-volta-atras-sobre-deficit,179796e>. Acesso em: 18 set. 2020.

FIGUEIREDO, Argelina Cheibub; LIMONGI, Fernando. *Executivo e Legislativo na nova ordem constitucional*. 2. ed. Rio de Janeiro: FGV Editora, 2001.

FILGUEIRAS, Sônia. "Justiça Federal condena Rosane Collor". *Folha de S.Paulo*, 4 maio 2000.

FIQUEM SABENDO. "Os pedidos de impeachment contra presidentes brasileiros desde 1990". Disponível em: <https://fiquemsabendo.substack.com/p/os-pedidos-de--impeachment-contra>. Acesso em: 24 jul. 2020.

_____. "Os pedidos de impeachment contra presidentes brasileiros desde 1990". 8 jun. 2020.

FLEURY FILHO, Luiz Antônio. "Presidencialismo democrático". *O Estado de S. Paulo*, 16 ago. 1991, p. 2.

FOLHA de S.Paulo. "Bolsonaro cede à pressão do Centrão e promove trocas em 6 ministérios". 30 mar. 2021, p. A4.

_____. "Deputado teria sido filmado pela PF com mala de R$ 500 mil". 17 maio 2017. Disponível em: <https://www1.folha.uol.com.br/poder/2017/05/1884976-deputado-teria-sido-filmado-pela-pf-com-mala-de-r-500-mil.shtml>. Acesso em: 22 abr. 2021.

_____. "Temer assinou decretos das pedaladas como presidente em exercício". 8 dez. 2015. Disponível em: <https://m.folha.uol.com.br/poder/2015/12/1716391-temer--assinou-decretos-de-abertura-de-credito-como-presidente-em-exercicio.shtml>. Acesso em: 8 out. 2015.

_____. "PT se opõe a Cunha, que revida e aceita pedido de impeachment de Dilma". 3 dez. 2015, p. A4.

_____. "Multidão vai às ruas contra Dilma e assusta o governo". 16 mar. 2015, p. A4.

_____. "Cunha é aplaudido por deputados na CPI da Petrobras". 13 mar. 2015, p. A8.

_____. "Dilma vai à TV defender ajuste e é alvo de panelaço". 9 mar. 2015, p. A4.

FOLHA de S.Paulo. "Câmara elege Cunha e impõe derrota histórica ao Planalto". 2 fev. 2015, p. A4.

_____. "Eduardo Campos é enterrado no Recife; despedida ganha ares de ato político". 18 ago. 2014, p. A8.

_____. "FHC convoca ministros e declara guerra contra CPI", 10 maio 2001.

_____. Acareação reforça pressão para punir ACM e Arruda". 4 maio 2001.

_____. "Jader omitiu patrimônio para auditoria", 17 abr. 2001.

_____. "Superintendente da PF do Rio é afastado". 21 abr. 1999.

_____. "Brasil perde US$ 2,9 bi desde o anúncio da desvalorização", 15 jan. 1999.

_____. "Unidos do Viradouro troca Lílian Ramos por homem". 21 fev. 1994.

_____. "Impeachment!", 30 set. 1992, p. 1.

_____. "ACM não vai defender nem atacar Collor", 2 set. 1992, cad. 1, p. 6.

_____. "Câmara recebe pedido de impeachment de Collor", 2 set. 1992, cad. 1, p. 4.

_____. "Líderes decidem amanhã se instalam CPI". 25 maio 1992, p. 6

_____. "Fernando é sócio informal de PC, diz Pedro". 25 maio 1992, p. 7.

_____. "Governadores defendem Collor contra o irmão", 21 maio 1992, p. 5.

_____. "Presidente critica parlamentarismo-já", 25 out. 1991, cad. 1, p. 9.

_____. "Crise conjugal abala imagem de Collor", 5 set. 1991, cad. 1, p. 8.

_____. "Projeto foi redigido prevendo os vetos", 30 ago. 1991, cad.1, p. 7.

_____. "Sarney joga tudo para vencer parlamentarismo de Ulysses". 22 mar. 1988, p. A5.

FONTAINHA, Fernando de Castro et al. (Orgs.). *História oral do Supremo: v. 9, Nelson Jobim*. Rio de Janeiro: FGV Editora, 2015.

FONTAINHA, Fernando de Castro; MATTOS, Marco Aurélio Vannucchi Leme de; SATO, Leonardo Seiichi Sasada (Orgs.). *História oral do Supremo: v. 5., Sydney Sanches*. Rio de Janeiro: FGV Editora, 2015.

FONTAINHA, Fernando de Castro; PAULA, Christiane Jalles de; NUÑEZ, Izabel Saenger (Orgs.). *História oral do Supremo: v. 7, Carlos Velloso*. Rio de Janeiro: FGV Editora, 2012.

FONTAINHA, Fernando; SILVA, Ângela Moreira da; NUÑEZ, Izabel (Orgs.). *História oral do Supremo: v. 20, Paulo Brossard*. Rio de Janeiro: FGV Editora, 2017.

FREIRE, Sabrina. "56% rejeitam governo Bolsonaro; taxa parece ter atingido o pico". Poder 360, 15 abr. 2021. Disponível em: <https://www.poder360.com.br/poderdata/56-rejeitam-governo-bolsonaro-taxa-parece-ter-atingido-o-pico/>. Acesso em: 18 abr. 2021.

FREITAS, Ailton de. "Antecipação do plebiscito é derrotada no Senado". *Folha de S.Paulo*, 7 nov. 1991, cad. 1, p. 5.

FRY, Michael. "Dundas, Henry, First Viscount Melville (1742–1811)". In: *Oxford Dictionary of National Biography*, Disponível em: <https://doi.org/10.1093/ref:odnb/8250>. Acesso em: 16 jun. 2020.

FUCS, José. "Arno Augustin: 'Não sei o que é contabilidade criativa'". *Época*, 8 nov. 2013. Disponível em: <https://epoca.globo.com/tempo/noticia/2013/11/barno-augustinb-nao-sei-o-que-e-contabilidade-criativa.html>. Acesso em: 16 set. 2013.

FUNDAÇÃO BANCO DO BRASIL. "O 11 de Novembro". Projeto Memória. Disponível em: <http://www.projetomemoria.art.br/JK/biografia/3_11novembro.html. Acesso em: 17 jul. 2020>.

G1. "PSDB pede ao TSE auditoria para verificar 'lisura' da eleição". 30 out. 2014. Disponível em: <http://g1.globo.com/politica/noticia/2014/10/psdb-pede-ao-tse-auditoria-para-verificar-lisura-da-eleicao.html>. Acesso em: 2 nov. 2020.

_____. "Dos 27 senadores eleitos, apenas 5 são mulheres". 5 out. 2014. Disponível em: <http://g1.globo.com/politica/eleicoes/2014/blog/eleicao-em-numeros/post/dos-27-senadores-eleitos-apenas-5-sao-mulheres.html>. Acesso em: 2 nov. 2020.

_____. "Nova composição da Câmara dos Deputados". 5 out. 2014. Disponível em: <http://g1.globo.com/politica/eleicoes/2014/nova-composicao-da-camara.html>. Acesso em: 2 nov. 2020.

GALHARDO, Ricardo. "FHC pede PSDB nas ruas, mas 'dentro das regras'". *O Estado de S. Paulo*, 15 nov. 2014, p. A24.

GALINDO, Bruno. *Impeachment: À luz do constitucionalismo contemporâneo, incluindo análises dos casos Collor e Dilma*. Curitiba: Juruá, 2016.

GALLAGHER, Gary W. et al. *The American Civil War: The Mighty Scourge of War*. Oxford: Osprey, 2003.

GALUPPO, Marcelo Campos. *Impeachment: O que é, como se processa e por que se faz*. 2. ed. Belo Horizonte: D'Plácido.

GAMA, Paulo; URIBE, Gustavo; BRAGON, Ranier. "Oposição e PMDB articulam chapa avulsa para comissão do impeachment". *Folha de S.Paulo*, 7 dez. 2015. Disponível em: <https://m.folha.uol.com.br/poder/2015/12/1715966-oposicao-e-pmdb-articulam-chapa-avulsa-para-comissao-do-impeachment.shtml>. Acesso em: 6 out. 2020.

GARDINER, Samuel. *History of England from the Accession of James I to the Outbreak of the Civil War, 1603-1642*. Cambridge: Cambridge University Press, 2011.

GASPAR, Malu. *A organização: A Odebrecht e o esquema de corrupção que chocou o mundo*. São Paulo: Companhia das Letras, 2020.

GASPARETTO JUNIOR, Antonio. *Recursos extremos da administração estatal: As declarações de estado de sítio na Primeira República*. Juiz de Fora: Instituto de Ciências Humanas, UFJF, 2018. Tese (Doutorado em Ciências Sociais).

GASPARI, Elio. "A filantropia de Ibaneis Rocha". *O Globo*, 18 out. 2020. Disponível em: <https://oglobo.globo.com/brasil/elio-gaspari-filantropia-de-ibaneis-rocha-24698951>. Acesso em: 21 out. 2020.

GAZETA *de Notícias*. "Denúncia", 31 maio 1893, p. 1.

GERHARDT, Michael. *The Federal Impeachment Process: A Constitutional and Historical Analysis*. Princeton: Princeton University Press, 1996.

GIVEN-WILSON, Chris et al. (Orgs.). *Parliament Rolls of Medieval England*. Woodbridge: Boydell, 2005. Disponível em: <https://www.british-history.ac.uk/no-series/parliament-rolls-medieval>. Acesso em: 3 jun. 2020.

GLATTHAAR, Joseph T. *The American Civil War: The War in the West, 1863-1865*. Oxford: Osprey, 2001.

GOIS, Chico de. "Cunha revoga decisão sobre rito de impeachment". *O Globo*, 29 out. 2015. Disponível em: <https://oglobo.globo.com/brasil/cunha-revoga-decisao-sobre-rito-de-impeachment-17912395>. Acesso em: 5 out. 2015.

GOMES, Marcos Emílio. "Histórias de primeiras-damas". *O Estado de S. Paulo*, 18 ago. 1991, p. 4.

GONDIM, Abnor. "Rosane Collor depõe hoje em Brasília". *Folha de S.Paulo*, 9 jun. 1997, p. 12.

GUERRA, Rayanderson. "Temer é chefe de organização criminosa há 40 anos, diz Lava-Jato no Rio". *O Globo*, 21 mar. 2019. Disponível em: <https://oglobo.globo.com/brasil/temer-chefe-de-organizacao-criminosa-ha-40-anos-diz-lava-jato-no-rio-23540400>. Acesso em: 4 fev. 2021.

GUIMARÃES, Fernanda; ASSIS, Francisco Carlos de. "TCU não tem 'estatura institucional' para desencadear impeachment, diz Joaquim Barbosa". *O Estado de S. Paulo*, 29 ago. 2015. Disponível em: <https://politica.estadao.com.br/noticias/geral,tcu nao-tem-estatura-institucional-para-desencadear-impeachment-diz-joaquim-barbosa,1752886>. Acesso em: 22 abr. 2021.

HAMILTON, Alexander; MADISON, James; JAY, John. *The Federalist Papers*, diversos números, 1787-1788. Disponível em: <https://guides.loc.gov/federalist-papers/full-text>.

HOCHSTETLER, Kathryn. "The Fates of Presidents in Post-Transition Latin America: From Democratic Breakdown to Impeachment to Presidential Breakdown". *Journal of Politics in Latin America*, v. 3, n. 1, pp. 125-41, 2011.

HOFFER, Peter C.; HULL, Natalie E. H. "Power and Precedent in the Creation of an American Impeachment Tradition: The Eighteenth-Century Colonial Record". *The William and Mary Quarterly*, v. 36, n. 1, pp. 51-77, 1979.

HORBACH, Carlos Bastide. *Memória jurisprudencial: Ministro Pedro Lessa*. Brasília: Supremo Tribunal Federal, 2007.

HOWELL, Thomas Bayly. *A Complete Collection of State Trials and Proceedings for High Treason and other Crimes and Misdemeanors, from the Earliest Period to the Year 1783*. Londres: T. C. Hansard, 1816.

ISTOÉ Dinheiro "O desabafo de Chico Lopes". 24 maio 2013. Disponível em: <https://www.istoedinheiro.com.br/noticias/negocios/20130524/desabafo-chico-lopes/3013.shtml>. Acesso em: 27 jul. 2020.

JANSEN, Roberta. "Metade dos médicos relata pressão para dar remédio sem comprovação científica". *O Estado de S. Paulo*, 26 jul. 2020.

JORNAL de Brasília. "Relator descarta 'aprovação com ressalvas' das contas do governo". 16 jun. 2015.

JORNAL do Brasil. "Itamar se nega a comentar escândalo". 16 fev. 1994, p. 2.

———. "Metralha e morte adiam 'impeachment' em Alagoas". 14 set. 1957.

———. "O vice-presidente denunciado". 1º jun. 1893, p. 1.

———. "A república presidencial". 26 abr. 1891.

JUBE, Andrea. "Temer admite que Cunha aprovou pedido de impeachment por vingança". *Valor Econômico*, 17 abr. 2017.

KADA, Naoko. "Comparative Presidential Impeachment: Conclusions". In: BAUMGART-NER, Jody C.; KADA, Naoko (Orgs.). *Checking Executive Power: Presidential Impeachment in Comparative Perspective*. Westport-CT: Praeger, 2003.

_____. "Impeachment as Punishment for Corruption? The Cases of Brazil and Venezuela". In: BAUMGARTNER, Jody C.; KADA, Naoko (Orgs.). *Checking Executive Power: Presidential Impeachment in Comparative Perspective*. Westport-CT: Praeger, 2003.

KADANUS, Kelli. "Maia deixa 57 pedidos de impeachment na gaveta e diz que CPI é inevitável". UOL, 23 jan. 2021. Disponível em: <https://noticias.uol.com.br/politica/ultimas-noticias/2021/01/23/maia-deixa-57-pedidos-de-impeachment-na-gaveta-e-diz-que-cpi-e-inevitavel.htm?cmpid=copiaecola>. Acesso em: 18 abr. 2021.

KEYSSAR, Alexander. *The Right to Vote*. Nova York: Basic Books, 2000.

KIM, Young Hun. "Impeachment and Presidential Politics in New Democracies". *Democratization*, v. 21, n. 3, pp. 519-53, 2014.

KRAKOVICS, Fernanda; BRAGON, Ranier. "Lula e Collor têm maior número de CPIs abertas". *Folha de S.Paulo*, 28 set. 2006.

LABOVITZ, John R. *Presidential Impeachment*. New Haven-CT: Yale University Press, 1978.

LEAL, Victor Nunes. *Coronelismo, enxada e voto: O município e o regime representativo no Brasil*. Rio de Janeiro: Nova Fronteira, 1997.

LEITÃO, Miriam. *Saga brasileira: A longa luta de um povo por sua moeda*. Rio de Janeiro: Record, 2016.

LEMGRUBER, Clarissa. "Oposição visita TCU em desagravo à pressão do governo na véspera da análise das contas". PSDB, 17 jun. 2015. Disponível em: <https://www.psdb.org.br/rn/oposicao-visita-tcu-em-desagravo-a-pressao-do-governo-na-vespera-da--analise-das-contas-de-2014/>. Acesso em: 24 set. 2020.

LIMA, Daniela et. al. "Criticado, Maranhão recua e remarca sessão na Câmara para as 17h30". *Folha de S.Paulo*, 13 jul. 2016. Disponível em: <https://m.folha.uol.com.br/poder/2016/07/1791370-criticado-maranhao-recua-e-remarca-sessao-na-camara-para-17h30.shtml>. Acesso em: 26 out. 2020.

"Por seu intervencionismo imoderado, STF não terá como evitar confronto com Bolsonaro". *Folha de S.Paulo*, 30 abr. 2020, p. A8.

LIMONGI, Fernando; FIGUEIREDO, Argelina Cheibub. "Por seu intervencionismo imoderado, STF não terá como evitar confronto com Bolsonaro". *Folha de S.Paulo*, 30 abr. 2020. Disponível em: <https://www1.folha.uol.com.br/poder/2020/04/por-seu--intervencionismo-imoderado-stf-nao-tera-como-evitar-confronto-com-bolsonaro.shtml>. Acesso em: 10 maio 2021.

_____. "A crise atual e o debate institucional". *Novos estudos Cebrap*, v. 36, n. 3, pp. 79-97, nov. 2017.

LIRA NETO, João. *Getúlio (1945-1954)*. São Paulo: Companhia das Letras, v. 3, 2014.

LO PRETE, Renata. "Contei a Lula do 'mensalão', diz deputado". *Folha de S.Paulo*, 6 jun. 2005. Disponível em: <https://www1.folha.uol.com.br/folha/brasil/ult96u69403.shtml>. Acesso em: 2 ago. 2020.

LOPES, Antonio Herculano. "Do monarquismo ao 'populismo': O *Jornal do Brasil* na virada para o século XX". *Nuevo Mundo, Mundos Nuevos.* Disponível em: <https://doi.org/10.4000/nuevomundo.2239>. Acesso em: 6 jul. 2020.

LOPES, José Reinaldo de Lima. "O Supremo Tribunal de Justiça no apogeu do Império". In: _____ (Org.). *O Supremo Tribunal de Justiça do Império, 1828-1889.* São Paulo: Saraiva, pp. 63-104, 2010.

_____. *O direito na história: Lições introdutórias.* 3. ed. São Paulo: Atlas, 2008.

LOPES, José Reinaldo de Lima; QUEIROZ, Rafael Mafei Rabelo; ACCA, Thiago dos Santos. *Curso de história do direito.* 3. ed. São Paulo: Gen; Método, 2013.

LOUGHLIN, Martin. *The British Constitution: A Very Short Introduction.* Oxford: Oxford University Press, 2013.

MACEDO, Fausto. "Noronha mantém na prisão uruguaio amigo do 'doleiro dos doleiros'". Blog do Fausto Macedo. Estadão, 7 jan. 2020. Disponível em: <https://politica.estadao.com.br/blogs/fausto-macedo/noronha-mantem-na-prisao-uruguaio-amigo-do-doleiro-dos-doleiros/>. Acesso em: 18 ago. 2020.

_____. "Procuradoria arquiva inquérito sobre morte de Eduardo Campos por 'impossibilidade' de descobrir causa da queda do avião". Blog do Fausto Macedo. Estadão, 27 fev. 2019. Disponível em: <https://politica.estadao.com.br/blogs/fausto-macedo/procuradoria-arquiva-inquerito-sobre-morte-de-eduardo-campos-por-impossibilidade-de-descobrir-causa-da-queda-do-aviao/>. Acesso em: 15 set. 2020.

_____. "Conselho admite que Eduardo Jorge foi perseguido". Blog do Fausto Macedo. Estadão, 19 jun. 2019. Disponível em: <https://politica.estadao.com.br/noticias/geral,-conselho-admite-que-eduardo-jorge-foi-perseguido,389687>. Acesso em: 3 ago. 2020.

MACHADO, Caio C. Vieira et al. *Scientific [Self-]Isolation: International Trends in Misinformation and the Departure from the Scientific Debate.* Laut; InctDD; DRFlab; Vero, 2020.

MADISON, James. *The Debates on the Adoption of the Federal Constitution in the Convention Held at Philadelphia in 1787, with a Diary of the Debates of the Congress of the Confederation* (Org. Jonathan Elliott), 1827. v. V. Disponível em: <https://oll-resources.s3.us-east-2.amazonaws.com/oll3/store/titles/1909/1314.05_Bk.pdf >. Acesso em: 17 jun. 2020.

MADUEÑO, Denise; DAMÉ, Luiza. "*Oposição protocola CPI com 60 nomes governistas*". Folha de S.Paulo, 10 maio 2001.

MARCHESINI, Lucas; SIMÃO, Edna. "Rombo da Previdência deve ficar em R$ 50 bi em 2014, diz ministro". *Valor Econômico*, 17 mar. 2014. Disponível em: <https://valor.globo.com/brasil/noticia/2014/03/17/rombo-da-previdencia-deve-ficar-em-r-50-bi-em-2014-diz-ministro.ghtml>. Acesso em: 18 set. 2020.

MARONGIU, Antonio. *Medieval Parliaments: A Comparative Study.* Londres: Eyre & Spottiswoode, 1968.

MARQUES, Hugo. "Renan avisa CPI que considera iniciativa da Procuradoria ilegal". *Folha de S.Paulo*, 17 abr. 1999.

MARSTEINTREDET, Leiv; LLANOS, Mariana; NOLTE, Detlef. "Paraguay and the Politics of Impeachment". *Journal of Democracy*, v. 24, n. 4, 2013.

MARSTEINTREDET, Leiv; MALAMUD, Andrés. "Coup with Adjectives: Conceptual Stretching or Innovation in Comparative Research?". *Political Studies*, 27 nov. 2019. Disponível em: <https://journals.sagepub.com/doi/full/10.1177/0032321719888857>. Acesso em: 14 out. 2020.

MASHAW, Jerry L. "Accountability and Institutional Design: Some Thoughts on the Grammar of Governance". In: DOWDLE, Michael W. (Org.). *Public Accountability: Designs, Dilemmas and Experiences*. Cambridge, UK: Cambridge University Press, pp. 115-56, 2006.

MAZUI, Guilherme. "'É simples assim: um manda e o outro obedece', diz Pazuello ao lado de Bolsonaro". G1, 22 out. 2020. Disponível em: <https://g1.globo.com/politica/noticia/2020/10/22/e-simples-assim-um-manda-e-o-outro-obedece-diz-pazuello-ao-lado-de-bolsonaro.ghtml>. Acesso em: 17 abr. 2021.

MEDEIROS, Étore. "Pelo menos 17 governadores pedalaram impunemente". Agência Pública, 8 jun. 2016.

MENDES, Conrado Hübner. "STF, vanguarda ilusionista". *Folha de S.Paulo*, 28 jan. 2018, Ilustríssima, pp. 4-5.

_____. "Abomináveis cunhadas". *O Estado de S. Paulo*, 14 jun. 2015, p. A2.

MENDONÇA, Ricardo. "Avaliação negativa de Bolsonaro sobe para 57%, mostra pesquisa Atlas". *Valor Econômico*, 11 mar. 2021. Disponível em: <https://valor.globo.com/politica/noticia/2021/03/11/avaliao-negativa-de-bolsonaro-sobe-para-57-pontos-percentuais-mostra-pesquisa-atlas.ghtml>. Acesso em: 18 abr. 2021.

MEYER, Gerald J. *The Tudors: The Complete Story of England's Most Notorious Dynasty*. Nova York : Delacorte Press, 2010.

MINISTÉRIO DA SAÚDE. "Óbitos acumulados de Covid-19 por Semana Epidemiológica de notificação". *Coronavírus Brasil*. 5ª semana epidemiológica de 2021. Disponível em: <https://covid.saude.gov.br/>. Acesso em: 18 abr. 2021.

MINISTÉRIO PÚBLICO FEDERAL. "PGR pede ao STF que Eduardo Cunha seja afastado do mandato de deputado", 16 dez. 2015. Disponível em: <https://www.conjur.com.br/dl/pgr-afastamento-eduardo-cunha.pdf>. Acesso em: 22 abr. 2021.

_____. "Operação Lava Jato: PGR denuncia Eduardo Cunha e Solange Almeida", 20 ago. 2015. Reprodução disponível em: <http://www.mpf.mp.br/pgr/documentos/Inq3983EduardoCunha.pdf>. Acesso em: 22 abr. 2021.

MORENO, Jorge Bastos. "Lições de um vice-presidente". Blog do Moreno, *O Globo*, 18 out. 2015. Disponível em: <https://blogs.oglobo.globo.com/blog-do-moreno/post/licoes-de-um-vice-presidente.html>. Acesso em: 18 ago. 2020.

MORO, Sergio Fernando. "Considerações sobre a Operação Mani Pulite". *Revista CEJ*, n. 26, pp. 56-62, jul./set. 2004.

MOTTA, Aydano André. "O fotógrafo e a vaporosa". *O Globo*, 21 maio 2015.

NAUD, Leda Maria Cardoso. "Estado de sítio". *Revista de Informação Legislativa*, v. 2, n. 5, pp. 134-80, 1965.

NÊUMANNE PINTO, José. "Política sem pudor. *O Estado de S. Paulo*, 30 jul. 2018. Disponível em: <https://politica.estadao.com.br/blogs/neumanne/politica-sem-pudor/>. Acesso em: 24 jul. 2020.

NICOLAU, Jairo. *O Brasil dobrou à direita: Uma radiografia da eleição de Bolsonaro em 2018.* Rio de Janeiro: Zahar, 2020.

NOBRE, Marcos. *Imobilismo em movimento.* São Paulo: Companhia das Letras, 2013.

NOGUEIRA, Lauro. *O impeachment, especialmente no direito brasileiro.* Fortaleza: [s. n.], 1947.

NOGUEIRA, Rui. "PF não pode apurar, diz OAB". *Folha de S.Paulo,* 27 maio 1992, cad. 1, p. 4.

NOVIDADES. "República presidencial", 28 abr. 1891.

NUNES, Diego; De Robbio, Murilo. "Impeachment: Apontamentos para uma pesquisa histórico-jurídica sobre a lei nº 1079/1950". *Passagens: Revista Internacional de História Política e Cultura Jurídica,* v. 11, n. 3, pp. 406-27, set./dez. 2019.

NUNES, José de Castro. *Teoria e prática do Poder Judiciário.* Rio de Janeiro: Forense, 1943.

O ESTADO de S. Paulo. "Grampo sugere que Dilma nomeou Lula ministro para evitar a Lava Jato". 17 mar. 2016, p. A4.

_____. "Supremo derruba sigilos e autoriza inquéritos contra 37 parlamentares", 7 mar. 2015, p. A4.

_____. "IRB pode ser novo alvo da oposição". 19 maio 2005, p. A10.

_____. "Presidente admite ligação com o PTB". 19 maio 2005, p. A11.

_____. "Tribunal condena Rosane Collor a pagar R$ 1,8 mil". 20 set. 2001, p. 8.

_____. "Operação custa aos cofres públicos R$ 60,1 milhões", 11 maio 2001.

_____. "Veja quais são os alvos da CPI da Corrupção". 9 maio 2001. Disponível em: <https://politica.estadao.com.br/noticias/geral,veja-quais-sao-os-alvos-da-cpi-da-corrupcao,20010509p37471>. Acesso em: 2 ago. 2020.

_____. "Temer rejeita pedido de processo de impeachment contra presidente". 2 jun. 1999.

_____. "FHC acusa justiça de ter sido arbitrária". 18 abr. 1999.

_____. "PF apreende documentos na casa de Lopes". 17 abr. 1999.

_____. "Planalto tenta abafar CPI do Sistema Financeiro". 31 mar. 1999.

_____. "FHC abre caminho para demissão de Chelotti". 4 mar. 1999.

_____. "Carnaval de Itamar diverte o mundo". 17 fev. 1994.

_____. "Presidente rejeita versão de escândalo". 17 fev. 1994, p. 6.

_____. "Collor denunciado por corrupção e quadrilha". 13 nov. 1992, p. 4.

_____. "Ibsen vê aprovação do impeachment". 19 ago. 1992, p. 5.

_____. "Benevides descarta soluções casuísticas". 30 jun. 1992, p. 5.

_____. "Requião pede renúncia imediata do presidente". 18 jun. 1992, p. 8.

_____. "ACM e Ulysses buscam saída para crise". 18 jun. 1992, p. 8.

_____. "Lula quer afastamento até fim da investigação". 18 jun. 1992, p. 8.

_____. "Collor se desculpa na TV pela crise familiar". 27 maio 1992, p. 5.

_____. "Congresso decide apurar 'Caso PC'". 27 maio 1992, p. 1.

_____. "Itamar não se solidariza com o presidente". 26 maio 1992, p. 6.

_____. "PF vai apurar denúncias de Pedro Collor". 26 maio 1992, p. 4.

_____. "Itamar volta a criticar novos ministros". 19 maio 1992, p. 7.

_____. "Irritado por não ter poder, Itamar decide deixar o PRN". 6 maio 1992, p. 6.

_____. "Itamar reclama falta de consulta para mudanças". 12 abr. 1992, p. 6.

O ESTADO de S. Paulo. "O destino do regime". 19 out. 1991, p. 3.
_____. "Collor envia Emendão ao Congresso". 5 out. 1991, p. 4.
_____. "Manifestantes tentam impedir leilão". 25 set. 1991, p. 5.
_____. "Veto de Collor reduz salários e cria polêmica". 13 set. 1991, p. 29.
_____. "Rosane sai sem explicar denúncias". 31 ago. 1991, p. 5.
_____. "Governadores aceitam debater Emendão". 27 ago. 1991, p. 4.
_____. "Os militares desejam um país feliz", 4 jul. 1991, p. 4.
_____. "Itamar diz ser contra venda da Usiminas". 20 jun. 1991, p. 4.
_____. "Collor admite negociar uso de medida provisória". 6 mar. 1991, p. 6.
_____. "Juristas divergem sobre projeto de Jobim". 6 mar. 1991.
_____. "Proposta da Fiesp é irreal, diz Zélia". 22 fev. 1991, p. 29.
_____. "Sarney não aceita um regime misto". 17 set. 1987, p. 4.
O GLOBO. "'Reação desproporcional', diz Maia sobre ameaça de Bolsonaro a repórter do Globo". 24 ago. 2020. Disponível em: <https://oglobo.globo.com/brasil/reacao-desproporcional-diz-maia-sobre-ameaca-de-bolsonaro-reporter-do-globo-24602925>. Acesso em: 18 abr. 2021.
_____. "'Pedaladas fiscais' dispararam no governo Dilma". 6 abr. 2016.
_____. "Linha do tempo: Do escândalo ao afastamento da presidência". 28 set. 2012. Disponível em: <https://oglobo.globo.com/brasil/linha-do-tempo-do-escandalo-ao-afastamento-da-presidencia-6234204>. Acesso em: 20 ago. 2020.
_____. "Confronto entre mestre e aluno". 5 nov. 1992, p. 3.
_____. "Collor está fora do poder". 30 set. 1992, p. 1.
_____. "OAB tenta fundamentar crime contra a honra". 28 ago. 1992, p. 3.
_____. "Pedido terá apenas duas assinaturas". 28 ago. 1992, p. 3.
_____. "Multidões vestem luto nas capitais". 17 ago. 1992.
_____. "Polícia Federal não tem poder para instaurar um inquérito". 27 maio 1992, p. 8.
_____. "Congresso decide criar uma CPI mista". 27 maio 1992, p. 4.
O JORNAL. "Aprovada a redação da 'Lei do Impeachment' apesar de considerada inconstitucional". 1º jun. 1948.
_____. "Intervenção federal em São Paulo". 1º jun. 1948.
O MATTO Grosso. "Telegramas". 12 nov. 1916.
O PAIZ. "Congresso Nacional", 5 nov. 1891, p. 1.
O TEMPO. "Rosane diz que ficou 'sem nada'". Belo Horizonte, 31 out. 2009. Disponível em: <https://www.otempo.com.br/politica/rosane-diz-que-ficou-sem-nada-1.230782>. Acesso em: 17 ago. 2020.
OLIVEIRA, Mariana. "Janot opina contra liminar para abertura de impeachment de Temer". G1, 10 maio 2016. Disponível em: <http://g1.globo.com/politica/noticia/2016/05/janot-pede-fim-de-liminar-que-ordenava-abertura-de-impeachment-de-temer.html>. Acesso em: 8 out. 2020.
OLIVEIRA, Ribamar. "Brasil: Governo já desistiu da meta fiscal de 1,9% do PIB no ano". Valor Econômico, 1º set. 2014. Disponível em: <https://valor.globo.com/brasil/coluna/governo-ja-desistiu-da-meta-fiscal-de-19-do-pib-no-ano.ghtml>. Acesso em: 18 set. 2020.

ORTELLADO Pabro; SOLANO, Esther. "Nova direita nas ruas? Uma análise do descompasso entre manifestantes e os convocantes dos protestos antigoverno de 2015". *Perseu*, v. 7, n. 11, 2016, pp.170-80.

OSMAN, Ricardo. "Brizola aconselhou pronunciamento". *O Estado de S. Paulo*, 27 maio 1992, p. 5.

PAINE, Thomas. *Rights of Man, Common Sense and Other Political Writings*. Oxford: Oxford University Press, 1998.

PASSARINHO, Nathalia. "PSDB pede a TSE cassação de Dilma e posse de Aécio como presidente". G1, 18 dez. 2014. Disponível em: <http://g1.globo.com/politica/noticia/2014/12/psdb-pede-tse-cassacao-de-dilma-e-posse-de-aecio-como-presidente.html>. Acesso em: 18 set. 2020.

PEREIRA, Armando. "Economia em alta salva governo em 2005". UOL, 26 dez. 2005. Disponível em: <https://noticias.uol.com.br/ultnot/especial/2005/12/26/ult2643u152.jhtm>. Acesso em: 2 ago. 2020.

PEREIRA, Merval. "Lockdown emergencial". *O Globo*, 21 mar. 2021. Disponível em: <https://blogs.oglobo.globo.com/merval-pereira/post/lockdown-emergencial.html>. Acesso em: 27 abr. 2021.

PEREIRA, Thomaz. "Quais os poderes de Eduardo Cunha no impeachment?". In: FALCÃO, Joaquim; ARGUELHES, Diego W.; PEREIRA, Thomaz (Orgs.). *Impeachment de Dilma Rousseff: Entre o Congresso e o Supremo*. Belo Horizonte: Rio de Janeiro: Letramento; Casa do Direito; FGV Direito Rio, pp. 85-9, 2017.

PÉREZ-LIÑÁN, Aníbal. "Impeachment or Backsliding? Threats to Democracy in the Twenty-first Century". *Revista Brasileira de Ciências Sociais*, v. 33, n. 98, pp. 1-15, 2018. Disponível em: <https://www.scielo.br/pdf/rbcsoc/v33n98/0102-6909-rbcsoc-33-98-e339801.pdf>. Acesso em: 26 out. 2020.

_____. *Presidential Impeachment and the New Political Instability in Latin America*. Cambridge: Cambridge University Press, 2007.

PÉREZ-LIÑÁN, Aníbal; POLGA-HECIMOVICH, John. "Explaining Military Coups and Impeachments in Latin America". *Democratization*, v. 24, n. 5, pp. 839-58, 2017.

PINTO, Luís Costa. "Pedro Collor conta tudo". *Veja*, 24 maio 1992.

PISCITELLI, Tathiane. *Direito financeiro*. 6. ed. Rio de Janeiro: Método, 2017.

PIVATTO, Priscila Maddalozzo. *Ideias impressas: O direito e a história na doutrina constitucional brasileira na Primeira República*. São Paulo: Faculdade de Direito, USP, 2010. Tese (Doutorado em Direito).

PLUCKNETT, Theodor Frank Thomas. "The Origin of Impeachment". *Transactions of the Royal Historical Society*, v. 24, pp. 47-71, 1942.

POCOCK, John G. A. *The Ancient Constitution and the Feudal Law: A Study of English Historical Thought in the Seventeenth Century*. Cambridge: Cambridge University Press, 1987.

PODER 360. "'É hora de corrigir os rumos para que o lavajatismo não perdure', diz Aras". 28 jul. 2020. Disponível em: <https://www.poder360.com.br/lava-jato/e-hora-de-corrigir-os-rumos-para-que-o-lavajatismo-nao-perdure-diz-aras/>. Acesso em: 15 out. 2020.

PODER 360. "Bolsonaro pede aos seguidores para arranjarem 1 jeito de filmar leitos vazios". 11 jun. 2020. Disponível em: <https://www.youtube.com/watch?v=n2Q--g8hsC-I>. Acesso em: 13 abr. 2020.

PRADO, Amanda. "Além de Collor e Dilma, Sarney, Itamar, FH e Lula sofreram pedidos de impeachment". *O Globo*, 5 maio 2016. Disponível em: <https://acervo.oglobo. globo.com/fatos-historicos/alem-de-collor-dilma-sarney-itamar-fh-lula-sofreram--pedidos-de-impeachment-19242217>. Acesso em: 1 fev. 2021.

PRATA, João. "STF cobra governo federal por descumprir custeio de leitos em São Paulo; MA e RS não receberam verba". Estadão, 12 mar. 2021. Disponível em: <https://saude. estadao.com.br/noticias/geral,stf-cobra-governo-federal-por-descumprir-custeio--de-leitos-em-sao-paulo-ma-e-rs-nao-receberam-verba,70003645895>. Acesso em: 17 abr. 2021.

PRETZEL, Bruna Romano. *O interesse público no Supremo Tribunal Federal: Legitimidade e governabilidade na suspensão de decisões judiciais*. São Paulo: Faculdade de Direito, USP, 2014. Dissertação (Mestrado em Direito).

PUJOL, Marcus Vinícius Comenale. *O impeachment de Fernando Collor: Aspectos econômicos, políticos e jurídicos que levaram à queda do presidente*. São Paulo: Faculdade de História, PUC-SP, 2017. Dissertação (Mestrado em História).

PERDUE, M. Kathleen. "Salomon P. Chase and the Impeachment Trial of Andrew Johnson". *The Historian*, v. 27, n. 1, pp. 75-92, 1964.

QUEIROZ, Rafael Mafei Rabelo. "O dilema do impeachment". *piauí*, 19 jan. 2021. Disponível em: <https://piaui.folha.uol.com.br/o-dilema-do-impeachment/>. Acesso em: 13 abr. 2021.

_____. "Falta de decoro sem impeachment é crime sem castigo". *piauí*, 28 fev. 2020. Disponível em: <https://piaui.folha.uol.com.br/falta-de-decoro-sem-impeachment--e-crime-sem-castigo/>. Acesso em: 13 abr. 2020.

_____. "E se ele for louco?". *piauí*, 31 mar. 2020. Disponível em: <https://piaui.folha. uol.com.br/e-se-ele-for-louco/>. Acesso em: 3 jul. 2020.

_____. "Indignidade, desonra e quebra de decoro presidencial na era Jair Bolsonaro". *JOTA*, 13 set. 2019.

_____. "A natureza jurídica dos crimes de responsabilidade presidencial no direito brasileiro: lições a partir do impeachment de Dilma Rousseff". *E-pública: Revista Eletrónica de Direito Público*, v. 4, pp. 221-45, 2017.

_____. "Impeachment e Lei de Crimes de Responsabilidade: O cavalo de Troia parlamentarista". Direito e Sociedade (blog). *O Estado de S. Paulo*, 16 dez. 2015. Disponível em: <https://brasil.estadao.com.br/blogs/direito-e-sociedade/impeachment-e-lei--de-crimes-de-responsabilidade-o-cavalo-de-troia-parlamentarista/>. Acesso em: 19 jul. 2020.

_____. "Cinquenta anos de um conflito: o embate entre o ministro Ribeiro da Costa e o general Costa e Silva sobre a reforma do STF (1965)". *Revista Direito GV*, v. 11, n. 1, pp. 323-42, 2015.

RAKOVE, Jack N. "Statement on the Background and History of Impeachment". *The George Washington Law Review*, v. 67, n. 3, pp. 682-92, 1999.

RECHDAN, Luís Henrique Junqueira de Almeida. *Constituição e Responsabilidade: a articulação de mecanismos para controlar os atos ministeriais pela Assembleia Geral Legislativa do Império do Brasil (1826-1829)*. São Paulo: Departamento de História, USP, 2016. Tese (Doutorado em História).

REHNQUIST, William H. *Grand Inquests: The Historic Impeachments of Justice Samuel Chase and President Andrew Johnson*. Nova York: William Morrow, 1992.

RESENDE, Thiago; MACHADO, Renato. "Não há dúvida da culpa do governo no desastre da pandemia, diz Tasso, membro da CPI da Covid". *Folha de S.Paulo*, 16 abr. 2021. Disponível em: <https://www1.folha.uol.com.br/poder/2021/04/nao-ha-duvida--da-culpa-do-governo-no-desastre-da-pandemia-diz-tasso-membro-da-cpi-da-covid.shtml>. Acesso em: 29 abr. 2021.

RESENDE, Thiago; PUPO, Fábio. "Emendas do Orçamento privilegiam estados e aliados de Bolsonaro". *Folha de S.Paulo*, 30 mar. 2021, p. A15.

RIBEIRO, Ana Paula. "Empresário confirma 'mensalinho' a Severino Cavalcanti". *Folha de S.Paulo*, 8 set. 2005. Disponível em: <https://www1.folha.uol.com.br/folha/brasil/ult96u72162.shtml>. Acesso em: 2 ago. 2020.

RIBEIRO, Ary. "Congresso derruba MP do funcionalismo". *O Estado de S. Paulo*, 27 jun. 1991, p. 4.

RIBEIRO, Bruno. "Doria sobe o tom e cobra 'reação' do Congresso contra Bolsonaro". *Estadão*, 15 jan. 2021. Disponível em: <https://politica.estadao.com.br/noticias/geral,doria-sobe-o-tom-e-cobra-reacao-do-congresso-contra-bolsonaro,70003582859>. Acesso em: 29 abr. 2021.

ROBERTSON, Geoffrey. *The Tyrannicide Brief: The Story of the Man Who Sent Charles I to the Scaffold*. Nova York: Anchor Books, 2005.

RODAS, Sérgio. "Moro reconhece erro em grampo de Dilma e Lula, mas mantém divulgação". Conjur, 17 mar. 2016.

RODRIGUES, Fabiana. *Lava Jato: Aprendizado institucional e ação estratégica na Justiça*. São Paulo: Martins Fontes, 2020.

RODRIGUES, Fernando. "Conheça a história da compra de votos a favor da emenda da reeleição". UOL, Blog do Fernando Rodrigues, 16 jun. 2014. Disponível em: <https://fernandorodrigues.blogosfera.uol.com.br/2014/06/16/conheca-a-historia-da-compra-de-votos-a-favor-da-emenda-da-reeleicao/>. Acesso em: 22 abr. 2021.

_____. "Deputado diz que vendeu seu voto a favor da eleição por R$ 200 mil". *Folha de S.Paulo*, 13 maio 1997.

_____. "Avaliação do governo Fernando Henrique Cardoso". UOL Política, [s.d.]. Disponível em: <https://noticias.uol.com.br/fernandorodrigues/arquivos/pesquisas/datafolha/fhc-popularidade.jhtm>. Acesso em: 29 jul. 2020.

RODRIGUES, Lêda Boechat. *História do Supremo Tribunal Federal*. 2. ed. Rio de Janeiro: Civilização Brasileira, 1991. Tomo I: 1891-1898: Defesa das liberdades civis.

ROSKELL, John Smith. *The Impeachment of Michael de la Pole, Earl of Suffolk, in 1386*. Manchester: Manchester University Press, 1984.

_____. *The Commons and their Speakers in Parliament: 1376-1523*. Manchester: Manchester University Press, 1965.

ROSSI, Clovis. "De indignados e perplexos". *Folha de S.Paulo*, 18 mar. 1990, p. A2.

ROTTA, Arthur Augusto. *Como depor um presidente: Análise comparada dos modelos de impeachment em 77 países*. Porto Alegre: IFCH, UFRGS, 2019. Tese (Doutorado em Ciência Política).

RUDD, Andrew. *Sympathy and India in British Literature, 1770-1830*. Londres: Palgrave/Macmillan, 2011.

RUSSELL, Conrad. "The Theory of Treason in the Trial of Strafford". *The English Historical Review*, v. 80, n. 314, pp. 30-50, 1965.

SADI, Andréia. "'Não vou deferir impeachment', diz Rodrigo Maia". G1, 3 fev. 2021. Disponível em: <https://g1.globo.com/politica/blog/andreia-sadi/post/2021/02/01/nao-vou-deferir-impeachment-diz-maia.ghtml>. Acesso em: 18 abr. 2021.

_____. "PMDB vai questionar na justiça a criação de partidos". *Folha de S.Paulo*, 13 fev. 2015, p. A4.

SALLUM JR., Brasilio. *O impeachment de Fernando Collor: Sociologia de uma crise*. São Paulo: Ed. 34, 2016.

SALLUM JR., Brasilio; CASARÕES, Guilherme Stolle Paixão e. "O impeachment do presidente Collor: a literatura e o processo". *Lua Nova*, n. 82, pp. 163-200, 2011.

SALOMON, Marta. "Maciel anuncia nova MP sobre salários". *O Estado de S. Paulo*, 5 jul. 1991, p. 4.

SANTOS, Chico; CIARELLI, Mônica. "Procurador diz ter nota de Cacciola a Lopes". *Folha de S.Paulo*, 17 abr. 1999.

SANTOS, Pedro A. G.; JALALZAI, Farida. *Women's Empowerment and Disempowerment in Brazil*. Filadélfia: Temple University Press, 2021.

SARNEY, JOSÉ. "Entrevista". In: CARVALHO, Luiz Maklouf. *1988: Segredos da Constituinte*. Rio de Janeiro: Record, 2017.

SCHWARCZ, Lilia M.; STARLING, Heloisa M. *Brasil: Uma biografia*. São Paulo: Companhia das Letras, 2015.

SEDLEY, Stephen. *Lions Under the Throne: Essays on the History of English Public Law*. Cambridge: Cambridge University Press, 2015.

SENADO FEDERAL. *Anais do Senado*.

_____. *Diário do Senado Federal*.

_____. Regimento Interno do Senado Federal. Versão consolidada pela Secretaria-Geral da Mesa do Senado Federal, publicada no Suplemento E da edição de 22 dez. 2018 do Diário do Senado Federal. Disponível em: <https://www25.senado.leg.br/web/atividade/regimento-interno>. Acesso em: 22 abr. 2021.

_____. Autos do processo de "impeachment" contra a presidente da República (Den. 1/2016). Acusada: Dilma Vana Rousseff. Brasília, 2016. 73 v.

_____. "Confira como ficarão as bancadas no Senado a partir de 2015", 26 out. 2014. Disponível em: <https://www12.senado.leg.br/noticias/materias/2014/10/27/confira-como-ficarao-as-bancadas-no-senado-a-partir-de-2015>. Acesso em: 4 fev. 2021.

_____. "Aldo Rebelo é o novo presidente da Câmara", *Agência Senado*, 28 set. 2005. Disponível em: <https://www12.senado.leg.br/noticias/materias/2005/09/28/aldo-rebelo-e-o-novo-presidente-da-camara>. Acesso em: 2 ago. 2020.

Bibliografia

SENADO FEDERAL. "ACM renuncia ao mandato com críticas ao governo". *Agência Senado*, 30 maio 2001. Disponível em: <https://www12.senado.leg.br/noticias/materias/2001/05/30/acm-renuncia-ao-mandato-com-criticas-ao-governo>. Acesso em: 29 jul. 2020.

_____.Autos do processo de "impeachment" contra o presidente da República (Diversos nº 12, 1992). Acusado: Fernando Affonso Collor de Mello. Brasília, 1992. 4 v.

SILVA, Evandro Lins e. *O salão dos passos perdidos: Depoimento ao CPDOC.* Rio de Janeiro: FGV Editora; Nova Fronteira, 1997.

SILVA, Hélio. *Floriano Peixoto: A consolidação (1891-1894).* São Paulo: Grupo Três, 1983.

SILVA, José Afonso da Silva. *Curso de direito constitucional positivo.* 35. ed. São Paulo: Malheiros, 2011.

SILVA, Marina Ribeiro. "A primeira recusa de nomeação para o Supremo Tribunal Federal pelo Senado: O dr. Barata Ribeiro". *Revista do Instituto de Direito Brasileiro da Faculdade de Direito da Universidade de Lisboa,* v 1, n. 6, pp. 3667-78, 2012.

SILVEIRA, Rose Ane. "Independente, Severino Cavalcanti é eleito presidente da Câmara". *Folha de S.Paulo,* 15 fev. 2005. Disponível em: <https://www1.folha.uol.com.br/folha/brasil/ult96u67210.shtml>. Acesso em: 2 ago. 2020.

SILVEIRA, Wilson. "Collor evita Rosane durante solenidade". *Folha de S.Paulo,* 13 ago. 1991, cad. 1, p. 7.

SIMÃO, Edna; RODRIGUES, Lorenna. "Déficit da Previdência fica R$ 7,5 bilhões acima do previsto em 2014". *Valor Econômico,* 29 jan. 2015. Disponível em: <https://valor.globo.com/brasil/noticia/2015/01/29/deficit-da-previdencia-fica-r-75-bilhoes-acima-do-previsto-em-2014.ghtml>. Acesso em: 18 set. 2020.

SIMÕES, Eduardo. "Doria defende que Congresso avalie pedidos de impeachment de Bolsonaro". Agência Reuters, 5 fev. 2021. Disponível em: <https://www.reuters.com/article/politica-doria-impeachment-bolsonaro-idLTAKBN2A518D>. Acesso em: 29 abr. 2021.

SIQUEIRA, Galdino. *O impeachment no regime constitucional brasileiro.* Dois Córregos, SP: Typ. A Minerva, 1912.

SKIDMORE, Thomas. *Brasil: De Getúlio a Castelo.* 4. ed. São Paulo: Paz e Terra, 1975.

SOARES, Gabriella. "Bolsonaro liberou R$ 511,5 milhões em emendas para o Congresso em janeiro". Poder 360, 1º fev. 2021. Disponível em: <https://www.poder360.com.br/congresso/bolsonaro-liberou-r-5115-milhoes-em-emendas-para-o-congresso-em-janeiro/>. Acesso em: 18 abr. 2021.

SOARES, Ingrid; MEDEIROS, Israel. "Jantar de Bolsonaro com empresários causa controvérsia no meio econômico". *Correio Braziliense,* 9 abr. 2021. Disponível em: <https://www.correiobraziliense.com.br/politica/2021/04/4917148-jantar-de-bolsonaro-com-empresarios-causa-controversia-no-meio-economico.html>. Acesso em: 27 abr. 2021.

SOUSA, Otávio Tarquínio de. *História dos fundadores do Império do Brasil.* Brasília: Senado Federal, 2015. v. III: Bernardo Pereira de Vasconcelos.

SOUZA, Gutemberg. "Contrato pode ser sido feito em SP, diz Sandra". *Folha de S.Paulo,* 1 ago. 1992, p. 5.

SPAGNUOLO, Sérgio; NALON, Tai. "Dilma 'pedalou' 35 vezes mais que Lula e FHC juntos". *Aos Fatos*, 4 abr. 2016. Disponível em: <https://www.aosfatos.org/noticias/dilma--pedalou-35-vezes-mais-que-lula-e-fhc-juntos/>. Acesso em: 17 abr. 2021.

SUNSTEIN, Cass. *Impeachment: A Citizen's Guide*. Cambridge, MA: Harvard University Press, 2017.

SUPREMO TRIBUNAL FEDERAL. "Hahnemann Guimarães". Disponível em: <http://www.stf.jus.br/portal/ministro/verMinistro.asp?periodo=stf&id=167>. Acesso em: 17 jul. 2020.

_____. "Ministro Teori Zavascki autoriza abertura de inquérito e revoga sigilo em investigação sobre Petrobras". 6 mar. 2015. Disponível em: <http://www.stf.jus.br/portal/cms/verNoticiaDetalhe.asp?idConteudo=286808>. Acesso em: 7 set. 2020.

TALENTO, Aguirre. "Juiz absolve ex-presidente Michel Temer e mais cinco em acusação de corrupção no setor dos portos". *O Globo*, 19 mar. 2021.

TAVARES, Fabio Luis. *A oligarquia paulista e sua articulação com o governo de Floriano Peixoto durante a Revolta da Armada (1893-1894)*. Assis, SP: FCLAS, Unesp, 2013. Dissertação (Mestrado em História).

TAYLOR, Stephen. "Walpole, Robert, First Earl of Oxford". In: *Oxford Dictionary of National Biography*, online. Disponível em: <https://doi.org/10.1093/ref:odnb/28601>. Acesso em: 16 jun. 2020.

TENÓRIO, Douglas Apratto. *A tragédia do populismo: O impeachment de Muniz Falcão*. 2. ed. Alagoas: Edufal, 2007.

TOLEDO, José Roberto de. "FHC venceu em 87% dos municípios". *Folha de S.Paulo*, 1º nov. 1998.

TREFOUSSE, Hans L. *Impeachment of a President: Andrew Johnson, the Blacks, and Reconstruction*. Nova York: Fordham University Press, 1999.

TRIBE, Laurence; MATZ, Joshua. *To End a Presidency: The Power of Impeachment*. Nova York: Basic Books, 2018.

TRIBUNA da Imprensa. "Comissão para estudar o 'impeachment' de Vargas", 6 maio 1954, p. 3.

_____. "'Impeachment' contra Vargas, processo contra Aranha", 5 maio 1954, p. 3.

TRISOTTO, Fernanda; ROSA, Bruno. "Ministério da Economia diz que Censo de 2021 está cancelado". *O Globo*, 23 abr. 2021. Disponível em: <https://oglobo.globo.com/economia/ministerio-da-economia-diz-que-censo-de-2021-esta-cancelado-24985108>. Acesso em: 18 abr. 2021.

TURNBULL, Patrick. *Warren Hastings*. Londres: New English Library, 1975.

TURNER, Lynn. W. "The Impeachment of John Pickering". *The American Historical Review*, v. 54, n. 3, pp. 485-507, abr. 1949.

ULHÔA, Raquel. "Borja diz que renúncia não é ato de covardia". *Folha de S.Paulo*, 2 set. 1992, cad. 1, p. 5.

ÚLTIMA Hora. "Reunida a Câmara para destituir Carlos Luz", 11 nov. 1955, p. 4.

UOL. "Maia nega omissão e diz que impeachment de Bolsonaro tiraria foco da covid". 14 dez. 2020. Disponível em: <https://noticias.uol.com.br/politica/ultimas-

-noticias/2020/12/14/maia-omissao-impeachment-bolsonaro-foco-covid.htm? cmpid=copiaecola>. Acesso em: 18 abr. 2021.

———. "Lula defende impeachment de Bolsonaro por vetar compra de CoronaVac". 22 out. 2020. Disponível em: <https://noticias.uol.com.br/politica/ultimas-noticias/2020/10/22/lula-pede-impeachment-de-bolsonaro.htm>. Acesso em: 24 abr. 2021.

———. "Eleições 2014: Raio-x Congresso", out. 2014. Disponível em: <https://eleicoes.uol.com.br/2014/raio-x/congresso#veja-mais>. Acesso em: 2 nov. 2020.

URIBE, Gustavo. "Seis dias após 2º turno, protesto em São Paulo pede saída de Dilma". *Folha de S.Paulo*, 2 nov. 2014, p. A14.

VALENTE, Rubens. "Em diálogo, Jucá fala em pacto para deter avanço da Lava Jato". *Folha de S.Paulo*, 23 maio 2016, p. A4.

VALENZUELA, Arturo. "Latin American Presidencies Interrupted". *Journal of Democracy*, v. 15, n. 4, pp. 5-19, 2004.

VALOR Econômico, "Peru: Congresso aprova impeachment do presidente Martin Vizcarra", 9 nov. 2020.

VAZ, Lucio. "Liberação de verbas atinge R$ 47 milhões na semana". *Folha de S.Paulo*, 11 maio 2001.

VEJA. "Lava Jato: Michel Temer foi preso por crimes cometidos a 'vida inteira'". 21 mar. 2019. Disponível em: <https://veja.abril.com.br/politica/lava-jato-michel-temer-foi-preso-por-crimes-cometidos-a-vida-inteira/>. Acesso em: 22 abr. 2021.

———. "Após operação da PF, governo aposta no Senado para barrar impeachment". 16 dez. 2015. Disponível em: <https://veja.abril.com.br/politica/apos-operacao-da-pf-governo-aposta-no-senado-para-barrar-impeachment/>. Acesso em: 7 out. 2020.

———. "'O PC é o testa de ferro do Fernando'". 27 maio 1992, pp. 18-22.

VELLOSO, Carlos Mário da Silva. Depoimento ao CPDOC. Rio de Janeiro: CPDOC-FGV, 2012. Disponível em: <http://www.fgv.br/cpdoc/historal/arq/Entrevista2032.pdf>. Acesso em: 14 ago. 2020.

VELLOZO, Julio César de Oliveira. *Constituição e responsabilidade no Império do Brasil: Embates parlamentares sobre a responsabilização de ministros, magistrados e empregados públicos em geral (1826-1832)*, São Paulo: Departamento de História, USP, 2017. Tese (Doutorado em História).

VENCESLAU, Pedro; PERON, Isadora. "Oposição reforça tese do impeachment". *O Estado de S. Paulo*, 16 abr. 2015, p. A6.

———. "Aécio volta e tenta manter protagonismo". *O Estado de S. Paulo*, 4 nov. 2014, p. A7.

VENTURA, Deisy; AITH, Fernando; REIS, Rossana. "Propagação da Covid-19 no Brasil foi intencional". *Folha de S.Paulo*, 20 mar. 2021. Disponível em: <https://www1.folha.uol.com.br/opiniao/2021/03/propagacao-da-covid-19-no-brasil-foi-intencional.shtml>. Acesso em: 17 abr. 2021.

VENTURINI, Lilian. "Temer assinou decretos iguais aos de Dilma. Por que ele não é alvo de impeachment". *Nexo*, 29 abr. 2016. Disponível em: <https://www.nexojornal.com.br/expresso/2016/04/29/Temer-assinou-decretos-iguais-aos-de-Dilma.-Porque-ele-n%C3%A3o-%C3%A9-alvo-de-impeachment>. Acesso em: 26 out. 2020.

VENTURINI, Lilian. "O que foi o Proer, caso dos anos 90 agora desarquivado pelo Supremo". *Nexo*, 29 mar. 2016. Disponível em: <https://www.nexojornal.com.br/expresso/2016/03/29/O-que-foi-o-Proer-caso-dos-anos-90-agora-desarquivado-pelo-Supremo>. Acesso em: 27 jul. 2020.

VILLAVERDE, João. *Controle do soberano: Como evoluiu a aplicação da Lei do Impeachment no Brasil?*. São Paulo: Escola de Administração de Empresas, FGV-SP, 2019. Dissertação (Mestrado em Administração de Empresas).

_____. *Perigosas pedaladas: Os bastidores da crise que abalou o Brasil e levou ao fim do governo Dilma Rousseff*. São Paulo: Geração Editorial, 2016.

VILLAVERDE, João; FERNANDES, Adriana. "Tesouro paga mais para vender títulos e técnicos pressionam Arno Augustin". *O Estado de S. Paulo*, 5 dez. 2013, p. B1.

VILLAVERDE, João; PAULINO, Lucas. "História mostra que período do mandato importa para impeachment afastar presidente". *Folha de S.Paulo*, 21 maio 2020.

WESTON, Corinne Comstock. *English Constitutional Theory and the House of Lords*. Londres: Routledge & Kegan Paul, 1965.

WINDT JR., Theodore. "Introduction". In: WINDT JR., Theodore; INGOLD, Beth (Orgs.). *Essays in Presidential Rhetoric*. 2. ed. Dubuque-IA: Kendall/Hunt, 1987.

WIZIACK, Julio; CARNEIRO, Mariana. "Governo 'sangra' a Caixa e poupa o Tesouro para pagar benefício social". *Folha de S.Paulo*, 13 ago. 2014, p. B1.

ZAGORIN, Perez. *Rebels & Rulers 1500-1660*. Cambridge: Cambridge University Press, 1982. v. II: Provincial Rebellion, Revolutionary Civil Wars, 1560-1660.

_____. *A History of Political Thought in the English Revolution*. Londres: Routledge & Kegan Paul, 1954.

Índice remissivo

abono salarial, 163-4

Abranches, Sérgio, 93, 147

Abreu, Kátia, 226

Acioli, Ana, 109-10

Adams, Luís, 178

ADPF 378 (Arguição de Descumprimento de Preceito Fundamental), 219

Advocacia Geral da União (AGU), 157, 166, 173, 177

Afonso, José Roberto, 171

Agência Brasileira de Inteligência (Abin), 151

Agência Pública (jornalismo investigativo), 179

Agripino, João, 72, 75

Aith, Fernando, 250

Albuquerque, Caetano, 65

Alckmin, Geraldo, sobre a abertura de processo contra Dilma, 158

Alencar, José, 152

Alkmin, José Maria, 75

Almeida, Mansueto, 171

Alvarenga, Aristides Junqueira, 104-6

Alvares, Elcio, 118

Alves Rodrigues, Fabiana, 181

Alves, Garibaldi, 170

Alves, Vicentinho, 224

Amaral, Delcídio, 150, 219

América Latina, instabilidade política na, 18

Amorim, Eduardo, 178

Ana Amélia, 178

Anastasia, Antonio, 190, 221; inclusão de fatos do primeiro mandato no relatório de acusação a Dilma, 222, 232; questão do "golpe" e, 221

Aranha, Oswaldo, 72

Arantes, Jovair, 218, 221

Aras, Augusto, 235

Araújo, Carlos, 206

Arena (Aliança Renovadora Nacional), 97

Argentina, 72; impeachment na, 22

Arraes, Miguel, 156

Arruda, José Roberto, 143

ASD Empreendimentos e Participações Ltda., 110

Associação Brasileira de Imprensa (ABI), 100

Ato das Disposições Constitucionais Transitórias (ADCT), 94

attainders, atos de vontade do rei da Inglaterra, 34

Augustin, Arno, 163, 170-2, 174, 177, 229, 232

Baleeiro, Aliomar, 77

Banco Central, 136, 162, 166, 172, 229

Banco do Brasil, 142, 163, 170

Banco Nacional de Desenvolvimento Econômico e Social (BNDES) ver BNDES

Banco Rural, 151

Bandeira de Mello, Celso Antônio, 141

Bandeira, Luiz Fernando, 226-7

Barbalho, Jader, 138, 143

Barbosa Lima Sobrinho, Alexandre, 100, 113, 142

Barbosa, Joaquim, 153, 177

Barbosa, Michele, 101

Barbosa, Nelson, 178

Barbosa, Rui, 21, 60, 84

Barros, Ademar de, 67-8

Barroso, Luís Roberto, 216-7, 249

Barusco, Pedro, 200

Bastos, Márcio Thomaz, 113

Batista, Joesley, 196, 255

Battisti, Cesare, 249

Benevides, Mauro, 93, 106, 113, 117, 119-20, 130

Bengala, colônia britânica, 38

Berger, Raoul, 34

Bicudo, Hélio, 190, 192, 203, 205, 221

Bill of Rights (Inglaterra, 1689), 37

Bisol, José Paulo, 118

Blackstone, William, 31

BMG, banco, 151

BNDES, 141, 163-4, 170, 204

Bolsa Família, 163-5

Bolsonaro, Eduardo, 157

Bolsonaro, Jair, 17, 157, 203, 211, 213, 235, 240, 245-63; atentado contra a saúde dos brasileiros, 250; baixa popularidade de, 253; campanhas de desinformação, 251; cede à velha política por apoio do Centrão, 259; como exemplo de quebra de decoro, 246; crimes de responsabilidade de, 246, 248, 263; guerra contra governadores e prefeitos, 251; padrões de conduta criminosa, 253; passível de acusações de crime contra a humanidade, 262; pedidos de impeachment contra, 19; pedidos de impeachment engavetados, 254; relações com o crime organizado do Rio de Janeiro, 262; STF como alvo preferencial de, 248-9; suspeito de genocídio, 262

Bonavides, Paulo, 142

Borja, Célio, 108, 114-5

Brás, Venceslau, 84

Brasil, Cristiane, 188

Brizola, Leonel, 105, 112-4

Brossard, Paulo, 21, 55, 65, 80, 84, 128, 184, 215, 252

Bucaram, Abdalá "El Loco", 17-9, 237

Buchanan, James, 46

Bugarin, Paulo, 191

Burke, Edmund, 38

Burr, Aaron, 154

Cacciola, Salvatore, 137-8

Café Filho, João, 20, 73-6, 78-9, 245; impedimento de, 76-7

Caiado, Ronaldo, 178

Caixa Econômica Federal, 156-7, 162, 164-6, 170, 173, 192, 201

Calheiros, Renan, 138-9, 158, 183, 189, 220, 223, 226

Câmara dos Comuns, 30

Câmara dos Deputados, 15, 20, 22, 25, 53, 56, 58, 60, 63, 68-9, 71-2, 75, 78, 86, 95, 105-6, 113-8, 121, 132, 139-41, 145-6, 148, 152, 154, 181-2, 185, 190-3, 198, 206-7, 209, 211, 214-20, 232, 234-5, 237-8, 264-6; blindagem do presidente em troca de cargos e recursos orçamentários, 146, 148; presidida por Severino Cavalcanti, 152; ver também comissão especial de impeachment

Câmara dos Lordes, 30

campanhas de reeleição, tradição de ocultamento de problemas econômicos do governo, 167

Campos, Eduardo, morte de, 156

Capanema, Gustavo, 75, 80

caras pintadas, protestos pelo impeachment de Collor, 100

Cardoso de Mello, Zélia, 91-2, 105, 108

Cardoso, Fernando Henrique, 106, 119, 158, 160, 167; acusado de corrupção, 145; ameaça de CPMI da Corrupção, 142, 144, 146, 148; como ministro da Fazenda, 136; CPI dos Bancos, 138; crise energética de 2002, 144; denúncias no segundo mandato, 136, 138-48; emenda da reeleição (1997) e, 145, 149, 153; popularidade de, 136; processo de impeachment contra, 19; queda na popularidade, 137, 144; sobre a abertura de processo contra Dilma, 158

Cardozo, José Eduardo, 178; investigado pela Lava Jato, 223-4

Carlos I, 35, 37

Carlos II, 29

Carnaval, Marcelo, 133

Carneiro, Mariana, 157

Carneiro, Nelson, 117

carta aberta de economistas e empresários (março de 2021), 261

Carvalho, Cláudia Paiva, 80

Carvalho, José Murilo de, 100

Carvalho, Júlio Gerin de Almeida, 200

Carvalho, Laura, 160

Casarões, Guilherme, 89

Castelo Branco, Gil, 171

Castro Oliveira, Adelaide, 205

Índice remissivo

Cavalcanti Filho, Paulo, 113
Cavalcanti, André, 65
Cavalcanti, Severino, 152
"cavalo de Troia parlamentarista", 80
Cedraz, Aroldo, 178
Central Geral dos Trabalhadores (CGT), 91
Central Única dos Trabalhadores (CUT), 91
Centrão, 212, 243, 258-60
Centro de Estudos e Pesquisa em Direito
    Sanitário (Cepedisa), 253
Cerveró, Nestor, 200
Chase, Samuel, 45
Chequer, Rogério, 205
Chile, 72
Chinaglia, Arlindo, 140, 152, 191
Clinton, Bill, 45, 245
cloroquina, fake news sobre, 250
CNN, 134
Código de Processo Criminal (1832), 52
Código de Processo Penal, 216
Coke, Edward, 29
Collor de Mello, Fernando, 11, 17, 55, 96, 108,
    112, 133, 135-6, 138, 144, 158-60, 167, 194, 201-
    2, 207, 210, 212, 214, 216-8, 223, 226-7, 237,
    246; absolvido de crime de corrupção,
    154; acusação pelo Senado, 125; afasta-
    mento do cargo, 117; aliança com Itamar
    Franco, 97; apelo final por apoio popular,
    112; autocrático e voluntarista, 88;
    carreira política, 97; comparação entre
    Itamar Franco e, 96; confisco de ativos
    da população, 88; CPMI do PC e, 106-7;
    culpado de crime de responsabilidade,
    112, 123, 154; defesa na Câmara, 114-5;
    defesa no Senado, 121, 128; denunciado
    pela PGR, 125; descontrole da inflação, 93;
    desentendimento com Itamar Franco,
    98; despesas pessoais pagas por PC Farias,
    109; envolvimento com PC Farias, 103,
    107, 109-10; escândalo do Fiat Elba, 111;
    escândalo na LBA e, 102; escândalo PC
    Farias, 103-4; fatores para o fracasso, 86;
    impasse no Senado durante o processo,
    117-8; inelegibilidade de, 129; julgamen-
    to no Senado, 121, 123-4; Ministério de

Notáveis, 98; MP do funcionalismo,
    92; negociação da dívida externa, 92;
    Operação Uruguai, 109; Plano Collor I,
    88-9; Plano Collor II, 90; popularidade
    de, 88; posse de, 85; privatizações, 97;
    processo criminal no STF, 131; processo de
    impeachment autorizado pela Câmara,
    116; processo de impeachment contra,
    12-5, 19-20, 22, 24, 66, 84-132, 142, 252,
    254; proposta de parlamentarismo e, 95;
    queda na popularidade, 86, 90-1, 94, 100;
    reação às acusações de Pedro Collor, 105;
    recebe intimação, 120; reforma constitu-
    cional, 93; relacionamento com Itamar
    Franco, 193, 196; relacionamento com o
    Congresso, 89-93, 95; renúncia de, 127-8;
    suspeitas de corrupção, 100; tentativas
    de adiar o julgamento, 126-7; traição
    de Itamar Franco, 98-9; uso abusivo de
    medidas provisóirias, 87, 91
Collor de Mello, Leda, 104
Collor de Mello, Leopoldo, 104
Collor de Mello, Pedro, 86, 96, 99, 103, 107,
    136
Collor de Mello, Rosane, 101, 111; escândalo
    na LBA, 102
Colon, Leandro, 226
Comissão Central de Preços, 71
Comissão de Ética da Câmara, 192
comissão especial de impeachment: da
    Câmara, 20, 72, 113, 115, 140, 190, 198, 208,
    210, 216-8, 232; do Senado, 117-9, 121-5, 190,
    197, 216, 221, 223
Comissão Parlamentar de Inquérito (CPI)
    ver CPIS/CPMIS
Comissão Parlamentar Mista de Inquérito
    (CPMI) ver CPIS/CPMIS
Comitê Judiciário da Câmara dos Deputa-
    dos (EUA), 228
Commentaries on the Laws of England (Black-
    stone), 31
Companhia Britânica das Índias Orientais,
    38
Comparato, Fábio Konder, 113, 116, 141
Conectas Direitos Humanos, 253

Conselho Administrativo de Recursos Fiscais (Carf), 204

Conselho Nacional do Ministério Público, 189

Constant, Benjamin, 57

Constituição (1824), 51-3

Constituição (1891), 21, 50; crimes de responsabilidade e, 54, 59; estado de sítio e, 62; Lei do Impeachment e, 59, 63

Constituição (1946): cpis e, 71; impedimento na, 76; sobre o impeachment, 69-70

Constituição (1988), 216, 263; ajustes na Lei do Impeachment, 66, 69, 116; Ato das Disposições Constitucionais Transitórias (adct), 94; diferenciação entre presidente e vice, 240; medidas provisórias na, 87; presidencialismo de coalizão, 147; questão das duas penas para o impeachment, 130; sobre o impeachment, 69-70

Constituição dos Estados Unidos (1787), 18, 37, 39, 41, 154; eleições e, 40; impeachment na, 42-3, 45; mandato presidencial, 40; relações entre os poderes, 40

Constituição portuguesa (1822), 52

Contas Abertas (ong), 171

Controladoria Geral da União (cgu), 175

Cony, Carlos Heitor, 139

Corrêa, Maurício, 106

Correios: corrupção nos, 150, suposto uso irregular na campanha à reeleição de Dilma, 175

Costa Neto, Valdemar, 134

Costa Pereira, Flavio Henrique, 205

Costa Pinto, Luis, 99

Costa, Paulo Roberto, 200

Covas, Mário, 95, 119, 123

covid-19, pandemia de, 19, 203, 246, 250, 253, 263

cpis/cpmis, 15, 71; dos Bancos, 138, 140; dos Correios, 150-1, 153; da Covid, 261; do pc Farias, 96, 100, 106-8, 110-2; da Petrobras, 191

crimes comuns, 24

crimes de responsabilidade, 14, 20-1, 24, 50, 52-4, 59, 69, 81, 106; Collor e, 112, 123, 154; Dilma e, 168, 229; fhc e, 141-2, 144, 153;

imprecisão na definição de, 82, 252; Lula e, 153; papel do Congresso na apuração de, 235; presidente como responsável pelos atos de seus subordinados, 233; violações à Lei de Responsabilidade Fiscal como, 230

crise do Encilhamento, 60

crise energética (2002), 144

crise inflacionária (anos 1980), 85

Cruz, Oswaldo, 64

Cunha, Eduardo, 158, 180-3, 185, 187, 189, 190-3, 196, 203-13, 218, 220-1, 229, 232, 238, 243, 256; afastado pelo stf, 190, 221; ameaçado pela Lava Jato, 195; atitude vingativa de, 238; atuação abusiva na presidência da Câmara, 211; cassado pelos deputados, 221; corrupto de estimação na luta contra a corrupção, 212; deflagra processo de impeachment contra Dilma, 193, 203; eleito presidente da Câmara, 191; em guerra com o pt, 195; favorecimento a correligionários na Câmara, 239; formação da Comissão Especial de impeachment, 210; limitações pelo stf no processo de impeachment de Dilma, 214; negociação com pt para escapar do Conselho de Ética, 235; pedidos de impeachment de Temer engavetados por, 198; processo de cassação de, 238; recebimento parcial da denúncia contra Dilma, 208-9; "rito Cunha", 206-7

Cunha, Sérgio Sérvulo da, 113, 116

Daily Express, 134

Dallagnol, Deltan, 187

Dallari, Dalmo de Abreu, 142

Damous, Wadih, 206

Davie, William, 40

de Gaunt, John, 27

de la Mare, Peter, 27, 28

Delgado, Júlio, 191

Departamento Nacional de Estradas de Rodagem (dner), 142

"Dez medidas contra a corrupção", 199

Dias Toffoli, José Antonio, 224

Índice remissivo

Diniz, Alcides, 110
Diniz, Ângela, 121
direito e moralidade, relações entre, 234
Doria, João, 261
Duailibi, Julia, 191
Duque, Renato, 224
Dutra, Eurico Gaspar, 68

Economist, The, 152
Eduardo III, 27, 30
Eduardo Jorge (Caldas Pereira), 106, 139, 142
emenda da reeleição (1997), suspeita de corrupção para aprovação da, 145, 149, 153
Equador, impeachment no, 22
Erundina, Luiza, 141
establishment político, oposição ao, 17
Estado de S. Paulo, O, 116, 156, 158, 170, 175
Estado Novo, 242
Estados Unidos, 13, 16, 81, 146, 154, 184, 214, 236; Constituição dos *ver* Constituição dos Estados Unidos; cultura jurídica dos, 25; impeachment nos, 13, 22, 25, 30; lei de impeachment nos, 70; Senado como juiz no processo de impeachment, 43
Estevão, Luiz, 143

Fachin, Edson, 210, 216
Faculdade de Saúde Pública da USP, 253
falsa correlação entre falta de recursos do governo e corrupção dos políticos, 200
Faoro, Raymundo, 113
Faria de Carvalho, Guido, 126
Farias, Lindbergh, 225
Farias, Luiz Romero, 103, 108
Farias, Paulo César (PC), 15, 19, 86, 96, 99, 103-9, 111-2, 122-3, 125, 194, 252
Federação das Indústrias do Estado de São Paulo (Fiesp), 91
Federalista, O (EUA, 1787), 43, 154
Ferraz Freitas, Aylton, 152
Figueiredo, Argelina, 147, 148, 203
Figueiredo, João Baptista de Oliveira, 11
Fischer, Felix, 189
Fiúza de Castro, Álvaro, 74
Folha de S.Paulo, 116, 149, 156, 170, 185

Fonseca, Deodoro da, 20, 54, 56-7; dissolve o Congresso Nacional, 57
Fonseca, Hermes da, 84
FonteCindam, banco, 137-8
Ford, Gerald, 16
França, Eriberto, 109, 111
Franco, Itamar, 19, 86, 89, 96, 108, 118, 136, 194, 259; carreira política, 97; comparação entre Collor e, 96; escândalo Lilian Ramos no carnaval, 133, 135-6; insuspeito de corrupção, 161; pedido de impeachment contra, 133, 135-6; relacionamento com Collor, 193, 196; sobre o parlamentarismo, 98; traição a Collor, 98-9
Franklin, Benjamin, 44
Freire, Felisbelo, 55
Frota, Alexandre, 260
Funaro, Lúcio, 195
Fundo de Amparo ao Trabalhador, 143
Fundo de Garantia por Tempo de Serviço (FGTS), 163, 170
Furtado, José da Rocha, 67
Fux, Luiz, 178

Gabeira, Fernando, 140
Gama, Benito, 106
Gazeta de Alagoas, 104
Genoíno, José, 141
George III, 39
Gerry, Elbridge, 40
Globo, O, 116, 133
GloboNews, 187
Gloucester, duque de, 32
golpes de Estado, 22
Gomes dos Santos, Gildson, 152
Gomes, Eduardo, 72
Gonçalves Ledo, Joaquim, 53, 69
Gonçalves, Luiz Antônio, 137
Goulart, João, 74, 115
Graziano, Xico, 158
Great Treason Statute (Inglaterra, 1352), 32
Gross, Francisco, 127
Guatemala, impeachment na, 23
Guerra de Secessão (EUA), 46
Guerra dos Cem Anos (1337-1453), 27

Guilherme III (Guilherme de Orange), 37
Guilherme, o Conquistador, 29
Guimarães, Hahnemann, 77, 79
Guimarães, Ulysses, 76, 78
Guizado, José Ramón, 22

Haddad, Fernando, 257
Hamilton, Alexander, 14, 39, 43-4, 154, 215
Hasselmann, Joice, 261
Hastings, Warren, 37-8, 42
Henrique VIII, 34
Hereda, Jorge, 164, 174
Hübner Mendes, Conrado, 211

impeachment, O: Aspectos da responsabilidade política do presidente da República (Brossard), 21, 84
impeachment: afastamento e inabilitação como penas independentes, 55, 128-9; base de apoio sólida no Congresso como garantia contra, 256; bibliografia sobre, 276-8; blindagem do presidente na Câmara dos Deputados, 145-6, 148; comando do processo dividido entre STF e Congresso, 215; como fator desestabilizador da democracia, 23; como processo jurídico e político, 13, 21, 24, 49, 153; como processo traumático, 16; como protetor das instituições constitucionais, 122, 131; condições necessárias para o sucesso, 15; condições políticas necessárias para processo na Câmara, 154; decretos 27 e 30 (1892), 54-5, 58, 60, 67, 80; história do, 27-32, 34-8, 39-50; legitimidade no caso Dilma, 228; manifestação popular como condição necessária ao, 108, 255; na América Latina, 19, 22-3; no Brasil, 19-21, 25; na Constituição dos Estados Unidos (1787), 41-3, 45, 81; na monarquia inglesa, 27-38; na república brasileira, 54-60; na república norte-americana, 13, 39-9; papel do Congresso no processo, 141, 235; papel do STF no processo, 184, 234; parlamentização do, 82; primeiro processo no Brasil (Floriano Peixoto), 60-4; queda de

popularidade como condição para, 241; remédios contra investidas ilegítimas sobre mandatos presidenciais, 215; ritos do, 264-73; Rui Barbosa sobre, 84
impedimento (afastamento sumário), 73-9
imprensa, 17
inaptidão mental para o exercício da presidência, 18
Inglaterra, 27-38
"instituições estão funcionando", 169
Instituto de Pesquisa Econômica e Aplicada (Ipea), 171
Instituto de Resseguros do Brasil (IRB), 150
Intercept Brasil, The, 186
IstoÉ, 109
Itararé, barão de (Aparício Torelly), 76

J&F, 255
Jackson, Andrew, 45
Janot, Rodrigo, 158, 182, 190-1, 198, 255
JBS, 196
Jefferson, Roberto, 149-53
Jobim, Nelson, 91, 107, 115, 121
Jobim, Walter, 67
Johnson, Andrew, 30, 45-6, 59, 61, 63, 146, 245; processo de impeachment contra, 45-6, 48-9
Jornal do Brasil, 59-60
Jornal Nacional, 150, 156
José Dirceu, 106, 140, 150, 152
Jucá, Romero, 181-3, 185, 189, 213, 224, 243; áudio vazado de, 181, 186
Judiciário, 13, 15-6
junho de 2013, manifestações, 199

Kataguiri, Kim, 205, 260
King, Rufus, 40
Kubitschek, Juscelino, 73-4, 77, 97

Labovitz, John, 228
Lacerda, Carlos, 71
Lancaster, duque de, 32
Lando, Amir, 106, 112, 121
Latimer, quarto barão de, 27-30, 32
Lava Jato, operação policial, 149, 160, 168, 180, 184-5, 199, 223, 241; conversas dos

Índice remissivo

procuradores com Sergio Moro reveladas pelo *The Intercept Brasil*, 186; influenciadora da queda de popularidade do governo Dilma, 201; medo dos políticos de ser atingidos pela, 212; suspeita de parcialidade, 181; *ver também* Vaza Jato

Lee, John, 30

Legião Brasileira de Assistência (LBA), 101

Lei da Responsabilidade dos Ministros e Secretários de Estado, e dos Conselheiros de Estado (1827), 52-4, 58

Lei de Diretrizes Orçamentárias, 163, 172, 197

Lei de Improbidade Administrativa, 231

Lei de Responsabilidade Fiscal, 164, 166, 171, 173, 175, 177-9, 222, 229-31

Lei do Impeachment (lei nº 1079/1950), 14-5, 20, 53, 66-70, 80, 82, 112-4, 116-7, 120, 122, 130-1, 135, 139, 142, 153, 175, 208-9, 211, 214, 216, 225, 227, 230, 246, 248-50; CPIS, 71; definição dos crimes passíveis de impeachment, 69; impedimento na, 76

Leitão, Miriam, 88

Les Benedict, Michael, 46

Lessa, Pedro, 64

Levy, Joaquim, 174

Lewandowski, Ricardo, 206, 223, 226

Lewinsky, Monica, 245

Lima e Silva, Wellington César, 188

Limongi, Fernando, 147-8, 203

Lincoln, Abraham, 45, 46

Lins e Silva, Evandro, 113, 116, 121, 123-4, 127-8, 130

Lira, Arthur, 211, 255-6

Lira, Raimundo, 221

Lo Prete, Renata, 149

Lopes, Francisco, 138

Lott, Henrique Teixeira, 73, 75, 77, 79; golpe militar (1955), 74

Lucena, barão de, 57

Lucena, Humberto, 106

Lugo, Fernando, 19, 237

Lula da Silva, Luiz Inácio, 149, 158, 160, 257; condenações anuladas pelo STF, 257; convidado para Casa Civil de Dilma, 186; de-

sinterese por impeachment de Bolsonaro, 258; economia em alta no primeiro mandato, 151; escândalo do Mensalão, 134, 150-3, 160, 180, 199, 226; investigado pela Lava Jato, 223; obstrução à posse na Casa Civil, 237; pedidos de impeachment contra, 19, 152; popularidade de, 151-2; vazamento de telefonema com Dilma, 186, 237

Luz, Carlos, 20, 74, 76, 78, 245; impedimento de, 74-5

Lyons, Richard, 27-9

Machado Sobrinho, Orlando, 135

Machado, Marcello Lavenère, 107, 100, 113, 142

Machado, Sérgio, 181, 183, 189

Maciel, Marco, 146

Madison, James, 41-2, 44

Magalhães, Agamenon, 68

Magalhães, Antônio Carlos (ACM), 99, 105, 113, 143

Maia, Agripino, 178

Maia, Rodrigo, 20, 203, 211, 213, 239, 254, 256

Mamede, Jurandir, 73

Mangabeira, João, 80

Mangabeira, Otávio, 67

Mantega, Guido, 174, 233

Maradona, Diego, 17

Maranhão, Waldir, 212, 239, 240

Marcos Valério (Fernandes de Souza), 151, 153

Maria I (Bloody Mary), 34

Maria II, 37

Marinho, Maurício, 150

Mariz, Antônio, 118-9, 125

Marka, banco, 137, 138

Márley Marra, Mariel, 198

Marques Moreira, Marcílio, 92, 108, 123

Martin, Luther, 40

Martinez, José Carlos, 149

Mártires Coelho, Inocêncio, 127

Mason, George, 38, 42

Matz, Joshua, 45

MDB (Movimento Democrático Brasileiro), 97; *ver também* PMDB

Mello, Celso de, 107, 119
Mello, Marco Aurélio, 181, 198
Melo Franco, Afonso Arinos de, 72
Mendes, Gilmar, 187-8, 201; manifestação contra a Lava Jato, 224
Mendes, Humberto, 68
Mendonça Filho, 205
Mensalão, escândalo do, 134, 150-3, 160, 180, 199, 226
Mercadante, Aloísio, investigado pela Lava Jato, 224
Minha Casa, Minha Vida, 157, 163, 165
Ministério da Ação Social, 101
Ministério do Desenvolvimento Social, 164-5
Ministério do Trabalho, 164-5
Ministério Público, 13, 174, 183
Ministério Público da Suíça, 191
Ministério Público Federal (MPF), 105
mobilização popular, papel nos processos de impeachment, 108
Moraes Filho, Evaristo de, 121, 123-4, 126
Moro, Sergio, 175; divulgação de conversa entre Dilma e Lula, 186-7
Morris, Gouverneur, 39, 40
Moura Rocha, José, 127
Mourão, Hamilton, 258-9; papel em possível impeachment de Bolsonaro, 258
Movimento Brasil Livre, 205, 260
Movimento Nacional Popular (MNP), 71
Movimentos Contra a Corrupção, 205
Múcio Monteiro, José, 174-6, 229
Muniz Falcão, 68
Muricy, Marília, 113

Nardes, Augusto, 177, 200-1, 205, 229
Nascimento, Célio Evangelista do, 151
Neves, Aécio, 144, 157, 167, 178, 182, 189, 221, 257; implicado na Lava Jato, 168; réu por corrupção, 168; sobre a abertura de processo contra Dilma, 158
Neves, Tancredo, 71
Nicolau, Jairo, 257
Nixon, Richard, 16, 125, 228, 236
Nova Matriz Econômica (gestão Dilma), 160, 162, 174

Novidades (jornal), 59
Nunes, Aloysio, 178, 225, 227

OAS, empreiteira, 224
Odebrecht, Marcelo, 181
Oliveira, Carlos Alberto de, 152
Oliveira, Inocêncio de, 135
Oliveira, Júlio Marcelo de, 174, 205
Oliveira, Olavo de, 67
Oliveira, Sandra Fernandes de, 110, 124
Operação Castelo de Areia, 189
Operação Uruguai, 124, 125
Opportunity, grupo, 141
Ordem dos Advogados do Brasil (OAB), 100, 107
Organizações Arnon de Mello, 104, 109

Paine, Thomas, 39
Palocci, Antônio, 150
Panamá, impeachment no, 22
Paraguai, impeachment no, 23
parlamentarismo, 80, 94, 148, 235
Partido Democrata (Estados Unidos), 49
Partido Republicano (Estados Unidos), 49
Partido Republicano Liberal, 84
Pasadena, refinaria de, 204
Paschoal, Janaína, 190, 192, 197, 203, 205, 221
Passos, Wilson Leite, 71
Pazuello, Eduardo, 250
PCDOB (Partido Comunista do Brasil), 211, 215
PDT (Partido Democrático Trabalhista), 191, 258
pedaladas fiscais, 157, 159, 161-6, 229, 233; como violação à Lei de Responsabilidade Fiscal, 175; julgadas ilegais pelo TCU, 174-5; legalidade contestada, 164-5
Pedroso, Éden, 106
Peixoto, Floriano, 56, 58, 60; processo de impeachment contra, 60-1, 63
Pereira Junior, Rubens, 206
Pereira, Eduardo Jorge *ver* Eduardo Jorge
Pereira, Thomaz, 209
Pérez-Liñán, Aníbal, 18, 83, 145, 168
Peru, 85; impeachment no, 23

Pessoa, Epitácio, 54

Pessoa, Mary, 101

Petrobras, 19, 191, 199; corrupção na, 175; Petrolão, 160

PFL (Partido da Frente Liberal), 113, 145

Picciani, Leonardo, 210

Pilla, Raul, 80, 148

Pinheiro, Ibsen, 113, 115, 207

Pinheiro, Leo, 224

PL (Partido Liberal) antigo Partido da República (PR), 149, 191

Plano Brasil Novo *ver* Plano Collor I, 279

Plano Collor I, 88-9; importações, 89

Plano Collor II, 90

Plano Real, 136

Plano Safra, 163

plebiscito sobre a forma e o sistema de governo (1993), 94, 96

PMDB (Partido do Movimento Democrático Brasileiro), 145, 167, 181-2, 195, 210, 212, 221; vocação de se aliar a todos os governos, 194; *ver também* MDB

política no Brasil, fragmentação partidária, 23

PP (Partido Progressista, depois Progressistas), 149, 189, 212

PPS (Partido Popular Socialista, depois Cidadania), 187

PR *ver* PL

Prado Kelly, José Eduardo do, 80

presidência da República, poder retórico, 247

presidencialismo, atuação da oposição após a eleição, 241

presidencialismo de coalizão, 147-9, 155

Primeira República, 64

PRN (Partido da Reconstrução Nacional), 89, 97, 194

Procuradoria-Geral da Fazenda Nacional, 157, 166, 173

Procuradoria-Geral da República (PGR), 106, 125, 195, 198, 238, 262

Programa de Estímulo à Reestruturação e ao Fortalecimento do Sistema Financeiro Nacional (Proer), 137

Programa de Sustentação do Investimento, 163

Projeto Minha Gente (LBA), 101, 102

PRTB (Partido Renovador Trabalhista Brasileiro), 12

PSB (Partido Socialista Brasileiro), 258

PSD (Partido Social Democrático), 67-8, 73, 76, 191, 210

PSDB (Partido da Social Democracia Brasileira), 158, 175, 187, 212, 221, 257, 261; pedido de cassação da chapa Dilma-Temer, 167

Psol (Partido Socialismo e Liberdade), 192

PSP (Partido Social Progressista), 67

PSTU (Partido Socialista dos Trabalhadores Unificado), 142

PT (Partido dos Trabalhadores), 142, 158, 177, 189, 193; acusações de corrupção contra o, 199; escândalos de corrupção, 180; militância ativa, 159; pedido de destaque para a votação da inabilitação de Dilma, 224; políticos atingidos pela Lava Jato, 200; questão de Eduardo Cunha no Conselho de Ética, 235

PTB (Partido Trabalhista Brasileiro), 97, 149, 150, 212

Pym, John, 35, 36

Quadros, Jânio, 11

Radiobrás, 109

Ramalhete, Clóvis, 113

Ramos, Lilian, 19, 133, 135-6

Ramos, Nereu, 72, 76, 78

Reale Jr., Miguel, 113, 190, 192, 203-4, 221

Rebelo, Aldo, 150, 152

Rede Sustentabilidade (partido), 192

Reis, Rossana, 250

renúncia de última hora como abuso de direito, 131

"República de Alagoas", 103

Requião, Roberto, 99

Revolta da Armada, 60

Revolta da Chibata, 84

Revolução Federalista (EUA), 60

Ribas, Amilcar Laurindo, 72
Ribeiro da Costa, Álvaro, 78
Ribeiro de Mendonça Neto, Augusto, 200
Ricardo II, 32
Richa, José, 95, 119
Rocha Barros, Celso, 200
Rocha Loures, Rodrigo, 196, 255
Rodrigues Alves, Murilo, 157
Rodrigues, Francisco Chagas, 130
Rodrigues, Randolfe, 197, 225
Rolim, Leonardo, 170
Roriz, Weslian, 102
Rossi, Baleia, 255
Rosso, Rogério, 218
Rousseff, Dilma, 20, 167, 176, 180, 189, 193, 245, 266, 271-2; acusações de difícil compreensão contra, 159; afastamento provisório do governo, 222; argumentos contra a condenação, 232; baixa popularidade no segundo mandato, 160; cerceada na defesa política do cargo, 237; coalizão no segundo mandato, 158; condenação no Senado, 226; condenação sem inabilitação, 224-8; confiança em sucesso no julgamento do Senado, 220; contas de 2014 reprovadas pelo TCU, 191; contas questionadas pelo TCU, 171, 177-8; contribuição com a Lava Jato, 183; convite a Lula para Casa Civil, 186; crime de responsabilidade e, 168, 229; déficit previdenciário, 170-1; denunciada na Câmara, 192; direito de defesa garantido, 237; direitos políticos mantidos, 24; fatos do mandato anterior levados em conta no processo de impeachment, 232; gestão econômica contestada, 159; ilegitimidade do impeachment de, 228-43; impeachment como projeto de elites políticas acuadas pela Lava Jato, 238; impeachment de, 15, 17, 24; impopularidade de, 241; influência da Lava Jato no processo de impeachment de, 180; insuspeita de corrupção, 199; interrogatório no Senado, 224; investigada pela Lava Jato, 223; julgada pelo "conjunto da obra", 222; julgamento da denúncia na Câmara, 220; julgamento no Senado, 223-4; necessidade política de trazer Lula para o governo, 187; Nova Matriz Econômica, 160, 162, 174; ocultação de dados econômicos na campanha de reeleição, 166, 230; opinião pública desconhecedora dos motivos do impeachment, 202; panelaços contra, 189, 200; pedaladas fiscais e, 161-6; pedido de impeachment (Bicudo, Reale Jr. e Paschoal), 204-5; processo de impeachment contra, 12, 19-20, 22, 24, 55, 66, 79, 83, 115-6, 120, 141, 156-243, 252, 254; queda de popularidade, 158, 199; questão das duas penas, 129; questiona a existência de crime de responsabilidade, 233, 237; relacionamento com Temer, 194; rompimento com o PMDB como erro fatal, 195; suspeita de corrupção, 160; suspeita de parcialidade da justiça no processo de impeachment, 185; troca de equipe econômica no segundo mandato, 173; vazamento do telefonema com Lula, 181, 186, 237; votação do processo de impeachment na Câmara, 190

Sá Peixoto, Antônio de, 64
Saintive, Marcelo, 174
Sallum Jr., Brasílio, 88
Sampaio Costa, Armando, 78
Sanches, Sydney, 115, 117, 119-20, 123, 126-7, 129, 212, 216
São Vicente, marquês de (Pimenta Bueno), 53
Sarney, José, 85, 95, 167
Seabra, J. J., 60-1
seguro-desemprego, 163-4
Senado Federal, 15, 22, 25, 52-3, 56, 58, 63, 68-9, 71, 75-6, 78-9, 95, 110, 112-6, 116-27, 128-31, 138, 140-1, 143, 154, 158, 182, 190, 197, 202, 209, 214-7, 220-8, 232, 234-5, 237, 261, 267-73; *ver também* comissão especial de impeachment
Serra, José, 95-6
Sherman, Roger, 41
Silva Telles Júnior, Goffredo da, 141

Silva, José Afonso da, 240

Silva, Marina, 156

sistema de justiça, falibilidade do, 234

Sistema Financeiro Nacional, 138, 164

Sistema Único de Saúde, 172

Soares de Moura, Camilo, 66

Soares, Delúbio, 149

Stanton, Edwin, 46-7

Steinfeld, Roberto, 137

Strafford, primeiro conde de (Thomas Wentworth), 35-6

Street, Raul "Doca", 121

Suffolk, primeiro conde de (Michael de la Pole), 31-2

Sunstein, Cass, 47

Superintendência da Amazônia (Sudam), 143

Superior Tribunal de Justiça (STJ), 189

Suplicy, Eduardo, 106, 119

Suprema Corte (EUA), 43, 48, 184, 214

Supremo Tribunal Federal (STF), 20, 22, 77, 187, 233; ADPF 378, 211, 214-8; atuação no processo de impeachment, 56, 64, 66; como alvo preferido de Bolsonaro, 248-9; definição do rito do impeachment, 216-7; demora no afastamento de Eduardo Cunha da presidência da Câmara, 238; julgamento dos envolvidos no escândalo do Mensalão, 151, 153; Plano Collor e, 89; sobre a renúncia de última hora, 131

Suruagy, Divaldo, 120

Talbot, Thomas, 31-2

Teixeira, Miro, 141

Telebras, privatização da, 141

Telenorte Leste, privatização da, 142

Temer, Michel, 139, 141, 144, 152, 159, 161, 168, 181, 185, 188, 193, 203, 213, 224, 238-9, 243, 259; ameaçado pela Lava Jato, 195; assume o governo provisoriamente, 223; baixa popularidade com apoio legislativo, 203; carta a Dilma, 194; denúncia criminal contra, 196; esperança de salvação para os políticos perseguidos pela Lava Jato, 183; pedidos de impeachment contra, 256; processo de impeachment

negado pela Câmara, 255; responsável por decretos iguais aos que levaram ao impeachment de Dilma, 197-8, 231

Temer, Milton, 139

Tenure of Office Act (EUA, 1867), 47, 63

teoria do governo misto (Inglaterra medieval), 29

Tesouro Nacional, 156-7, 162, 164-6, 171, 174, 229, 231; rebelião dos técnicos contra as pedaladas, 163, 168, 170

Tombini, Alexandre, 172

Torre de Londres, 30, 35

Toyo Setal, 200

Trefousse, Hans, 45

Tribe, Laurence, 45

Tribuna de Alagoas, 104

Tribunal de Contas da União (TCU), 101, 174, 229; imparcialidade questionada no caso das pedaladas fiscais, 176; pedaladas julgadas ilegais pelo, 174-5

Tribunal Superior Eleitoral (TSE), 167; ação de cassação da chapa Dilma-Temer, 201

Trump, Donald, 25, 45, 245-6, 248; processo de impeachment contra, 81

Turner, Najun, 110

Uchôa Cavalcanti, João Barbalho, 59, 62

UDN (União Democrática Nacional), 67, 71-3

"Uma ponte para o futuro" (programa do governo Temer), 223

Unidos do Viradouro, escola de samba, 133

Usiminas, privatização da, 97

Vaccari Neto, João, 175

Vargas, Darcy, 101

Vargas, Getulio, 20, 22, 66, 68, 71-2, 192

Vasconcellos, Ronaldo, 140

Vaza Jato, 257; *ver também Intercept Brazil, The*

Veja, 99, 104, 136, 150

Velloso, Carlos, 120, 196

Vellozo, Júlio, 52

Vem pra Rua, 205

Venezuela, impeachment na, 23

Ventura, Deisy, 250

Viana, Luiz, 80

Vieira, Cláudio, 108, 109, 111
Vieira, Euclides, 68
Villaverde, João, 157, 162, 170, 172-3
Villela, José Guilherme, 121, 126
Vivacqua, Attilio, 80
Vizcarra, Martín, 19, 85, 245

Washington, George, 154
Watergate, 125, 236
Weber, Rosa, 206-8

Wentworth, Thomas, 35
Windt Jr., Theodore, 247
Wiziack, Julio, 157

Youssef, Alberto, 191, 200

Zagorin, Perez, 36
Zambelli, Carla, 205
Zanluca, Júlio Cesar, 152
Zavascki, Teori, 189-90, 200, 206-8, 223

ESTA OBRA FOI COMPOSTA POR MARI TABOADA EM DANTE PRO E
IMPRESSA EM OFSETE PELA GRÁFICA SANTA MARTA SOBRE PAPEL PÓLEN SOFT
DA SUZANO S.A. PARA A EDITORA SCHWARCZ EM JUNHO DE 2021

A marca FSC® é a garantia de que a madeira utilizada na fabricação do papel deste livro provém de florestas que foram gerenciadas de maneira ambientalmente correta, socialmente justa e economicamente viável, além de outras fontes de origem controlada.